SCHÄFFER
POESCHEL

Marius Dannenberg/Frank Wildschütz/Stefanie Merkel

Handbuch Werbeplanung

Medienübergreifende Werbung
effizient planen, umsetzen und messen

2003
Schäffer-Poeschel Verlag Stuttgart

Bibliografische Information Der Deutschen Bibliothek

Die Deutsche Bibliothek verzeichnet diese Publikation in der Deutschen National-
bibliografie; detaillierte bibliografische Daten sind im Internet über <http://dnb.ddb.de>
abrufbar

Gedruckt auf chlorfrei gebleichtem, säurefreiem und alterungsbeständigem Papier

ISBN 3-7910-2126-5

© 2003 Schäffer-Poeschel Verlag für Wirtschaft · Steuern · Recht GmbH & Co. KG
www.schaeffer-poeschel.de
info@schaeffer-poeschel.de
Einbandgestaltung: Willy Löffelhardt
Satz: Johanna Boy, Brennberg
Druck und Bindung: Ebner & Spiegel GmbH, Ulm
Printed in Germany
Februar/2003

Schäffer-Poeschel Verlag Stuttgart
Ein Tochterunternehmen der Verlagsgruppe Handelsblatt

Vorwort und Einleitung

Die Konkurrenzsituation zwischen den Unternehmen hat sich in den letzten zehn Jahren ausgeweitet. Sie stehen heute nicht mehr primär im Produktions- bzw. Dienstleistungswettbewerb, sondern zunehmend auch im Informations- wettbewerb zueinander.[1] Der Grund dafür ist das überproportional zur Nut- zung ansteigende Medienangebot und das daraus resultierende Phänomen des »Information-Overload« der Konsumenten. Die Folge kann als selektive Wahr- nehmung der Konsumenten beschrieben werden. In diesem Zusammenhang wird auch vom so genannten »Reiz-Darwinismus« gesprochen. Nur etwa 5% der verbreiteten werblichen Informationen werden wahrgenommen und noch weniger gespeichert. Der Rest verhallt unbeachtet.[2] Folgende Überlastungswerte wurden innerhalb der Medien gemessen:[3]

- Rundfunk: 99,4%
- Fernsehen: 96,8%
- Zeitschriften: 94,1%
- Zeitungen: 91,7%

Vor diesem Hintergrund des ständig steigenden Informationsangebotes, der Abwehrhaltung der Konsumenten und der Tatsache, dass die Produkte zuneh- mend identischer und damit austauschbarer werden, kommt der zielgerichte- ten effektiven Werbung für das eigene Angebot zukünftig eine noch entschei- dendere Bedeutung zu.

Neben dem Quartett der konventionellen oder klassischen Werbemedien (Außen- werbung, Anzeigenwerbung, Radio, Fernsehen) etabliert sich zunehmend das Internet als weitere Alternative für werbliche Maßnahmen. Die Auswahl der Mediaentscheider erhöht sich somit um eine Vielzahl neuer und innovativer Werbemittel und Werbemöglichkeiten, was die Media- und Budgetplanung kom- plexer gestaltet. Da jeder Werbekontakt Geld kostet, ist es das Ziel der Media- planer, die Streuverluste zu minimieren, und die Aufmerksamkeitswirkung zu steigern. Im Jahr 2001 wurden in der Bundesrepublik Deutschland über 17 Mrd. Euro für Werbung ausgegeben.[4] Aus finanztheoretischer Sicht stellt sich hier die berechtigte Frage nach der Effizienz. Es gilt das Verhältnis zwischen Wer- bung und Werberesponse zu maximieren. Henry Ford formulierte diese Pro- blematik seiner Zeit sehr zutreffend: »Ich weiß, die Hälfte meiner Werbung ist herausgeworfenes Geld. Ich weiß nur nicht, welche Hälfte.«

---

1   Vgl. Pispers/Riehl (1997), S. 51.
2   Vgl. Buettner/Mann, in Hünerberg/Heise (Hrsg.) (1995), S. 251.
3   Vgl. Pipers/Riehl (1997), S. 53.
4   Vgl. ACNielsen Werbeforschung: Der saisonale Verlauf der Werbung in den klassi- schen Medien, o.O., 2002.

Vor dem Hintergrund des vorstehend erwähnten Phänomens des Information-Overload der Konsumenten gewinnt dieser Ausspruch zunehmend an Bedeutung.

In der wirtschafts- und medienwissenschaftlichen Fachliteratur werden die Medien eher punktuell auf ihre Werbeeignung hin untersucht. Es stehen konkrete Einzelfragen wie beispielsweise Werbewirkung im Fernsehen, Online-Marketing oder Bannerwerbung für Finanzdienstleistungen im Fokus der Betrachtungen. Parallel zur Fachliteratur existieren zum Thema Werbung diverse Studien und Analysen – wie die Media Analyse, die Verbraucheranalyse oder der GfK Online-Monitor –, die jedoch entweder medienspezifische Daten erheben, oder das Internet als Werbemedium nicht mit in die vergleichende Betrachtung einbeziehen. Ein umfassender intermediärer Medienvergleich wird derzeit nicht angeboten. Die Mediaentscheider und Agenturen sind hier auf ihre Erfahrungswerte angewiesen, die nach dem Trial-and-Error-Prinzip erworben wurden. Ferner thematisieren die meisten Fachbücher zum Thema Online-Marketing weniger der Bereich der Online-Werbung und sind zudem oftmals zu theoriebezogen.

Zielsetzung

Die Zielsetzung des vorliegenden Buches besteht darin, nicht einzelne Elemente der Werbung isoliert voneinander zu betrachten, sondern sie ganzheitlich in den Kontext klassischer und moderner Werbemedien sowie aller werberelevanten Disziplinen von den Werbezielen über die Kreation und Mediaplanung bis hin zur Abrechnung und Kampagnenauswertung zu setzen. Zur Steigerung des Praxisbezugs werden Beispielkampagnen beschrieben sowie Empfehlungen aus eigenen Praxiserfahrungen gegeben. Diverse Tipps, Quellen und Adresslisten der Werbebranche sollen ebenfalls einer Erhöhung des Gebrauchswerts dienen.

Zielgruppen

Das Buch richtet sich hauptsächlich an Mediaplaner und Werbepraktiker. Ihnen sollen losgelöst von persönlichen Medienpräferenzen Anregungen für eine intermediäre Sichtweise und strategische Vorgehensweise gegeben werden. Darüber hinaus soll gezeigt werden, dass Internet-Werbung heutzutage weit mehr als nur das Schalten von Bannern ist. Ferner richtet sich das Buch an Studierende und Lehrende der Bereiche Marketing und Electronic Commerce (E-Commerce). Allen Interessierten soll das Buch als allgemeine Grundlage für ein breites Verständnis der Möglichkeiten, der Effizienz und der Zielsetzung von Werbung dienen.

Aufbau

Das Buch gliedert sich in zehn Kapitel.

Da die Begriffe Medien und Werbung den zentralen Betrachtungskern dieses Buches bilden, dient *Kapitel 1* zur Definition und Erklärung dieser beiden Begriffe. Wir beschreiben in diesem Zusammenhang zunächst die verschiedenen Arten von Medien, inklusive der Neuen Medien. Im Anschluss daran widmen wir uns der Thematik der Werbung und den unterschiedlichen Rollen der Medien in der Werbung. Wir zeigen unterschiedliche Kommunikationsmodelle der Werbung und erläutern den Zusammenhang von Werbeerfolg, Werbewirkung und Werbeeffizienz, unterschiedliche Stufen- und Hierarchiemodelle der Werbewirkung sowie verschiedene Modelle des Konsumentenverhaltens. Zum Abschluss des ersten Kapitels ordnen wir die Werbung in den Marketing-Mix ein und erörtern die Funktionen und Ziele der Werbung.

Im Rahmen von *Kapitel 2* beschreiben wir verschiedene Ansätze der Werbepsychologie und geben Hinweise zur Kreation von Werbemitteln. In diesem Zusammenhang gehen wir insbesondere ein auf die Bildkommunikation als zentrales Werbeelement, die Forschung zur Wirkung von Bildinformationen, die Aktivierungswirkung von Werbung, die bildliche Umsetzung elementarer Kommunikationsziele, die gestaltungspsychologische Wahrnehmung von Bildern, die Darstellung von Personen in der Werbung sowie auf die Funktionen der Musik in der Werbung. Zum Schluss geben wir konkrete gestalterische Empfehlungen zur Kreation von Werbemitteln.

Kapitel 3 dient zur Erläuterung der verschiedenen Offline-Werbemedien und Werbemittel. Im Einzelnen betrachten wir die Außenwerbung (Plakatmedien), die Anzeigenwerbung (Pressemedien), die Radiowerbung, die Fernsehwerbung, das Digital TV und verschiedene Sonderwerbeformen.

Kapitel 4 beschreibt die Online-Werbemedien und -Werbemittel. Im Mittelpunkt der Betrachtung steht das Internet als Werbemedium sowie die Erörterung von Bannern, Ads, Pop-ups, Superstitials, Interstitials, Easy-Ads, Streaming Video Ads, E-Mercials, verschiedener Sonderwerbeformen, Indiviuallösungen und des Internet-Radios als Werbemittel. Abgerundet wird das Kapitel durch die Vorstellung zweier Case Studies zur Crossmedia-Werbung (Konvergenzwerbung).

In *Kapitel 5* befassen wir uns mit den unterschiedlichen Schaltungs- und Abrechnungsmöglichkeiten von On- und Offline-Werbemitteln.

Kapitel 6 stellt konkrete Ansätze und Empfehlungen zur Werbeerfolgsmessung vor. In diesem Zusammenhang zeigen wir jeweils die Vor- und Nachteile der Werbeerfolgsmessung bei den Offline-Medien bzw. bei den Online-Medien. Abschließend führen wir noch eine kurze Bewertung der unterschiedlichen Meßmethoden für die Offline- bzw. Online-Werbung durch.

In *Kapitel 7* erfolgt ein direkter, intermediärer Vergleich von Online- und Offline-Werbemedien und -Werbemitteln. Wurden in den vorangegangenen Kapiteln die Werbemedien, ihre unterschiedlichen Werbemittel sowie die jeweiligen Möglichkeiten der Werbeerfolgsmessung immer separat voneinander betrachtet, unternehmen wir im siebten Kapitel den Versuch, das Internet mit den konventionellen Werbemedien zu vergleichen.

Im Rahmen von *Kapitel 8* erläutern wir das korrekte Vorgehen bei der Mediaplanung. Hierzu erläutern wir die einzelnen Phasen einer klassischen Mediaplanung ebenso wie die Phasen der Online-Mediaplanung sowie der Planung von personalisierten E-Mail-Marketing-Kampagnen.

In *Kapitel 9* ziehen wir ein kurzes Resümee und fassen die wichtigsten Erkenntnisse aus unserem Buch zusammen.

Im *Anhang* finden Sie zahlreiche Werbebeispiele, Statistiken, Marktforschungsergebnisse, eine Übersicht über E-Mail-Marketing-Anbieter, verschiedene Adresslisten (unter anderem von Marktforschungsunternehmen, Werbeagenturen, Online-Werbeagenturen, Verbänden, Vermarktern von Online-Werbung, Anbietern von Ad-Server-Lösungen etc.), ein hilfreiches Glossar sowie ein umfassendes und zweckdienliches Literatur- und Quellenverzeichnis.

Inhaltsverzeichnis

1 Medien und Werbung

Da Medien den Betrachtungskern dieses Werkes bilden, erachten wir es für notwendig, diesen Begriff im Vorfeld aus wissenschaftlicher Sicht zu definieren und ihn seinen Ausprägungen nach zu clustern. Der Begriff »Medium« entstammt dem Lateinischen und bedeutet das in der Mitte befindliche bzw. allgemeines Mittel oder vermittelndes Element. Der Begriff »Medien« dient heutzutage als Oberbegriff für alle Mittel zur Streuung und Verarbeitung von Informationen. Die Medien lassen sich ihrer Ausprägung und Nutzung nach in drei Gruppen unterteilen:[1]

(1) Visuelle und auditive Medien
(2) Eingabe- und Ausgabemedien
(3) Übertragungs- und Speichermedien.

(1) Visuelle und auditive Medien
Man unterscheidet hier zwischen den angesprochenen Sinnen des Sehens bzw. Hörens. Visuelle Reize werden beispielsweise durch Texte, Grafiken oder bewegte Bilder hervorgerufen. Auditive oder akustische Medien sprechen hingegen den Gehörsinn an, hier werden die Reize durch Stimmen, Töne oder Geräusche ausgelöst.

Diese Zweiteilung der Medien kann unter Hinzunahme des Faktors Zeit weiter verfeinert werden. Man berücksichtigt hier, ob die Information aus mehreren Einzelelementen besteht und ob die zeitliche Abfolge der Einzelelemente Auswirkungen auf den übermittelten Sachzusammenhang hat. Trifft beides zu, so spricht man von zeitabhängigen dynamischen Medien. Audiodaten und bewegte Bilder sind dieser Gruppe zuzuordnen. Spielt der Faktor Zeit für die Wiedergabe jedoch keine Rolle, so handelt es sich um diskrete statische Medien. Texte und Grafiken werden hier eingeordnet. Zusätzlich soll der Ursprung oder die Entstehung des Mediums als Unterscheidungskriterium herangezogen werden. Wird das Signal auf digitalem Wege erzeugt, so spricht man von künstlichen Medien. Ist der Ursprung hingegen analog, so handelt es sich um natürliche oder reale Medien.

---

1   Vgl. Pipers/Riehl (1997), S. 59.

(2) Eingabe- und Ausgabemedien

Hier werden die Medien ihrer Funktion nach untergliedert. Eingabemedien dienen der Erfassung von Informationen. Als Beispiele für Eingabemedien wären
zu nennen:

- Stifte
- Tastaturen
- Trackballs
- Kameras
- Mikrofone.

Ausgabemedien hingegen dienen der Darstellung bzw. dem Abruf von Informationen, Beispiele hierfür sind:

- Bildschirme
- Lautsprecher.

(3) Übertragungs- und Speichermedien

Unter Speichermedien versteht man Datenträger, die Informationen in jeglicher
Form zum späteren Abruf archivieren. Es gibt eine Vielzahl solcher Speichermedien. Die wichtigsten sind:

- Papier
- Magnetbänder
- Disketten
- Festplatten
- Compact Disc (CD)
- Digital Versatile Disc (DVD).

Übertragungsmedien dienen der Informationsübermittlung zwischen Sender
und Empfänger. Auch hier ermöglicht die moderne Technik vielfältige Möglichkeiten. Das Spektrum reicht von Kabeltechnologien über Funk und Infrarot
bis hin zur Datenübertragung per Satellit.

1.1   Neue Medien und Multimedia

Vielfach spricht man im Zusammenhang mit Medien auch von den sog.
»*Neuen Medien*«. Dieser Begriff ist jedoch schwer zu fassen, da er vom Zeitpunkt der Betrachtung abhängt. So stand z.B. in den 80er Jahren das Fernsehen im Betrachtungszentrum der Neuen Medien. Dies lag insbesondere an
der neuen Kabel- und Satellitentechnologie sowie der damit einhergehenden
Steigerung der Programmvielfalt durch Privatsender. Heutzutage zählt das
Fernsehen in seiner traditionellen Form jedoch bereits zu den konventionellen oder klassischen Medien. Die Computertechnologie steht nun im Mittelpunkt der Neuen Medien.

Durch folgende nutzerorientierte Eigenschaften lassen sich die neuen Medien charakterisieren:[2]

- **Interaktivität:** Individuelle und freie Nutzung der angebotenen Informationen, Aufhebung der Massenkommunikation, wechselseitiger Informationsaustausch.
- **Asynchronität**: Informationen werden unabhängig von der Erreichbarkeit des Kommunikationspartners gesendet oder empfangen.
- **Multifunktionalität:** Durch die Digitalisierung der Daten kann ein moderner PC andere klassische Medien wie Fernseher oder Radio emulieren. Klassische Mediengrenzen verschmelzen hier.

Gerade im Zusammenhang mit den Neuen Medien kursiert immer wieder der Begriff »*Multimedia*«, der ebenfalls kurz erläutert werden soll. Seinen Ursprung hat der Begriff in der Pädagogik der 70er Jahre. Man bezeichnete mit ihm damals Lehrmittelpakete, die auditive und visuelle Aspekte in diskreter und dynamischer Form kombinierten. Die bloße Kombination verschiedener Medien wird dem Begriff Multimedia heutzutage jedoch nicht mehr gerecht. Die moderne Multimediatechnologie zeichnet sich durch die Integration verschiedener Medien in einem System aus. Die Medien werden synchronisiert und parallel genutzt. Ihre Daten werden in digitaler Form von einem rechnergestützten System verwaltet und gesteuert. Dabei verschmelzen unterschiedliche Technologien wie die Computertechnologie, die Unterhaltungselektronik und die Telekommunikation zu einem neuen System. Das Resultat kann als interaktives System betrachtet werden, das dem Anwender einen Eingriff in den Informationsvermittlungsprozess in zeitlicher und inhaltlicher Sicht gestattet.[3]

1.2 Der Medienbegriff in der Werbepraxis

In der Werbepraxis versteht man unter dem Begriff Medien die wesentlichen Kommunikationskanäle, über die Informationen einem breiten Publikum zur Verfügung gestellt werden (Massenmedien). Die Medien fungieren hier als Träger für Werbemittel. Die Medien lassen sich dabei generell in die folgenden zwei Bereiche unterteilen:
- Online-Medien
- Offline-Medien.

Die Online-Medien entsprechen dabei den bereits genannten Neuen Medien und sind als multimedial zu charakterisieren. Unter dem Bereich der Online-Medien werden in diesem Buch folgende Werbemedien subsummiert:

---

2 Vgl. Pipers/Riehl (1997), S. 61f.
3 Vgl. Gabler – Wirtschaftslexikon (1997), S. 2684f.

- Internet (hauptsächlich WWW und E-Mail)
- Online-Radio.

Das digitale Fernsehen ist formell ebenfalls den Online-Werbemedien zuzuordnen. Es wird jedoch aufgrund der derzeit mangelnden Internetfähigkeit und den eingeschränkten Möglichkeiten der Nutzerinteraktion in diesem Buch den Offline-Werbemedien zugeordnet. Die Offline-Werbemedien entsprechen den so genannten »klassischen« Werbemedien, die gemeinhin auch »konventionelle« oder »traditionelle« Werbemedien genannt werden. In Rahmen dieses Buches werden alle drei Begriffe mit synonymer Bedeutung verwendet. Den Offline-Werbemedien werden im weiteren Verlauf des Buches folgende Werbemedien zugeordnet:

- Außenwerbung
- Anzeigenwerbung (Zeitungen/Zeitschriften)
- TV-Werbung (Fernsehen)
- Radiowerbung (Hörfunk)
- Digital TV
- Kinowerbung.

Abbildung 1.1 zeigt die beschriebene Unterteilungsstruktur der Medien in diesem Buch.

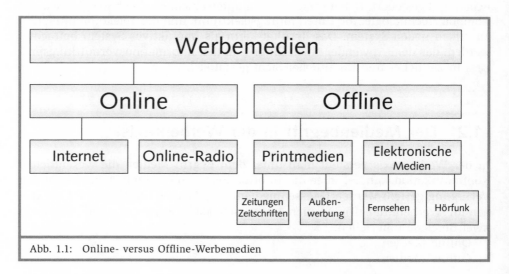

Abb. 1.1: Online- versus Offline-Werbemedien

Neben der Unterteilung der Werbemedien in Online- und Offline-Werbemedien lässt sich eine alternative Einteilung in *Printmedien* und *elektronische Medien* vornehmen, die hier vollständigkeitshalber kurz skizziert werden soll: Die Printmedien unterteilen sich in Presse- (Zeitungen/Zeitschriften) und Plakatmedien (Außenwerbung). Die Elektronikmedien lassen sich weiter aufschlüsseln in Filmmedien (Fernsehen/Kino), Funkmedien (Radio) und Neue Medien

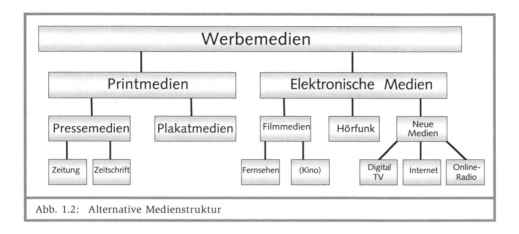

Abb. 1.2:   Alternative Medienstruktur

(Internet/Digital-TV/Online-Radio).[4] Abbildung 1.2 stellt diese Medienstrukturelle Einteilungsmöglichkeit übersichtlich dar.

1.3   Werbung

Neben den Medien steht die *Werbung* im Mittelpunkt dieses Buches, weshalb dieser Begriff nun ebenfalls einer genaueren Betrachtung unterzogen werden soll. Früher tauchte häufig der Begriff »Reklame« als Synonym für Werbung auf. Heute distanzieren sich die Werbetreibenden vom Begriff der Reklame, da dieser negativ besetzt ist und schlecht gemachte Werbung impliziert. Wir folgen hier der Praxis und verwenden im Weiteren ebenfalls nur den Begriff »Werbung«.

Um diesen Begriff kursieren diverse Definitionen. Diese »(...) *reichen von allgemeinen Verhaltensbeschreibungen bis hin zu konkreten Verhaltensvorschriften, von normativen Aussagen bis hin zu faktischen Beschreibungen von Randerscheinungen (...)*«.[5] Eine relativ praxisnahe Definition ist die nach *Behrens*, der unter Werbung eine »(...) *absichtliche und zwangfreie Form der Beeinflussung versteht, welche die Menschen zur Erfüllung der Werbeziele veranlassen soll.*«[6] Im Gabler Wirtschaftslexikon wird unter Werbung die »(...) *versuchte Meinungsbeeinflussung durch besondere Kommunikationsmittel (...)*«[7] verstanden. Fügt man nun die beiden letztgenannten Definitionen zusammen, erhält man eine Ziel-Mittel-Wirkung, die unserer Meinung nach den Kern moderner Werbung bildet:

---

4   Vgl. Pepels (1996), S. 78.
5   Siehe Spanier (1999), S. 20.
6   aaO.
7   Siehe Gabler – Wirtschaftslexikon (1997), Sp. 4338.

> Werbung ist eine absichtliche und zwangfreie versuchte Meinungsbeeinflussung unter Verwendung besonderer Kommunikationsmittel, welche die Menschen zur Erfüllung der Werbeziele veranlassen soll.

Um ein Gefühl für die Vielschichtigkeit der Werbung zu bekommen, ist es sinnvoll, die Werbung ihrer Funktion nach zu unterteilen. Eine grobe Einteilung wäre die folgende:

1. **Wirtschaftswerbung:** Wirtschaftswerbung bezieht sich auf die werbliche Kommunikation und dient der unmittelbaren oder langfristigen Absatzsteigerung.
2. **Public Relations:** PR (früher Öffentlichkeitsarbeit genannt) dient dem Unternehmen als Ganzes. Wichtige Ziele sind hier die Vertrauensbildung sowie ein positives Gesamtimage. Diese Faktoren werden sich letztendlich auch auf den Unternehmenserfolg auswirken, sie grenzen sich jedoch durch ihre längere Wirkungsdauer und ihren höheren Abstraktionsgrad von der Wirtschaftswerbung ab.
3. **Propaganda:** Als letzter Punkt ist die Werbung im Sinne der Propaganda zu nennen. Hier handelt es sich um die Verbreitung politischen, religiösen und kulturellen Gedankengutes.[8]

Im Folgenden beschränken wir uns auf die absatzfördernde Werbung im Sinne der Wirtschaftswerbung.

Des Weiteren lässt sich die Werbung generell durch fünf wesentliche Charakteristika beschreiben:[9]

1. **Das Werbeobjekt:** Gegenstand, der beworben werden soll.
2. **Das Werbeziel:** Was will man erreichen?
3. **Die Instrumente:** Einsatz verschiedener Gestaltungstechniken.
4. **Die Art der Kommunikation:** Gezielte und offenkundige Einflussnahme zur Zielerreichung.
5. **Der Kanal:** Auswahl des für die Ziele geeignetsten Kommunikationskanals.

1.4   Kommunikationsmodelle der Werbung

Das Grundmodell der Kommunikation stellt das allgemeingültige Basisschema der Informationsübermittlung dar. Abbildung 1.3 zeigt das Paradigma der Kommunikation.

Dieses Paradigma ist jedoch aufgrund seiner Basisfunktion sehr allgemein. Lasogga hat den Versuch unternommen, es zu erweitern, auf die absatzfördernde Werbung anzuwenden und somit mit Leben zu füllen.

---

8 Vgl. Spanier (1999), S. 21.
9 Vgl. Brosius/Fahr (1998), S. 12.

Seine Interpretation gestaltet sich wie folgt:[10]

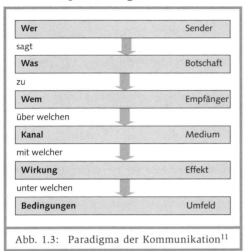

Abb. 1.3: Paradigma der Kommunikation[11]

- **Sender:** Alle Personen, die für ein bestimmtes Produkt oder eine Dienstleistung werben.

- **Kodierung:** Umsetzen der Werbebotschaft in eine symbolische Form, Verwendung von Werbetexten, Bildern und Tonzeichen.

- **Botschaft:** Die Gesamtheit der vom Unternehmen (Sender) vermittelten Symbole.

- **Medien:** Alle direkten und indirekten Kommunikationswege. In der Regel kommen hier die klassischen Massenmedien und Neuen Medien zum Einsatz.

- **Dekodierung:** Deutung der Symbole der Werbebotschaft durch den Konsumenten (Empfänger).
- **Empfänger:** Alle definierten Zielgruppen der Werbekampagne inkl. unerwünschter Kontakte (Kontakte außerhalb der Zielgruppen).
- **Reaktion:** Verhalten des Empfängers nach vollständiger oder teilweiser Dekodierung der Werbebotschaft. Man unterscheidet dabei zwischen aktivierenden, kognitiven und konativen Reaktionen.
- **Feedback:** Alle Bestandteile der Reaktion, die der Konsument (Empfänger) dem Werbetreibenden (Sender) zurücksendet. Dies kann direkt durch den Kauf oder indirekt durch Meinungs- und Einstellungsbefragungen ermittelt werden.
- **Exogene Faktoren:**
    - Störfaktoren: Alle Potenziale, die auf technischer, psychologischer und semantischer Ebene den Kommunikationsvorgang negativ beeinflussen.
    - Kommunikationssituation: Alle sonstigen Faktoren, die für den Verlauf des Kommunikationsprozesses relevant sind (z.B. Situationsinvolvement, Entscheidungsphase, Wettbewerbssituation, etc.).

In einem zweiten Schritt hat Lasogga auf dieser Basis ein Schaubild entwickelt, das die Verknüpfungen der einzelnen Elemente des Kommunikationsmodells aufzeigt. Abbildung 1.4 zeigt dieses »*Erweiterte Kommunikationsmodell der Werbung*«.

10 Vgl. Lasogga (1998), S. 8f.
11 Quelle: Lasogga (1998), S. 7.

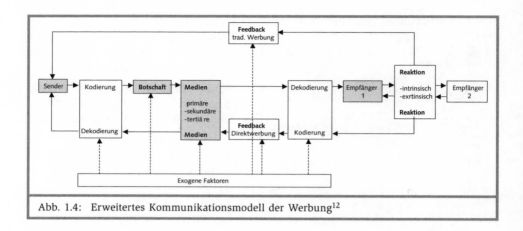

Abb. 1.4:   Erweitertes Kommunikationsmodell der Werbung[12]

1.5   Werbeerfolg, Werbewirkung, Werbeeffizienz

Der *Werbeerfolg* ist neben der *Werbewirkung* Teil der *Werbeeffizienz*.[13] Das primäre Ziel der Wirtschaftswerbung ist per Definition die Absatzförderung oder Ergebnisverbesserung. Der Werbeerfolg wird durch ökonomische Faktoren wie Kostenreduktion, Umsatz- oder Verkaufszahlensteigerung (Absatzsteigerung) bestimmt.[14] Die außer- oder vorökonomischen Faktoren wie Produktwissen, Markenbekanntheit oder Image sind dabei als »(...) *mehr oder weniger unbedingte Voraussetzungen für das Erreichen der ökonomischen Zielsetzungen anzusehen.*«[15]

Da der Absatz jedoch neben der Werbung noch von Faktoren wie Preis, Qualität oder Konkurrenzmaßnahmen abhängt, ist die direkte Korrelation zwischen Werbung und Absatz schwer messbar.[16] Um den Werbeerfolg dennoch messbar zu machen, wurden so genannte Testmärkte ins Leben gerufen (z.B. GfK Behavior-Scan in Hassloch). In dieser Testumgebung besteht die Möglichkeit, die genannten »Störvariablen« zu einem Großteil konstant zu halten und somit zu isolieren, um die Korrelation zwischen Werbung um Absatz messtechnisch zu erfassen.

Der Werbeerfolg betrachtet den Wirkungsprozess als Blackbox, hier werden nur Input (Werbung) und Output (Response) in Relation zueinander gesetzt (vgl. Abb. 1.5). Die Folge ist, dass eine Optimierung ausschließlich nach dem Trial-and-Error-Prinzip erfolgen kann. Die einzelnen Stellglieder bleiben hier unbekannt.[17]

---

12 Quelle: Lasogga (1998), S. 10.
13 Vgl. Pepels (1996), S. 103.
14 Vgl. Spanier (2000), S. 24.
15 Siehe Spanier (2000), S. 23.
16 Vgl. Werbe-Tracking-Instrumente (o.J.): »Eine Analyse der Standardinstrumente zur Werbeerfolgskontrolle«, S. 4. URL: http://www.pz-online.de (Stand: 20.04.2001).
17 Vgl. Pepels (1996), S. 103.

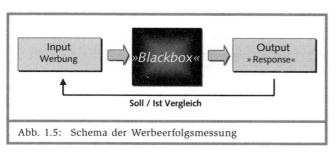

Abb. 1.5: Schema der Werbeerfolgsmessung

Bei der Werbewirkungs-analyse hingegen geht es darum, »(...) das *Zustandekommen von Wirkungen zu analysie-ren.«*[18]
Werbewirkung lässt sich dadurch charakte-risieren, »(...) *dass eine kognitive, affektive und konative Beeinflussung der Einstellung stattfindet.«*[19]

- **Kognitive Dimension:**[20] Bekanntheit und Kenntnis der Werbung/Marke, Vertrautheit mit dem Angebot.
- **Affektive Dimension:**[21] Akzeptanz durch positive Einstellung und emoti-onale Zuwendung, Wecken von Begehrlichkeiten. Präferenz des Angebotes gegenüber Mitanbietern.
- **Konative Dimension:**[22] Überzeugung und Kaufabsicht als finale Handlung.

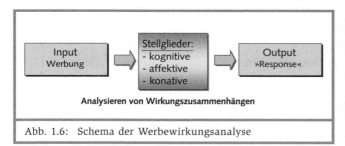

Abb. 1.6: Schema der Werbewirkungsanalyse

Abbildung 1.6 zeigt das Schema der Werbewir-kungsanalyse.

Nur wenn beide Fak-toren bekannt sind (Werbeerfolg und Wer-bewirkung) kann die Werbeeffizienz gezielt verbessert werden.

Stufen- und Hierarchiemodelle der Werbewirkung
Die theoretischen Grundmodelle der Werbewirkung werden gemeinhin auch als *Stufen-* oder *Hierarchiemodelle* bezeichnet, die von einer sukzessiv ablaufenden Stimulus-Response-Wirkung ausgehen.[23] Im Einzelnen lassen sich hierunter die folgenden Modelle subsumieren:
(1) AIDA-Modell und darauf aufbauende Modelle
(2) Werbewirkungsmodell nach Kroeber-Riel
(3) Low-Involvementmodell nach Krugman.

Alle diese Ansätze stellen ein vereinfachtes Abbild der Wirklichkeit dar. Sie beschränken sich auf die zentralen Wirkungselemente, die von den relevanten

---

18 Siehe Pepels (1996), S. 103.
19 Siehe Pepels (1996), S. 104.
20 Vgl. Pepels (1996), S. 104.
21 aaO.
22 aaO.
23 Vgl. Spanier (2000), S. 32.

Rand- und Nebenbedingungen abstrahiert werden[24]. Es sollte an dieser Stelle darauf hingewiesen werden, dass die Bezeichnung als »Modell« bei den theoretischen Werbewirkungsmodellen aufgrund mangelnder Komplexität in der Wissenschaft umstritten ist.

(1) AIDA-Modell und darauf aufbauende Modelle

Das bekannteste Stufenmodell ist das 1898 von Lewis entwickelte *AIDA-Modell*.[25] Das Kunstwort »AIDA« setzt sich aus den Anfangsbuchstaben der folgenden Wörter zusammen:

*   **Attention** (Aufmerksamkeit)
*   **Interest** (Interesse)
*   **Desire** (Wunsch, Bedürfnis)
*   **Action** (Handlung).

Das AIDA-Modell beschreibt einen Prozess über die vier genannten Stationen. Attention meint, dass sich die Werbung vor dem Hintergrund des eingangs beschriebenen Information-Overloads von konkurrierenden Werbemaßnahmen durch Auffälligkeit oder Originalität absetzen muss, um vom Konsumenten wahrgenommen zu werden. Das bloße Wahrnehmen genügt jedoch nicht. Es geht darum, das Interesse des Konsumenten zu gewinnen und an offensichtliche oder latente Bedürfnisse und Wunsche zu appellieren, um Begehrlichkeiten zu wecken. Letztendlich soll idealer Weise eine Aktion bzw. Reaktion des Konsumenten in Form eines Kaufes oder Kaufwunsches ausgelöst werden. Abbildung 1.7 zeigt die Zielinhalte weiterer auf das AIDA-Modell aufbauender Werbewirkungsmodelle.

Stufe	Behrens	Colley	Meyer	Seyffert	Lavidge/Steiner
1	Berührungserfolg	Bewustsein	Bekanntmachung	Sinneswirkung	Bewußtsein
2	Beeindruckungserfolg	Einsicht	Information	Aufmerksamkeitswirkung	Wissen
3	Erinnerungserfolg	Überzeugung	Hinstimmung	Vorstellungswirkung	Zuneigung
4	Interesseweckungserfolg	-	-	Gefühlswirkung	Bevorzugung
5	-	-	-	Gedächtniswirkung	Überzeugung
6	Aktionserfolg	Handlung	Handlungsanstoß	Willenswirkung	Kauf

Abb. 1.7:   Stufenmodelle der Werbewirkung (Zielinhalte)[26]

---

24 Vgl. Mayer (1990), S. 57.
25 Vgl. Spanier (2000), S. 32.
26 Quelle: Lasogga (1998), S. 37.

Beim Vergleich der einzelnen Modelle wird deutlich, dass der größte Unterschied in der Vergabe neuer Namen für alte Erkenntnisse besteht, weshalb diese Modelle nicht weiter ausgeführt werden.

(2) Werbewirkungsmodell nach Kroeber-Riel

Ein weiteres wesentliches Modell der Werbewirkung ist das *Grundmodell nach Kroeber-Riel*. Kroeber-Riel legt in seinem Modell eine Unterteilung der Aufmerksamkeitsintensität zugrunde, ordnet die Folgeschritte nach ihrer psychologischen Ausprägung und trägt somit der Praxis Rechnung. Abbildung 1.8 zeigt dieses Grundmodell der Werbewirkung.

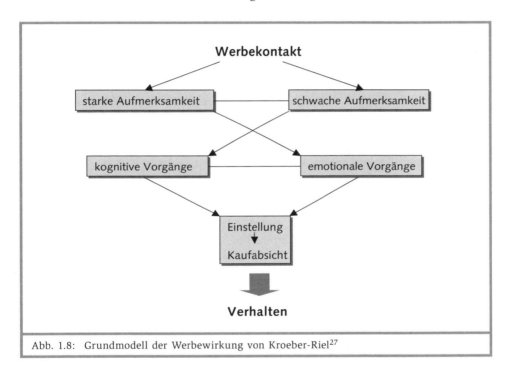

Abb. 1.8: Grundmodell der Werbewirkung von Kroeber-Riel[27]

Des Weiteren sind noch folgende Stufenmodelle zu nennen, die hier jedoch nicht näher ausgeführt werden. Es wird auf die jeweils angegebene Quelle verwiesen:[28]

* Phasenorientiertes Kommunikationsmodell (Hermanns, 1979)
* Assoziationsmodell (Preston, 1982)

---

27 Quelle: Mayer (1990), S. 62.
28 Vgl. Mayer (1990), S. 60f.

- Modell der Werbewirkungspfade (Kroeber-Riel, 1984)
- Werbekommunikationsmodell (Rossiter & Percy, 1985)
- Werbewirkungsmodell nach Steffenhagen (Steffenhagen, 1985).

Dieses Unterkapitel erhebt keinen Anspruch auf Vollständigkeit, es zeigt jedoch die wesentlichen Grundüberlegungen der Werbewirkungsmodelle auf. Es ist darauf hinzuweisen, dass es sich beim Werbewirkungsprozess in der Praxis oftmals nicht um einen seriell ablaufenden automatisierten Prozess handelt. Der Stimulus wird von den Zielpersonen sehr unterschiedlich aufgenommen und verarbeitet.[29]

(3) Low-Involvementmodell nach Krugman

Allgemein lässt sich das *Involvement* als eine *Ich-Beteiligung* verstehen, die die Bereitschaft des Konsumenten beschreibt, sich »(...) *für etwas zu engagieren oder sich mit einem Gegenstand auseinander zu setzen.*«[30] »*In der Werbeforschung ging man lange Zeit vom Leitbild des rationalen, aktiv nach Informationen suchenden Konsumenten aus, der den angebotenen Produkten ein großes Interesse entgegen bringt.*«[31] »*Erst Mitte der 60er Jahre wurde das Leitbild des rationalen Konsumenten durch Krugman (1965) in Frage gestellt.*«[32] »*Er ging davon aus, dass ein Großteil der Werbeinhalte als unwichtiges, wertloses Material gelernt wird.*«[33] Der Konsument ist nur gering involviert, weshalb man in diesem Zusammenhang vom Low-Involvement-Modell spricht.[34] Bei dieser Konstellation kann es der Werbung nicht gelingen, den Konsumenten zu überzeugen und zur finalen Kaufhandlung zu führen. Beim Low-Involvement-Modell besteht die Funktion der Werbung vielmehr darin, durch häufige Wiederholungen die Erinnerung an das Produkt und die Marke zu festigen, um somit in das Relevant Set (Alternative in der Kaufsituation) der Konsumenten zu gelangen.[35]

Modelle des Konsumentenverhaltens

Zu den Modellen des Konsumentenverhaltens lassen sich die nachstehend aufgeführten Ansätze zählen:

(1) Lerntheoretische Modelle
(2) Psychosoziales Modell
(3) Image-Modell.

---

29 Vgl. Jarzina, in Hünerberg/Heise (Hrsg.) (1995), S. 43.
30 Siehe Esch (1990), S. 74.
31 Siehe Pipers/Riehl (1997), S. 74.
32 Siehe Esch (1990), S. 74.
33 Siehe Spanier (2000), S. 35.
34 Vgl. Spanier (2000), S. 35f.
35 Vgl. Spanier (2000), S. 35.

(1) Lerntheoretische Modelle

Die wohl älteste Darstellung der Werbewirkung kommt aus der behavioristischen Lerntheorie[36]: das Stimulus-Response-Modell (S-O-R-Modell). Dieses Modell nimmt an, dass eine beliebige Anzahl von Kombinationen aus Stimuli und bis dahin ungekoppeltem Verhalten (Response) erlernt und im Gedächtnis behalten werden, wenn diese in einem zeitlichen Zusammenhang wirken. Da allerdings nicht alle Individuen gleich auf einen Stimulus reagieren und auch nicht identischen Lernprozessen unterliegen, wird diese Tatsache durch die Einbringung der individuellen Organismus-Variablen (O) als intervenierende Größe dargestellt.

Dieses Modell ist allerdings durch die starke Vereinfachung und die Fokussierung auf Reiz und Reaktion für die genauere Untersuchung der Werbewirkung nur in geringem Maße hilfreich. Wesentlich erweitert wird diese Vorstellung durch die »Theorie des sozialen Lernens« des Lerntheoretikers Bandura.[37] Hierbei geht der Theoretiker davon aus, dass Erfahrungen und Wissen nicht von einem isolierten Individuum generiert werden, sondern dass die Beobachtung des Verhaltens anderer Individuen verstärkend oder hemmend auf sein eigenes Verhalten wirkt. Nach Bandura werden diese beobachteten Handlungsmodelle symbolisch im Gedächtnis des Menschen zum späteren Abruf gespeichert und nur grob nach bildlicher und sprachlicher Information unterschieden. In diesem Modell dient also die soziale Umwelt dem einzelnen Menschen als Hilfsmittel, um sein eigenes Verhalten optimieren zu können.

(2) Psychosoziales Modell

In neueren Ansätzen zur Wirkung der Werbung erweitert der Theoretiker Bandura das Modell des sozialen Lernens um die psychosoziale Modellvorstellung[38]. Hierbei wird der Mensch als Konsument nicht mehr nur als isoliertes Individuum betrachtet, sondern als soziales Wesen, dessen Verhalten und damit auch die Motivation zum Kauf durch soziale wechselseitige Beziehungen mit anderen Individuen bestimmt wird. Dieses Modell geht also nicht mehr von einem egozentrischen Menschenbild aus, sondern betrachtet den Mensch im sozialen Kontext. Eine wichtige Rolle in diesem Prozess übernehmen die Medien, die als symbolische Welt die Realität für den Menschen konstruieren. Die beobachteten Werte, Normen und Handlungsmodelle werden im Gedächtnis des Menschen eingebettet und können als authentische Darstellung angesehen werden. Da die Medien, insbesondere das Fernsehen, über eine internationale Reichweite

---

36 Die behavioristische Lerntheorie erfuhr in der historischen Entwicklung unterschiedliche Ausprägungen, die aber allein auf beobachtbarem und messbarem Verhalten beruhen. Die bedeutsamsten Theorien gehen auf Pawlow (»Theorie des klassischen Konditionierens«), Thorndike (»Theorie des instrumentellen Konditionierens«) und Skinner (»Theorie des operanten Konditionierens«) zurück. Vgl. Schröder (1992), S. 224-225.
37 Vgl. Bandura (1976).
38 Vgl. Bandura (1989).

verfügen, haben die vermittelten Inhalte starken Einfluss auf Prozesse interkultureller Veränderungen.

(3) Das Image-Modell

Die Basis des Image-Modells bilden die Einstellungen des Verbrauchers zu einer Marke. Dabei werden unter dem Begriff Image die mehrdimensionalen von einander unabhängigen Bewertungen einer Marke zusammengefasst.[39] Der Verbraucher setzt dieses Gesamtbild, also das Image, in Beziehung zu seiner sozialen Rolle. Hierbei unterscheidet man das wahrgenommene Selbstbild und das Wunschbild eines Menschen. Gibt es größere Abweichungen zwischen dem Wunschbild und dem Selbstbild eines Menschen, so kann diese Tatsache eine größere Unzufriedenheit bei der entsprechenden Person hervorrufen. Durch den Konsum eines Produktes, das mit einem dem persönlichen Wunschbild entsprechendem Image behaftet ist, versucht der Verbraucher, sein Selbstbild an das Idealbild anzunähern. Mit diesem Vorgang kann der Verbraucher also einen für sich positiven Gemützustand herstellen bzw. aufrechterhalten.

In neueren Vorstellungen des Image-Modells wird das System der mehrdimensionalen Einstellungen um den Wertebegriff erweitert.[40] Dieser Vorstellung zufolge werden solche Marken von den Verbrauchern bevorzugt, die einen möglichst großen Teil der persönlichen Werte widerspiegeln. Durch den Konsum dieser Produkte kann das persönliche Wertesystem nach außen demonstriert werden. Die vorgestellten Modelle demonstrieren die verschiedenen Auffassungen zur Untersuchung der Werbewirkung ausgehend von unterschiedlichen Möglichkeiten zur Fokussierung auf bestimmte Elemente des Werbeprozesses. Konzentrieren sich die lerntheoretischen Modelle hauptsächlich auf die Verarbeitung der eigentlichen »Werbemessage«, so betrachten die psychosozialen Untersuchungen das Konsumentenverhalten eher im globalen gesellschaftlichen Zusammenhang. Bei den sozialen Modellen wiederum geht es um den Einfluss der Informationen auf die Identität des Verbrauchers.

1.6 Werbung im Marketing-Mix

Werbung ist nur eine von zahlreichen Aktivitäten, die von Unternehmen zur Erreichung ihrer wirtschaftlichen Ziele durchgeführt werden. Die Vielzahl der auf dem Markt wirkenden Aktivitäten lassen sich in einem Mix in die folgenden vier Bereiche gliedern:
(1) Produkt-Politik
(2) Distributions-Politik
(3) Kontrahierungs-Politik
(4) Kommunikations-Politik.

---

39 Vgl. Wilkens (1994), S. 44-46.
40 Vgl. Bismark/Baumann (1995).

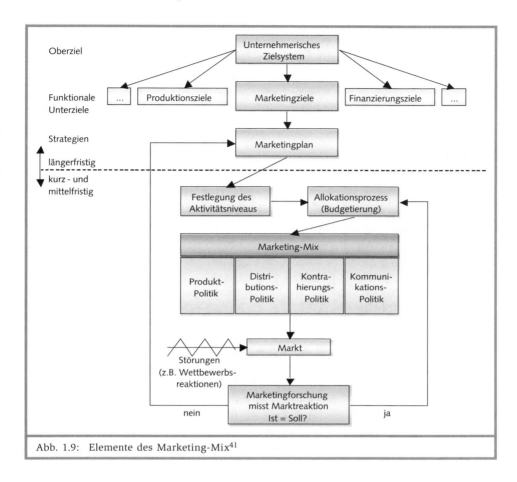

Abb. 1.9: Elemente des Marketing-Mix[41]

Der Begriff des Marketing-Mix ist kein sehr moderner, vielmehr erfolgte dessen Einführung in die Marketingtheorie bereits 1948 durch Culliton.[42] Im neuen Sprachgebrauch spricht man in diesem Zusammenhang oft auch von den 4 P's des Marketings:

- Produkt
- Platzierung
- Preis
- Promotion.

Grundsätzlich ist die optimale Kombination der Instrumente das Ziel des Marketing-Mix. Das bedeutet: »(...) *alle absatzpolitischen Instrumente so aufeinan-*

---

41 Quelle: Meffert (1998), S. 884.
42 Vgl. Culliton (1948).

der abzustimmen, dass sich eine optimale Kombination im Hinblick auf die Errei-
chung der Unternehmens- und Marketingziele ergibt.«[43]

Darüber hinaus sollte aber auch beachtet werden, dass es zwischen den einzelnen Instrumenten des Marketing-Mix zu zahlreichen Wechselwirkungen und
Abhängigkeiten kommt. So können z.B. verschiedenen Maßnahmen der Kom-
munikationspolitik entscheidenden Einfluss auf die Höhe des Verkaufspreises
eines Produktes nehmen.

(1) Produkt-Politik

Die Produkt-Politik ist ein zentrales Element der Marketingpolitik jedes Unternehmens. Sie umfasst alle Entscheidungen zur marktgerechten Ausgestaltung
von Produkten, Sor-
timenten und Dienst-
leistungen, also aller
vom Unternehmen im
Absatzmarkt angebote-
nen Leistungen. Daher
wird in diesem Zusam-
menhang auch häufig
von der Leistungs-Poli-
tik gesprochen.

Marketing-Mix			
Produkt-Politik	Distri-butions-Politik	Kontra-hierungs-Politik	Kommuni-kations-Politik

Abb. 1.10: Marketing-Mix, Fokus: Produkt-Politik

Zu den Entscheidungstatbeständen der Produkt-Politik zählt die Anpassung des
Absatzprogramms, um die Überlebensfähigkeit des Unternehmens im Wettbewerb zu gewährleisten. Hierzu zählen beispielsweise die Produktinnovation (die
Entwicklung von neuen Produkten), die Produktvariation (die Anpassung von
bestehenden Produkten), die Produkteliminierung (die Sortimentsbereinigung),
die Diversifikation (die Erweiterung des vorhandenen Sortiments mit Gütern,
die auf bisher nicht bedienten Märkten abgesetzt werden) und das Servicean-
gebot (z.B. Reparaturen, Beratung etc.).

Bei der Erreichung der Unternehmensziele spielt die Befriedigung der Kun-
denbedürfnisse eine entscheidende Rolle. Aus diesem Grund sollte die Produkt-Politik sich an diesen Bedürfnissen orientieren und auf den Nutzen des
Konsumenten ausgerichtet sein. Die produktpolitischen Ziele stehen in engem
Zusammenhang mit den Unternehmens- und Marketingzielen und können
grundsätzlich in zwei Gruppen eingeteilt werden:[44]

• **Ökonomische Ziele:** Zu den ökonomischen Zielen zählen beispielsweise
  Gewinn- und Rentabilitätsziele, Wachstums-, Rationalisierungs- und Markt-
  stellungsziele.
• **Psychographischen Ziele:** Inhalte der psychographischen Ziele können Einstellungen und Images darstellen.

---

43 Siehe Meffert (1998), S. 883.
44 Vgl. Meffert (1998), S. 319ff.

(2) Distributions-Politik

Die Distributions-Politik umfasst alle Entscheidungen, die sich auf den Transfer von materiellen oder immateriellen Leistungen vom Produzenten zum End-

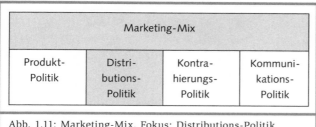

Abb. 1.11: Marketing-Mix, Fokus: Distributions-Politik

konsumenten beziehen, also auf die Übermittlung des Gutes von der Produktion zur Konsumtion.[45]

Im Rahmen der Entscheidungstatbestände der Distributionspolitik ist prinzipiell das *System der Absatzkanäle* vom *logistischen System* zu unterscheiden. Die Absatzkanäle beinhalten die rechtlichen, ökonomischen und kommunikativ-sozialen Beziehungen aller am Distributionsprozess beteiligten Personen oder Institutionen.[46] Diese Absatzwege werden an ihren Enden durch den Hersteller, bzw. durch die Endkonsumenten eingefasst. Dazwischen treten üblicherweise sog. Absatzmittler oder Absatzhelfer. Bei den Absatzmittlern handelt es sich um rechtlich und wirtschaftlich selbstständige Organe, die einen eigenständigen Einsatz ihrer absatzpolitischen Instrumente vornehmen, z.B. Groß- oder Einzelhändler. Die Absatzhelfer, z.B. Agenturen, sind zwar ebenso rechtlich unabhängige Organe, sie setzen jedoch keine eigenständigen absatzpolitischen Instrumente ein. Vielmehr üben sie eine unterstützende Funktion im Absatz aus.

Die Transaktionsfunktion im System der Absatzkanäle beinhaltet lediglich die wirtschaftlich-rechtliche, nicht aber die physische Übertragung von Verfügungsrechten über Güter an den Endkäufer.[47] Für die physische Übertragung einer Leistung an den Endkonsumenten und den dazugehörigen Informationsfluss werden Entscheidungen zum logistischen System getroffen. Hierbei handelt es sich im Wesentlichen um die Raum- und Zeitüberbrückung durch Transport, Lagerung, Auftragsabwicklung und Auslieferung. Für ein effizientes Gesamtsystem der Distributions-Politik müssen beide Teilsysteme simultan berücksichtigt werden.[48] Die Ziele der Distributions-Politik sind aus den übergeordneten Unternehmens- und Marketingzielen abzuleiten und können neben der Umsatz-, bzw. Marktanteilssteigerung auch Ziele beinhalten, wie beispielsweise eine Erhöhung des Distributionsgrades oder eine Reduktion der Vertriebskosten.

---

45 Vgl. Steffenhagen (1975), S. 21. Ahlert (1991), S. 8 ff.
46 Vgl. Meffert (1998), S. 582.
47 Vgl. Specht (1992), S. 34.
48 Vgl. Specht (1992), S. 35.

(3) Kontrahierungs-Politik

Die Kontrahierungs-Politik beinhaltet alle vertraglich fixierten Vereinbarungen von den Preisen der Güter, über mögliche Rabatte, Boni und Skonti bis hin zu Liefer-, Zahlungs-, Kreditierungs- und sogar Finanzierungsbedingungen.[49] Die Entscheidungen der Kontrahierungspolitik und im speziellen der Preis- und Rabattpolitik zeichnen sich durch ihre Flexibilität aus und

Abb. 1.12: Marketing-Mix, Fokus: Kontrahierungs-Politik

sind im Vergleich zu anderen Instrumenten des Marketing-Mix, der Produkt- und der Distributions-Politik, relativ kurzfristig variierbar. Neben den kurzfristigen Auswirkungen haben Entscheidungen bezüglich der Preise und Konditionen auch Effekte auf die Akquisition neuer Kunden und haben darüber hinaus auch langfristige Auswirkungen, beispielsweise auf die Kundenbindung.

Den preispolitischen Zielen vorangeordnet ist in den meisten Fällen der Unternehmen das Prinzip der *Gewinnmaximierung*.[50] Dieser Maxime untergeordnet sind jedoch auch die für den Gewinn entscheidenden Komponenten, der Umsatz, bzw. die Kosten zu betrachten. Abhängig von der Orientierung zählen zu den Zielen der Kontrahierungspolitik zum einen die marktgerichteten Ziele (z.B. Gewinnung neuer Kunden oder Bindung bisheriger Kunden) oder die betriebsgerichteten Ziele (z.B. Kostenminimierung).

(4) Kommunikations-Politik

Die Kommunikations-Politik umfasst alle Entscheidungen und Maßnahmen der Übermittlung von Informationen und Inhalten zum Zweck der Steuerung von Meinungen, Einstellungen, Erwartungen und Verhaltensweisen nach der entsprechenden Zielsetzung. Innerhalb des Kommunikations-Mix lassen viele Unternehmen der *Werbung* die größte Bedeutung zukommen. Die einzelnen Instrumente werden in diesem Buch im Rahmen von Kapitel 3 noch ausführlich erläutert.

Marketing-Mix			
Produkt-Politik	Distri-butions-Politik	Kontra-hierungs-Politik	Kommuni-kations-Politik

Abb. 1.13: Marketing-Mix, Fokus: Kommunikations-Politik

---

49 Vgl. Meffert (1998), S. 467.
50 Vgl. Simon (1992), S. 11ff.

Auch die Ziele der Kommunikations-Politik leiten sich aus den übergeordneten Unternehmens- und Marketingzielen ab und sind in die zwei Gruppen der ökonomischen und der psychographischen Ziele zu unterscheiden. Unter den ökonomischen Zielen sind monetäre Größen wie Gewinn, Umsatz, Kosten und Marktanteile zusammenzufassen. Bei den psychographischen Zielen ist beispielsweise der Aufbau einer hohen Marken- und Firmenbekanntheit, aber auch die Bildung von Einstellungen und Images zu nennen.

Abschließend ist noch einmal darauf hinzuweisen, dass alle vier Instrumente des Marketing-Mix in einem Verhältnis gegenseitiger Abhängigkeiten und Wechselwirkungen stehen und die Erreichung bestimmter Ziele nur selten auf einzelne Maßnahmen der jeweiligen Instrumente zurückzuführen sind.

1.7 Funktionen und Ziele der Werbung

Die Werbung erfüllt in der Praxis eine Vielzahl von Funktionen und muss dabei einem multidimensionalem Zielsystem gerecht werden. Lasogga hat den Versuch unternommen, diese Problematik zu strukturieren und eine Zuordnung der einzelnen Werbefunktionen und ihrer Ziele vorzunehmen. Abbildung 1.14 zeigt die tabellarische Auflistung der Werbefunktionen und Zielsetzungen nach Lasogga.

Werbefunktionen	Zielsetzung
Informationsfunktion	Vermittlung von Produkt- und Herstellerinformationen
Harmonisierungsfunktion	Angleichen von unterschiedlichen Informationsständen
Initialfunktion	Initiierung eines Kaufentscheidungsprozesses
Unterstützungsfunktion	Unterstützung des Personal Selling
Imagefunktion	Aufbau eines Produnk- und Firmenimages
Aktualitätsfunktion	Schaffung einer aktiven Markenbekanntheit
Bestätigungsfunktion	Vermeidung bzw. Abbau kognitiver Dissonanzen

Abb. 1.14: Funktionen und Zielsetzungen der Werbung[51]

Interessant ist bei dem Modell von Lasogga vor allem die letztgenannte Werbefunktion. In der klassischen Sichtweise endete der Werbewirkungspfad idea-

---

51 Quelle: Lasogga (1998), S. 47.

ler Weise mit dem Kauf als finale Handlung (vgl. AIDA-Modell). Nach neueren
Erkenntnissen spielt die Werbung jedoch auch nach dem Kauf noch eine entscheidende Rolle. Es geht um die *Reduktion kognitiver Dissonanzen*, die gerade
in der Nachkaufphase (After-Sales) höherpreisiger Produkte mit einer asymme-
trischen Informationsverteilung in der Kaufsituation auftreten (z.B. Automobile
oder Computer). Es gilt heute als nachgewiesen, dass Käufer solcher Produkte
nach dem Kauf besonders auf Werbung achten, um die Bestätigung zu erlangen, auch wirklich das richtige Produkt gekauft zu haben.[52]

Wie man aus den vorstehenden Schilderungen deutlich erkennen kann, können die jeweiligen Werbeziele außerordentlich vielschichtig sein. Vereinfacht
gesagt lassen sich jedoch mindestens die folgenden Werbeziele identifizieren:
(1) Ökonomische und außerökonomische Werbeziele
(2) Kommunikative Werbeziele
(3) Psychologische Werbeziele.

(1) Ökonomische und außerökonomische Werbeziele
Ökonomische Werbeziele sind direkt Absatz beeinflussend. Beispiele wären hier
der Umsatz, der Gewinn oder der Marktanteil. Außerökonomische oder auch
vorökonomische Werbeziele hingegen beeinflussen den Umsatz nur mittelbar.
Sie sind als »*(...) mehr oder weniger unbedingte Voraussetzung für das Erreichen
der ökonomischen Zielsetzungen anzusehen*«[53] und besitzen somit eine gewisse
Vorsteuerfunktion. Beispiele wären hier die Markenbekanntheit oder das Mar-
ken-/Produktimage.

(2) Kommunikative Werbeziele
Im Kern der Werbung steht die Kommunikation. Sie ist das Hilfsmittel zur Übermittlung von Werbebotschaften. Je nach kommunikativer Zielrichtung kann die
Werbung dabei unterschiedliche Formen annehmen bzw. nach unterschiedlichen Kommunikationszielen unterteilt werden.

Die gröbste Einteilung ist die nach Jarzina in *Information* und *Beeinflussung*.[54]
Beeinflussung meint, ein bestimmtes erwünschtes Handeln hervorzurufen. Bei
der Information hingegen handelt es sich um die Vermittlung von Fakten und
objektiven Produktvorteilen, den so genannten Unique Selling Proposition (All-
einstellungsmerkmal). Die Grenzen hierzwischen sind jedoch fließend, da jede
Information auch beeinflussenden Charakter besitzt.[55] Kroeber-Riel unterteilt
die Kommunikationsziele der Werbung in drei Bereiche:[56]
- **Aktualität:** Bekanntheit, starke Präsenz am POS (Point of Sale), Berücksichtigung im Relevant Set.

---

52 Vgl. Lasogga (1998), S. 46.
53 Vgl. Spanier (1999), S. 24.
54 Vgl. Jarzina, in Hünerberg/Heise (Hrsg.) (1995), S. 43.
55 aaO.
56 Vgl. Neibecker (1990), S. 93f.

- **Emotion:** Positive Aufladung der Marke/des Angebotes durch die Verwendung von Sozialtechniken wie der Emotionalen Konditionierung.
- **Information:** Unter diesem Punkt versteht Kroeber-Riel das gleiche wie Jarziner in seiner Zweiteilung der Kommunikationsziele.

Abschließend soll die Gliederung der Kommunikationsziele nach Esch betrachtet werden. Esch übernimmt die Dreiteilung Kroeber-Riels, benennt sie um und fügt einen vierten kombinierten Aspekt hinzu:[57]
- Positionierung durch **Aktualität**
- **Erlebnisbetonte** Positionierung (vgl. Kroeber-Riel: Emotion)
- **Sachbetonte** Positionierung (vgl. Kroeber-Riel: Information)
- **Gemischte** Positionierung aus Emotion und Information:
    - »(...) appelliere an ein Bedürfnis
    - *und informiere über die Eigenschaften des Angebotes, die in der Lage sind, dieses Bedürfnis zu befriedigen.*«[58]

Im weiteren Verlauf dieses Buches soll der Unterteilung der Kommunikationsziele nach Kroeber-Riel gefolgt werden, da diese die wesentlichen praxisrelevanten Grundelemente beinhaltet. Die bloße Unterscheidung Jarzinas in Information und Beeinflussung ist unserer Meinung nach zu ungenau, um den Anforderungen der Praxis gerecht zu werden. Esch kombiniert lediglich die kommunikativen Grundelemente Kroeber-Riels und generiert auf diese Weise kein neues Unterscheidungskriterium.

(3) Psychologische Werbeziele
Die psychologischen Werbeziele sind ähnlich den vorstehend bereits erörterten. Zu nennen wären hier:[59]
- Die Bekanntheit einer Marke und/oder eines Produktnamens.
- Die Differenzierung des Wissens über die individuellen Produkteigenschaften und -vorteile einer Marke.
- Die positive Entwicklung der Einstellung des Konsumenten zu einem Produkt und/oder einem Marken-Image.
- Die Steigerung der Kaufabsicht.
- Die positive Beeinflussung des Kaufverhaltens.
- Die Reduktion kognitiver Dissonanzen.

Die aus der Literatur übernommenen Unterteilungen der Werbung nach verschiedenen Funktionen und Zielsystemen machen bereits die Schwierigkeit der eindeutigen Begriffstrennung und -zuordnung deutlich. Die Markenbekanntheit ist bspw. ein außerökonomisches so wie auch eine psychologisches Wer-

---

57 Vgl. Esch (1990), S. 73.
58 Siehe Esch (1990), S. 73.
59 Vgl. Mayer (1990), S. 23.

beziel. Man kann nun über die Sinnhaftigkeit oder Zweckmäßigkeit solcher Einteilungen streiten. Nach unserer Meinung sind diese Clusterungen jedoch trotz ihrer Überschneidungen zielführend, da sie das komplexe Zielsystem der Werbung strukturieren, transparenter gestalten und somit die Handhabbarkeit verbessern.

1.8   Von der Massenwerbung zur 1:1-Kommunikation

Die Medienvielfalt und die damit einhergehende Informationsflut nimmt derzeit stetig zu. Vor diesem Hintergrund entwickeln viele Konsumenten Schutzmechanismen, die die selektive Wahrnehmung fördern: Man nimmt nur wahr, was man wahrnehmen will. Dieser imaginäre Filter ist als Resultat unserer Medienerfahrung zu sehen.[60] Unzählige Werbetreibende buhlen tagtäglich auf allen erdenklichen Kanälen (Medien) und zu allen erdenklichen Zeitpunkten um die Gunst der Konsumenten, doch die haben gelernt, damit umzugehen. Sie sind z.T. werberesistent geworden.

Wir »zappen« uns durch die TV-Landschaft, konsumieren zwei bis drei Filme oder Sendungen gleichzeitig, und »(...) was uns nicht gefällt, fällt binnen Sekunden der Fernbedienung zum Opfer.«[61] Zeitschriften werden in kürzester Zeit überflogen und haben sich durch neue »Schnellfinder-Layouts« sogar diesem Trend gebeugt.[62]

Die größte Herausforderung für einen Werbetreibenden ist es heutzutage, Aufmerksamkeit zu erlangen, um nicht in der Werbemasse zu verstummen. »Das Schrotschuss-Prinzip der »one-to-many«-Kommunikation (Massenwerbung) stößt dabei an seine Grenzen, denn der Versuch, möglichst viele mit einer einheitlichen Kampagne anzusprechen, führt leider häufig dazu, den Minimal-Konsens zum Prinzip zu erheben und sich auf den kleinsten gemeinsamen Nenner zu reduzieren. Je öffentlicher etwas ist, desto mehr muss darauf geachtet werden, wie man mit wem spricht. Wollen wir den Verbraucher jedoch wirklich begeistern, überzeugen, müssen wir polarisieren, ihm etwas geben, was ihn interessiert. Müssen wir uns ihm »persönlich« widmen, ihn ernst nehmen, seiner Individualität gerecht werden.«[63]

Dies erreicht man über die »One-to-One«- oder Individualkommunikation. Zusätzlich erschwert wird die gezielte Werbeansprache durch das Phänomen des Neuen Kunden. Der Neue Kunde lässt sich als multioptional charakterisieren. Klassische Einkaufsmuster sowie klassische Kundensegmente lösen sich zunehmend auf. Dies sei an folgenden Beispielen verdeutlicht:

---

60 Vgl. Dietz, in Hünerberg/Heise (Hrsg.) (1995), S. 242.
61 Siehe Dietz, in Hünerberg/Heise (Hrsg.) (1995), S. 242.
62 aaO.
63 Siehe Dietz, in Hünerberg/Heise (Hrsg.) (1995), S. 243.

- **High-Involvement-Güter** wie PCs werden bei Discountern wie Aldi gekauft.
- **Hochwertige exklusive Markenerzeugnisse** (z.B. Mercedes SLK, Hugo Boss Anzug etc.) werden parallel zu *Low-Price-Gütern* (No-Name-Produkte) konsumiert.

Diese Tatsache erschwert zusätzlich zur Medienüberlastung die Orientierung an scharf-konturierten heterogenen Zielgruppen und verlangt nach individuellen Einzellösungen. Man kann sagen, dass sich die Werbung bezüglich der Zielgruppenansprache im Wandel befindet. Die Massenmedien, die Werbetreibenden sowie die Agenturen werden sich dieser Entwicklung nicht entziehen können.

1.9 Determinanten der Werbung

Aus den vorstehend aufgeführten wesentlichen Charakteristika der Werbung lassen sich schließlich die Determinanten der Werbung herleiten. Diese sind in Abbildung 1.15 genannt.

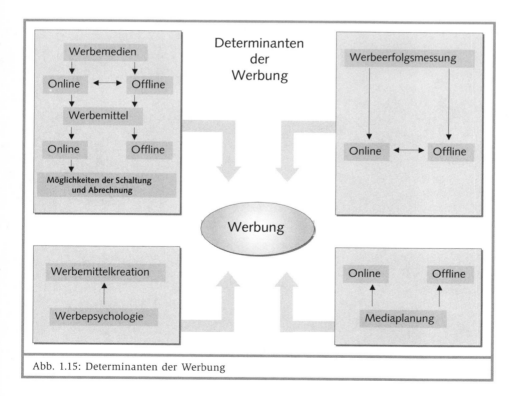

Abb. 1.15: Determinanten der Werbung

Die aufgeführten Determinanten der Werbung werden im Verlauf dieses Buches einzeln beschrieben. Diese Strukturierungsmethode hat den Vorteil, dass Sie bei einem konkreten Informationsbedürfnis in Ihrer täglichen Praxis der Werbeplanung das Buch auch als übersichtliches Nachschlagewerk verwenden können. Als Orientierungshilfe dient dabei die vorstehende Abbildung. Sie steht zu Beginn eines jeden Kapitels bzw. Kapitelabschnitts. Die in den jeweiligen Kapiteln behandelten Determinanten werden hervorgehoben. Hierdurch wissen Sie sofort, wie sie das im jeweils folgenden Text Diskutierte in den Gesamtkontext der Werbepraxis einordnen können.

2 Werbepsychologie und Werbemittel-kreation

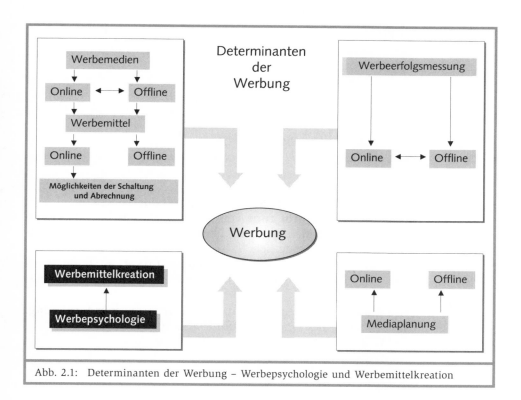

Abb. 2.1: Determinanten der Werbung – Werbepsychologie und Werbemittelkreation

2.1 Bildkommunikation als zentrales Werbeelement

Dem aufmerksamen Betrachter der Medien- und Werbelandschaft wird auffallen, dass sich die Werbetreibenden verstärkt der Bildkommunikation bedienen, um dem Konsumenten ihre Botschaften zu vermitteln. Diese »Strategie« der Werbeagenturen kann als Antwort auf den bereits beschriebenen zunehmenden Selektionsprozess in der Wahrnehmung der Konsumenten vor dem Hintergrund der steigenden Mediensättigung gesehen werden. Bilder stellen die bedeutendsten Gestaltungselemente der Werbung dar.

Funktionen von Bildern:
- *»Bilder werden gegenüber Texten bevorzugt: Sie werden früher, länger und häufiger fixiert als Text.«*[1]
- *»Bilder werden wie Realität wahrgenommen, weniger hinterfragt und sind zudem informationsreicher (...).*
- *Sie erhöhen die Bereitschaft der Empfänger, sich einer Botschaft zuzuwenden (...).*
- *Sie führen leichter zu inneren Bildern als Texte (...).*
- *Darüber hinaus sind Bilder insbesondere zur Vermittlung von Emotionen geeignet.«*[2]

Kroeber-Riel stellt drei wesentliche Eigenschaften von Bildern heraus:[3]
- **Schnelle Aufnahme und Verarbeitung von Bildinformationen:** Um ein Bild mittlerer Komplexität aufzunehmen und abzuspeichern sind durchschnittlich 1,5 bis 2,5 Sekunden erforderlich.
- **Geringe gedankliche Anstrengung bei Bildkommunikation:** Bilder werden im Gehirn mit einer geringeren gedanklichen Beteiligung verarbeitet als sprachliche Informationen.
- **Bildkommunikation prägt die Anforderung an die Informationsdarbietung:** *»Die Bildkommunikation bestimmt mehr und mehr die Erwartungen, die an jede Form der Informationsvermittlung – auch an die sprachliche – gestellt werden.«*[4]

Bilder lassen sich von sprachlichen Informationen bzw. Werbetexten durch folgende zentrale Ausprägung unterscheiden:

> *Sprache* eignet sich zur *rationalen Argumentation, Bilder* hingegen sind prädestiniert, *emotional* zu *beeindrucken.*

---

1   Siehe Behle (1998), S. 30.
2   Siehe Behle (1998), S. 31.
3   Vgl. Kroeber-Riel (1993), S. 17 f.

Neben den genannten Vorteilen verfügen Bilder jedoch auch über einen wesentlichen *Nachteil:* »*Bilder weisen eine höhere Mehrdeutigkeit als Sprache auf (...). Durch den Einsatz falsch ausgewählter Bilder können Assoziationen ausgelöst werden, die nicht der Kommunikationsabsicht entsprechen.*«[5]

Der Empfänger von Bildinformationen ist in der Dekodierung selbstständiger und freier als bei der Entschlüsselung sequenziell geordneter sprachlicher Elemente – weshalb es bei Bildern leichter zu Irritationen kommen kann als bei Sprache bzw. Texten. Die Bildinformation stellt somit besondere Anforderungen an Sender und Empfänger.[6]

Bilder erfüllen in der Werbepraxis eine Vielzahl von *Funktionen.* An dieser Stelle sollen die wesentlichen genannt werden:[7]

- **Auslösen von Aktivierung:** Werbung, die nicht gesehen wird, kann nicht wirken. Unter den Voraussetzungen der Informationsüberlastung und des Low-Involvement der Konsumenten spielen Bilder zur Aktivierung eine entscheidende Rolle.

- **Auslösen von Emotionen:** Vor dem Hintergrund der zunehmenden Austauschbarkeit der Produkte wird die erlebnisbetonte Positionierung immer bedeutender. Bilder übernehmen dabei die Funktion, diesen emotionalen Mehrwert visuell zu kommunizieren.

- **Vermitteln von Informationen:** Bilder sind ideal geeignet, komplexe Sachverhalte komprimiert und anschaulich darzustellen. Hier wird häufig das Beispiel einer Zahlentabelle im Vergleich zu einer Grafik oder einem Diagramm genannt.

- **Erreichen von Gedächtniswirkungen:** Da die Zeitpunkte des Werbekontaktes und des Kaufzeitpunktes häufig getrennt sind, ist es wichtig, im Gedächtnis des Konsumenten präsent zu bleiben, um in der Kaufsituation abgerufen werden zu können (Relevant Set). Für diese Funktion sind emotionale Bilder und/oder Produktabbildungen sehr geeignet.

Grundlagen der formalen Bildgestaltung

Der Prozess der formalen Bildgestaltung lässt sich in Anlehnung an Kroeber-Riel in die *Konzept-Ebene* und die *Realisations-Ebene* unterteilen. Des Weiteren werden in der Konzept-Ebene die Strategien *Aktualisierungs-Strategie* und *Profilierungs-Strategie* unterschieden.

Die Aktualisierungs-Strategie meint »*(...) das Angebot durch eine aufmerksamkeitsstarke Kommunikation beim Konsumenten ins Gespräch zu bringen (...)*«.[8] Die Profilierungs-Strategie hingegen verfolgt das Ziel der »*(...) Positionierung des Angebotes und damit der Verankerung in der Menge der bevorzugten Kau-*

---

4   Siehe Kroeber-Riel (1993), S. 18.
5   Siehe Behle (1998), S. 32.
6   Vgl. Behle (1998), S. 32.
7   Vgl. Behle (1998), S. 48.
8   Siehe Kramer (1998), S. 53.

falternativen...«.[9] *»Die Positionierungs-Strategie gilt heute als »hohe Schule des Marketing« und wird als wichtigster Faktor im Rahmen der Markenpolitik angesehen.«*[10]

In der Realisations-Ebene unterscheidet man zwischen *Durchsetzungs-Strategien* und *Durchsetzungs-Techniken.*

Durchsetzungs-Strategien gliedern sich in *Modalitäts-* und *Integrationsstrategien.* Unter Modalitäts-Strategien versteht man *Imagery-Strategien* zur Beeinflussung innerer Bilder (speziell der Markenbilder) sowie *Verbalstrategien* zur stark sprachlastigen Kommunikation.

Integrationsstrategien hingegen beziehen sich auf den Grad der Abstimmung der einzelnen Marketing- oder Werbemaßnahmen. Hier geht es um die konsequente und stringente Umsetzung von *Schlüsselbotschaften* (z.B. Marlboro: Freiheit und Abenteuer). Den Gegensatz zur Schlüsselbild-Strategie bildet die *fraktale Strategie.* Ihr liegt das Bild vom »multioptionalen Konsumenten« zugrunde, weshalb hier betont heterogene Werbebotschaften zum Einsatz kommen.[11] Bei der fraktalen Strategie ist jedoch eine exakte Zielgruppenansprache und Zielgruppentrennung im Rahmen der Mediaplanung erforderlich, um bei den Konsumenten keine konträren Bilder zu erzeugen (vgl. hierzu Anhang Kreativkonzept/ Golf eGeneration/Volkswagen AG).

Wurde dieser Selektionsprozess durchlaufen, folgt der Einsatz der Durchsetzungs-Techniken. Hier werden *Sozialtechniken* wie das Kindchenschema, mimische Ausdrucksformen, emotionale Schemata, Argumentationstechnologien (Testimonials, Side-by-Side-Vergleiche), Bildanalogien, Metaphern oder visuelle rhetorische Figuren eingesetzt.[12]

Das bisher Gesagte lässt sich wie folgt zusammenfassen: *»Die Aufgabe der formalen Bildgestaltung im Rahmen der sozialtechnischen Entwicklung von Werbebildern besteht in der gestalterischen Optimierung des Bildkonzeptes als denotativem und konnotativem Kern des Bildes.«*[13]

Abbildung 2.2 visualisiert die Zusammenhänge und Abbildung 2.3 sind die wesentlichen elementaren Gestaltungsmittel der formalen Bildgestaltung zu entnehmen.

---

 9 Siehe Kramer (1998), S. 53.
10 Siehe Kramer (1998), S. 53.
11 Vgl. Kramer (1998), S. 54 f.
12 Vgl. Kramer (1998), S. 56f.
13 Siehe Kramer (1998), S. 58.

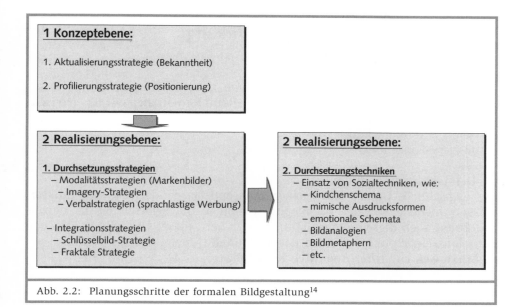

Abb. 2.2: Planungsschritte der formalen Bildgestaltung[14]

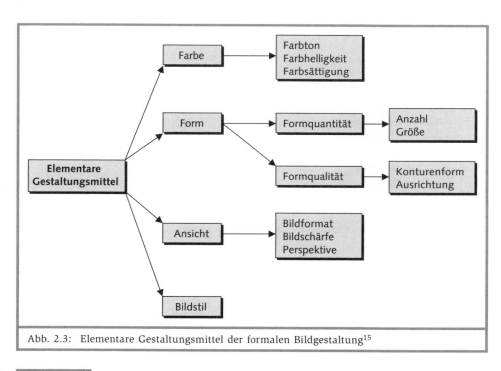

Abb. 2.3: Elementare Gestaltungsmittel der formalen Bildgestaltung[15]

14 Quelle: In Anlehnung an Kramer (1998).
15 Quelle: Kramer (1998), S. 98.

2.2 Forschungsgebiete zur Wirkung von Bildinformationen

In der Werbepsychologie werden prinzipiell zwei Schwerpunkte zur Erforschung der Wirkung und Verarbeitung von Bildinformationen auf das menschliche Gehirn unterschieden:

(1) Hemisphärenforschung

(2) Imagery-Forschung.

(1) Hemisphärenforschung

Das menschliche Gehirn lässt sich in zwei optisch identische jedoch funktional verschiedene Bereiche (Hemisphären) teilen. Die Erforschung der einzelnen Funktionen dieser Hemisphären ist der Kern dieser Disziplin.[16] Folgende Funktionsschwerpunkte wurden dabei ermittelt:[17]

- **Linke Gehirnhälfte (kognitive Hemisphäre)**
  - Digitales Denken
  - Sprache, Lesen
  - Organisation
  - Logisches Denken
  - Mathematik
  - Planung
  - Details
  - Analyse
  - Gedächtnis für Wörter und Sprache.
- **Rechte Gehirnhälfte (emotionale Hemisphäre):**
  - Analoges Denken
  - Visuelles Denken
  - Körpersprache
  - Rhythmus, Tanz
  - Emotionen
  - Musikalität
  - Synthese
  - Gedächtnis für Personen, Sachen und Erlebnisse.

Die beiden Hemisphären arbeiten jedoch nicht getrennt voneinander, sondern stehen in wechselseitiger Beziehung zueinander. Hierdurch entstehen komplexe psychische Vorgänge, die entweder einen kognitiven oder einen emotionalen Schwerpunkt besitzen.

---

16 Vgl. Lasogga (1998), S. 261.
17 Vgl. Lasogga (1998), S. 263.

Dieser Sachverhalt ist für die Gestaltung von Werbung wichtig. Der Werbetreibende muss somit eine Hemisphäre verstärkt ansprechen, um eine bessere Aufnahme und Verarbeitung beim Betrachter sicherzustellen.[18] Eine stark informative und gleichzeitig stark emotionale Werbung würde den Betrachter nach diesen Erkenntnissen »überstrapazieren« und in seiner Verarbeitung einschränken. Eine so gestaltete Werbung würde ihr Ziel verfehlen.

(2) Imagery-Forschung

Das Ziel der Imagery-Forschung besteht darin, die unterschiedliche Gedächtnisleistung des menschlichen Gehirns für Bild- und Sprachinformationen zu untersuchen. In Anlehnung an Paivio (einem der bekanntesten Vertreter der Imagery-Forschung) soll hier kurz die Duale-Kode-Theorie vorgestellt werden.[19] Sie unterscheidet im menschlichen Erinnerungsvermögen zwei Kodierungssysteme:[20]

- **Das imaginale Kodierungssystem:** Dieses verarbeitet non-verbale Informationen (z.B. Farbe, Form, räumliche Beziehungen etc.). Ein erinnertes Gesicht kann bspw. nur mit großer Mühe in Worten wiedergegeben oder beschrieben werden.
- **Das verbale Kodierungssystem:** Im Gegensatz zu dem eben genannten System werden im verbalen Kodierungssystem nur sprachliche Informationen verarbeitet.

Die Imagery-Forschung ergänzt somit die Hemisphärenforschung. Es ergeben sich zwei Beziehungen (Achsen):
- Sprache vs. Bild
- Kognitiv vs. Emotional.

Mit diesen Erkenntnissen lässt sich ein Koordinatenkreuz aufspannen, in dem die Werbung positioniert werden kann. Abbildung 2.4 zeigt ein solches System.

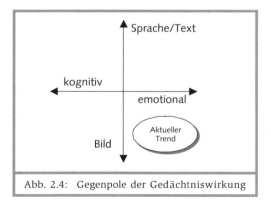

Abb. 2.4: Gegenpole der Gedächtniswirkung

---

18 Vgl. Lasogga (1998), S. 284.

2.3   Die Aktivierungswirkung von Werbung

Wie bereits im Zusammenhang mit den Stufenmodellen der Werbewirkung erwähnt, steht die Generierung der Aufmerksamkeit des Konsumenten am Anfang der Werbewirkungskette. Durch die zunehmende Informationsflut kommt der Aktivierungswirkung von Werbung heutzutage eine zentrale, wenn nicht die zentrale Bedeutung zu. Es ist eine alltägliche Erfahrung, dass sich unser Organismus in verschiedenen Stadien der »Wachheit« und damit seiner *Aufnahmebereitschaft* befinden kann. Diese reichen vom Tiefschlaf bis zur höchsten Aufmerksamkeit, die über starke Erregung bis zur Panik führen und den Konsumenten in seiner Aufnahmefähigkeit sogar blockieren kann. Die Erforschung dieser Wachheitszustände und ihrer Folgen bildet den Kern der Aktivierungstheorie. Je stärker eine Anzeige aktiviert, desto intensiver (aufmerksamer) wird sie aufgenommen und verarbeitet und desto besser wird sie folglich erinnert.

Der Konsument ist heute einer Vielzahl von Werbeappellen ausgesetzt. Bereits 1980 ermittelte Hodock, dass ein durchschnittlicher Amerikaner mit ca. 300 Anzeigen und Werbespots pro Tag konfrontiert wird.[21] Aufgrund des gestiegenen Medienangebotes durch die privaten Fernsehsender und durch die Neuen Medien dürfte diese Zahl heute bedeutend höher liegen.

Unzählige Unternehmen buhlen auf allen erdenklichen Kanälen und zu allen erdenklichen Zeiten um die Gunst der Konsumenten. Um diese »Reizflut« zu bewältigen, haben die Konsumenten einen »Verteidigungsmechanismus« entwickelt, der *Aufmerksamkeit* heißt. *»Physiologisch gesehen ist Aufmerksamkeit eine kurze Erhöhung der Aktivierung, die dazu führt, dass die Aufnahmebereitschaft für den auslösenden Reiz erhöht wird.«*[22]

In diesem Zusammenhang ist auch der erhöhte Erinnerungswert einer stark aktivierenden Anzeige von Bedeutung. Dieser liegt um 58% höher als bei einer schwach aktivierenden.[23] Um nun eine Aktivierung auszulösen, bedarf es bestimmter Reize mit erhöhtem *Aktivierungspotenzial*. Es haben sich drei Gruppen von Reizen herauskristallisiert, die diese Eigenschaft erfüllen:
(1) Emotionale Reize
(2) Kognitive Reize
(3) Physische Reize.

(1) Emotionale Reize: Hier sind zunächst erotische Reize wie bspw. ein üppiger Busen in einem ausladenden Dekollté[24] (z.B. »die schöne Bäckersfrau« von Hanuta) sowie das Kindchenschema anzusprechen. Es gibt jedoch noch eine

---

19 Vgl. Lasogga (1998), S. 266.
20 Vgl. Lasogga (1998), S. 267.
21 Vgl. Meyer-Hentschel (1983), S. 4ff.
22 Siehe Meyer-Hentschel (1983), S. 7f.
23 Vgl. Meyer-Hentschel (1983), S. 8 f.
24 Vgl. Lasogga (1998), S. 204.

Vielzahl weiterer aktivierender emotionaler Reize wie Glück, Freiheit, Freude, Freundschaft, Erfolg, Geborgenheit, Angst, Trennung, Einsamkeit oder Macht – um nur einige zu nennen. Problematisch ist in der Praxis jedoch die Wahl des richtigen emotionalen Reizes für ein bestimmtes gegebenes Produkt.[25]

(2) Kognitive Reize: Kognitive Reize sind Reize, die zu Inkonsistenzen und Konflikten führen.[26] Beispiele wären Neuartigkeit (z.B. in Bildstil oder Perspektive), Überraschungswert, Inkonsistenz, Komplexität, Unklarheit oder Konflikt.[27] Ein verbales Praxisbeispiel ist die Werbung von Volkswagen für das Sondermodell Golf eGeneration: »Internet mit 130 PS?« – Spannungsaufbau durch konträre Begriffspaare. Ein weiteres verbales Beispiel kognitiver Reize ist die Werbung für die Telefonauskunft Telegate, in der Verona Feldbusch den Slogan »Da werden Sie geholfen« aufsagt.

(3) Physische Reize: Als Beispiele für physische Reize wären die Größe einer Werbeanzeige, ihre farbige Gestaltung oder das Größenverhältnis von Bild zu Text zu nennen.[28] Bei der Farbqualität wird dem *Farbton* die maßgebliche Verantwortung für die Aktivierung zugeschrieben. Die »warmen« Farben Rot, Orange und Gelb wirken dabei aktivierender als die »kalten« Farben Blau, Grün oder Violett. *Rot* nimmt als aktivierendste Farbe dabei eine Sonderstellung ein.[29] Ein ebenfalls wesentliches Stilelement zur Aktivierung beim Einsatz von Farbe ist der *Farbkontrast*. Hier wirken Orange/Schwarz, Gelb/Schwarz (vgl. Yello-Strom) oder Weiss/Rot am intensivsten (eon wirbt über den Farbkontrast Orange/Weiss).[30]

Generell sei darauf hingewiesen, dass die farbliche Gestaltung keinen Einfluss auf die Betrachtungszeit eines Bildes hat.[31] Ein ebenfalls wirkungsvolles Aktivierungselement ist die *Größe* des dargestellten Bildelementes, welche sich zusätzlich positiv auf die Betrachtungszeit auswirkt.[32] Als letzter visueller Punkt soll hier die Aktivierung durch *Bewegung* und *Dynamik* genannt werden. Es werden dazu die Gestaltungsmittel Ausrichtung und Bildschärfe eingesetzt. Verschwommene Konturen und diagonale Ausrichtungen ermöglichen eine Simulation realer Bewegung.[33] Dieses Stilelement ist häufig in der Automobilwerbung vorzufinden, wo geneigte Karossen (zentrifugalkraftbedingt) mit sich drehen-

---

25 Vgl. Meyer-Hentschel (1983), S. 10.
26 Vgl. Lasogga (1998), S. 205.
27 Vgl. Meyer-Hentschel (1983), S. 11.
28 aaO.
29 Vgl. Kramer (1998), S. 115 ff.
30 Vgl. Kramer (1998), S. 119.
31 Vgl. Kramer (1998), S. 121.
32 Vgl. Kramer (1998), S. 122 f.
33 Vgl. Kramer (1998), S. 124.

den Felgen in einer Kurvenfahrt auf einer Serpentinenstrasse gezeigt werden (z.B. BMW wirbt ausschließlich mit dynamischen Fahraufnahmen).[34] Bei akustischen Reizen wäre die Lautstärke zu nennen.[35]

Es sei noch darauf hingewiesen, dass physische Reize als einzige dieses Terzetts zielgruppenunabhängig wirken. Die genannten Stilelemente zur Förderung der Aktivierung schließen sich nicht aus, sind in der Praxis synergetisch einsetzbar.

2.4 Die bildliche Umsetzung elementarer Kommunikationsziele

In diesem Abschnitt werden die verschieden Möglichkeiten und Techniken zur bildlichen Umsetzung elementarer Kommunikationsziele aufgezeigt. Wir beschränken uns dabei auf die Kommunikationsziele »Vermitteln von Informationen« und »Vermitteln von Emotionen«. Das Schaffen von Aktualität lässt sich generell über Auffälligkeit erzeugen und bedarf somit keiner besondere Transformationstechnik.

Vermitteln von Informationen

Trotz der zunehmenden Differenzierung durch Images kommt der informativen Werbung nach wie vor ein bedeutender Stellenwert zu. Da dem Werbetreibenden aufgrund der Low-Involvement-Situation nur wenige Sekunden zur Vermittlung seiner Informationen bleiben, bedient man sich hier verstärkt der Bildkommunikation (vgl. Funktionen von Bildern).[36] Es gibt die beiden folgenden Möglichkeiten der bildlichen Umsetzung von Informationen:[37]

- Direkte Umsetzung
- Indirekte Umsetzung.

Die *direkte bildliche Umsetzung* einer Produkteigenschaft gestaltet sich relativ unproblematisch. Vertreibt man bspw. einen Multivitaminsaft mit besonders vielen Fruchtstücken, kann man diese Eigenschaft direkt in einem Spot oder in einer Anzeige visualisieren. Während des Einschenkens eines Glases oder Befüllens der Flasche können die unterschiedlichen Fruchtstücke sichtbar gemacht werden. Selbstredend sollte dabei beachtet werden, dass die Fruchtstücke überzeichnet dargestellt werden (farbiger und praller als in der Realität), um Begehrlichkeiten beim Betrachter zu wecken. Als weiteres Praxisbeispiel sei der Reifenhersteller

---

34 Vgl. Behle (1998), S. 90.
35 Vgl. Lasogga (1998), S. 206.
36 Vgl. Behle (1998), S. 141.
37 aaO.

Abb. 2.5:   Der »Zahnradreifen« von Michelin

Michelin genannt. Wie in Abbildung 2.5 gut zu erkennen ist, wurde, um die gute Bodenhaftung eines Winterreifens zu visualisieren, der Reifen parallel mit einem Zahnrad, das auf einer Zahnschiene sitzt, abgebildet. Zur Verstärkung des Effekts war im Hintergrund eine Winterlandschaft mit einer alpinen Zahnradbahn abgebildet. Das Problem besteht jedoch darin, dass man häufig Produkteigenschaften kommunizieren will wie »gesund« oder »modern«, die sich nur schwer direkt darstellen lassen. In diesem Fall wählt man eine *indirekte Umsetzung*.[38]

Dafür stehen folgende Mittel zur Verfügung:
- Freie Bildassoziation
- Bildanalogie
- Bildmetapher.

Bei der *freien Bildassoziation* werden in der Regel neben dem eigentlichen Produkt Bilder gezeigt, die keinen erkennbaren Sachzusammenhang zum Produkt aufweisen. Da die Werbemittel vom Betrachter ganzheitlich verarbeitet werden, versucht dieser nun, die unterschiedlichen Bildelemente in einen sinnvollen Sachzusammenhang zu bringen. In diesem Vorgehen ist er frei. Man hat so die Möglichkeit, neue Vorstellungen mit der Marke zu verknüpfen.[39]

Bei der *Bildanalogie* verwendet man Abbildungen von Lebewesen oder Gegenständen, die vom Betrachter automatisch mit bestimmten Eigenschaften verbunden werden (z.B. eine Feder steht für die Eigenschaft leicht). Diese Eigenschaften werden auf das beworbene Produkt adaptiert.[40] Ein anschauliches Beispiel ist eine Werbekampagne der Marke Volkswagen für das Produkt Polo. Es wurde lediglich ein Esel abgebildet. Auf einem anderen Plakat war ein Nashorn zu sehen. Der Slogan dazu war immer der gleiche: »Der neue Polo«. Der Esel ist als Lasttier und für seine Gutmütigkeit bekannt. Das Nashorn hingegen steht für Robustheit und Sicherheit. Diese Eigenschaften wurden auf extrava-

---

38 Vgl. Behle (1998), S. 141.
39 Vgl. Behle (1998), S. 141.
40 Vgl. Behle (1998), S. 142.

gante und auffällige Weise auf das Produkt Polo übertragen. Ein verbales Beispiel für eine Bildanalogie ist der Slogan der Württembergischen Versicherung: »Ein Fels in der Brandung«. Hier werden Eigenschaften wie Beständigkeit und Sicherheit kommuniziert. Ein weiterer Versicherungsanbieter (HUK-Coburg) wirbt mit einem ritterlichen Schutzschild, welches Sicherheit und Unantastbarkeit vermitteln soll.

Die *Bildmetapher* hingegen ist abstrakter als die Bildanalogie und kulturell geprägt. Beispiele: Die Eule steht für Weisheit, der Fuchs für Schläue (z.B. LBS) oder die weiße Taube für den Frieden. Wichtig ist dabei, dass die Metapher vom Betrachter als solche erkannt wird. Der Gestalter hat durch diese Anforderung in seiner kreativen Umsetzung nur einen sehr begrenzten Spielraum.[41]

Vermitteln von Emotionen

Grundlage der emotionalen Aufladung von Produkten und des Kreierens eines Erlebniswertes ist die Tatsache, dass Produkte nicht nur einen Gebrauchsnutzen besitzen, sondern auch mit gefühlsmäßigen Bedeutungsinhalten belegt werden können.[42] Vor dem Hintergrund der steigenden Austauschbarkeit von Produkten wird diese Funktion zunehmend bedeutsamer. Es gilt nicht die objektive Beschaffenheit eines Produktes, sondern nur die subjektive Wahrnehmung durch den Konsumenten.

Ein Image lässt sich somit als subjektive Verbrauchervorstellung beschreiben. Beispiele sind Fitness-Joghurts (Nestlé LC1), Lifestyle-Kombis (Audi A4 Avant), Statussymbole (Mercedes S-Klasse) oder Zigaretten mit dem Hauch von Freiheit und Abenteuer (Marlboro).

Um dieses Ziel zu erreichen, bedient man sich häufig der Sozialtechnik der *emotionalen Konditionierung.* Der emotionalen Konditionierung liegt dabei folgende These zugrunde: »*Wenn ein neutraler Reiz wiederholt und gleichzeitig mit einem emotionalen Reiz dargeboten wird, dann erhält auch der neutrale Reiz nach einiger Zeit die Fähigkeit, die emotionale Reaktion hervorzurufen.*«[43]

Zur Kommunikation von Werten und Lebenswelten sind Bilder unterstützt durch Musik am effizientesten. Sprachliche Reize sind für diese Aufgabe eher ungeeignet.[44] Als weiteres wichtiges Gestaltungsmittel wird der zeitliche Ablauf gesehen, weshalb in diesem Zusammenhang nur dynamische Werbemedien zum Einsatz kommen sollten. Die Marke/das Produkt sollte dabei im Wechsel mit dem emotionalen Reiz gezeigt werden, wobei die Marke am Anfang stehen sollte. Zum Ende hin können sich die Elemente kurz überschneiden, um eine stärkere Verbindung zu symbolisieren. Der Prozess ist durch die Anforderung der wiederholten Suggestion ein sehr langwieriger. Der früheste messbare Kon-

---

41 Vgl. Behle (1998), S. 142.
42 Vgl. Lasogga (1998), S. 221.
43 Siehe Neibecker (1990), S. 154.
44 Vgl. Neibecker (1990), S. 155.

ditionierungseffekt tritt etwa nach acht Wiederholungen auf, für einen langfristigen Assoziationseffekt bedarf es etwa zwanzig Wiederholungen.[45]

Ein sehr wirkungsvolles emotionales Stilmittel ist *Erotik* oder *Sex*. »Erotik verführt zum Kauf.«[46] Otto Walter Haselhoff hat die Wirkung von Erotik in der Werbung erforscht und sieht diesen Sachverhalt jedoch differenzierter. Er stellt zwei wesentliche Aspekte heraus:

1. *»Die aufmerksamkeitsweckende Wirkung von Sexmotiven ist um so größer, je gehemmter, eingeschränkter und frustrierter der Umworbene ist. In dem Grade jedoch, in dem Sexualität von traditionellen Schuldgefühlen und Hemmungen entlastet wird, verliert Sex in der Werbung an Wirkung.«*[47]

2. *»Es muss ein thematischer Zusammenhang zwischen dem werblichen erotischen Gag und dem Produkt bestehen. Fehlt dieser, so bewirkt Sex allenfalls eine Provokation, aber keine Umsatzsteigerung.«*[48]

Erotik mag zum Kauf verleiten, aber sicherlich nicht in allen Fällen. Hier ist neben der Aufmerksamkeitssteigerung ein schlüssiges Konzept gefragt. Des Weiteren ist zu bedenken, dass ein überstarker erotischer Reiz den Betrachter in seiner Aufnahmefähigkeit für das Produkt hemmt und/oder vom Produkt ablenkt kann.

Oftmals wird auch lediglich die *Klimawirkung* von Bildern eingesetzt. Hierbei besteht das Ziel nicht darin, spezifische emotionale Erlebnisse, sondern diffuse Emotionen im Sinne von Stimmungen zu vermitteln. Es soll ein angenehmes Wahrnehmungsklima beim Betrachter erzeugt werden. Der emotionale Bildreiz bleibt bewusst im Hintergrund.[49]

Das Verfahren der emotionalen Konditionierung ist in der Wissenschaft jedoch nicht unumstritten. Heller warnt generell davor, menschliche Verhaltensweisen naturwissenschaftlich belegen zu wollen und kritisiert die Expertensysteme Kroeber-Riels. Das Übertragen des emotionalen Gehaltes eines Bildes auf ein Produkt nennt Heller ein hoffnungsloses Konzept.[50] Die Meinung Hellers wurde vollständigkeitshalber aufgeführt und wird von uns nicht geteilt. Unserer Ansicht nach ist die Existenz von Images zu einem Großteil auf eine geschickte Bildkommunikation zurückzuführen.

---

45 Vgl. Neibecker (1990), S. 156.
46 Siehe Heller (1984), S. 67.
47 Siehe Heller (1984), S. 68.
48 aaO.
49 Vgl. Kramer (1998), S. 44f.

2.5 Die gestaltungspsychologische Wahrnehmung von Bildern

Ursprünglich ging man bei der optischen Wahrnehmung von Bildern von der *Konstanzannahme* aus. Diese besagt, *»(...) dass zwischen Reiz und Erlebten eine gesetzmäßige, berechenbare Beziehung besteht.«*[51] Die optische Täuschung (z.B. Zöllner´sche Parallelen-Täuschung, Sander´sche Täuschung oder Kippfiguren wie das bekannte Phänomen Gesichter oder Kelch) beweist jedoch anschaulich, dass die Konstanzannahme nicht von genereller Gültigkeit ist. Abbildung 2.6 zeigt zwei bekannte optische Täuschungen.

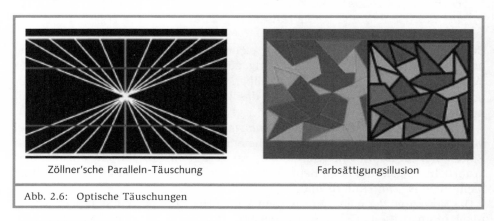

Zöllner'sche Paralleln-Täuschung   Farbsättigungsillusion

Abb. 2.6: Optische Täuschungen

Bei der Zöllner´schen Parallelen-Täuschung scheinen die horizontalen Linen gebeugt. In Wirklichkeit sind sie jedoch parallel. Die Farbsättigungsillusion veranschaulicht sehr schön, welche Auswirkungen schwarze Konturen auf das Farbempfinden haben. Die Farben beider Bilder sind identisch, die schwarzen Umrandungen stellen den einzigen Unterschied dar. Trotzdem wirken die Farben des rechten Bildes intensiver. Da die Abbildung in diesem Buch nicht farbig dargestellt werden kann, sind Sie hier ganz auf Ihr Vorstellungsvermögen angewiesen, auf das wir jedoch vertrauen.

Aus den genannten sowie weiteren optischen Versuchen lassen sich für die Gestaltungspsychologie von Werbebildern folgende Gesetzmäßigkeiten ableiten:[52]

- **Gesetz der Nähe:** Die räumliche Anordnung von Bildelementen hat Auswirkungen auf das gedankliche Zusammenfassen zu Gruppen durch den Betrachter.

---

50 Vgl. Heller (1984), S. 72 ff.
51 Siehe Rosenstiel (1969), S. 73.
52 Vgl. Rosenstiel (1969), S. 74ff. und Kramer (1998), S. 146ff.

- **Gesetz der Geschlossenheit:** In sich geschlossene oder vollständig abgebildete Objekte werden leichter wahrgenommen als nichtumrahmte oder teilweise abgebildete.
- **Gesetz der Gleichheit:** Beim Einsatz verschiedenartiger Bildelemente werden sich ähnelnde vom Betrachter zu Gruppen zusammengezogen.
- **Gesetz der guten Kurven oder des gemeinsamen Schicksals:** Sich überlappende oder angeschnittene Figuren werden vom Betrachter harmonisch vervollständigt.
- **Gesetz der Figur-Grund-Differenzierung:** Siehe nachfolgende Ausführungen.
- **Gesetz der Prägnanz:** Siehe nachfolgende Ausführungen.

Da der Figur-Grund-Differenzierung sowie den Prägnanztechnologien in der Werbepraxis die größte Bedeutung zukommt, werden diese hier ausführlicher behandelt.

Figur-Grund-Differenzierung

»Der Begriff der Figur-Grund-Differenzierung ist aus der Gestaltungspsychologie hervorgegangen und wird in neueren Theorien unter dem Begriff »Organisation der Wahrnehmung« subsumiert (...). Die Figur-Grund-Differenzierung als elementare Form der Wahrnehmung äußert sich darin, dass sich ein bestimmter Teil eines visuellen Reizes (die Figur) vom übrigen (dem Grund) reliefartig abhebt (...).«[53] Auf diese Weise sollen bspw. so genannte *»Kippfiguren«* (z.B. Gesichter oder Kelch) vermieden werden.[54] Für die Gestaltung von Werbebildern ist dieser Ansatz in so fern wichtig, dass Figuren schneller aufgenommen und verarbeitet werden, der Grund hingegen wird nur oberflächlich entschlüsselt.[55] Man unterscheidet zwei wesentliche Techniken der Figur-Grund-Differenzierung:[56]

- **Figur-Grund-Differenzierung durch Farbkontraste:** Ein wirkungsvolles Mittel ist der *Farbhelligkeitskontrast.* Hier sollte sich die Figur durch Hell-Dunkel-Kanten vom Grund absetzen. Ein solcher Kontrast dient selbst Farbblinden zur Orientierung. Ein weiteres jedoch weniger wirksames Mittel ist der *Farbton-* oder *Farbsättigungskontrast.* Dieser sollte allenfalls bei geringen Farbhelligkeitskontrasten zur Optimierung der Figur-Grund-Differenzierung beitragen.
- **Figur-Grund-Differenzierung durch Formkontraste und Bildschärfe:** *Formkontraste* werden häufig durch unterschiedliche Texturen innerhalb eines Bildes erzeugt. *»Unter Texturen werden Muster verstanden, die aus einer mehr oder weniger regelmäßigen Anordnung einzelner Formelemente bestehen (...).«*[57] Wichtiger als die Texturen ist jedoch die *Bildschärfe.* Je verschwom-

---

53 Siehe Kramer (1998), S. 145.
54 Vgl. Behle (1998), S. 107.
55 Vgl. Kramer (1998), S. 145.
56 Vgl. Kramer (1998), S. 147ff.
57 Siehe Kramer (1998), S. 149.

mener die Übergänge zwischen Figur und Grund sind, desto schwächer ist die Absetzung der Figur vom Grund. Scharfgezeichnete Konturen der Figur sind daher von großer Wichtigkeit.[58]

Prägnanztechnologien

Das Gesetz der Prägnanz gilt als »heilige Kuh« der Gestaltungspsychologie. Seine Definition gestaltet sich jedoch problematisch. Man versucht, die Prägnanz als »*(...) vollkommenste Darstellung (...) oder als Darstellung wie aus einem Guss (...).*« zu umschreiben.[59] Kramer unterscheidet bei der Prägnanz drei Arten:
(1) Die Prägnanzstufe
(2) Die Prägnanztendenz
(3) Die gute Gestalt.

(1) Die Prägnanzstufe

Als Prägnanzstufen bezeichnet man den Grad der Prägnanz als Eigenschaft von Wahrnehmungsbildern. »*Die unabhängigen Variablen der Bildgestaltung, also beispielsweise die mehr oder weniger stark ausgeprägte Symmetrie von Bildern oder Bildelementen führen zur Wahrnehmung einer mehr oder weniger prägnanten Gestallt (unabhängige Variable).*«[60] Die Prägnanz ist somit eine abhängige Variable der Bildgestaltung. Dies bedeutet, dass sich Prägnanz nicht direkt erzeugen lässt, sondern ein Ergebnis anderer variabler Gestaltungselemente wie bspw. Symmetrie oder Farbgebung ist.

(2) Die Prägnanztendenz

Unter dem Begriff der Prägnanztendenz versteht man die möglichste »Einfachheit« oder »Einprägsamkeit« von Bildelementen. Ein gutes Beispiel hierfür sind Firmenzeichen oder Markenlogos. Diese Zeichen oder Symbole sind *reduziert*, mit einer *einheitlichen Farbsättigung* versehen (ohne Strukturen oder Schattierungen) und meist sehr *kontrastreich* gestaltet (z.B. VW-Logo, Shell-Muschel, BMW-Logo etc.). Die Prägnanztendenz von Bildern lässt sich über ihre *Gestaltungsfestigkeit* ermitteln. Hierzu bedient man sich in der Praxis dem Tachistoskop und dem Nyktoskop. Das Tachistoskop zeigt das Werbebild oder Markenlogo dem Betrachter nur für sehr kurze Zeit. Das Nyktoskop hingegen zeigt dem Betrachter ein mehr oder weniger starkes Zerrbild des Originals. In beiden Fällen wird ermittelt, wann der Betrachter das Werbebild oder Logo erkennt. Je früher oder schneller eine Identifikation des gezeigten Bildes erfolgt, desto gestaltungsfester oder prägnanter ist es.

(3) Die gute Gestalt

Hier kommt der Zusammenhang zwischen *Prägnanz* und *Ästhetik* zum Aus-

---

58 Vgl. Kramer (1998), S. 150f.
59 Siehe Kramer (1998), S. 151.
60 aaO.

druck. Man geht davon aus, dass prägnante Bilder als ästhetisch »besser« empfunden werden. Die gute Gestalt kann als angenehm und wohlproportioniert
verstanden werden. Ein gutes Praxisbeispiel für eine prägnante bzw. überprä-
gnante Darstellung ist die Abbildung der Piemontkirsche von Mon Cherie. Die
Kirsche ist eindeutig überzeichnet; sie ist praller und roter dargestellt als in
der Wirklichkeit. Sie erhält dadurch fast schon erotische Anmutungsqualitäten
und generiert auf diese Weise Begehrlichkeiten.

Abschließend lassen sich in Anlehnung an Kramer folgende Prägnanztech-
nologien festhalten, die hier jedoch nicht ausgeführt werden (es wird auf die
angegebene Quelle verwiesen):[61]
- Prägnanz durch geringe Komplexität
- Prägnanz durch Integrität
- Prägnanz durch Größe
- Prägnanz durch Eigenständigkeit
- Sonstige Prägnanztechnologien.

2.6 Personendarstellungen in der Werbung

Personen oder Personenbilder spielen in der Werbung eine wesentliche Rolle.
Man unterscheidet generell zwei Arten von Personendarstellungen:[62]
1. Personen ohne direkten Produktbezug (dekorative Modelle)
2. Personen mit direktem Produktbezug.

Die zweite Kategorie, Personen mit direktem Produktbezug, lässt sich weiter
differenzieren:
- Personen mit Präsenter-Funktion
  - Stars (z.B. Franz Beckenbauer, Manfred Krug etc.)
  - Experten (z.B. die Zahnarztfrau etc.)
  - Repräsentanten des werbetreibenden Unternehmens (z.B. Dr. Best, Herr
    Dittmeyer etc.)
  - Typische Konsumenten (Der Jever-Typ auf der Düne)
- Personen in einer Konsum-Situation
  - Angehörige der Zielgruppe (Die nach dem Grund für ihre Kaufentschei-
    dung Befragte im Supermarkt).

Personendarstellungen übernehmen in der Werbung eine Vielzahl von Funkti-
onen. Nachfolgend seien die wichtigsten genannt:
- Steigerung der Glaubwürdigkeit und Akzeptanz
- Schaffen von Authentizität

---

61 Vgl. Kramer (1998), S. 153ff.
62 Vgl. Mayer (1990), S. 34.

- Vorbildfunktion (so möchte ich auch sein/aussehen)
- Rein dekorative Aspekte
- Identifikation der Marke über eine Person
- Vermitteln emotionaler Stimmungen (Gestik & Mimik)
- Generieren von Aufmerksamkeit
- Zielgruppenansprache/-selektion durch Abbildung der Zielgruppe.

2.7   Funktionen der Musik in der Werbung

Musik ist eines der elementarsten Stilmittel zur Erzeugung von Emotionen und Stimmungen. Sie sollte auf die kommunikativen emotionalen Stimmungselemente (z.B. Freude) und/oder Zielgruppen (z.B. Jugendkulturen) zugeschnitten sein. Neben »Ganzuntermalungen«, deren Ziel darin besteht, ein positives Wahrnehmungsklima zu erzeugen, spielen auch *spezifische Jingles* oder *reduzierte Tonfolgen* eine wesentliche Rolle (z.B. Melodie des Chipherstellers Intel oder Telekom-Tonfolge). Hier besteht das primäre Ziel darin, die Einprägsamkeit und Wiedererkennung zu erhöhen.[63]

Ebenfalls ist zu bedenken, dass bei auditiv-visuellen Medien oftmals während der Werbephase lediglich der Ton verfolgt wird. Eine eingängige Erkennungsmelodie kann hilfreich sein, um Aufmerksamkeit und Wiedererkennung zu generieren. Vor allem bei *crossmedialen Kampagnen* zwischen Fernsehen (Hauptmedium) und Hörfunk (Beimedium/zeitlich versetzt) bietet sich der Einsatz prägnanter Erkennungsmelodien an, um das visuelle Defizit des Hörfunks wettzumachen. Im Fernsehen gelernte Bilder sollen beim Hörer abgerufen werden.

Abschließend sei zu erwähnen, dass die akustische Aktivierungsfunktion in der Regel über die Lautstärke erzielt wird.

2.8   Gestalterische Anforderungen/Empfehlungen

Um dieses Kapitel nutzbringend abzuschließen, sollen dem Leser einige zusätzliche Empfehlungen in Form einer Checkliste gegeben werden, anhand derer er die wesentlichen Determinanten der Werbegestaltung prüfen kann.

1. **Eine Werbung sollte aufmerksamkeitsstark sein!**
   Eine Werbung, die nicht gesehen wird, kann nicht wirken. In Zeiten der Informationsüberlastung muss sich der Werbetreibende mit seiner Werbung

---

63 Vgl. Tauchnitz (1990), S. 16.

aus der Werbemasse hervorheben, um wahrgenommen zu werden. Die Werbung sollte daher aufmerksamkeitsstark im Sinne von aktivierend sein (vgl. 2.3, Die Aktivierungswirkung von Werbung).

2. Eine Werbung sollte Prägnant sein!
Da viele Werbungen aufgrund der vorherrschenden Low-Involvement-Situation heutzutage nur sehr flüchtig wahrgenommen werden, sollten sie prägnant im Sinne von gestaltungsfest sein (vgl. 2.5, Prägnanztechnologien).

3. Eine Werbung sollte eigenständig sein!
Werbebilder sollten so gewählt werden, dass sie eigenständig und nicht austauschbar sind. Der Grund hierfür liegt darin, dass vom gering interessierten Betrachter meist nur die Bildelemente wahrgenommen werden. Eine Untersuchung ergab, dass sich 70 % aller Blickkontakte auf das Werbebild beschränken, 20 % der Probanden gaben an, zusätzlich die Headline zu lesen.[64] Diese Zahlen müssen jedoch um die Tatsache ergänzt werden, dass insgesamt nur etwa 5 % der Werbung von den Konsumenten wahrgenommen werden. Fehlt es bei der Gestaltung an Eigenständigkeit, kann der erinnerten Werbung keine Marke zugeordnet werden. In diesem Fall hat der Werbetreibende sein Ziel verfehlt.

4. Eine Werbung sollte eingängig sein!
Die Werbebotschaft sollte so verpackt werden, dass sie eingängig ist und langfristig vom Konsumenten abgespeichert wird. Dieser Punkt soll durch ein ausgewähltes Praxisbeispiel von Calgon erläutert werden. Im deutschsprachigen Raum wirbt die Firma Calgon mit einem »vergleichenden« Fernsehspot. Es werden zwei Spülmaschinenheizstäbe gezeigt: Der eine ist verkalkt (diese Maschine wurde ohne Calgon betrieben), der andere ist blank (diese Maschine wurde mit Calgon betrieben). Dieser Vergleich ist jedoch rein visuell. Der englische Calgon-Spot hingegen wurde modifiziert und um akustische Merkmale erweitert. Hier werden die unterschiedlichen Heizstäbe ebenfalls im Vergleich gezeigt. Außerdem wird jedoch versucht, unter lautem, markerschütterndem Schaben vom verkalkten Stab den Kalk zu entfernen; der Blanke hingegen wird wie eine Stimmgabel zum Klingen gebracht. Durch diese Erweiterung wurde die Einprägsamkeit und Eingängigkeit der Werbebotschaft deutlich gesteigert.[65]

5. Eine Werbung sollte konsistent sein!
Eine Werbung sollte in sich stimmig und somit konsistent sein. Wird bspw. ein markanter Herrenduft beworben, sollte keine feminine Tonalität (z.B. rosa oder lila) gewählt werden. Bei Kinderprodukten für den Schulbedarf

---

64 Vgl. Kroeber-Riel (1993), S. 165.
65 Vgl. Kroeber-Riel (1993), S. 183f.

bietet es sich bspw. an, eine Schreibschriftform zu verwenden. Ferner sollten im Bereich der Druckerzeugnisse die gewählten Materialien unter dem
Aspekt der Generierung haptischer Erlebnisse Beachtung finden. Ein Biopro-
dukt sollte somit bspw. auf Recyclingpapier beworben werden. Für Luxuspro-
dukte hingegen sollte ein Hochglanzpapier mit einer entsprechenden Stärke
verwendet werden. Der Konsument nimmt die Werbung als Ganzes war. Hier
gilt: Die Störung geht vom Detail aus. Ist ein Element der Werbung nicht
stimmig (die Werbung somit nicht konsistent), kippt das Gesamterlebnis.

6. Eine Werbung sollte Spaß machen!

Werbung besitzt immer einen gewissen Unterhaltungswert, zumindest sollte
sie das. Werbung soll Spaß machen, sie soll dem Konsumenten Freude berei-
ten und evtl. ein wenig Farbe in den grauen Alltag bringen und nicht anstren-
gend und langweilend sein. Werbung sollte daher dem Motto folgen »let me
entertain you« und durch spielerische Elemente den Konsumenten zu einer
wie auch immer gearteten Interaktion animieren, vor allem im Internet (interaktives Medium).

3 Werbemedien und Werbemittel offline

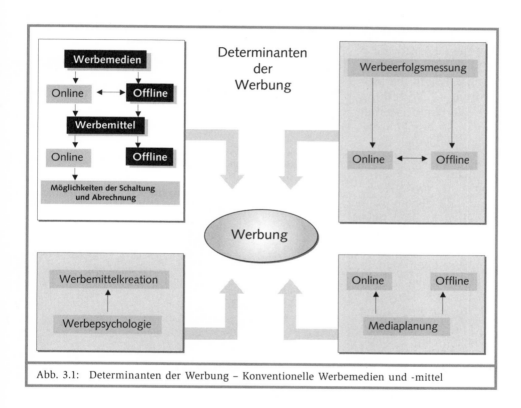

Abb. 3.1: Determinanten der Werbung – Konventionelle Werbemedien und -mittel

3.1   Struktur und Marktsituation

Den konventionellen Medien kommt trotz der Neuen Medien und all ihren digitalen Vorzügen nach wie vor die bedeutendste Rolle als Werbeträger zu. Abbildung 3.2 gibt eine Übersicht über die wichtigsten konventionellen Werbemedien und unterteilt sie in Print- und elektronische Medien.

Im Jahr 2001 konnten die klassischen Medien in Deutschland Werbeeinnahmen in Höhe von über 17 Mrd. Euro erwirtschaften.[1] Abbildung 3.3 stellt die prozentuale Verteilung der Werbeeinnahmen innerhalb der konventionellen Medien dar.

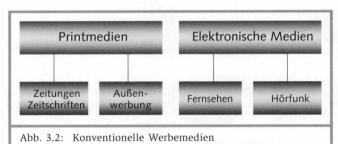

Abb. 3.2:   Konventionelle Werbemedien

Die Anzeigenwerbung erreicht ein Gesamtvolumen von 47,3 %. Innerhalb der konventionellen Medien liegt das Verhältnis zwischen Printmedien und elektronischen Medien nahezu bei 50:50. Um ein besseres Verständnis für die Bedeutung der klassischen Medien zu bekommen, soll hier noch ergänzt werden, dass der Werbeumsatz im Bereich der Neuen Medien (Internet) im Jahr 2001 bei knapp 211,6 Mio. Euro lag.[3] Die klassischen

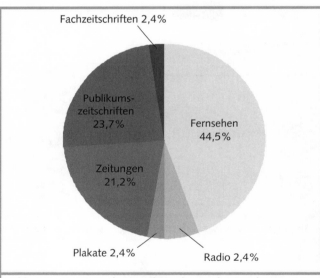

Abb. 3.3:   Prozentuale Verteilung der Werbeeinnahmen innerhalb der konventionellen Medien[2]

---

1   Vgl. ACNielsen Werbeforschung: Der saisonale Verlauf der Werbung in den klassischen Medien, o.O., 2002.
2   aaO.
3   Vgl. Kunze (2002): »Online-Bruttoaufwendungen des Jahres 2001«
      URL: http://www.acnielsen.de/news/2002/01_22.html (Stand: 15.02.2002).

Medien haben damit einen Anteil am Gesamtwerbeumsatz der Bundesrepublik Deutschland in Höhe von rund 98,7%.

Interessant ist auch die Entwicklung der Marktanteile innerhalb der klassischen Medien. Der Hörfunk und die Außenwerbung blieben über die vergangenen 15 Jahre hinweg nahezu auf konstantem Niveau. Die Anzeigenwerbung verlor zu Gunsten der TV-Werbung stark an Anteilen. Dies ist auf die Steigerung der Anzahl an TV-Werbeplätzen durch die Zunahme an Privatkanälen ab den späten 80er Jahren zurückzuführen. 1986 erreichte die Anzeigenwerbung noch einen Marktanteil von 76,0%. Die TV-Werbung schaffte es zu diesem Zeitpunkt nur auf 17,2%.[4]

Insgesamt wurden im Jahr 2001 1,1 Mrd. Euro weniger in Werbung investiert als noch 2000. Zu 1999 ergibt sich jedoch eine Steigerung von 793 Mio. Euro, was einem Wachstum von 4,9% entspricht. »Die Bruttowerbeaufwendung der vergangenen Monate liegen auf dem Niveau von 1999. Unberücksichtigt des Boomjahres 2000 (Bruttowerbeumsatz über 36 Mrd. DM, Wachstumsrate 11,9%) mit den dazugehörigen Sondereffekten befindet sich der Markt in einer Stagnation.«, so Ludger Vornhusen, Geschäftsführer der ACNielsen Werbeforschung.[5]

Die Gründe für den Werbeboom im Jahr 2000 sind auf eine Vielzahl besonderer Einflüsse zurückzuführen. Zu nennen sind hier der Börsenboom, die Start-up-Euphorie, Fusionsgeschäfte im Telekommunikationsbereich und nicht zuletzt die Weltausstellung EXPO in Hannover.[6]

»Knapp ein Drittel der gesamten Werbeaufwendungen ergeben sich aus Werbeaktivitäten der vier werbeintensivsten Branchen: Massenmedien, Automobil, Handelsunternehmen sowie Telekommunikation. Verantwortlich für das Werbevolumen sind vor allem die Massenmedien selbst (inklusive Eigenwerbung), die 2001 1,7 Mrd. Euro in Werbung investierten, gefolgt vom Automarkt mit Werbeinvestitionen von knapp 1,6 Mrd. Euro. Auf dem dritten Platz befinden sich die Handelsunternehmen, die in 2001 für knapp 1,1 Mrd. Euro in den klassischen Medien warben. Auf Rang vier steht die Telekommunikationsbranche, die im Vergleich zum Vorjahr mit 875 Millionen Euro Werbeaufwand mehr als ein Drittel weniger in Werbung investierte.«[7]

Nachfolgend werden folgende klassische Medien vorgestellt:
- Außenwerbung (Plakatmedien)
- Anzeigenwerbung (Pressemedien)
- Radiowerbung
- Fernsehwerbung

---

4   Vgl. ARD-Werbung (o.J.): »Mediasplit«, URL: http://www.ard-werbung.de/tv-markt/ WerbeMarkt/la.../bruttowi_mediasplit (Stand: 17. April 2001).
5   Vgl. Kunze (2002), a.a.O.
6   Vgl. Sebralle (2001): »Gemäßigter Start auf hohem Niveau für die deutsche Werbebranche«. URL: http://www.acnielsen.de/new/news/2001/23_04_2001.html (Stand: 30.05.2001).
7   Vgl. Kunze (2002), a.a.O.

- Digital TV[8]
- Sonderwerbeformen.

Tipp

Zu Werbepreisen, Auflagen, Reichweiten etc. im Bereich der klassischen Medien sei die Broschüre »*Zahlen und Daten für die Mediaplanung 2002*« des Druck- und Verlagshauses *Gruner + Jahr AG & Co.* in 20444 Hamburg empfohlen. Diese Broschüre erscheint jährlich und ist erhältlich unter:

Tel.: +49 (0) 40-37 03-0

Generelle Informationen zu den Werbeträgern sind im Internet auf den jeweiligen Websites erhältlich, wie z.B. unter http://www.rtl.de/

3.2 Außenwerbung

Nachfolgend soll nicht wie vielfach in der Literatur von Plakatwerbung gesprochen werden, sondern in Anlehnung an die Deutsche Städte Medien GmbH der Begriff Außenwerbung Verwendung finden, da es in diesem Medium neben Plakaten auch noch viele neue innovative Werbeformen gibt. Der Begriff Außenwerbung ist hier der allgemeinste und neutralste. »*Die Plakatwerbung ist als Medium im öffentlichen Raum fester Bestandteil unserer städtischen Lebenswelt und der urbanen Architektur. Plakatwerbung ist Werbung pur. Ohne redaktionelle Umfelder wird der Verbraucher direkt angesprochen (...). Plakatwerbung erreicht die gesamte mobile Bevölkerung. Ob mit klassischer Plakatwerbung oder den Zahlreichen innovativen Werbeformen – dieses Medium steht mit seinen vielen attraktiven Standorten für einen raschen Reichweitenaufbau und führt zu einem massiven Werbedruck.*«[9]

Tipp

Als Quellentipp für die Außenwerbung seien die folgenden Websites genannt:
1) Fachverband Außenwerbung e.V. URL: http://www.faw-ev.de/
2) Deutsche Städte Medien GmbH (ehemals Deutsche Städte Reklame). URL: http://www.dsr.de/

---

8 Digital TV gilt formell als Teil der Neuen Medien, wird jedoch aufgrund mangelnder Interaktivität und fehlender Internetfähigkeit in dieser Arbeit den konventionellen Medien zugeordnet.
9 Fachverband Außenwerbung e.V. (o.J.): »Mit Plakatwerbung schnell zum Verkaufserfolg«. URL: http://www.faw-ev.de/plakatwerbung/seiteb00-mitte.html (Stand: 06.04.2001)

Folgende Werbeformen/Werbemittel haben sich gegenwärtig fest in der Außenwerbung etabliert:
1. Die Großfläche
2. Werbesäulen
3. City-Light-Poster
4. MEGA Poster/Superposter
5. Verkehrsmittelwerbung
6. Werbung im Bereich Sport
7. Werbung im Umfeld von Messen.

(1) Die Großfläche

Die Großfläche ist der bedeutendste Werbeträger der Außenwerbung.[10] Rund 230.000 dieser über 9 m² großen Plakattafeln stehen in Deutschland für kreative Plakatideen zur Verfügung. Die Auswahlmöglichkeiten sind nahezu unbegrenzt. Großflächen sind in der Regel über ein gesamtes Stadtgebiet verteilt und können nach einer Vielzahl von Standortkriterien ausgewählt werden, wie z.B. nach den folgenden:

- Nach ihrer Lage und Position im Straßenverkehr, z.B. quer zur Hauptverkehrsstraße.
- Nach den Branchen der umliegenden Geschäfte und Dienstleistungsbetriebe z.B. bei Banken, Sportgeschäften oder Autohäusern.
- Nach ihrer Nähe zu öffentlichen Einrichtungen, Behörden oder Haltestellen des Personennahverkehrs.

Die Großfläche im Überblick:[11]

- **Format:** 9 m² (3,60m x 2,60m).
- **Anzahl der Werbemittel:** In 2002 stehen rund 215.000 Anschlagflächen in der Bundesrepublik Deutschland zur Verfügung.
- **Zahlenmäßige Entwicklung:** In dem Zeitraum von 1980 bis 2001 ist die Anzahl an Großflächen um rund 72% gestiegen. Waren es 1980 noch 135.500 Großflächen, so wurden 2001 rund 215.000 Großflächen angeboten.
- **Umsatz:** 2001 wurden 273,5 Mio. Euro mit Großflächen umgesetzt, damit handelt es sich um das bedeutendste Werbemittel der Außenwerbung.
- **Buchung:** Nach Dekaden (10-14 Tage), auch Einzelbuchungen möglich.[12]
- **Preis:** Der Durchschnittspreis unbeleuchteter bzw. nicht hinterleuchteter Großflächen betrug 2002 10,50 Euro pro Tag und ist abhängig von Ortsgrößenklasse, Nielsengebiet und Mengenrabatt.[13]

---

10 Vgl. Fachverband Außenwerbung e.V. (o.J.): »Die Großfläche – neun Quadratmeter für Ihre Ideen«. http://www.faw-ev.de/index_win.html
11 Vgl. Fachverband Außenwerbung e.V. (o.J.): »Die Großfläche – neun Quadratmeter für Ihre Ideen«. URL: http://www.faw-ev.de/index_html.html (Stand: Oktober 2002).
12 Vgl. Fachverband Außenwerbung e.V. (o.J.): »Dekadenplan der Plakatwerbung)«. URL: http://www.faw-ev.de/news+service/seite50.html (Stand: 06.04.2001).
13 Vgl. Gruner + Jahr AG&Co (2001): Zahlen und Daten für die Mediaplanung 2002, S. 65.

• **Eignung/Empfehlung:** Nach Darstellung des Fachverbandes Außenwerbung zählen Brauereien, Massenmedien, Anbieter alkoholfreier Getränke, Automobilhersteller, Handelsorganisationen, Oberbekleidungshersteller, die EDV-Firmen und Finanzdienstleistungsunternehmen zu den traditionellen Intensivnutzern von Großflächen. So gab z.B. die Bekleidungskette Hennes & Mauritz (H&M) im Jahr 1998 etwa 17 Mio. Euro für ihre Plakatwerbung in Deutschland aus und war damit mit Abstand stärkster Nachfrager dieses Werbemittels. H&M setzt generell sehr stark auf Außenwerbung und ist auch im Bereich der City-Light-Poster und Säulen stark vertreten. In den letzen Jahren wurde Plakatwerbung außerdem verstärkt für Milchprodukte, Süßwaren und Pharmaka eingesetzt.

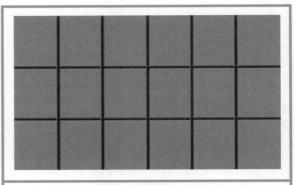

Abb. 3.4:   18/1-Bogen-Format zur Produktion der Großfläche[15]

Produktion der Großfläche:[14] Wie in Abbildung 3.4 gut zu erkennen ist, handelt es sich bei der Großflächen um Plakate im 18/1-Bogen-Format, d.h., sie sind 18 mal so groß wie das Format DIN A1 (1/1-Bogen).

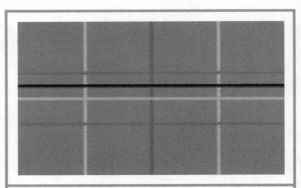

Abb. 3.5:   18/1-Bogen = 356 x 252 cm zur Produktion der Großfläche in 4er-Teilung, 6er-Teilung, 8er-Teilung sowie 9er-Teilung[16]

---

14 Vgl. Fachverband Außenwerbung e.V. (o.J.): »Die Großfläche – neun Quadratmeter für Ihre Ideen«. URL: http://www.faw-ev.de/index_html.html (Stand: Oktober 2002).

15 Quelle: Vgl. Fachverband Außenwerbung e.V. (o.J.).: »Die Großfläche – Produktion«http://www.faw-ev.de/index_html.html.

16 Quelle: Vgl. Fachverband Außenwerbung e.V. (o.J.).: »Die Großfläche – Produktion«http://www.faw-ev.de/index_html.html.

Beim Druck werden sie in 4, 6, 8 oder 9 Teilen produziert[17] und beim Kleben zusammengesetzt (siehe Abbildung 3.5). An den Teilungsnähten dürfen sich keine komplexen Gestaltungselemente befinden.

Großflächen gehören zu den Plakaten, die im Nassklebeverfahren angebracht werden. Die einzelnen Druckbogen werden nach dem Druck zur leichteren Handhabung gefalzt, in ihrer Klebereihenfolge sortiert und zu einem kompletten Plakatsatz zusammengetragen. Dieser Plakatsatz wird in Wasser eingeweicht, um im nassen Zustand auf die Großflächen geklebt zu werden. Papier[18] und Farbe[19] von Großflächen müssen für dieses Verfahren geeignet sein.

Abb. 3.6: Beispiele für die Großfläche als Werbemittel[20]

(2) Die Werbesäule

Die Werbesäule oder »Litfasssäule« ist einer der ältesten Werbeträger. Erstmalig wurde sie 1855 von Ernst Litfass in Berlin errichtet. Sie gilt als eines der ersten Massenmedien.[21] Man unterscheidet bei der Werbesäule zwischen der Allgemeinstelle und der Ganzsäule.

---

17 In Bezug auf das Druckverfahren gibt der Fachverband Außenwerbung e.V. folgende allgemeine Empfehlung: Für Auflagen ab 500 Stück eignet sich Offsetdruck. Bis ca. 1.000 Stück ist das Siebdruckverfahren einsetzbar. Bei Kleinstauflagen von 1 bis 200 Stück kann auf Digitaldruck zurückgegriffen werden. Vgl. Fachverband Außenwerbung e.V. (o.J.): »Die Großfläche – Produktion«. URL: http://www.faw-ev.de/index_html.html.

18 100 bis 120 g/m², holzfrei, vollgeleimte Naturpapiere oder einseitig gestrichene, spezielle Affichen-Papiere, Nassdehnung zwischen 1,5 und 2 %, hohe Opazität oder Grauraster-Rückseitendruck. Vgl. Fachverband Außenwerbung e.V. (o.J.): »Die Großfläche – Produktion«http://www.faw-ev.de/index_html.html.

19 Alkaliecht, wasserfest, elastisch, gut gebunden, Lichtechtheit mind. 6 WS (Woll-Skala). Vgl. Fachverband Außenwerbung e.V. (o.J.): »Die Großfläche – Produktion«http://www.faw-ev.de/index_html.html.

20 Fachverband Außenwerbung e.V. URL: http://www.faw-ev.de

21 Vgl. Fachverband Außenwerbung e.V. (o.J.): »Allgemeinstelle – Der preiswerte Klassiker«. URL: http://www.faw-ev.de/index_html.html (Stand: Oktober 2002)

Als *Allgemeinstelle* werden Werbesäulen und Tafeln bezeichnet, die mehrere Plakate beinhalten. Eine Werbesäule ist hierbei dauerhaft als Allgemeinstelle oder Ganzsäule ausgewiesen.[22]

Die Allgemeinstelle im Überblick:[23]

- **Format:** 1/1 Bogen, 2/1 Bogen, 3/1 Bogen, 4/1 Bogen, 6/1 Bogen. 1/1 Bogen entspricht dem DIN A1-Format.
- **Anzahl der Werbemittel:** Im Jahr 2001 gab es rund 55.000 Allgemeinstellen in der BRD.
- **Zahlenmäßige Entwicklung:** Die Zahl der Allgemeinstellen lag im Jahr 1985 bei 66.150. Seither nahm diese Zahl bis auf derzeit 54.421 ab.
- **Umsatz:** Die Allgemeinstellen konnten 2001 bei leicht fallender Tendenz einen Umsatz in Höhe von 41 Mio. Euro verzeichnen. Allgemeinstellen sind mit rund 5,4 % am Gesamtumsatz der Außenwerbung beteiligt.
- **Buchung:** Analog zur Großfläche.
- **Preis:** Der Durchschnittspreis für 1/1 Bogen betrug im Jahr 2002 ca. 5,00 Euro pro Dekade bzw. rund 0,50 Euro pro Tag.
- **Eignung/Empfehlung:** Veranstaltungshinweise, eher regionales Werbemittel.

Produktion der Allgemeinstelle:[25]

Die Produktion der Plakate an Allgemeinstellen erfolgt wie die Produktion der Plakate an Großflächen. An Allgemeinstellen werden Plakate vom 1/1-Bogen- bis hin zum 6/1-Bogen-Format geklebt, wobei ein 1/1-Bogen dem Format DIN A1 entspricht. Alle Formate, die größer sind als ein 2/1-Bogen, werden in zwei bzw. drei Teilen produziert und bei der Klebung zusammengesetzt. Die Beklebung der Plakate an Allgemeinstellen erfolgt analog der Beklebung der Plakate an Großflächen.

Die *Ganzsäule*[26] zeichnet sich gegenüber der Allgemeinstelle dadurch aus, dass sie nur von einem Werbetreibenden belegt wird.

Abb. 3.7: Beispiel für das Werbemittel »Allgemeinstelle«[24]

---

22 Vgl. Fachverband Außenwerbung e.V. (o.J.): »Außenwerbung – Umsätze in Mio. im Langzeitvergleich«. URL: http://www.faw-ev.de/index_html.html. (Stand: Oktober 2002).

23 Vgl. Fachverband Außenwerbung e.V. (o.J.): »Allgemeinstelle – Der preiswerte Klassiker«. URL: http://www.faw-ev.de/index_html.html. sowie.»Außenwerbung – Umsätze in Mio. im Langzeitvergleich«. URL: http://www.faw-ev.de/index_html.html. (Stand: Oktober 2002).

24 Quelle: Fachverband Außenwerbung e.V., URL: http://www.faw-ev.de

25 Vgl. Fachverband Außenwerbung e.V. (o.J.): »Allgemeinstelle – Produktion«, URL: http://www.faw-ev.de/index_html.html. (Stand: Oktober 2002).

26 Vgl. Fachverband Außenwerbung e.V. (o.J.): »Die Ganzsäule – Daten und Fakten zur Werbungt«. URL: http://www.faw-ev.de/index_html.html. (Stand: Oktober 2002).

Die Ganzsäule im Überblick:[27]

- **Format:** Max. 8/1 Bogen.
- **Anzahl der Werbemittel:** In 2002 gab es ca. 17.000 Ganzsäulen in der BRD.
- **Zahlenmäßige Entwicklung:** Im Jahr 1985 gab es rund 13.600 Ganzsäulen. Seit 1999 ist das Niveau an Ganzsäulen in der BRD mit rund 17.000 Stück relativ stabil.
- **Umsatz:** Auf Ganzsäulen entfallen etwa 5 % der jährlichen Werbeausgaben für Außenwerbung. Im Jahr 2001 betrug der Umsatz rund 20 Mio. Euro. In den letzten 19 Jahren hat die Anzahl an Ganzsäulen in Deutschland zugenommen.
- **Buchung:** Analog zur Großfläche.
- **Preis:** Durchschnittspreis 2001 14,25 Euro pro Tag (ohne beleuchtete Ganzsäulen).
- **Eignung/Empfehlung:** Hauptsächlich in größeren Städten anzutreffen. Gilt wegen ihrer überregionalen Ausrichtung als gute Ergänzung zur Großfläche.

Abb. 3.8: Beispiel für das Werbemittel »Ganzsäule«[28]

Produktion der Ganzsäule:[29]

Die Produktion dieser Plakate erfolgt analog der Produktion der Plakate für die Großfläche. Ganzsäulen können mit sechs 4/1-Bogen, mit drei 6/1-Bogen oder mit drei 8/1-Bogen-Plakaten bestückt werden. Diese unterschiedlichen Bogenformate sind in Abbildung 3.9 abbgebildet.

Alternativ kann die Säule auch rundum gestaltet werden. Dazu müssen die genauen Maße der Säule (Umfang und Höhe) bekannt sein. Alle Plakate, die größer als 2/1-Bogen sind, werden in zwei oder mehreren Teilen produziert und beim Kleben zusammengesetzt. Die Beklebung erfolgt analog der Beklebung der Großfläche.

---

27 Vgl. Fachverband Außenwerbung e.V. (o.J.): »Die Ganzsäule – Daten und Fakten zur Werbungt«. URL: http://www.faw-ev.de/index_html.html. (Stand: Oktober 2002).
28 Quelle: Fachverband Außenwerbung e.V. URL: http://www.faw-ev.de
29 Vgl. Fachverband Außenwerbung e.V. (o.J.): »Die Ganzsäule – Produktion«. URL: http://www.faw-ev.de/index_html.html. (Stand: Oktober 2002).

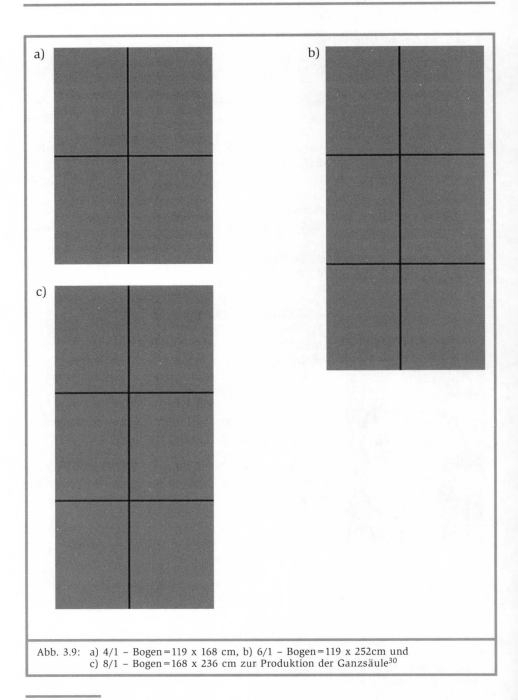

Abb. 3.9: a) 4/1 – Bogen=119 x 168 cm, b) 6/1 – Bogen=119 x 252cm und
           c) 8/1 – Bogen=168 x 236 cm zur Produktion der Ganzsäule[30]

30 Quelle: Vgl. Fachverband Außenwerbung e.V. (o.J.): »Die Ganzsäule – Produktion«.
   URL: http://www.faw-ev.de/index_html.html. (Stand: Oktober 2002).

(3) City-Light-Poster (CLP)

Das City-Light-Poster[31] wurde erst Mitte der 80er Jahre in der Bundesrepublik Deutschland eingeführt und ist damit eines der neuesten Werbemittel der Außenwerbung.

Das City-Light-Poster im Überblick:

- **Format:** Hinterleuchtete Plakatvitrine, etwas größer als ein 4/1 Bogen.
- **Anzahl der Werbemittel:** In 2001 gab es ca. 91.000 City-Light-Poster in der Bundesrepublik Deutschland.
- **Zahlenmäßige Entwicklung:** Im Jahr 1985 gab es rund 6.500 CLP. Der Spitzenwert an CLP wurde in der BRD im Jahr 1999 mit 97.000 erreicht.
- **Umsatz:** 2001 ca. 235,70 Mio. Euro.[32] Allein im Zeitraum von 1992 bis 1998 stieg der Umsatz dieses Werbeträgers um 145 %. Damit ist das CLP das am schnellsten wachsende Außenwerbemittel.
- **Buchung:** Wochenweise in so genannten »Netzen« bzw. »Citynetzen«. Meist erstreckt sich ein CLP-Netz über das gesamte Stadtgebiet und manchmal, in Ballungsräumen, auch über die Stadtgrenzen hinaus. Diese Art der Netzbelegung soll hohe Reichweiten und viele Mehrfachkontakte garantieren. Die Netzgröße reicht von 12 in Nordhorn bis zu 870 in Hamburg.
- **Preis:** Einzelpreis im Jahr 2000 5,62-15,34 Euro pro Tag, Durchschnittspreis 9,28 Euro. In Kassel beträgt die Netzgröße 216. Der Tagespreis pro Vitrine lag beispielsweise in Kassel im Jahr 2000 bei 8,51 Euro. Kassel ist dem Nielsengebiet IIIa zugeordnet. Der Gesamtpreis für eine City-Light-Poster-Buchung betrug somit in Kassel im Jahr 2000 12.871,67 Euro pro Woche.[33]
- **Eignung/Empfehlung:** Intensive Blickkontakte verspricht das City-Light-Poster. Die meisten der ca. 90.000 hinterleuchteten Plakatvitrinen in Deutschland befinden sich in Wartehallen des öffentlichen Personennahverkehrs oder freistehend in Innenstädten, Fußgängerzonen und Bahnhöfen. Die auffällige Hinterleuchtung der Plakatmotive sorgt in größeren Städten insbesondere nachts und in der dunklen Jahreszeit für Aufmerksamkeit. Werbetreibende, die auf ein relativ hochwertiges Ambiente ihrer Werbebotschaft Wert legen, die auf die Auswahl einzelner Standorte verzichten und in der gesamten Stadt präsent sein möchten, sollten mit dem CLP richtig liegen.

---

31 Vgl. Fachverband Aussenwerbung e.V. (o.J.): »Das City-Light-Poster – Lichter der Grossstadt«. URL: http://www.faw-ev.de/index_html.html. (Stand: Oktober 2002).
32 Vgl. Martini (2001), S. 52.
33 Vgl. DSM/Werbering: »clp-Anbieterübersicht«, Stand: 03/2000

CLP-Produktion:[35]
Das City-Light-Poster
ist die einzige klassi-
sche Plakatform, deren
Größe nicht im Bogen-
maß angegeben wird.
Obwohl CLP-Plakate
mit den Maßen 120
x 176 cm, etwas grö-
ßer sind als das 4/1-
Bogen-Format (= 119
x 168 cm), werden sie
dennoch häufig als 4/1-

Abb. 3.10: Beispiele für das Werbemittel »City-Light-Poster«[34]

Bogen- Werbeträger bezeichnet. Dies ist insbesondere hinsichtlich ihrer produk-
tionstechnischen Gegebenheiten falsch. Denn CLPs werden – im Gegensatz zu
4/1-Bogen-Plakaten – nur in einem Teil produziert und im trockenen Zustand
in verglaste, hinterleuchtete Vitrinen eingehängt. Bei der Gestaltung von CLPs
ist besonders zu beachten, dass der Vitrinenrahmen die Sichtfläche der Plakate
verkleinert. CLPs sind so genannte »Backlights«, da sie im Hintergrund von
Neonröhren durchleuchtet werden. Die einteilige Produktion der CLPs bewirkt,
dass keine Teilungsnähte sichtbar werden. Papier,[36] Farbe[37] und Druckverfahren[38] müssen allerdings der Hinterleuchtung gerecht werden.

(4) MEGA Poster (Riesenposter)/Superposter[39]
Das MEGA Poster ist ebenfalls ein sehr junges und innovatives Werbemittel,
das in der Bundesrepublik erst Anfang der 90er Jahre eingeführt wurde.

---

34 Quelle: Fachverband Außenwerbung e.V. URL: URL: http://www.faw-ev.de/index_
html.html.
35 Vgl. Fachverband Außenwerbung e.V. (o.J.): »Das City-Light-Poster – Produktion«.
URL: http://www.faw-ev.de/index_html.html. (Stand: Oktober 2002).
36 Papier 120 bis 140 g/m², zweiseitig gestrichen, keine Wolkenbildung. Vgl. Fachverband Außenwerbung e.V. (o.J.): »Das City-Light-Poster – Produktion«. URL: http://
www.faw-ev.de/index_html.html. (Stand: Oktober 2002).
37 Farbe besonders hohe Lichtechtheit mind. 7 WS (Woll-Skala). Vgl. Fachverband Außenwerbung e.V. (o.J.): »Das City-Light-Poster – Produktion«. URL: http://www.faw-
ev.de/index_html.html. (Stand: Oktober 2002).
38 CLPs werden vorzugsweise im Siebdruckverfahren hergestellt. Die Farben des Sieb-
drucks besitzen höhere Lichtechtheitswerte und der Farbauftrag ist dicker als beim
Offsetdruck. Beides kommt der Farbbrillanz des Plakats zugute. Auch mit profes-
sionellem Offsetdruck lassen sich zufriedenstellende Ergebnisse erzielen. Um eine
besonders gute Farbbrillanz zu erzielen, wird vom Fachverband Außenwerbung ein
2- bis 3-farbiger Rückseiten-Konterdruck des Plakatmotivs empfohlen. Vgl. Fachverband Außenwerbung e.V. (o.J.): »Das City-Light-Poster – Produktion«. URL: http://
www.faw-ev.de/index_html.html. (Stand: Oktober 2002).
39 Vgl. Fachverband Aussenwerbung e.V. (o.J.): »Die Plakat-Media-Analyse 2001«.
URL: http://www.faw-ev.de/mediadaten/seited50.html (Stand: 06.04.2001) und

Das MEGA Poster/Superposter im Überblick:

- **Format:** MEGA Poster, das oft auch als Riesenposter bezeichnet wird: 100 bis 1.000 m², Superposter etwas kleiner, in der Regel werden beide Werbemittelarten von oben beleuchtet.
- **Anzahl der Werbemittel:** MEGA Poster-Flächen gab es in Deutschland im Jahr 2001 rund 1.400 Stück. Superposterflächen gab es 2001 1.276 Stück.
- **Zahlenmäßige Entwicklung:** MEGA Poster-Flächen gab es in Deutschland 1995 50 Stück, 1999 830 Stück und 2001 rund 1.400 Stück. Superposter gab es 1990 1.262 Stück, 1995 1.412 Stück, 1999 1342 Stück und 2001 1.276 Stück.
- **Umsatz:** 2001 wurden 58 Mio. Euro generiert.
- **Buchung:** Nach vierwöchigen Dekaden.[40]
- **Preis:** Durchschnittspreis 2000 ca. 28.121 Euro pro Monat.[41]
- **Eignung/Empfehlung:** K.A.

Abb. 3.11: Beispiele für MEGA Poster/Superposter als Werbemittel[42]

(5) Verkehrsmittelwerbung

Die Verkehrsmittelwerbung ist der Oberbegriff für alle Werbeformen auf und in Bussen und Bahnen. Dieser Werbebereich ist sehr vielschichtig, weshalb nur ein kurzer Überblick gegeben werden soll. Die verbreitetsten Werbeformen der Verkehrsmittelwerbung sind:[43]

- Rumpfflächenwerbung
- Ganzbemalung
- Seiten- und Heckscheibenplakate
- TrafficBoards (Außenbemalung: volle Höhe/begrenzte Breite)
- BusLightPoster (BLP) (beleuchtete Plakatvitrine im Innenraum).

Vgl. Deutsche Städte Medien GmbH (o.J.): »MEGA Poster«.
URL: http://www.dsr.de/aussen/formen/contentfr_6.html (Stand: 06.04.2001)
40 Vgl. Martini (2001), S. 58.
41 Vgl. Martini (2001), S. 58.
42 Fachverband Außenwerbung e.V. URL: http://www.faw-ev.de
43 Vgl. Deutsche Städte Medien GmbH (o.J.): »Verkehrsmittelwerbung«. URL: http://www.dsr.de/aussen/formen/contentfr_4.html (Stand: 06.04.2001)

Es gibt auch im Bereich der Verkehrsmittelwerbung interessante neue Innovationen, wie z.B. retroreflektierende Folien. Dies sind Folien, die nur von einer Seite durchsichtig sind und so ein Werben auf den gesamten Glasflächen ermöglichen. Oder auch der Einsatz von Elektronik im Innenraum. Hier heißt ein neuer Trend Train-Infoscreens (Spotwerbung auf Monitoren im Innenraum). 2001 wurden in der Bundesrepublik Deutschland mit der Verkehrsmittelwerbung 85 Mio. Euro umgesetzt.[44] Die Buchung der Verkehrsmittelwerbung gestaltet sich im Bezug auf Anzahl der Flächen sowie Buchungszeiträume extrem flexibel. Hier ist nahezu alles realisierbar. Ein großer Vorteil dieser Werbeform liegt darin, dass viele Großstädter die öffentlichen Verkehrsmittel auf dem Weg zum POS benutzen und man als Werbetreibender somit auf eine kaufwillige Zielgruppe trifft.

Abb. 3.12: Beispiele für die Ganzbemalung als Werbemittel[45]

Abb. 3.13: Beispiel für das TrafficBoard als Werbemittel[46]

Abb. 3.14: Beispiel für das Bus-Light-Poster (BLP) als Werbemittel[47]

44 Vgl. Fachverband Außenwerbung e.V. (o.J.): »Marktdaten«. URL: http://www.faw-ev.de/index_html.html
45 Quelle: Fachverband Außenwerbung e.V. URL: http://www.faw-ev.de
46 aaO.
47 aaO.

(6) Werbung im Bereich Sport

Neben der Werbung auf Banden und Anzeigetafeln hat sich die Trikotwerbung als sehr lukrativ erwiesen. 2001 konnten in der Bundesrepublik Deutschland mit Bandenwerbung 70 Mio. Euro umgesetzt werden.[48] Die Kosten der Werbung im Bereich Sport sind sehr individuell. Die Kosten der Drehbandenwerbung sind beispielsweise von mehreren Faktoren abhängig. Hier wären zu nennen:

- TV-Einblendzeiten
- Anzahl der Zuschauer
- Produktionskosten pro Meter Bande.

Die Vorteile der Werbung im Bereich Sport liegen im positiven Umfeld, welches sich gut zur Förderung der Markenbindung sowie zum Imagetransfer eignet. Ein weiterer Vorteil dieser Werbeform ist die hohe Homogenität der Zielgruppe in diesem Umfeld.[49] Das Themenumfeld Sport hat sich auch in den anderen Medien von der Fachzeitschrift bis zur Homepage als sehr zielgruppenaffines werbliches Umfeld erwiesen. Gerade auch durch die neuen lifestylebezogenen Fun-Sportarten konnte sich der Sportbereich verjüngen und seine Attraktivität steigern.

(7) Werbung im Bereich Messen

Im Bereich von Messen und Ausstellungen bieten sich vielfältige Werbungsmöglichkeiten. Neben den bereits bekannten Werbeformen sind hier im Außenbereich vor allem Werbetürme und Fahnen vorzufinden. Im Innenbereich werden Wandtafeln und Aufsteller angeboten. Die Preise sowie das Angebot sind von der Lokalität und dem Anlass abhängig. Gerade im Bereich von Fachmessen ist mit dieser Werbeform eine gute Zielgruppenansprache möglich.

3.3   Anzeigenwerbung

Der Bereich der Anzeigenwerbung unterteilt sich im Wesentlichen in folgende Werbeträger:
1. Zeitungen
2. Publikumszeitschriften
3. Fachzeitschriften.

Vollständigkeitshalber wären hier noch Anzeigenblätter, Supplements, Kundenzeitschriften und Lesezirkel zu nennen. Wir wollen uns jedoch im Folgenden auf die drei oben genannten wesentlichen Werbemittelträger beschränken.

---

48 Vgl. Fachverband Außenwerbung e.V. (o.J.): »Marktdaten«. URL: http://www.faw-ev.de/index_html.html.
49 Vgl. Deutsche Städte Medien GmbH (o.J.): »Bereich Sport«. URL: http://www.dsr.de/aussen/formen/contentfr_5.html (Stand: 06. 04. 2001)

(1) Die Zeitung

Der Werbemittelträger Zeitung lässt sich wie folgt definieren: *»Die Zeitung vermittelt jüngstes Gegenwartsgeschehen in kürzester regelmäßiger Folge der breiten Öffentlichkeit.«*[50] Die Zeitung unterliegt dabei keinen thematischen Einschränkungen.[51] Die Zeitung lässt sich wie folgt differenzieren. Nach der Erscheinungshäufigkeit unterscheidet man zwischen Tages- (mindestens 2x bis maximal 7x pro Woche) und Wochenzeitungen sowie nach dem Verbreitungsgebiet in lokale, regionale und überregionale Zeitungen. Darüber hinaus berücksichtigt man, ob die Zeitung über ein Abonnement oder im Einzelverkauf vertrieben wird.[52]

Werbeformen/Anzeigenpreise bei Zeitungen: Bei der Anzeigenwerbung in Zeitungen gibt es keine Standardformate. Das Anzeigenformat ist in der Höhe nach Millimetern frei wählbar, in der Breite sind Schritte in ganzen Spalten zu wählen. Als Berechnungsgrundlage gilt der jeweilige Millimetergrundpreis. Dieser gibt an, wieviel ein Millimeter Höhe je Spalte kostet.[53] Eine Kalkulation gestaltet sich wie folgt:[54]

250	x	4	=	1.000	x	3,48 €	=	3.480,- €
Anzeigen-höhe in mm		Anzahl der Spalten		Millimeter-menge		Millimeter-preis		Anzeigenpreis

Zur Veranschaulichung werden ergänzend einige Millimeterpreise aus der Praxis genannt. Die Preise sind von der Auflage und damit der Reichweite abhängig.

- **Frankfurter Allgemeine Zeitung:** (Mo.-Fr. schwarz/weiß, verkaufte Auflage 394.815)   7,40 €
- **Süddeutsche Zeitung:** (Mo.-Fr. schwarz/weiß, verkaufte Auflage 407.410)   7,93 €
- **Die Welt:** (Mo.-Fr. schwarz/weiß, verkaufte Auflage 249.030)   4,76 €[55]

In der Praxis haben sich diverse Anzeigenarten etabliert, von denen hier einige exemplarisch vorgestellt werden:[56]

- **Grundpreisanzeige:** Die Anzeigengröße ist frei wählbar. Die Anzeige steht im Anzeigenteil.

---

50 Siehe Wimmer, in Reiter (Hrsg.) (1999), S. 64.
51 Vgl. Wimmer, in Reiter (Hrsg.) (1999), S. 66.
52 aaO.
53 Vgl. Wimmer, in Reiter (Hrsg.) (1999), S. 107f.
54 Vgl. Wimmer, in Reiter (Hrsg.) (1999), S. 108.
55 Vgl. Gruner + Jahr AG&Co (2001): Zahlen und Daten für die Mediaplanung 2002, S. 12.
56 Vgl. Wimmer, in Reiter (Hrsg.) (1999), S. 109f.

- **Rubrizierte Anzeige:** Diese Anzeige steht ebenfalls im Anzeigenteil, sie wurde jedoch ihrem Inhalt nach entsprechenden Rubriken zugeordnet.
- **Streifenanzeige:** Diese Anzeigen sind blattbreit (hoch) und am Seitenrand angeordnet.
- **Farbanzeigen:** Hier unterscheidet man zwischen dem Druck mit Zusatz- oder Schmuckfarben und dem Mehrfarbendruck. Beim Druck mit Zusatz- farben sind neben schwarz drei weitere Farben einsetzbar, es würde sich beim Ausschöpfen dann um eine vier-Farben-Anzeige (4c) handeln. Beim Mehrfarbendruck gibt es Dank moderner Technologie keine farblichen Ein- schränkungen. Hier wird jedoch eine Mindesthöhe von ca. 300 mm voraus- gesetzt.

In den letzten Jahren konnten sich auch im Bereich der Zeitungsanzeige viele Sonderwerbeformate etablieren. Zu nennen sind hier u.a. die Inselanzeige, die Satellitenanzeige, die Panoramaanzeige oder die Tunnelanzeige.[57] Zur Zeit gibt es in der Bundesrepublik Deutschland 357 Tageszeitungen und 24 Wochenzei- tungen.[58]

(2) Publikumszeitschriften

Publikumszeitschriften lassen sich nach Dovifat wie folgt definieren: Sie sind »(...) *fortlaufend und in regelmäßiger Folge erscheinende Druckwerke, die einem umgrenzten Aufgabenbereich oder einer gesonderten Stoffdarbietung (Bild, Unter- haltung) dienen.*«[59] Publikumszeitschriften lassen sich unterteilen in:[60]
- General-Interest-Zeitschriften
- Zielgruppenzeitschriften
- Special-Interest-Zeitschriften.

(3) Fachzeitschriften

Bei den Fachzeitschriften handelt es sich um Special-Interest-Zeitschriften, die jedoch »(...) *der beruflichen Information und Fortbildung eindeutig definierba- rer, nach fachlichen Kriterien abgrenzbarer Zielgruppen dienen.*«[61] Beispiele für solche Zeitschriften sind Betrieb & Meister, KEM, Digest oder bpz.

Werbemöglichkeiten bei Publikums- und Fachzeitschriften: Die buchbaren Anzeigenformate sind bei Publikums- und Fachzeitschriften identisch. Im Gegen- satz zur Zeitung ist die Anzeigengröße hier jedoch nicht frei wählbar, sondern standardisiert. Es gibt eine Vielzahl von Formaten, z.B. 1/1 Seite (Ganzseite), 3/4 Seite (hoch oder quer) oder 1/8 Seite (hoch, quer oder normal) und auch seitenübergreifende Formate wie 2/1 Seite (Doppelseite) oder 1 ¾ Seite (1/1 +

---

57 Vgl. Wimmer, in Reiter (Hrsg.) (1999), S. 112f.
58 Vgl. Gruner + Jahr AG&Co (2001): Zahlen und Daten für die Mediaplanung 2002, S. 11.
59 Siehe Meier, in Reiter (Hrsg.) (1999), S. 138.
60 Vgl. Meier, in Reiter (Hrsg.) (1999), S. 138f.
61 Siehe Schneider, in Reiter (Hrsg.) (1999), S. 178.

¾ hoch).[62] Die Möglichkeiten der Farbgestaltung sind identisch zur Zeitungsanzeige. Neben den Standardwerbeformaten haben sich im Zeitschriftenbereich
auch Sonderwerbeformen wie Ausschlagseite (Gatefolds), Beihefter, Beikleber,
Duftlackanzeigen oder Prospektanzeigen etabliert.[63]

Anzeigenpreise bei Publikums- und Fachzeitschriften: In der Praxis gestalten
sich die Anzeigenpreise für eine vierfarbige Ganzseite (1/1S. 4c) wie folgt:[64]

* **Bild am Sonntag:**
  (60.719 €   / Aufl. 2,49 Mio.   TKP*   5,92 €)
* **Stern:**
  (47.700 €   / Aufl. 1,01 Mio.   TKP   6,35 €)
* **auto motor und sport:**
  (32.610 €   / Aufl. 0,44 Mio.   TKP   16,27 €)

  (* TKP = Tausender-Kontakt-Preis)

Im Bezug auf den werblichen Umfang gibt es bei den Zeitschriften eine Restriktion. Nach der Postzeitungsverordnung darf der werbliche Teil die Quote von
50 % am Gesamtumfang des Druckwerkes nicht übersteigen.[65]

Allgemeine Daten zum Zeitschriftenmarkt: Abschließend werden noch einige
Daten zum Zeitschriftenmarkt 2000 genannt: Im Bereich der aktuellen Titel war
der Focus mit einem Marktanteil von 25,5 % Marktführer vor dem Spiegel und
dem Stern. Bei den Programmzeitschriften lag TV Spielfilm mit 17,6 % an der
Spitze und im Bereich der Motorpresse war es auto motor und sport mit einem
Anteil von 11,0 %.[66] Insgesamt gesehen war jedoch Der Spiegel mit einem Bruttowerbeumsatz in 2000 von 283,36 Mio. Euro der Werbe-Primus der bundesdeutschen Zeitschriftenlandschaft. Er konnte damit ein Werbeumsatzplus in
Höhe von 9,8 % zum Vorjahr erzielen.[67]

---

62 Vgl. Meier, in Reiter (Hrsg.) (1999), S. 165f.
63 Vgl. Meier, in Reiter (Hrsg.) (1999) »Sonderwerbeformen«, S. 168ff.
64 Vgl. Gruner + Jahr AG&Co (2001): Zahlen und Daten für die Mediaplanung 2002,
   S. 18-35.
65 Vgl. Meier, in Reiter (Hrsg.) (1999), S. 165.
66 Vgl. Gruner + Jahr AG&Co (2000): Zahlen und Daten für die Mediaplanung 2001,
   S. 18-35.
67 Vgl. Horizont (o.J.): »MMM Anzeigenbarometer kumuliert bis 02/01«.
   URL:http://www.horizont.net/medium/mediafacts/maerz01/download/anzeigenbaro-
   meter03_01xls (Stand: 06. 04. 2001)

3.4 Radiowerbung

Der Hörfunk ist neben der Zeitung das klassische Massenmedium. Er erfüllt wie die Zeitung »(...) *als tagesaktuelles Medium wichtige Informationsaufgaben und ist gleichzeitig populäres Unterhaltungsmedium.*«[68] Der Hörfunk lässt sich seiner Rechtsform nach wie folgt unterteilen:[69]

- **Öffentlich-rechtliche Rundfunkanstalten:** Finanzierung durch Rundfunkgebühren und Werbeeinnahmen.
- **Kommerzielle private Rundfunkunternehmen:** Finanzierung zu 100% durch Werbeeinnahmen.
- **Nicht-kommerzielle Hörfunkanbieter (werbefrei):** Finanzierung durch Mitgliedsbeiträge und Fördermittel der Landesmedienanstalt.

Nach ihrem Verbreitungsgebiet unterteilen sich die Sender in lokale, landesweite Hörfunkprogramme, Mehrländeranstalten und bundesweite Hörfunkanstalten.[70] Im Juni 1999 gab es in der Bundesrepublik Deutschland 197 Radiosender, von denen 16 bundesweit, 42 landesweit und 139 regional/lokal ausgestrahlt wurden.[71]

Die ARD-Radioanstalten konnten 2000 ihren Umsatz gegenüber 1999 nur um 2,3% steigern, obwohl es sich wie bereits erwähnt um ein Werbejahr der Superlative handelte. Die privaten Anbieter konnten indes ihren Umsatz um 7,9% steigern. Die Privatsender erreichten damit einen Werbemarktanteil von 69% gegenüber den öffentlich-rechtlichen mit 31%.[72] Dieses Machtverhältnis wird jedoch durch die werblichen Restriktionen des *Rundfunkstaatsvertrages* vom 1. Januar 1992 relativiert.[73] Dieser gibt vor, dass die Privatsender 20% der täglichen Sendezeit (bei 24 Stunden = 288 Minuten) für Werbung verwenden dürfen und die öffentlich-rechtlichen Sender nur zwischen 60 Minuten (NDR) und 177 Minuten (SWR).[74]

Radio-Werbeformen: Die verbreitetste Werbeform im Radio ist der *Werbespot*. Die Werbespots werden in der Regel in Werbeblöcken zusammengefasst, die in ihrem Umfang je nach Programmkonzept und Sendezeit variieren.[75] Da das Radio ein dynamisches Medium ist, spielt hier der Faktor Zeit oder besser Sendezeit eine besondere Rolle, da die Nutzungsintensität und damit die Reichweite dieses Mediums im Tagesverlauf starken Schwankungen unterliegt. Die Spitzen

---

68 Siehe Schrey, in Reiter (Hrsg.) (1999), S. 274.
69 Vgl. Schrey, in Reiter (Hrsg.) (1999), S. 274.
70 Vgl. Schrey, in Reiter (Hrsg.) (1999), S. 275 f.
71 Vgl. Zentralverband der deutschen Werbewirtschaft (Hrsg.) (2001), S. 308.
72 Vgl. Zentralverband der deutschen Werbewirtschaft (Hrsg.) (2001), S. 306.
73 Vgl. Stelzer (1994), S. 53.
74 Vgl. Schrey, in Reiter (Hrsg.) (1999), S. 275.
75 Vgl. Schrey, in Reiter (Hrsg.) (1999), S. 300.

liegen zwischen 6.00 Uhr und 9.00 Uhr am Morgen und 16.00 Uhr bis 18.00 Uhr am Nachmittag. Diese Reichweitenspitzen wirken sich direkt auf den Werbesekundenpreis aus, der damit je nach gebuchter Sendezeit sehr unterschiedlich ist. Neben der Buchung bei einem Sender gibt es die Möglichkeit, Kombipakete zu buchen. Dabei werden verschiedene Sender zusammengefasst und mit einem Preisvorteil gegenüber den Einzelbuchungen angeboten. Im Folgenden werden anhand des Senders hr3 und des ARD Radio Kombis No. 1 einige Daten aus der Werbepraxis des Jahres 2000 genannt.

hr3:[76]

* Hörer pro Tag: 3,809 Mio.
* Hörer Ø-Std.:   0,367 Mio.
* Peak-Time: 0,463 Mio.
* Kernzielgruppe   Erwachsene 14 – 49 Jahre alt
* Profil: modern, unterhaltend, journalistisch anspruchsvoll
* Ø-Sekundenpreis: 12,51 Euro (6–18 Uhr)
* Niedrigster Sekundenpreis: 1,53 Euro (22–24 Uhr)
* Höchster Sekundenpreis: 27,61 Euro (7–8 Uhr)

ARD Radio Kombi No. 1:[77]

* Zusammensetzung: Setzt sich aus 13 Sendern zusammen und hat damit eine bundesweite Verbreitung
* Hörer pro Tag: 22,928 Mio.
* Hörer Ø-Std.:   6,122 Mio.
* Peak-Time: 7,837 Mio.
* Kernzielgruppe: Erwachsene 30 – 59 Jahre alt
* Besonderheit: Kombi mit dem höchsten Frauenanteil (53%)
* Ø-Sekundenpreis: 164,90 Euro (6-18 Uhr)
* Niedrigster Sekundenpreis: 92,80 Euro (14-15 Uhr)[78]
* Höchster Sekundenpreis   297,57 Euro (8-9 Uhr)

Sonderwerbeformen: Neben dem klassischen Werbespot sind beim Radio auch einige Sonderwerbeformen zu finden, die abschließend kurz vorstellt werden:[79]

---

76 Vgl. ARD-Werbung Sales & Service GmbH (o.J.): »hr3«.
   URL:http://www.ard-werbung.de/radio/programme/Angebot_Preise/hr/.../tarife_
   hr3_2001.as (Stand: 17.04.2001)
77 Vgl. ARD-Werbung Sales & Service GmbH (o.J.): »ARD Radio Kombi No. 1«.
   URL: http://www.ard-werbung.de/radi/programme/Angebot_Pr.../
   profil_radokombi1plus.as
   (Stand: 17.04.2001)
78 Tarife waren nur für die Sendezeit von 6 bis 18 Uhr ausgewiesen.
79 Vgl. Schrey, in Reiter (Hrsg.) (1999), S. 301.

- **Werbesendungen/PR-Beiträge:** Werbeaussagen als eigenständige Sendung – »Infomercials«.
- **Gewinnspiele:** Vom Frage-/Antwortspiel bis zu aufwändigen Sendungen oder Serien.
- **Live-Spot:** Die älteste Werbeform im Radio, der Moderator liest die Werbung vor.
- **Sponsoring/Patronate:** Werbetreibende unterstützen Programmbestandteile wie Wetter, Sportergebnisse oder Verkehrsinfos (populäres Beispiel: der Jever-Seewetterbericht).[80]

3.5 TV-Werbung

Das Fernsehen gilt als das audiovisuelle Medium im Rundfunksektor. Seit der ersten ausgestrahlten Fernsehsendung im Jahre 1928 entwickelte sich das Fernsehen kontinuierlich weiter.[81] Laut Mediaanalyse (MA) 1998 gab es in 33,36 Mio. deutschen Haushalten mindestens ein Fernsehgerät. Das Fernsehen erzielt damit eine bundesweite Bevölkerungsabdeckung von 97,8% und ist somit heute das führende Massen- und Werbemedium.[82] Die TV-Werbung hat in Deutschland eine fast 50-jährige Tradition. Am 3. November 1956 strahlte das Bayerische Fernsehen den ersten Fernsehwerbespot aus.[83]

Das Fernsehen lässt sich nach vielfältigen Kriterien wie Rechtsform, Verbreitungsart, Verbreitungsgebiet oder Programmstruktur untergliedern.[84] Es soll an dieser Stelle jedoch nur die Unterteilung nach der Rechtsform in öffentlich-rechtliche und private Fernsehsender betrachtet werden, da diese die einzige ist, die die Werbemöglichkeiten beeinflusst. Der bereits im Rahmen der Radiowerbung erwähnte Rundfunkstaatsvertrag sieht im Bereich der TV-Werbung folgende *Restriktionen* vor:[85]

- Die Unterbrechung der Übertragung von Gottesdiensten und Kindersendungen ist verboten.
- Die Spotwerbung hat in Form von Werbeblöcken zu erfolgen.
- Die Werbezeit ist im öffentlich-rechtlichen Fernsehen auf 20 Min. täglich und max. 12 Min. pro Stunde begrenzt. Nach 20.00 Uhr sowie an Sonn- und Feiertagen herrscht Werbeverbot.
- Bei privaten Fernsehsendern darf die Werbezeit inkl. Sonderwerbeformen wie Dauerwerbesendungen 20% der täglichen Sendezeit (bei 24 Std. = 288

---

80 URL: http://www.jever.de/was/seewetter/seewetter_frame.htm
81 Vgl. Pipers/Riehl (1997), S. 61.
82 Vgl. Modenbach, in Reiter (Hrsg.) (1999), S. 232.
83 Vgl. Modenbach, in Reiter (Hrsg.) (1999), S. 233.
84 aaO.
85 Vgl. Stelzer (1994), S. 53 f.

Min.) nicht übersteigen. Die Spotwerbung darf dabei nicht mehr als 15%
der täglichen Sendezeit ausmachen. Analog zu den öffentlich-rechtlichen
darf die Werbezeit pro Stunde 12 Minuten nicht übersteigen.

Der Weg für die privaten Fernsehsender wurde ab 1981 durch die *Duale Rundfunk Verordnung* geebnet.[86] Seit dieser Zeit konnten die Privaten ihre Werbeeinnahmen kontinuierlich ausbauen und 1998 einen Umsatz von 6,08 Mrd. Euro
verbuchen, was gegenüber 1988 einer Steigerung von 3.200% entspricht. Im gleichen Zeitraum sanken die Werbeeinnahmen von ARD und ZDF um über 50%
auf 467,83 Mio. Euro.[87] Der Privatsender RTL konnte in 2000 einen Werbeumsatz von 0,69 Mrd. Euro verbuchen und ist damit in diesem Bereich Marktführer vor Sat1 und Pro Sieben. Bei den öffentlich-rechtlichen Sendern liegt die
ARD mit 98,56 Mio. Euro knapp vor dem ZDF mit 91,41 Mio. Euro.[88] Die Situation kehrt sich jedoch im Bereich der durchschnittlichen Einschaltquoten um.
Hier ist die ARD mit 19,5% Marktführer vor dem ZDF mit 18,8%. RTL kommt
als erfolgreichster Privatsender nur auf 11,8%.[89]

TV-Werbeformen:[90]
* **Werbespot:** Die verbreitetste Werbeform im Fernsehen ist der Werbespot.
  Er hat i.d.R. eine Länge von 7 bis 60 Sekunden und wird in Werbeblöcken
  ausgestrahlt. Oft wird der Spot im ersten Schritt mit einer Länge von 30 bis
  45 Sekunden geschaltet und zur Erinnerungssteigerung in einer gekürzten
  Version von 7 bis 15 Sekunden wiederholt.
* **Narrow Casting:** Unter diesem Begriff versteht man die Schaltung eines
  Spots im direkten Anschluss an ein thematisch zugehöriges Programm, um
  eine hohe Zielgruppenaffinität zu erzielen.
* **Die Werbeuhr:** Hier wird der Spot meist im Splitscreen-Verfahren parallel
  zur Nachrichtenuhr eingeblendet. Der Vorteil besteht darin, dass die Nach-
  richten hohe Einschaltquoten erzielen und die Zeit unmittelbar vor der Sen-
  dung (Nachrichtenuhr) als sehr »zappingresistent« gilt.
* **Dauerwerbesendungen:** Hier unterscheidet man zwischen Werbungen im
  Nachrichtenstil (z.B. Schaufenster an Donnerstag) und Werbequiz-Sendun-
  gen (z.B. Der Preis ist heiß oder Glücksrad).
* **Sponsorship:** Hier werden Programminhalte wie Sportübertragungen oder
  Wetterberichte gesponsert. Der Werbetreibende wird dabei meist zu Beginn
  namentlich genannt.
* **Teleshopping:** Hier handelt es sich um eine Dauerwerbesendung, bei der
  die Produkte jedoch direkt telefonisch orderbar sind (z.B. Teleshop).

---

86 Vgl. Modenbach, in Reiter (Hrsg.) (1999), S. 233.
87 Vgl. Modenbach, in Reiter (Hrsg.) (1999), S. 253.
88 Vgl. Zentralverband der deutschen Werbewirtschaft (Hrsg.) (2001), S. 297.
89 Vgl. Gruner + Jahr AG&Co (2000): Zahlen und Daten für die Mediaplanung 2001,
    S. 44.
90 Vgl. Niemeyer/Czycholl (1994), S. 23-26.

Neben diesen offensichtlichen Werbeformen gibt es im Fernsehen auch verdeckte. Die bekannteste ist das **Product Placement**. Es handelt sich hierbei um die gezielte Platzierung von Produkten oder Logos in Fernsehsendungen. Das erste Product Placement der Filmgeschichte war ein Alfa Romeo Spider, der in den 70er Jahren von Dustin Hoffman in dem Film die Reifeprüfung gefahren wurde. Ein weiteres prominentes Beispiel ist die Serie Miami Vice aus den 80er Jahren, in der die Zigarettenmarke Lucky Strike platziert wurde. Darüber hinaus gibt es noch weitere verdeckte Werbeformen wie Programming, Bartering oder Insertwerbung.[91]

TV-Werbekosten:

Im Folgenden sollen nur die Werbekosten für die Spotwerbung betrachtet werde, da dieser Werbeform die stärkste Bedeutung zukommt. Die Kosten für einen Werbespot richten sich nach der Spotlänge in Sekunden und der Sendezeit, da das Fernsehen wie das Radio ein dynamisches Medium ist. Als Standardmaß hat sich der Preis für einen 30-sekündigen Werbespot (30-Sekünder) etabliert. Abschließend werden exemplarisch einige Preise von 30-Sekündern aus der Praxis genannt:[92]

ARD:
- Ø-Preis: 14.228 €
- Niedrigster Preis: 6.856 €   (13.00-17.00 Uhr)
- Höchster Preis: 19.493 €   (17.00-20.00 Uhr)

RTL:
- Ø-Preis: 10.631 €
- Niedrigster Preis: 839 €   (01.00-06.00 Uhr)
- Höchster Preis: 45.507 €   (20.00-23.00 Uhr)

DSF:
- Ø-Preis   1.032 €
- Niedrigster Preis: 224 €   (06.00-09.00 Uhr)
- Höchster Preis: 2.320 €   (20.00-23.00 Uhr)

---

91 Vgl. Niemeyer/Czycholl (1994), S. 26.
92 Vgl. Gruner + Jahr AG&Co (2001): Zahlen und Daten für die Mediaplanung 2002, S. 37.

3.6   Digital TV

Das Digital TV steht an der Schwelle zu den Neuen Medien. Da seine Interaktivität derzeit noch recht eingeschränkt und die Internetfähigkeit erst für die Zukunft geplant ist, wird das Digital TV hier den klassischen Medien zugeordnet.

Das digitale Fernsehen spielt im Bereich der Werbung keine Rolle, da es sich bei den derzeit in Deutschland angebotenen Programmen von Premiere World um so genannte Pay-TV-Sender handelt. Pay-TV Sender sind Privatsender, die sich ausschließlich durch Gebühren finanzieren. Für den Empfang dieser digitalen Programme benötigt der Nutzer eine sog. d-box. Für die zweite Generation der d-box ist bereits die Internetfähigkeit prognostiziert. Es bleibt abzuwarten, wie der Nutzer auf die Verschmelzung von Fernsehen und Internet reagieren wird, und was er bereit ist, dafür zu zahlen.[93] Im Jahr 2000 besaßen etwa 5% der bundesdeutschen Bevölkerung die Möglichkeit, digitales Fernsehen zu empfangen. 1% der Bevölkerung gab an, sich in naher Zukunft einen Decoder (d-box) anschaffen zu wollen.[94]

3.7   Sonderwerbeformen

Neben der klassischen Werbung gibt es weitere Formen und Elemente der Werbung, die nachfolgend nach Meffert[95] aufgelistet werden. Sie bilden einzeln oder als Auswahl die Instrumente der Kommunikations-Politik:[96]

*   **Verkaufsförderung:** Kommunikative Maßnahmen zur Unterstützung des Absatzes.[97] Hierbei können beispielsweise Kunden-, Vertriebs- oder auch Händler-Promotions eingesetzt werden.
*   **Public Relations:** Öffentlichkeitsarbeit[98]
*   **Direkt-Kommunikation:** Direkter (z.B. persönlicher) Kontakt mit dem Konsumenten.[99] Elemente dieses Teilbereichs können beispielsweise Info-Veranstaltungen, Seminare, Reaktionswerbung oder auch Telefon-Marketing sein.

---

93 Vgl. Modenbach, in Reiter (Hrsg.) (1999), 245.
94 Vgl. ARD-Werbung (o.J.): »Massenkommunikation 2000: Images und Funktionen der Massenmedien im Vergleich«.
    URL: http://www.ard-werbung.de/mediaperspektiven/inhalt/mp01/mp01_03/ download/ Ridder/_MP_3_2001.pdf (Stand: 16.04.2001)
95 Vgl. Meffert (1998), S. 664-665.
96 Zur Kommunikations-Politik vgl. Kapitel 1.6.
97 Vgl. Kellner (1982), S. 19ff.
98 Vgl. Jefkins (1988), S. 1f.
99 Vgl. Korchner/Sobeck (1989), S. 142ff.

- **Sponsoring:** Förderung von Personen oder Organisationen mit Geld-, Sach- oder Dienstleistungen.[100]
- **Event-Marketing:** Die erlebnisorientierte Inszenierung von Firmen oder Produkten.[101]
- **Messen und Ausstellungen:** Präsentation des Unternehmens oder Produktes auf marktähnlichen Veranstaltungen[102] (z.B. auf Fachmessen oder Herstellermessen).

100 Vgl. Bruhn (1997), S. 17ff.
101 Vgl. Auer, Diederichs (1993), S. 201ff.
102 Vgl. Meffert (1993).

4 Werbemedien und Werbemittel online

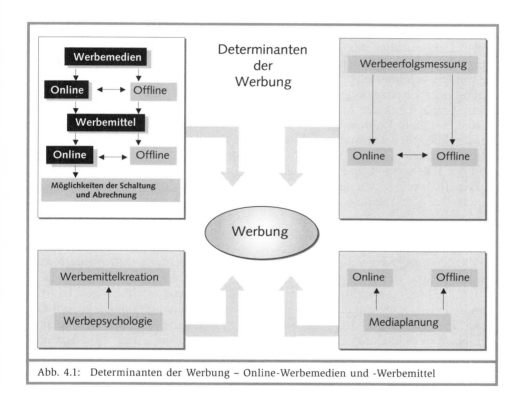

Abb. 4.1: Determinanten der Werbung – Online-Werbemedien und -Werbemittel

4.1 Internet und World Wide Web (WWW)

Das heutige Internet entstand ursprünglich aus einer Forschungsarbeit der Rand Corporation, die von der amerikanischen Regierung 1962 beauftragt wurde, ein gegen partielle Leistungsausfälle resistentes Kommunikationsnetz zu bilden. Unter dem Einfluss des »Kalten Krieges« entstand der Vorläufer des Internets, das ARPAnet,[1] welches die Kommunikation einzelner Regierungsstellen auch nach einem militärischen Angriff sichern sollte.

Dieser Anspruch der Kommunikationssicherheit wurde durch das Prinzip der *Paketvermittlung* realisiert. Hierbei werden Daten in einzelnen nummerierten Paketen über das Netz verschickt und am Zielort wieder zusammengefügt. Die Pakete können dabei im Netz ganz unterschiedliche Wege gehen. Sie werden von speziellen Rechnern (Routern) je nach Verfügbarkeit, Netzbelastung oder Übertragungszeiten vermittelt. Da dieses Netzwerk ohne zentrale Kontroll- und Leitstelle funktioniert, ist es möglich, die Daten auch nach dem Ausfall einzelner Knotenpunkte weiterzuleiten, indem sie ihren Weg durch die übrig gebliebenen Leitungen nehmen. Zum Standard der Übertragungsprotokolle entwickelten sich das Transmission Control Protocol (TCP), das den Versand der Daten regelt und das Internet Protocol (IP), das die Adressierung der einzelnen Pakete sicherstellt. Es war somit eine Art Computer-Esperanto entstanden, in dem jeder Rechner den anderen verstehen konnte.

Ein weiterer Evolutionsschritt war die Implementierung des Domain-Name-Systems (DNS). Dieses ermöglicht eine Identifikation der angeschlossenen Nutzer. Das DNS verknüpft die IP-Adresse (z.B. 172.134.105) mit dem Domain-Namen (z.B. URL: http://www.diplom.de/). Beide Teile der eindeutigen Adresse werden auf einem Name-Server gespeichert.[2]

In der Weiterentwicklung dieses Datennetzes wurde auch einigen wissenschaftlichen Einrichtungen, wie Universitäten, der Zugang ermöglicht, um den Informationsaustausch zu fördern und die vorhandenen Kapazitäten zu nutzen. Nach dem Rückzug des Militärs aus diesem Projekt wurde 1982 erstmals der Begriff »Internet« zur Beschreibung dieses Datennetzes genutzt, um damit den Verbund einer großen Anzahl von Computernetzen zu verdeutlichen.[3] Nach einiger Zeit konnten auch Unternehmen das Kommunikationsnetz für kommerzielle Zwecke nutzen. Das Internet ist ohne zentrales Kontrollorgan gewachsen und heute mit geschätzten 580,78 Millionen Nutzern das größte Computernetz der Welt.[4]

---

1 ARPA: Advanced Research Projects Agency, Projektgruppe des amerikanischen Verteidigungsministeriums.
2 Vgl. Pipers/Riehl (1997), S. 117.
3 Vgl. Döge (1997), S. 9.
4 URL: http://www.nua.ie/surveys/how_many_online/ (Stand September 2002).

Word Total	580.78 million
Africa	6.31 million
Asia/Pacific	167.86 million
Europe	185.83 million
Middle East	5.12 million
Canada & USA	182.67 million
Latin America	32.99 million

Abb. 4.2: Geschätzte Anzahl aktiver Internet-Netzer in Millionen[5]

Diese Nutzerzahlen sind vor allem deshalb so erstaunlich, weil das Internet seinen Siegeszug im Privatbereich erst in der Mitte der 1990er Jahre begann. Mittlerweile ermöglicht das Internet zahlreichen Nutzern den Zugriff auf die verschiedenen Dienste.[6]

Der Zugang zum Internet[7] erfolgt gegen Zahlung einer Gebühr in der Regel über Gateways der verschiedenen Online-Dienst-Anbieter (z.B. America Online (AOL), T-Online u.v.a.), dabei kann der Nutzer seinen Computer beispielsweise über ein Modem[8] und mit der entsprechenden Zugangssoftware in das Netz einwählen.

Der meistgenutzte Internet-Dienst neben der elektronischen Post (E-Mail) ist das World Wide Web (WWW).[9] Das WWW ermöglicht die Einbringung von multimedialen Daten, wie beispielsweise Audio- oder Video-Dateien.[10] Im heutigen Sprachgebrauch wird der Begriff WWW häufig als Synonym für das Internet verwendet, was jedoch nicht ganz richtig ist, da es sich beim WWW eben nur um einen Internet-Dienst handelt. Daneben gibt es aber auch andere Internet-Dienste wie das Usenet, in dessen Bereich die Newsgroups (Diskussionsforen) einzugliedern sind oder das File Transfer Protocol (FTP), einem Verfahren zum Datentransfer. Auf eine Aufzählung von weiteren Internet-Diensten verzichten wir an dieser Stelle, um uns im Folgenden auf das WWW und E-Mail zu konzentrieren.[11]

---

5 Quelle: http://www.nua.ie/surveys/how_many_online/ (Stand September 2002).
6 Eine Auflistung der gebräuchlichsten Internet-Dienste findet sich bei Dannenberg/Barthel (2002), S. 59ff.
7 Eine Erklärung der verschiedenen Internet-Zugangsarten bzw. -Zugangstechnologien geben Dannenberg/Barthel (2002), S. 66ff.
8 Das Modem ist nur ein Beispiel. Neuere und schnellere Einwahlmöglichkeiten (z.B. unter Verwendung von Digital Subscriber Line Technologien (DSL) oder Fernsehkabelnetzen) verändern die Art und Weise wie Leute das Internet benutzen und wie Werbung an den Endkonsumenten gebracht wird.
9 Vgl. G+J Electronic Media Service AdSales (2000), S. 28.
10 Es ist auch interessant, dass die beiden Dienste heutzutage oft ineinander übergehen. Man kann z.B. E-Mails in Form von HTML-Seiten inkl. Bannerwerbung schicken.
11 Vgl. hierzu Dannenberg/Barthel (2002), S. 60.

Das World Wide Web (WWW)

Die Entwicklung zum World Wide Web (auch WWW, 3W, W3 oder Web genannt) begann 1989 am Europäischen Kernforschungszentrum CERN (Conseil Euro-péenne pour la Recherche Nucléaire) in Genf. Ziel sollte es sein, ein System zu entwickeln, mit dem man in den Dateien frei navigieren und neben Tex-ten auch Bildelemente darstellen konnte. Tim Berners-Lee und Robert Cailliau wählten hierfür eine Client-Server-Architektur, die internetkompatibel war, um unterschiedliche Soft- und Hardware-Technologien einsetzen zu können. Ende 1990 wurde der erste Prototyp mit Hilfe von NeXT-Rechnern realisiert. Im Mai des Folgejahres konnte bereits das erste Basismodell des WWW vorgestellt wer-den. Im Juli 1992 war es dann so weit, das World Wide Web wurde der brei-ten Öffentlichkeit präsentiert.[12]

Das WWW dient jedem Benutzer zur Bereitstellung und zum Abruf ver-schiedenster Informationen. Das besondere am WWW ist seine *Multimediali-tät* sowie die Integration von elektronischen Querverweisen, den so genann-ten *»Hyperlinks«*:

- **Multimedialität:** *»Die im WWW vernetzten Rechner ermöglichen die Integra-tion, Speicherung und Bearbeitung verschiedener dynamischer und statischer Medien mittels digitaler Technik. Die verschiedenen Medien lassen sich dabei völlig unabhängig voneinander verarbeiten.«*[13] Die Grenzen der multimedi-alen Darstellung werden bei den Privatanwendern häufig noch von langen Downloadzeiten, verursacht durch enge Bandbreiten, und geringen Zugriffs-geschwindigkeiten gesteckt.

- **Hyperlinks:** Die Dokumentenbeschreibungssprache HTML (Hypertext Markup Language) und das High-Level-Internet-Protokoll HTTP (Hypertext Trans-fer Protokoll) ermöglichen die Erstellung von Hypertexten. Dies sind Texte, die die Implementierung von Hyperlinks ermöglichen. Hyperlinks sind elek-tronische Querverweise zu anderen Dokumenten oder Textstellen, die sogar auf einem anderen Server liegen können. Diese Besonderheit des WWW erleichtert die zielgerichtete Navigation ungemein und unterliegt dem Kon-zept nicht-linearer Information.[14] Das WWW ist durch die genannten Funk-tionen der Navigation und der hohen Qualität der Datenpräsentation zum bekanntesten Teil des Internets geworden.

Das Wachstum der Internetnutzung

Neben dem Bildungsniveau gibt es zahlreiche Einflussfaktoren auf die Verbrei-tung der Internet-Nutzung und der jeweils genutzten Dienste. Zu den wichtig-sten zählt die Entwicklung der Netzinfrastruktur. Durch wachsende Bandbrei-

---

12 Vgl. o.V. (o.J.): »WWW«. URL: http://www.glossar.de/glossar/z_www.htm (Stand: 28.03.2001)
13 Siehe Henn (1999), S. 16.
14 Vgl. Oenicke (1996).

ten und dadurch immer schneller werdende Übertragungsraten ist es in den vergangenen Jahren möglich geworden, mehr und mehr multimediale Inhalte wie kleinere Animationen oder Filme in das Informationsangebot aufzunehmen. Auch werden verschiedene Protokolle verbessert und neue Protokolle entwickelt, die es ermöglichen, komplizierte multimediale Inhalte mit einer geringeren Anforderung an die Bandbreite zu übertragen.[15] Jedoch ist beim Einsatz größerer Datenvolumina Vorsicht geboten, denn trotz dieser Entwicklung besteht die Gefahr, den Online-Nutzer durch lange Wartezeiten und damit auch hohe Online-Gebühren zu verärgern.

Ein weiterer Faktor, der das Wachstumspotenzial der Online-Nutzung beeinflusst, sind die sinkenden Kosten sowohl der Online-Gebühren als auch der erforderlichen Hardware. So werden beispielsweise so genannte »Flatrates« von den Online-Diensten angeboten, die ein teilweise unbeschränktes Surfen im Internet zu einem monatlichen Fixpreis ermöglichen.[16] Außerdem erfordert die Einrichtung des Internet-Zugangs immer weniger Know-how von den Anwendern. Durch die zunehmende Vereinfachung der Browsersoftware und das umfangreiche Angebot von Verbindungsassistenten wird der unerfahrene PC-Nutzer in wenigen Schritten durch die Installation geführt. Entsprechende CD-ROMs mit der vereinfachten Zugangssoftware der verschiedenen Online-Anbieter (z.B. T-Online, AOL etc.) findet man heute nicht mehr nur als Beilage in den PC-Zeitschriften, sondern kann sie auch kostenlos an den Kassen vieler Tankstellen oder Bäckereien mitnehmen.

Klassifikation der Internet-Nutzer

Die vielfach anzutreffende Aussage, es gäbe im Internet keine differenten Zielgruppen bzw. keine Möglichkeiten der Segmentierung, ist so nicht richtig. An dieser Stelle werden einige der bekanntesten Ansätze zur Klassifizierung der Internet-Nutzer vorgestellt. Abbildung 4.3, Abbildung 4.4 und Abbildung 4.5 zeigen die *Internet-Nutzertypologien* der *GfK*, der *Handelshochschule Leipzig* sowie des Consulting-Unternehmens *McKinsey*. Die Ansätze der GfK und von McKinsey sind dabei ähnlich. Sie teilen die Nutzer nach ihrer Netzerfahrung sowie nach ihrem thematischen Interesse bzw. ihrer Motivation ein. Die McKinsey-Klassifikation weist jedoch durch die Nennung von Beispielen eine exaktere Trennung der Nutzertypen und damit einen höheren Praxisbezug auf. Die Handelshochschule Leipzig legt in ihrem Ansatz den Schwerpunkt auf den Bereich »Sicherheitsbedenken«. Diese Herangehensweise ist interessant, jedoch nicht für alle Anwendungsfälle von Relevanz.

---

15 Z.B. OggVorbit im Bereich Audio und MPG4, Windows Media, oder 3ivX im Bereich Video.
16 Bei manchen Anbietern erfolgt eine Einschränkung z.B. durch die Limitierung des gesamten Übertragungsvolumens.

Nutzertypen	Profil	Prozentualer Anteil an der Gesamtheit der Internetnutzer	Relevanz für eCommerce
Der Profi	30-39 Jahre; hoher Männeranteil; hohes Einkommen und hoche formale Bildung; Intensivnutzer, ausgeprägtes Online-Shopping	16%	Groß; wichtige Zielgruppe für eCommerce
Der Praktiker	20-49 Jahre; durchschnittlicher Frauenanteil; hohes Bildungs- und Einkommensniveau; Vorreiter im Online-Shopping	15%	Groß; wichtige Zielgruppe für eCommerce
Der Gameboy	14-29 Jahre alt; vorwiegend männlich; noch in der Ausbildungsphase (Schule/ Studium); geringes Einkommen; intensivste Nutzer von Online-Medien	14%	Begrenzt, da Internet-Nutzung vorwiegend der Unterhaltung dient
Der Kicker	Nahezu identisch mit dem Bevölkerungsdurchschnitt; keine erkennbaren Nutzungsschwerpunkte; meist Internet-Neulinge	32%	Weniger, da im Vergleich aller Typen die Nutzungsintensität am geringsten ist
Das Cybergirl	Junge Frauen im Berufsleben; noch unterdurchschnittliches Online-Shopping, vorwiegend in weniger internet-spezifischen Produktbereichen	7%	Potenzielle Kernzielgruppe; Entwicklung beobachten
Der Young Professional	Jüngere Nutzer; alle Bildungsschichten; Berufsstarter; Internet wird geschäftlich genutzt; Interesse an Qualifizierungs- und Weiterbildungsangeboten	14%	Zielgruppe mit wachsender Bedeutung; Entwicklung beobachten

Abb. 4.3: Internet-Nutzertypologie der GfK[17]

17 Quelle: In Anlehnung an Spohrer/Bornhold (2000), S. 33ff.

Nutzertypen	Profil	Prozentualer Anteil an der Gesamtheit der Internetnutzer	Relevanz für eCommerce
Internet-Muffel	Haben theoretisch eine Zugangsmöglichkeit, nutzen das Internet jedoch noch nicht	59%	Noch keine
eCommerce-Muffel	Nutzen zwar das Internet, kaufen aber aufgrund hoher Barrieren nicht online	18%	Noch gering
Sicherheits-fanatiker	Nutzen das Internet zwar zum Einkaufen, haben jedoch große Sicherheitsbedenken bei der Kreditkartenzahlung im Web	11%	Begrenzt
Sorglose eCommercer	Sehen kaum Sicherheitsprobleme und kaufen regelmäßig online ein	12%	Groß, wichtigste Zielgruppe

Abb. 4.4: Internet-Nutzertypologie der Handelshochschule Leipzig[18]

18 Quelle: In Anlehnung an Kirchgeorg (1999), S. 13.

Nutzertypen	Profil	Prozentualer Anteil an der Gesamtheit der Internetnutzer	Relevanz für eCommerce
Surfer	Durchschnittl. 13,4 Std. im Monat online; 88% männlich; technologieorientiert; typische »Early Adopters«; geringe Domainpräferenzen	11%	Ausbaufähig, Entwicklung beobachten
Schnupperer	Durchschnittl. 4,4 Std. im Monat online; schnelle Domainwechsel; orientieren sich an Offline-Marken z.B. Bild-Online.de oder Spiegel.de	26%	Eher gering; Navigationshilfen bieten (z.B. Banner)
Convenience-Orientierte	erfahrene Nutzer; häufige Transaktionen – praktische Dinge wie Tickets, Reservierungen, Bücher... nutzen Stammdomains; z.B. AMAZON.DE	21%	Groß; attraktive Zielgruppe, jedoch anspruchsvoll
Kontakter	61% weiblich, Schwerpunkt Kommunikation in Form von eMail und Chat; nutzen Sites wie GMX.DE oder HOTMAIL	22%	Gering; Shopping ist nicht die Intention
Routiniers	73% männlich; erfahren, suchen gezielt (44 Sek. pro Site); bevorzugen Sites wie FOCUS-ONLINE, STOCK-CITY oder SPIEGEL.DE	14%	Ausbaufähig, jedoch nicht für Spontankäufe
Schnäppchen-jäger	Intensivste Online-Nutzer; Spass am Suchen und Vergleichen; kaufen überdurchschnittlich viel online; besuchen Sites wie EBAY.DE, RICARDO.DE, WEBMILES oder LETSBUYIT.COM	3%	Groß; attraktive Zielgruppe, jedoch sehr preissensibel (free / perfect / now)
Entertainment-Orientierte	Spass- und unterhaltungsorientiert; nutzen Online-Spiele und Web-Cams; Interessen: Computerspiele, Musik, Sport etc.; nutzen Stammdomains; besuchen Sites wie MP3.COM, SPORT1.DE, SWR3.DE oder RTL.DE	3%	Eher gering; jedoch beobachten

Abb. 4.5:   Internet-Nutzertypologie nach McKinsey[19]

---

19 Quelle: Lades/Thara: »Surfen oder Schnuppern«, McKinsey&Company Pressemitteilung, Düsseldorf/Nürnberg, 09.November 2000.

4.2   Abgrenzung der Online-Werbung

Online-Werbung, so wie sie im Folgenden verstanden wird, findet in erster Linie im *WWW-Bereich* des Internets statt. Die Gründe hierfür liegen in der zuvor genannten Multimedialität, die eine vielseitige Kundenansprache ermöglicht und in der Verlinkung von Werbemitteln und Homepages.

»Von den Internet-Nutzern werden häufig nahezu sämtliche Aktivitäten von Unternehmen im WWW dem Bereich der Werbung zugeordnet. Einige Autoren folgen dieser Interpretation und subsumieren entsprechend alle Aktivitäten eines Unternehmens unter dem Begriff Internet-Werbung, also sowohl die Ausgestaltung von Websites als auch die Platzierung von Links und Werbeflächen für das eigene Internet-Angebot auf Werbeträger-Sites.«[20] Es soll sich hier aber auch nicht der Meinung Henns angeschlossen werden, bei der unter Internet-Werbung ausschließlich *»(...) die Platzierung von Werbeflächen auf anderen Web-Sites mit einem Link zum eigenen Internet-Angebot (...).«*[21] verstanden werden kann. Auf der verbundenen Seite können dabei auch weiterführende Informationen angeboten werden, die ebenfalls der Werbung zuzurechnen sind.[22] Nach dieser Definition könnte beispielsweise die E-Mail, bzw. der Newsletter nicht mehr eindeutig zur Online-Werbung gezählt werden.

Vielmehr soll unter der Online-Werbung die gezielten Maßnahmen der Übermittlung von Informationen und Inhalten zum Zweck der Steuerung von Meinungen, Einstellungen, Erwartungen und Verhaltensweisen und zur Stärkung der nach der entsprechenden Zielsetzung unter Verwendung verschiedener Internet-Dienste (insbesondere WWW und E-Mail) verstanden werden.

Eine Abgrenzung des Werbebegriffs im WWW begründet sich jedoch in den vielfältigen Angeboten der netzpräsenten Unternehmen. Diese Angebote beinhalten z.T. Beratungs- und Serviceleistungen oder bieten Reservierungs- und Einkaufsmöglichkeiten. Damit gehen sie weit über die bloße Werbung hinaus.[23] Würde man die Online-Werbung nicht wie beschrieben eingrenzen, so würde in einem intermediären Vergleich einem 30-Sekünder auf RTL oder einem City-Light-Poster bspw. die gesamte Homepage der Volkswagen AG mit ca. 800 Unterseiten (inkl. Neuwagen-Konfigurator, Gebrauchtwagenbörse, Finanzierungstools, Routenplanung, Foren etc.) gegenübergestellt. Hier wird deutlich, dass ein solcher Vergleich unsinnig wäre, und die Online-Werbung einer Abgrenzung bedarf. Die Vergleichbarkeit mit den etablierten klassischen Medien ist für die Steigerung der Akzeptanz des Internets als seriöser Werbeträger von großer Wichtigkeit.

---

20 Siehe Henn (1999), S. 55.
21 aaO.
22 Vgl. Henn (1999), S. 55.
23 aaO.

4.3 Entwicklung und Markt der Online-Werbung

Als erste bedeutende Website bot das Internet-Magazin Hot Wired[24] im Oktober 1994 die kommerzielle Schaltung von Werbeflächen auf seinen Webseiten an.[25] Seither ist viel geschehen. Immer mehr Websites finanzieren sich über den »Verkauf von Werbeflächen« und immer mehr Unternehmen entdecken das WWW für sich. Derzeit gibt es rund 2.500 werbeführende Internetseiten in Deutschland.[26] Die Werbeeinnahmen spielen im WWW eine besondere Rolle. Durch sie können viele Inhalte und Dienste kostenlos angeboten werden, was dem Netz zu seinem rasanten Wachstum und seiner hohen Akzeptanz verhalf. 1996 betrugen die Online-Werbeeinnahmen in der Bundesrepublik Deutschland 3,07 Mio. Euro und 1997 waren es bereits 12,27 Mio. Euro.[27]

Die aktuelle Situation auf dem Online-Werbemarkt
Die Bruttowerbeaufwendungen des Jahres 2001 belaufen sich in der Bundesrepublik Deutschland auf etwa 211,6 Millionen Euro. Die Online-Werbung hat damit einen Anteil an den Gesamtwerbeausgaben in 2001 von 1,2 Prozent (dies entspricht etwa dem Anteil der Kino-Werbung).[28] Die Bruttowerbeaufwendungen wurden von ACNielsen aus einem Panel von 700 Websites ermittelt. 21 Vermarkter werden in diesem Panel erfasst.[29] Es wird davon ausgegangen, dass dieses Panel 70–80% des Online-Marktes erfasst.[30]

Es sei darauf hingewiesen, dass es im Bezug auf die Werbeaufwendungen im Internet oftmals zu verschiedenen Werten kommt. Der Grund dafür liegt in der unterschiedlichen Auslegung des Begriffs »Online-Werbeaufwendungen«. Das Einflusssystem reicht dabei von Kreativ-Kosten (Werbemittelproduktionskosten) über Schaltungskosten (Buchungsaufwendungen) bis hin zu Kosten zur Erstellung und Pflege von Websites. Diese Einflussgrößen werden jedoch nicht ausgewiesen.

Die Online-Spendings des Jahres 2001 stagnieren auf Vorjahresniveau. Der unterjährige Preisverfall und der daraus resultierende Anstieg der Anzahl an Online-Kampagnen kann dem Markt zu keinem nennenswerten Wachstum verhelfen.[31] Es sei an dieser Stelle jedoch darauf hingewiesen, dass das Jahr 2000

---

24 URL: http://www.hotwired.com
25 Vgl. Henn (1999), S. 55.
26 Vgl. o.V. (2001), new media update – Frühjahr 2001, eMarket Sonderheft, S. 17.
27 Vgl. Henn (1999), S. 56.
28 Vgl. Kunze (2002): »Online-Bruttoaufwendungen des Jahres 2001«.
    URL: http://www.acnielsen.de/news/2002/01_22.html (Stand: 15.02.2002)
29 Z.B. AdLINK, ad pepper, AOL Deutschland, Doubleclick GmbH, NEWMEDIA GmbH, Netpoint Media GmbH, SeverOne Interactive GmbH etc.
30 Vgl. Kunze (2002): »Online-Bruttoaufwendungen des Jahres 2001«.
    URL: http://www.acnielsen.de/news/2002/01_22.html (Stand: 15.02.2002)
31 Vgl. Wattendorff (2002): »Online-Werbestatistik«.
    URL: http://www.werbeformen.de/werbeformen/aktuell/f.shtml (Stand: 15.02.2002)

ein Werbejahr der Superlative war. Das Halten des Vorjahresniveaus kann somit als positiv betrachtet werden.

In den Marktkategorien lag 2001 der Bereich »Ausbildung und Beruf« mit Online-Werbeaufwendungen in Höhe von 30,78 Mio. Euro (Online-Anteil 1,5%) an der Spitze. Der Bereich »Dienstleistungen« gab 28,41 Mio. Euro (Online-Anteil 6,2%) für Online-Werbung aus und der Bereich »Handel und Versand« immerhin noch 22,74 Mio. Euro (Online-Anteil 1,3%). Die Top 5 Marktkategorien machen 60% der Online-Werbeaufwendungen aus. Als besonders internetaffine Kategorien haben sich die Bereiche »EDV-Dienstleistungen« (Online-Werbeanteil 22,9% = 3,0 Mio. Euro) und »Freizeit und Sport« (Online-Werbeanteil 8,4% = 1,51 Mio. Euro) erwiesen.[32]

Nach einem Bericht der Wirtschaftswoche liegt seit Anfang 2002 nun auch erstmals eine so genannte »Geldrangliste« vor, die zeigt, welche Unternehmen für wieviel Geld im WWW werben, und wer das Werbegeld bekommt.[33] Die Ergebnisse dieser Geldrangliste sind in den Abbildungen 4.6 und 4.7 wiedergegeben.

1	Ebay	2,3 Mio. €
2	Amazon.de	2,4 Mio. €
3	Deutsche Telekom	2,1 Mio. €
4	Dresdner Bank	1,6 Mio. €
5	Tschibo Internet	1,6 Mio. €
6	Lycos Europe	1,5 Mio. €
7	Telecall GmbH	1,4 Mio. €
8	BOL Medien	1,3 Mio. €
9	Moneyshelf.com	1,2 Mio. €
10	Consors Discount Broker	1,2 Mio. €

Abb. 4.6: Top 10 der Werbetreibenden im WWW in Deutschland in 2001[34]

1	T-Online International	12,5 Mio. €
2	Web.de	9,9 Mio. €
3	Tomorrow Internet	8,9 Mio. €
4	Yahoo! Deutschland	5,9 Mio. €
5	RTL New Media	5,4 Mio. €
6	Fireball! Netsearch	5,3 Mio. €
7	Klaus Helbert Verlag	3,6 Mio. €
8	Verlagsgruppe Handelsblatt	3,5 Mio. €

Abb. 4.7: Top 8 der Werbeträger im WWW in 2001[35]

---

32 Vgl. Kunze (2002): »Online-Bruttoaufwendungen des Jahres 2001«.
    URL: http://www.acnielsen.de/news/2002/01_22.html (Stand: 15.02.2002)
33 Vgl. Koch (2002), S. 68.
34 Quelle: Koch (2002), S. 68.
35 aaO.

Die der Geldrangliste der Internet-Werbung zugrunde liegende Untersuchung stammt von dem Hamburger Onlinemarktforschungsinstitut Digitale Hanse.[36] Die Fakten erhob ein so genannter »Softwareroboter« mit dem Namen »W3Scan«. Dieser Softwareroboter hat im Jahr 2001 über 3.000 deutsche Internet-Werbeträger analysiert. Eigenanzeigen wurde im Rahmen dieser Untersuchung herausgefiltert, Gegengeschäfte allerdings wie bezahlte Anzeigen bewertet. Auffallend war im Rahmen dieser Untersuchung, dass die Eigenwerbung auf den WWW-Seiten kontinuierlich anstieg, was als Zeichen dafür gewertet werden kann, dass die Werbeplätze nicht genügend durch Kunden ausgelastet wurden.

Positive Anzeichen gab es aber auch. In der zweiten Hälfte des Jahres 2001 stieg der Anteil der bezahlten Werbung stärker als die Eigenwerbung. Insgesamt glauben die Marktforscher von Digital Hanse an ein relativ großes Potenzial für Internetwerbung.

Den hier genannten Daten sowie der gesamten Erhebung ACNielsens ist zu entnehmen, dass es bisher nicht gelungen ist, die »klassischen Big-Spender« mit nennenswerten Budgets in die Neuen Medien zu ziehen. Um diesen Sachverhalt zu ändern, muss sich das WWW als solides und zuverlässiges Werbemedium präsentieren sowie den Nachweis der Werbewirkung im Vergleich zu den klassischen Medien erbringen. Bei vielen Werbekunden besteht hier noch Erklärungsbedarf.[37]

Das Online-Werbe-Barometer des Unternehmens LemonAd[38] verzeichnet für den Monat Dezember 2001 rund 3.170 Werbekunden, die mit durchschnittlich 1,9 Werbekampagnen und 2,0 Werbebannern pro Kampagne den Online-Werbemarkt in Deutschland ausmachen. Dabei repräsentierte im Dezember ein Viertel der Websites 72% der platzierten Banner. Im letzten Monat des Jahres 2001 liegt die Suchmaschine Altavista als Werbeträger mit rund 560 Werbekunden und 845 Bannern ganz vorn. Auf die einzelnen Branchen verteilt, führen die redaktionellen Websites in der ersten Jahreshälfte 2001 die Gruppe der Werbekunden mit 36% an. Danach folgen E-Commerce und Shopping-Angebote mit 17% und Unternehmen der Computerbranche auf dem dritten Platz mit 7%.[39]

Bei den Online-Vermarktern lag im Januar 2002 Tomorrow Focus mit 1.000 Mio. PageImpressions aus 40 vermarkteten Websites auf Platz eins. Tomorrow Focus erzielte dabei einen durchschnittlichen TKP von 30-50 Euro. Den zweiten Platz nahm Interactive Media mit 1.000 Mio. PageImpressions aus 35 Websites

---

36 URL: http://kontor03.digitalehanse.com/1D/
37 Vgl. Wattendorff (2002), a.a.O.
38 Vgl. LemonAd (Hrsg.) (2001), Online Werbe-Barometer 2001, (Stand: 22.01.2002),
    zur Methode: Alle Indikatoren sind ohne Eigenwerbung kalkuliert. Das Barometer
    zum deutschen Markt beinhaltet Werbung, die auf deutschen Web-Sites von Werbekunden aus allen möglichen Ländern geschaltet wurde. Für jede Web-Site werden die Homepage und alle von dort aus erreichbaren öffentlichen Seiten überwacht.
    LemonAd trackt gegenwärtig 394 Web-Sites in Deutschland.
39 Vgl. LemonAd (Hrsg.) (2001) Studie: Online Advertising results, first half of the year
    2001 (Stand: 22.01.2002).

ein. Auf Platz drei lag AdLINK mit 745 Mio. PageImpressions aus 230 Websites (4. Platz Web.de, 5. Platz ad pepper).[40] Der Markt der Online-Vermarkter erfährt aktuell eine Phase der Marktbereinigung. Schließungen, Fusionen und strategische Neuausrichtungen prägen das Bild. Noch ist derzeit nicht erkennbar, wer als Gewinner aus dieser Situation hervortritt.

Trotz der steigenden Wachstumsraten beim deutschen Online-Werbemarkt ist hier wie auch weltweit ein ernstzunehmender Preisverfall für die Werbeschaltungen im Internet zu verzeichnen. Ein Trend ist momentan zu beobachten: Viele Website-Angebote wollen weg vom werbefinanzierten Geschäft und bieten statt dessen kostenpflichtige Dienste an. In diesem Zusammenhang werden zukünftig im Internet verstärkt Micro-Payment-Systeme[41] anzutreffen sein. Ein Beispiel für diesen Wechsel ist der Internet-Gigant Yahoo!.[42] Die Werbeumsätze konnten die teils euphorischen Erwartungen nicht erfüllen. So konnte Yahoo! im Jahr 2000 noch 1,1 Mrd. Dollar einnehmen, wohingegen es im darauffolgenden Jahr lediglich rund 700 Mio. Dollar waren. Der Anteil der Banner-Werbung beträgt dabei 76% des Umsatzes.

4.4 Online-Werbemittel

Das WWW hat in den vergangenen Jahren viele neue Werbeformen wie Banner, Superstitials oder Interstitials hervorgebracht, aber auch klassische Konzepte wie Spots oder Sponsoring adaptiert. Wie bereits erwähnt, ist das Internet eine »anarchische Welt« ohne zentrale Steuereinheit. Dieser Sachverhalt hat sich gerade im Bereich der Online-Werbung als problematisch erwiesen, da es keine Standardwerbemittel gab. Der Markt fand seinen Konsens im Banner und definierte es als Standard.

Seit 1996 versucht das Internet Advertising Bureau (IAB)[43] im Bereich der Werbemittel Standards zu setzen und den Markt transparenter zu machen. Das IAB ist allerdings keine gesetzlich legitimierte Institution, sondern eine Interessenvertretung der im WWW präsenten Unternehmen, daher sind die beschlos-

---

40 Vgl. o.V. (2002): »Online-Vermarkter: Die Top 10 Anbieter in Deutschland«. URL: http://www.horizont.de (Stand: 05.02.2002)
41 Zahlungssysteme für Kleinstbeträge.
42 Vgl. w&v online (o. J.), Auf der Suche nach Alternative (Stand: 22.01.2002).
43 Das IAB wurde im Jahr 1996 gegründet. Seine Aktivitäten konzentrieren sich auf die Bewertung von Standards und Empfehlungen für die Praxis der Internet-Werbung. Die Organisation setzt sich zusammen aus Firmen, die in diesem Beriech tätig sind, wie America Online, CNET Networks Inc., DoubleClick.Excite@Home, MSN, New York Times Digital, Phase2Media, Snowball, Terra Lycos, Walt Disney Internet Group and Yahoo!. Zu den IAB Mitgliedsländern zählen: Belgien, Kanada, Frankreich, Deutschland, Holland, Hong Kong, Italien, Schweiz und Großbritannien.

senen Werbemittelformen und -formate nicht bindend.[44] Die Vorschläge des
IAB haben jedoch in Anbetracht von Mitgliedern wie America Internet, CNet
Networks, Double Click, MSN, Snowball, Terra Lycos, Yahoo! oder Walt Disney
Internet ein hohes Gewicht.[45]

Durch die Dynamik des Mediums, die fortschreitende technologische Entwicklung und die Vielfalt der Namensgebungen für die einzelnen Werbeformen, entstehen laufend neue Formen oder werden an anderer Stelle mit neuen
Bezeichnungen versehen. Aus diesem Grund möchten wir noch einmal deutlich darauf hinweisen, dass Ihnen die nachfolgenden Ausführungen lediglich
einen Überblick über die momentanen Möglichkeiten der Werbung im Internet geben sollen. Im Folgenden wird die Vielzahl an Werbemöglichkeiten im
WWW vorgestellt und erläutert. Der Schwerpunkt liegt dabei auf dem Banner,
da ihm in all seinen Formen nach wie vor die bedeutendste Rolle als Online-
Werbemittel zukommt.[46]

Tipp

Zur Visualisierung eines Großteils der genannten und beschriebenen Online-
Werbeformen dieses Kapitels seien folgende Links empfohlen:
URL: http://www.adlink.net/sponsorships/default.htm: Im Showroom (»Our
   Favourites«) des Vermarkters AdLink werden neben Standardwerbe-
   formen auch individuelle Lösungen präsentiert.
URL: http://www.werbeformen.de/, linke Navigationsleiste: Hier findet man die
   Site des Deutschen Multimedia Verbandes (dmmv) zum Thema Online-
   Werbung. Der dmmv bezeichnet sich selber als »Interessenvertretung
   der Digital Economy«.

4.4.1 Banner

Das Banner ist das älteste Online-Werbemittel und gilt heute bereits als Klassiker. Das Wort Banner entstammt dem englischen und bezeichnet die Bandenwerbung des Sport-Sponsorings.[47] Das Banner lässt sich als Spruchband,
Transparent oder Balkenüberschrift mit einem Link zur Webseite des Werbetreibenden charakterisieren.[48] Im Jahr 1995 wurden diese damals noch statischen
Werbeflächen erstmals eingesetzt und dienten oftmals nur zur Navigation im
eigenen Angebot. Die Preismodelle orientierten sich zu diesem Zeitpunkt an

---

44 Vgl. IAB (o.J.) Internet Advertising Case Studies, URL: http://www.iab.net/
    aboutiab.html (Stand: 21.05.2001).
45 Vgl. IAB (o.J.), »Online Werbung soll größer werden«,
    URL:http://www.golem.de/0102/12600.html (Stand: 21.05.2001)
46 Vgl. o.V. (2001), new media update – Frühjahr 2001, eMarket Sonderheft, S. 4.
47 Vgl. Henn (1999), S, 71
48 Vgl. o.V. (o.J.): »Banner«. URL: http://www.glossar.de/glossar/z_banner.htm
    (Stand 28.03.2001)

den Print- und TV-Medien. Damit verbunden wurden vereinzelt auch die ersten java[49]-orientierten Banner eingesetzt. In den darauffolgenden Jahren entwickelten sich zunehmend Sponsorships im Internet, bei denen Firmen Banner an fixen Plätzen auf Webseiten platzierten. Ab 1997 wurden zur Bannerschaltung erste Provisionsmodelle eingeführt, die für die Bereitstellung von Werbeflächen eine Beteiligung am dadurch generierten Umsatz vorsehen. Das Werbemittel »Banner« lässt sich generell in zwei Kriterien unterteilen:

- Nach dem Format (der Abmessung in Pixeln)
- Nach der Funktionalität.

Nach dem Format unterscheidet man bspw. Voll-Banner, Halb-Banner, Button etc. – nach der Funktionalität unterscheidet man zwischen statischen, animierten und interaktiven Bannern. Selbstredend kann jedes Format dabei mit jeder Funktionalität ausgestattet werden, was in Abbildung 4.8 durch die Querpfeile angedeutet wird. Das Format lässt sich als »Rahmen« des Werbemittels charakterisieren. Die Funktionalität bestimmt, was innerhalb dieses Rahmens geschieht.

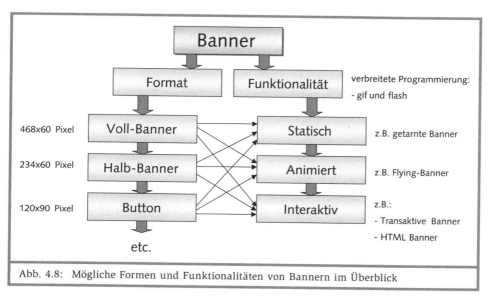

Abb. 4.8: Mögliche Formen und Funktionalitäten von Bannern im Überblick

Nachfolgend werden die gebräuchlichsten Bannerformen und -funktionalitäten sowie deren gängigste Kombinationsmöglichkeiten vorgestellt. Das Ziel besteht hierbei nicht darin, die einzelnen Banner-Formen möglichst exakt voneinan-

---

49 Plattformunabhängige, objektorientierte Programmiersprache, die von Sun Microsystems speziell für Internet Applikationen entwickelt wurde. Java ist im Wesentlichen eine Vereinfachung von C++.

der abzugrenzen, sondern darin, aufzuzeigen, welche Werbemöglichkeiten es
generell gibt. Sich an einzelnen Namen wie bspw. HTML-Banner festzuklam-
mern ist wenig zielführend, da viele Agenturen und Vermarkter unterschiedliche Bezeichnungen für identische Werbemittel verwenden, oder Funktionen
einzelner Werbemittel additiv offerieren. Vermittelt werden soll jedoch, dass die
Möglichkeit besteht, bspw. Pull-down-Menüs, mehrere Hyperlinks oder Mouse-
over-Funktionen in ein Banner zu integrieren.

Banner-Formate

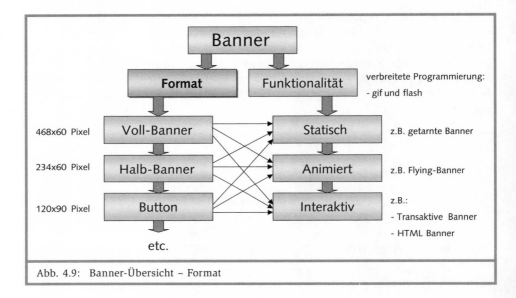

Abb. 4.9: Banner-Übersicht – Format

Ein Banner hat das Format eine Vierecks. Seine Größe wird in Breite mal
Höhe angegeben. Als Maßeinheit gelten **Pixel**. Pixel ist ein Kunstwort für Pic-
ture Element. Es handelt sich hierbei um Bildpunkte, die kleinsten Elemente
eines digitalen Bildes.[50] Es existieren keine standardisierten Formate für Banner über alle Werbeträger hinweg. Diese Vielzahl von Flächenformaten verursacht einen enormen Aufwand für die Formatanpassung. Die Werbung auf
verschiedenen Seiten erfordert somit die Erstellung unterschiedlicher Banner,
abhängig von den dort akzeptierten Formaten. Dieses Problem ist Auslöser für
die Bemühungen einzelner Verbände und Interessensgruppen, die Bannerformate zu vereinheitlichen.

---

50 Vgl. o.V. (o.J.): »Pixel«. URL: http://www.glossar.de/glossar/amglos_p.htm (Stand
   30.03.2001)

Im Folgenden werden die gängigsten Formate vorgestellt, die sich auf die freiwilligen Richtlinien des IAB beziehen. Diese Überlegungen werden an dieser Stelle zur Grundlage gemacht, da der Werbeeinheiten-Ausschuss im halbjährlichen Turnus die Effektivität existierender Bannerformate überprüft, neue Formate aufnimmt oder veraltete zur Streichung vorschlägt. Dieses praxisorientierte Vorgehen ermöglicht eine Übersicht der gängigen Formate. Jedoch sollte beachtet werden, dass neben den genannten auch andere Formate im Alltag des Internets im Einsatz sind und diese Darstellung lediglich eine Übersicht über die am häufigsten verwendeten Banner darstellt:[51]

- Big-Size-Banner (kein IAB-Standard)   728 x 90 Pixel[52]
- Voll-Banner: 468 x 60 Pixel
- Halb-Banner: 235 x 60 Pixel
- OMS-Banner (kein IAB Standard):   400 x 50 Pixel
- Vertikales Banner: 120 x 240 Pixel
- Button (Nr. 1):   120 x 90 Pixel
- Button (Nr. 2):   120 x 60 Pixel
- Quadratischer Button: 125 x 125 Pixel
- Mikro-Button: 88 x 31 Pixel

Die beiden Abbildungen 4.10 und 4.11 zeigen Beispiele für Voll-Banner (468 x 60). Beiden Abbildungen ist zu entnehmen, dass das Voll-Banner nicht die gesamte Breite einer Website einnimmt. Dies ist nur bei dem relativ neuen Werbemittel Big-Size-Banner der Fall (siehe Abbildung 4.13). Die Bezeichnung des Voll-Banners ist mit der Kreation des Halb-Banners entstanden, welches eine kostengünstige Buchungsalternative darstellte (siehe Abbildung 4.12). Das damalige eigentliche Banner wurde geteilt. Damit erreichte man eine Verdoppelung der Buchungsplätze und konnte den Preis differenzieren. Um das »alte Banner« vom neuen Halb-Banner unterscheiden zu können, nannte man es fortan Voll-Banner.

---

51 Vgl. Internet Advertising Bureau (o.J.), URL: http://www.iab.net (Stand: 08.01.2002).
52 Vgl. o.V. (2002): »Big-Size-Banner«.
   URL: http://www.werbeformen.de/bereiche/weitere.html (Stand 15.02.2002)

Abb. 4.10: Das Voll-Banner (468 x 60 Pixel)[53]

Abb. 4.11: Das Voll-Banner (468 x 60 Pixel)[54]

53 Quelle: URL: http://www.handelsblatt.de
54 Quelle: URL: http://www.max.de

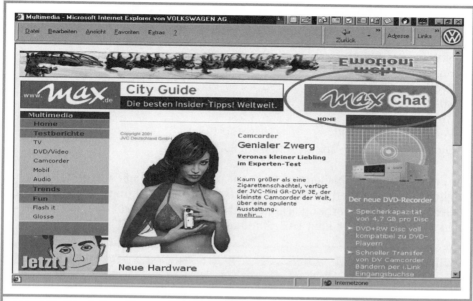

Abb. 4.12: Das Halb-Banner (234x60 Pixel)[55]

Abb. 4.13: Big-Size Banner (736x60 Pixel) – kein IAB-Standard[56]

---

55 Quelle: URL: http://www.max.de
56 Quelle: URL: http://www.max.de

Im Jahr 2001 erweiterte das IAB die klassischen Banner-Formate um weitere sieben sog. »*(...) neue, interaktive Marketing Einheiten.*« (Interactive Marketing Units, IMU) mit folgenden Größen:[57]

- Skyscraper: 120 x 600 Pixel
- Breiter Skyscraper: 160 x 600 Pixel
- Rechteck: 180 x 150 Pixel
- Mittleres Rechteck: 300 x 250 Pixel
- Großes Rechteck: 336 x 280 Pixel
- Vertikales Rechteck: 240 x 400 Pixel
- Quadratisches Pop-up: 250 x 250 Pixel

Die Erweiterung der bisherigen Formate um die IMUs soll die gestalterischen Möglichkeiten der Werbetreibenden und damit die Wirkung (sowie die Klick-Zahlen) von Bannerwerbung erhöhen. Abbildung 4.14 zeigt einen exemplarisch einen Skyscraper (hier kein IAB-Standard).

Abb. 4.14: Skyscraper[58]

---

57 Quelle: Internet Advertising Bureau (o.J.), URL: http://www.iab.net, (Stand: 08.01.2002).
58 Quelle: URL: http://www.motor-presse-online.de

Banner-Funktionen

Grundsätzlich soll das Werbebanner die Aufmerksamkeit des Betrachters weg vom Inhalt und damit auf die Werbefläche ziehen. Der Betrachter soll zu einer Interaktion verleitet werden. Um dieses zu erreichen, werden immer neue Arten von Bannern entwickelt. Wie aus der nachstehenden Abbildung zu erkennen ist, lassen sich diese neuen Bannerformen allerdings im Hinblick auf Form und Gestalt generell drei verschiedenen Gruppen (statisch, animiert und interaktiv) zuordnen.

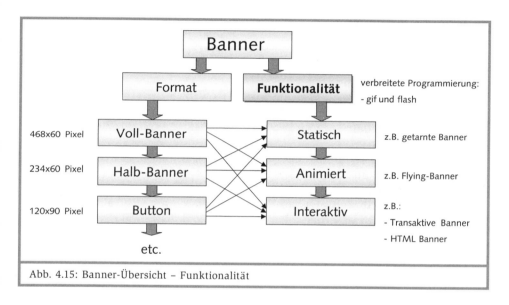

Abb. 4.15: Banner-Übersicht – Funktionalität

4.4.2 Statische Banner (1. Banner-Generation)

Statische Banner sind die simpelste Form dieses Werbemittels. Sie sind mit einer Printanzeige vergleichbar, die über einen Hyperlink verfügt. Statische Banner erzielen ihre Aufmerksamkeit nur über die optische Gestaltung.

Getarnte statische Banner (Fakes)

Aber auch ohne Animation gibt es sehr erfolgreiche statische Banner, die nicht selten ihren Erfolg auf erfolgreiche Tarnung zurückführen. Es handelt dabei um Banner, die in der Regel eine Windowsoberfläche vortäuschen. Bildelemente werden verdeckt dargestellt und mit einer **Scrollbar** versehen (vgl. Abbildung 4.16). Versucht der Nutzer nun mit seinem gelernten Navigationsverhalten durch verschieben der Scrollbar den verdeckten Teil des Bildes zu betrachten, löst er über seinen Klick den Hyperlink aus und gelangt auf die Seite des Werbetreibenden. Möglich ist es auch, die Werbung in Form einer Systemmeldung zu tarnen (vgl. Abbildung 4.17). Diese »Fake-Banner« sind mit Vorsicht einzusetzen, da der Nutzer hier bewusst getäuscht wird und meist entsprechend verärgert ist.[59]

Der Button

Werbebanner in den kleinsten Formaten werden als Buttons bezeichnet. Das am häufigsten verwendete Format ist hierbei die Größe 88 x 31 Pixel. Da But-

Abb. 4.16: Statisches, mit Scrollbar getarntes Werbebanner (Gif 468x60 Pixel) für das Online-Angebot einer TV-Zeitschrift

tons über eine sehr begrenzte Werbefläche verfügen, ist es nur schwer möglich, größere Werbebotschaften darauf unterzubringen. Aus diesem Grund werden häufig nur Logos oder Initialen mit dieser Werbeform übermittelt. Fast auf jeder Seite im Internet sind »fremde« Buttons zu finden, die selten als bezahlte Werbefläche

Abb. 4.17: Statisches getarntes Werbebanner (Systemmeldung – Gif 468x60)

eingesetzt werden. In den meisten Fällen dienen sie als Hinweis auf die optimale Plattform der Browserhersteller oder zur Demonstration der verwendeten Software (vgl. Abbildung 4.18).

Obwohl sich die Werbung mit Buttons nicht durch direkte finanzielle Gewinne auszeichnet, liegen die Vorteile jedoch in einem gegenseitigen Effekt. Die Browser-, bzw. Softwarehersteller profitieren von der kostenlosen Werbung und können somit ihre Position als »Standardsoftware« stärken. Aber auch die Seitenbetreiber profitieren, indem mit der platzierten Werbung ihre Kompetenz dargestellt werden soll und durch die optimale Darstellung der Seite der professionelle Eindruck noch verstärkt werden kann. Deshalb werden Buttons auch sehr gern in einer Referenzliste verwendet, um das eigene Unternehmen als »Partner« von namhaf-

Abb. 4.18: Beispiele für Buttons der Browser- und Softwarehersteller[60]

ten Firmen darstellen zu können. Die Einsatzmöglichkeiten der Buttons liegen im Schwerpunkt in der Demonstration der verwendeten Software, im Hinweis auf bestimmte Leistungen, Eigenschaften und aktuelle Aktionen. Wie auch die Namensgeber, die kleinen Anstecker (z.B. im Wahlkampf), sind die Werbeflächen im Internet oft Teil der Imagewerbung.

---

59 Vgl. Steiner/Bongardt, in Vossen (Hrsg.) (1998), S. 110.

Die Zweckmäßigkeit solcher Buttons für den Besucher, speziell als Hinweis auf die optimale Browsersoftware, ist jedoch zweifelhaft. Sehr häufig wird vor dem Öffnen der eigentlichen Startseite eines Internetangebots eine »Willkommens-Seite« vorgeschaltet, die die entsprechenden Informationen zur Auflösung und Browserplattform enthält. Diese Startseiten finden sich heutzutage vornehmlich im Bereich der privaten Homepages und werden generell als schlechter Designstil angesehen. Kaum ein Besucher wird für ein einzelnes Internetangebot seine Einstellungen ändern oder längere Wartezeiten für das Herunterladen der Software in Kauf nehmen. Der Kunde kann dadurch schon vor dem Erreichen der eigentlichen Homepage abgeschreckt oder verärgert werden. Vielmehr empfiehlt sich daher der Einsatz von Buttons als integriertes Element im Seiteninhalt, bzw. -ende.

4.4.3 Animierte Banner (2. Banner-Generation)

Bei den Bannern der 2. Generation handelt es sich um Banner, die durch Bewegung versuchen, die Aufmerksamkeit des Nutzers zu erlangen. Die einfachste Form der Animation ist die Verwendung des Grafikformates *Gif 89a*. Dieses Format erlaubt es, eine Sequenz von hintereinander liegenden Einzelbildern und Texten anzuzeigen, um so eine Animation zu realisieren und einen Spannungsbogen aufzubauen.[61] Ein weiterer Vorteil der Verwendung mehrerer Sequenzen besteht in der Vervielfachung der Darstellungsfläche. Der Nachteil der geringen Gestaltungsfläche eines statischen Banners kann so verringert werden.

Das Gif-Format wird jedoch mehr und mehr durch das *Flash-Format* der Firma Macromedia ersetzt. Flash gilt heutzutage als Standard für vektorbasierende Grafiken im Internet. Flash bietet eine Vielzahl an multimedialen Gestaltungselementen wie Kurzfilme, Ton oder Animation. Der Quellcode von Flash (Version 4) wurde 1999 freigegeben, was zu einer starken Verbreitung dieses Formates beigetragen hat. Der *Flash-Player* (Software zum Abspielen von Flash-Dateien) ist mittlerweile auf ca. 100 Mio. Rechnern weltweit installiert. Darüber hinaus ist der Flash-Player inzwischen fester Bestandteil der Browser Navigator (von Netscape) und Explorer (von Microsoft).[62] Neben dem Flash-Format von Macromedia ist noch das Format *Shockwave* zur Realisierung multimedialer Inhalte und Animationen zu nennen.

---

60 Quellen: Macromedia Inc., »Get Shockwave Flash«, URL: http://www.macromedia. com; Microsoft Corporation, »Get Microsoft Internet Explorer«, URL: http:// www.microsoft.com; Netscape, »Netscape Now«, URL: http://www.netscape. com (Stand: 14.01.2002).
61 Vgl. Hoffmann, Sven (o.J.): »Animierte Banner«. URL: http://www.werbeformen.de/werbeformen/klassisch/ac.shtml (Stand 10.02.2002)
62 Vgl. o.V. (o.J.): »flash«. URL: http://www.glossar.de/glossar/z_flash.htm (Stand 10.02.2002)

Rich-Media-Banner bieten ebenfalls multimediale Anwendungen wie Video, Audio oder 3D-Welten.[63] Als Neuheiten können die Werbemittel Blend Banner und Rotation Banner bezeichnet werden. *Blend Banner* wechseln über eine Mouse-Over-Funktion das Werbemotiv. Das alte Motiv wird mit einer variablen Geschwindigkeit »überblendet«. Der Effekt kehrt sich um sowie der Mauszeiger vom Banner geführt wird.[64] *Rotation Banner* erzeugen den visuellen Effekt, als würden vier statische Banner horizontal und vertikal per Zufall hinter einem Rahmen im 468x60 Format verschoben.[65]

Eine weitere Möglichkeit der Generierung von Aufmerksamkeit besteht darin, nicht den Inhalt des Banners zu animieren, sondern das Banner selbst zu bewegen. Hier gibt es die Möglichkeiten des Flying Banners und des Mouse-Move-Banners. Das *Flying Banner* wandert beim Aufbau der Webseite über den Monitor, um dann

Abb. 4.19: Flying Banner (468x60 Pixel)

63 Vgl. o.V. (o.J.): »Rich-Media-Banner«. URL: http://www.werbeformen.de/werbeformen/klassisch/ag.shtml (Stand 05.02.2002)

64 Vgl. Gräwe (2002): »Blend Banner«. URL: http://www.werbeformen.de/bereiche/weitere.html (Stand 15.02.2002)

65 Vgl. Gräwe (2002): »Rotation Banner«. URL: http://adforce.adtech.de/?adlink|80|58 581|1|1|AdId = 94502;BnId = 6;itime =2002.02.17.02.43.27;link =http://www.adtech.de/html-banners_de.php?t = (Stand 15.02.2001)

an einem definierten Platz zu verharren (vgl. Abbildung 4.19). Das *Mouse-Move-Banner* bewegt sich synchron mit dem Mauszeiger über den Bildschirm. Es wird ausgeblendet, wenn der Mauszeiger ruht und aktiviert, sobald der Mauszeiger wieder bewegt wird.[66] Die gleiche Funktionsweise bietet die *Cursor Snake*. Anstatt eines Werbebanners wird jedoch eine kurze Textbotschaft von maximal 25 Zeichen an den Cursor »gehängt«.

4.4.4 Interaktive Banner (3. Banner-Generation)

Interaktive Banner stellen das vorläufige Ende der evolutionären Entwicklung von Bannertechnologie dar. Unter dieser 3. Banner-Generation lassen sich vielfältige Bannerarten subsumieren. Nachstehend sind die wichtigsten interaktiven Bannerarten aufgeführt:
1. Transaktive Banner
2. HTML-Baner
3. Scratch-Banner
4. Explosion Banner/Confetti Banner
5. Bouncing Banner
6. Quicktime-Banner mit 360°-Ansicht
7. Multiple-Link Banner
8. Java-Banner
9. Nanosite Banner
10. Getarnte animierte und/oder interaktive Banner (Fakes).

(1) Transaktive Banner

Transaktive Banner ermöglichen dem Nutzer die direkte Ausführung von Aktionen und Aufgaben. So können beispielsweise Börsenkurse abgefragt oder Angebote direkt im Banner angefordert werden. Auch die Integration von Spielen und Formularen ist hierbei möglich. Durch die Verlagerung der Aktionen auf den Banner, muss der Nutzer für die Interaktion die Seite nicht mehr verlassen. Somit kommt also das Unternehmen zum Kunden und nicht der Kunde zum Unternehmen.

Die Konzeption dieser Bannerarten ist jedoch wesentlich komplexer und verursacht höhere Produktionskosten als die Banner der ersten oder zweiten Generation. Dessen ungeachtet steigt aber auch der Nutzwert für den Betrachter durch die zusätzlichen Funktionen. Dadurch kann der transaktive Banner vermehrt die Aufmerksamkeit der Betrachter auf sich ziehen und den Kommunikationseffekt verstärken. Da hierfür ein größeres Datenvolumen notwendig ist, erfordert das Laden der entsprechenden Internetseiten oft längere Wartezeiten, die von den Übertragungsbandbreiten abhängig sind.

---

66 Vgl. Freytag (o.J.): »Mouse-Move-Banner«. URL: http://www.werbeformen.de/werbeformen/klassisch/acc.shtml (Stand 10.02.2002)

Abbildung 4.20 zeigt exemplarisch ein trans-aktives Banner eines Telefonanbieters, in dem über eine Mouse-Over-Funktion Tarife von regional über national bis international abge-fragt werden können.

In den USA sind diese interaktiven Werbemittel bereits als so genannte »E-Commerce-Banner« eingesetzt worden, die selbst eine Bestellung im Banner ermöglichen.[67] In Deutschland dagegen ist ein solcher Einsatz bis-her aus rechtlichen Gründen nicht möglich

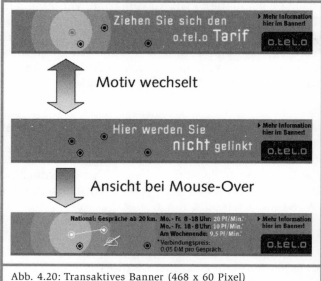

Abb. 4.20: Transaktives Banner (468 x 60 Pixel)

gewesen, da beim Kauf via Werbebanner die Allgemeinen Geschäftsbedingun-gen des Unternehmens nicht eingesehen werden können.[68]

(2) HTML-Banner

Anders als die statischen oder animierten Ban-ner besteht das »Hyper Text Markup Language (HTML)-Banner« nicht aus einer Grafik, son-dern aus einer Reihe von *HTML-Befehlen*, die in den Quellcode der Werbeträgerseite inte-griert werden. Dadurch ermöglicht er die Inte-gration von interakti-ven Funktionen, wie z.B. Pull-down-Menüs (vgl. Abbildung 4.21)

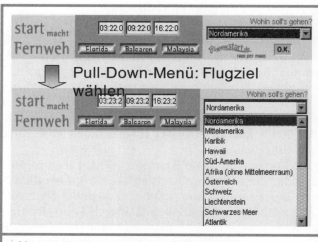

Abb. 4.21: HTML Banner mit Pull-down-Menü (468 x 60 Pixel)[69]

67 Vgl. Henn (1999), Werbung für Finanzdienstleistungen im Internet, S. 72.
68 Vgl. Duhm (1998), Klick mich bitte öfter!, S. 80.
69 Quelle: URL: http://www.start.de

oder Auswahlboxen. Wenn nötig, kann das Banner auch um animierte grafische Bestandteile ergänzt werden. Das HTML-Banner ist weit verbreitet, weil es von den meisten Browsern ohne spezielles Plug-in dargestellt werden kann.

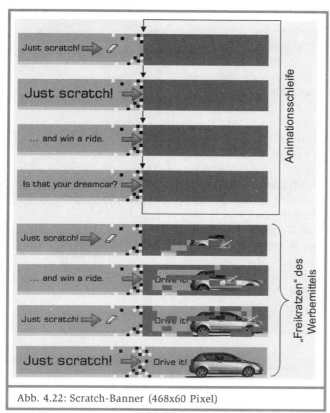

Abb. 4.22: Scratch-Banner (468x60 Pixel)

(3) Scratch-Banner

Ein sehr innovatives Online-Werbemittel ist der Scratch-Banner. Der Scratch-Banner basiert auf der Idee des Rubbelloses und appelliert damit an die Neugier und den Spieltrieb der Nutzer (siehe Abbildung 4.22). In der Regel wird die Hälfte des Scratch-Banners von einer grauen Fläche verdeckt. Der Nutzer wird aufgefordert, diese Fläche mit den Mouse-Zeiger »frei zu kratzen« (frei zu rubbeln). Dieses Werbemittel verfolgt damit das Ziel, einen Low-Involvement-Kontakt in einen High-Involvement-Kontakt zu überführen.

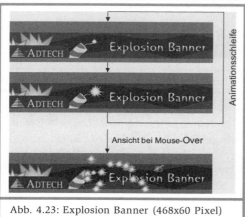

Abb. 4.23: Explosion Banner (468x60 Pixel)

(4) Explosion Banner/Confetti Banner

Eine ebenfalls innovative Bannerform ist das Explosion Banner oder Confetti Banner. Dieses Werbemittel verfügt über eine Mouse-Over-Funktion. Führt der Nutzer die Mouse-Zeiger bewusst oder unbewusst über das Werbebanner, so »explodiert« dieses, das heißt, es werden Sterne, Confetti-Punkte etc. vom Werbemittel aus sternförmig über das Werbemittel sowie die gesamte Website gestreut. Dieser Effekt hält nur kurze Zeit an und ist sehr aufmerksamkeitsstark. Abbildung 4.23 zeigt exemplarisch ein Explosion Banner.

(5) Bouncing Banner

Ein ebenfalls sehr innovatives und aufmerksam-keitsstarkes Online-Werbemittel ist das Boun-cing Banner. Das Bouncing Banner verhält sich wie ein Pingpong-Ball. Bei seinem Weg über den Bildschirm prallt es an den Rändern des Browser-fensters ab. So gleitet es eine Zeit lang über den Bildschirm, bis es sich plötzlich zielstrebig zu sei-ner vordefinierten Endposition begibt. Das Boun-cing Banner verfügt dabei über einen Steuerungs-knopf (»OFF«-Button). Mit einem Klick auf den »Off«-Button wird das Bouncing Banner unwider-ruflich ausgeblendet. Dieses dynamische Banner bewegt sich immer nur innerhalb eines Frames. Deshalb kommt das Bouncing Banner auf frame-losen Websites am besten zur Geltung. Das Boun-cing Banner ist sowohl in der Bewegung wie auch in der Endposition jederzeit klick- und ausblend-bar. Abbildung 4.24 zeigt exemplarisch ein Boun-

Abb. 4.24: Bouncing Banner (kein IAB-Standard)

cing Banner, wobei der graue Rahmen nicht Teil des Werbemittels ist. Im Ori-ginal ist nur das »Männchen« zu sehen.

(6) Quicktime-Banner mit 360°-Ansicht

Ein ebenfalls sehr inno-vatives Online-Werbe-mittel ist das von den Autoren als »Quick-time-Banner« bezeich-nete Werbemittel. Das Quicktime-Banner ermöglicht die Integra-tion von Filmen oder Animationen im For-

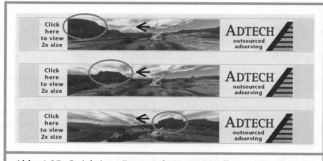

Abb. 4.25: Quicktime-Banner (468x60 Pixel)

mat Quicktime von Apple. Nachfolgend wird ein Beispiel gezeigt, in dem eine 360°-Ansicht realisiert wurde. Führt der Nutzer den Mouse-Zeiger über das Werbemittel, so wird ein Steuerknopf eingeblendet. Der Nutzer kann nun die Perspektive um 360° (Rundumsicht) drehen. In dem gezeigten Beispiel kann man sehr schön sehen, wie der markierte Berg von links nach rechts wandert (vgl. Abbildung 4.25).

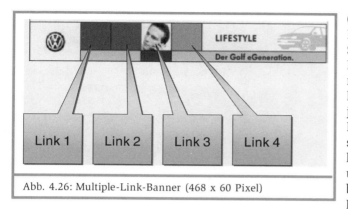

Abb. 4.26: Multiple-Link-Banner (468 x 60 Pixel)

(7) Multiple-Link-Banner

Dieses Banner ist eine Sonderform des HTML-Banners. Es enthält mehrere unterschiedliche Gif-Dateien, die jeweils mit einem Hyperlink versehen sind. Diese Gif-Dateien können seriell ablaufen und bei einem Reiseanbieter z.B. verschiedene Flugziele bewerben. Die Gifs können auch parallel geschaltet werden. In diesem Fall hat der Nutzer bspw. gleichzeitig vier Klickmöglichkeiten innerhalb eines Banners.[70] Es wären somit quasi vier »kleine Banner« in einem Rahmen. Man kann den Kunden hier auch unbemerkt eine Selektion vornehmen lassen. Abbildung 4.26 zeigt ein Beispiel eines Multiple-Link-Banners. Dieses Beispiel verfügt über vier Links.

(8) Java-Banner

Beim Java-Banner wird im Hintergrund ein kleines »Mini-Programm« geladen, das *Java-Applet*. Java bezeichnet hierbei die Programmiersprache und der Begriff Applet steht für kleine Programmstücke, die beim Laden der Seite von Java-aktivierten Browsern ohne zusätzliches Plug-in ausgeführt werden können. Dadurch werden die grafischen Elemente des Banners zusammengefügt. Nachteilig sind auch hier die teilweise langen Wartezeiten für das Laden der Applets, die in der Regel zwischen einem Datenvolumen von 20 und 200 KByte betragen können. Durch die Größenbeschränkungen der Werbeträger werden die Gestaltungsmöglichkeiten eingeschränkt, jedoch können mittels Java sogar Spiele oder e-Shop-Funktionen in den Banner integriert werden.

(9) Nanosite-Banner

Das Nanosite-Banner ist die derzeit wohl höchste Entwicklungsstufe des Banners und geht mit seinen Funktionen über das Normalmaß an Werbung hinaus. Bei einem Nanosite Banner wird eine vollfunktionstüchtige Webseite im Format eines Banners angezeigt. Wählt der Nutzer nun einen Punkt innerhalb dieser »Miniseite« an, so wird er ebenfalls auf eine andere Seite verlinkt, die sich jedoch innerhalb des Banners öffnet. Der Nutzer kann nun das ganze Angebot durchstöbern, ohne die Werbeträgersite zu verlassen. Mit dieser Technologie sind ganze

---

70 Vgl. o.V. (o.J.): »Multiple-Link-Banner«.
    URL: http://www.werbeformen.de/werbeformen/weitere/e.shtml
    (Stand: 02.04.2001).

Onlineshops innerhalb eines Banners möglich.[71] Hier geht der Anbieter mit seinem Angebot zum Kunden und holt ihn nicht aus den Weiten des Netzes auf seine Site. Das Nanosite-Banner zeigt, was heute technisch möglich ist und lässt erahnen, was die Zukunft an neuen Werbemitteln hervorbringen wird. Abbildung 4.27 zeigt die Integration der E-Mail-Funktion in ein Nanosite-Banner. Der konzeptionelle Aufwand und die tech-

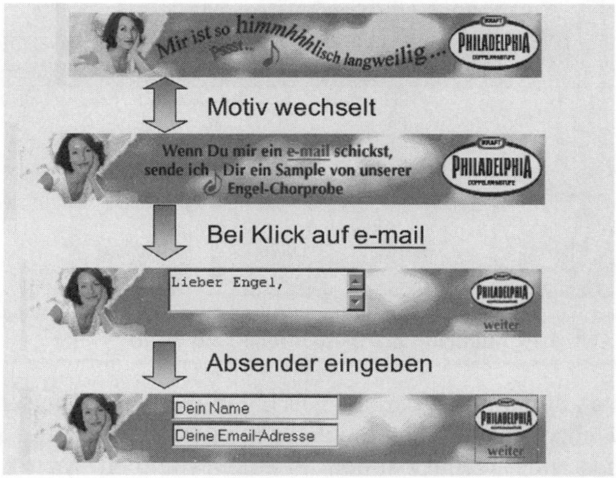

Abb. 4.27: Nanosite-Banner (468 x 60 Pixel)

nologische Umsetzung von Nanosite-Bannern ist verglichen mit den klassischen Bannern weitaus größer. Aus diesem Grund ist der Einsatz von HTML nur sehr begrenzt möglich und als vorherrschenden Technologien gelten Java und die proprietäre Lösung Enliven.[72]

(10) Getarnte animierte und/ oder interaktive Banner (Fakes)
Neben den bereits genannten statischen getarnten Bannern gibt es natürlich auch getarnte animierte und/oder interaktive Banner. Wie bei den statischen wird auch hier das gelernte Navigationsverhalten des Nutzers missbraucht. Im folgenden Beispiel wird speziell an den Spieltrieb des Nutzers appelliert. Abbildung 4.28 zeigt ein Banner, in dem sehr schnell

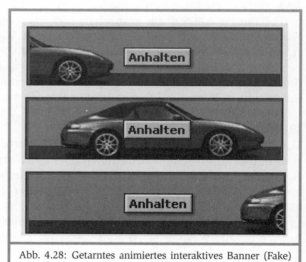

Abb. 4.28: Getarntes animiertes interaktives Banner (Fake)

---

71 Vgl. Steiner/Bongardt, in Vossen (Hrsg.) (1998), S. 112
72 Vom Unternehmen Narrative entwickelte Rich-Media-Technologie. Erweiterte Interaktionsmöglichkeiten sind z.B. Transaktionen oder der direkte Ausdruck von Produktinformationen vom Banner aus, Quelle: Enliven, Inc., URL: http://www.narrative.com (Stand: 25.01.2002).

von links nach rechts ein roter Sportwagen »durchfährt«. Der Button »Anhalten« besitzt einen hohen Aufforderungscharakter und animiert den Nutzer dazu, wie an einem Glücksspielautomaten in richtigen Moment den Knopf zu drücken. Der Knopf ist jedoch nicht aktiv; es handelt sich um einen Fake. Mit seinem Klick auf den Button »Anhalten« wird der Nutzer ungewollt auf die Website des Werbetreibenden geführt. Hier wird der Nutzer bewusst getäuscht. Diese Form der Werbestrategie ist mit Vorsicht einzusetzen oder noch besser abzulehnen. Die Existenz dieser Fake-Banner führt dazu, dass viele Nutzer verhalten auf seriöse interaktive Werbebanner reagieren. Verwender solcher Werbemittel schädigen damit nachhaltig die gesamte Online-Werbebranche.

4.4.5 Ads erobern den Content-Frame

Eine Website verfügt über einen fest definierten Werbebereich im Seitenlayout, den so genannten »Ad-Frame« (Ad = Advertising, im deutschen Werbung). Es ist jedoch nicht der Ad-Frame, an dem der Nutzer einer Site in der Regel interessiert ist, sondern der redaktionelle Bereich, der so genannte Content-Frame. Die sinkende Bereitschaft, vor dem Hintergrund der Informationsüberlastung auf Online-Werbung und auf Werbung im Allgemeinen zu reagieren, führt dazu, dass einige Nutzer den Ad-Frame nicht registrieren bzw. gedanklich ausblenden (Reizdarwinismus). Durch die Integration der Werbung in den Content-Bereich, versuchen die Vermarkter diesem Reizdarwinismus entgegenzuwirken und die Aufmerksamkeit zu steigern. Zur Zeit existieren drei Online-Werbemittel, die sich direkt im Content-Frame schalten lassen:
1. Rollout-Banner
2. Sticky Ads
3. Curtain Banner/Content Ads.

(1) Rollout-Banner

Die Brücke zwischen der Werbung im Ad-Frame und der Integration der Werbung in den Content-Frame schlägt das Rollout-Banner. Das Rollout-Banner wird als Full-Banner (468x60 Pixel) im Ad-Frame platziert und verfügt über einen Steuerungsknopf (Expand-Button). Betätigt der Nutzer mit dem Mouse-Zeiger den Expand-Button, so rollt sich das Banner analog zu Content-Ad über einen Teilbereich des Content-Frames aus (vgl. Abbildung 4.29). Mit einem erneuten Klick auf den Expand-Button, rollt sich das Werbemittel wieder bis auf die Größe des Full-Banners ein.

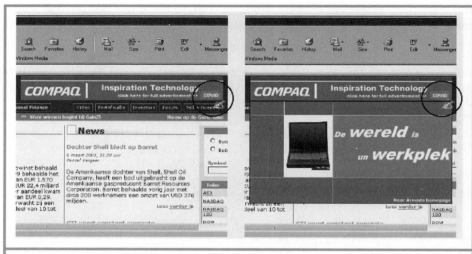

Abb. 4.29: Rollout-Banner (Ausgangsformat 468x60 Pixel)

(2) Sticky Ads

Sticky Ads (Ad = Advertising) sind eine weitere Sonderform der Banner (vgl. Abbildung 4.30). Sie werden auch »*Freeze Screenposition Banner*« oder »*Electronic Billboard*« genannt. Dieses Werbemittel ist mit einem »Klebezettel« auf dem Bildschirm vergleichbar. Es bleibt immer an derselben Stelle stehen, auch wenn

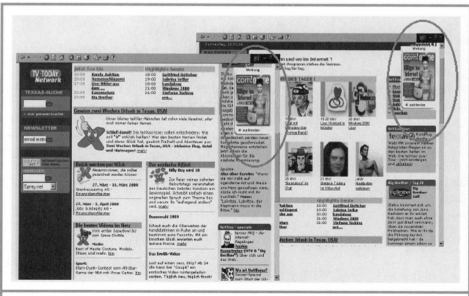

Abb. 4.30: Sticky Ads (kein IAB-Standard)

der Nutzer den Contentbereich (redaktioneller Teil) nach unten scrollt. Um dieses Werbemittel effektiv einsetzen zu können, muss die Werbeträgerseite also über einen Scrollbar verfügen. Bei diesem Werbemittel sind alle Standard-Banner-Formate realisierbar, als Format kann nur Gif verwendet werden. Es hat sich in der Praxis jedoch ein kleines Hochkantformat durchgesetzt, da das Sticky Ad hier nicht so sehr den Contentbereich verdeckt. Probleme können bei Monitoren mit einer niedrigen Auflösung (z.B. 800x600) auftreten, da hier oftmals Framesets (HTML-Rahmen) den Platz einer Seite einschränken.[73]

Das Sticky Ad kann vom Nutzer geschlossen werden. In diesem Fall verbleibt jedoch ein kleiner »Balken« als Platzhalter für die Werbung. Dieser Balken verhält sich ebenfalls wie ein Klebezettel. Mit einem Klick auf diesen Balken wird die Werbung wieder angezeigt. Sticky Ads bieten aufgrund ihrer geringen Größe nur wenig Gestaltungsmöglichkeiten. In der Regel ist hier nicht viel mehr als ein Logo mit einem kurzen Text möglich. Der Vorteil dieser Werbeform ist in ihrer Neuheit zu sehen und darin, dass sie, sofern sie nicht ausgeblendet wird, immer im Betrachtungsfeld des Nutzers bleibt.

(3) Curtain Banner (Content Ads)

Das *Curtain Banner* (auch Content Ad genannt) ist eines der neuesten Online-Werbemittel (vgl. Abbildung 4.31). Es wurde von einigen Vermarktern im August 2001 auf der zweiten Online-Marketing-Messe Düsseldorf (OMD) präsentiert. Das Curtain Banner wird direkt im Content-Frame der Website platziert, weshalb ihm neben seinem Neuheitswert eine besonders hohe Aufmerksamkeit prognostiziert wird. Ein weiterer Vorteil der Integration des Werbemittels in den Content besteht darin, dass über den redaktionellen Teil eine exaktere

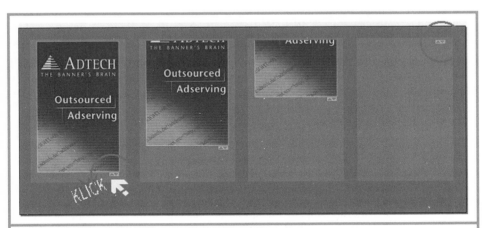

Abb. 4.31: Curtain Banner/Content Ad (kein IAB-Standard)

---

73 Vgl. Freytag (o.J.): »Sticky Ads«.
   URL: http://www.werbeformen.de/werbeformen/sonder/g.shtml
   (Stand: 05.02.2002)

Zielgruppenselektion im Sinne des Narrow Casting[74] erfolgen kann. Das Curtain Banner rollt sich beim Aufbau der Werbeträgersite wie eine Jalousie automatisch über den Content-Text aus. Dieses Werbemittel ist mit einem »Steuerungsknopf« ausgestattet, über dessen Betätigung (per Mausklick) der Nutzer das Werbemittel wieder »einrollen« kann. Der Steuerungsknopf bleibt jedoch immer sichtbar und aktiv (vgl. Abbildung 4.31). Mit einem erneuten Klick auf den Steuerungsknopf wird das Curtain Banner wieder ausgerollt. Dieses Werbemittel lässt sich jedoch auch so modifizieren, dass der »Rollout-Effekt« nicht selbstständig beim Aufbau der Website eintritt, sondern erst bei Betätigung des Steuerungsknopfes, einer Mouse-Over-Funktion oder einer anderen Interaktion des Nutzers.[75]

Zu den Abmessungen dieses Werbemittels liegen vom IAB z.Z. noch keine Standards vor, so dass der Werbeinteressent sich diesbezüglich bei den Anbietern bzw. Vermarktern erkundigen muss. Von der Programmierung wird z.Z. nur das Grafikformat Gif offeriert. Daher sind nur statische Werbemotive mit einem Hyperlink realisierbar.[76]

4.4.6 Pop-ups

»Die Pop-ups sind zwar aus den Bannern entstanden, doch haben sie sich in der Zwischenzeit zu einer eigenständigen Form entwickelt.«[77] Pop-ups gehören mittlerweile neben den Bannern zu den beliebtesten Werbemitteln im World Wide Web.[78] Pop-ups sind kleine »Fenster«, die sich parallel mit der Zielseite öffnen (aufpoppen) und sich meist seitlich in der Ecke über sie legen. Dieses kleine Fenster verfügt über die gängigen Fensterfunktionen. Es lässt sich verschieben, parken oder schließen. Der Vorteil dieses Werbemittels liegt in seiner hohen Aufmerksamkeit. Der Nachteil besteht darin, dass die Werbung von manchen Nutzern als störend empfunden wird. Darüber hinaus hat die Einbindung der Werbung in ein eigenes Browserfenster den Nachteil, dass es geschlossen und somit ausgeblendet werden kann. Durch die Ladezeit des Pop-ups kann der Nutzer das Fenster leicht schließen, bevor er die Werbung gesehen hat und sich somit der Werbung entziehen. Hier entscheidet ein Sekundenbruchteil über den Erfolg bzw. Misserfolg der Werbung.

---

74 Narrow Casting: Erstplatzierung eines Werbespots vor oder nach einem thematisch zugehörigen Sendebeitrag (TV-Werbung)
75 Vgl. Gräwe (2002): »Curtain Banner«. URL: http://www.adtech.de/html-banner_de.php (Stand: 15.02.2002).
76 Vgl. Gräwe (2002): »Curtain Banner«. URL: http://www.adtech.de/html-banner_de.php (Stand: 15.02.2002).
77 Siehe o.V.: new media update – Frühjahr 2001, eMarket Sonderheft, 2001, S. 5.
78 Vgl. o.V.: new media update – Frühjahr 2001, eMarket Sonderheft, 2001, S. 5.

Pop-ups werden oft missbraucht, indem zum gleichen Zeitpunkt gleich mehrere Werbefenster geöffnet werden oder indem beim Schließen des ersten Fensters ein zweites geöffnet wird. Diese Werbeweise ist für den Betrachter sehr irritierend und wird häufig von Erotik-Anbietern eingesetzt. Um auch bei dieser Werbeform die Störung des Besuchers weitgehend zu vermeiden, ist eine thematische Auswahl der Werbeträgerseiten und Inhalte ratsam. Auf diesem Weg kann das Pop-up-Fenster zur informativen Ergänzung für den Betrachter werden. Für eine exemplarische Darstellung eines Pop-ups vgl. Abbildung 4.32.

Gängige Formate
* Standard Pop-up: 200 x 300 Pixel
* Square Pop-up (neu):[79]   250 x 250 Pixel

Eine neuere Variante dieser Werbeform ist das *Pop-under*. Es unterscheidet sich lediglich dadurch vom Pop-up, dass das Werbefenster hinter der eigentlichen Seite geöffnet wird. Schließt der Nutzer die Werbeträgersite, so wird das Pop-under sichtbar bzw. eingeblendet. Eine weitere Variante des Pop-ups stellt das *Active Window* dar: Es wird mit dem Klick auf einen Themenlink geöffnet und bleibt so lange aktiv, bis der Nutzer eine andere Information abruft. Das Active Window kann neben Animationen auch Interaktionsfunktionen beinhalten.

4.4.7 Superstitials

Das Superstitial ist eine neue innovative Form der Online-Werbung. *»Es handelt sich dabei um ein weiterentwickeltes Pop-up, welches es erlaubt, große Multimedia-Elemente (HTML, GIF, JPEG, Flash 3.0) ohne lange Wartezeiten einzublenden.«*[80] Ermöglicht wird dies durch die Technologie der Firma Unicast. Das Superstitial beginnt sich mit dem Aufruf der Werbeträgerseite im Hintergrund (nicht sichtbar) aufzubauen. Sowie es vollständig geladen ist, ist es »scharf« und wird mit dem nächsten Klick, den der Nutzer ausführt, eingeblendet und gestartet. Das Superstitial kann Daten bis zu einer Größe von 100 KB beinhalten (zum Vergleich: Banner ca. 10-15 KB). Die Animation kann bis zu 20 Sekunden dauern und das Fenster des Superstitials kann dabei bis zu 80% der Bildschirmfläche einnehmen.[81] Das Format ist variabel. Die Vorteile des Superstitials liegen neben

---

79 Vgl. IAB Ad Standards (o.J.). URL: http://www.iab.net/iab_banner_standards/
   banner1.html
   (Stand: 21.05.2001)
80 Siehe o.V. (o.J.): »Superstitial«.
   URL: http://www.werbeformen.de/werbeformen/weitere/d.shtml
   (Stand: 02.04.2001)
81 aaO.

seiner enormen Kapazi-
tät darin, dass der Nut-
zer nicht mit Lade- bzw.
Wartezeiten konfrontiert
wird. Die Nachteile
sind abgesehen von
der Ladezeit identisch
zu denen des Pop-ups.
Hinzu kommt die Tatsa-
che, dass das Supersti-
tial erst mit dem »zwei-
ten Klick« eingeblendet
wird. Wird auf der
Werbeträgerseite nicht
geklickt, wird die Wer-
bung auch nicht einge-
blendet. Dieser Sach-
verhalt kann als Kom-
promiss für die Unter-
bindung der Ladezeit
betrachtet werden.

Abb. 4.32: Pop-up und Superstitial

Tipp Auf der Homepage des Vermarkters Unicast (URL: http://www.unicast.com)
befindet sich eine umfangreiche Superstitial Gallery Collection. Unter diesem Link wird ein Gallery Archiv offeriert, in dem Superstitials kostenlos
als Downloads für PC und Mac angeboten werden.

4.4.8 Interstitials

Interstitials sind die Werbeform mit dem größten Format im World Wide Web. Im
Extremfall füllen sie die gesamte Bildschirmfläche aus. Interstitials, zu deutsch
etwa »Unterbrecherwerbung«, werden im geöffneten Browserfenster angezeigt,
genau dort, wo der Nutzer die gewünschte Website erwartet, weshalb den Interstitials eine hohe Aufmerksamkeit zukommt. Nach einer fest definierten Zeit (i.d.R.
einige Sekunden) schließt sich das Interstitial automatisch und der Inhalt der ange-
wählten HTML-Seite wird angezeigt. Je nach Programmierung kann das Interstitial zu einem späteren Zeitpunkt nochmals aufpoppen. In den Anfängen wurden
die Interstitials den Websites vorgeschaltet. Ein Interstitial kann multimedial sein
und auch einen kleinen Spot (analog zum TV) abspielen, jedoch noch nicht in
vergleichbarer Qualität. Da sich das Interstitial nicht in das Layout (Ad-Frame)
der Werbemittelträgerseite einpassen muss, gibt es hier keine Standardformate.[82]

82 Vgl. Hoffmann, Sven (o.J.): »Funktion Interstitials«.
    URL: http://www.werbeformen.de/werbeformen/weitere/a.shtml (Stand 05.02.2002)

Die Vorteile des Interstitials liegen darin, dass die Werbung allein im geöffneten Browserfenster dargestellt wird und der Nutzer ihr in Erwartung der neuen Webseite ein hohes Maß an Aufmerksamkeit zukommen lässt. Die Nachteile liegen darin, dass der Nutzer sich durch die Unterbrechung u.U. belästigt fühlt und als erfahrener Internet-Nutzer das Interstitial wegklicken kann, bevor es vollständig geladen wurde. Für den Betreiber der Werbeträgerseite besteht die Gefahr, durch das Angebot von Interstitals Nutzer an eine Webseite mit ähnlichen thematischen Inhalten ohne Werbeunterbrechungen zu verlieren. Dadurch könnte er seine Attraktivität als Werbeträger, die in Form von *Visits* gemessen wird, einbüßen.[83]

Abb. 4.33a: Interstitial (kein IAB-Standard)

Zur Minderung des besagten Problems werden Interstitials heute i.d.R. in ihrer Anzahl limitiert (bei seriösen Sites) und der Website nachgeschaltet (d.h. beim Verlassen eingeblendet) um den Nutzer eben nicht zu »belästigen«. Dieser Effekt wird somit auf die Nachfolgeseite verlagert. Der Nutzer kann meist nicht unterscheiden, ob das Interstitial der verlassenen Seite nachgeschaltet oder der neuen vorgeschaltet ist. Im Rahmen der Zielgruppenselektion über Special-Interest-Sites ist es für den Werbekunden jedoch interessanter, wenn der Betreiber der Werbeträgersite das Interstitial vorschaltet. Das Situationsinvolvement des Nutzers wird bei dieser Konstellation höher eingeschätzt.

Abb. 4.33b: Interstitial (kein IAB-Standard)

---

83 Vgl. Henn (1999), S. 7.

Bei der Buchung eines Interstitials – wie auch bei allen anderen Werbeformen
– sollte man bedenken, dass es zu Ausstrahlungseffekten kommt: *Wertet man als
Werbekunde eine Website auf, oder wertet eine Website den Werbekunden auf?*
Eine teuer eingekaufte Interstitial-Buchung auf www.*spiegel.de* könnte durch die
Nachschaltung bspw. der Seite www.*kostnix.de*, www.*waslos.de* oder gar schlim-
merem vorgeschaltet werden (je nach der Nutzernavigation) und negativ auf das
Unternehmen zurückfallen. Abbildung 4.33 zeigt ein Fullscreen Interstitial, das
exemplarisch der Website MensHealth.de nachgeschaltet ist (somit beim Verlas-
sen der Site eingeblendet wird).

4.4.9 Easy-Ads

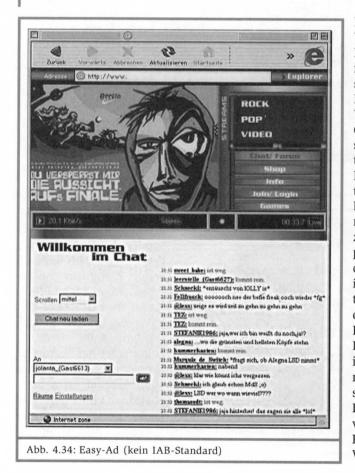

Abb. 4.34: Easy-Ad (kein IAB-Standard)

Das Easy-Ad ist eine
Weiterentwicklung des
Interstitials und stellt
im Prinzip eine eigen-
ständige Website dar.
Es kann Music- und
Videolibaries, Chat-
Communities, Gewinn-
spiele, Shops, Link-Lis-
ten etc. enthalten. Das
Easy-Ad ist prädes-
tiniert, Image- und
Erlebniswerte zu kom-
munizieren. Der Nut-
zer bewegt sich dabei
permanent im Umfeld
des Brand-Images, das
im Flashdesign präsen-
tiert wird und den Look
des Interstitials bzw.
Easy-Ads bestimmt.[84]
Der Nutzer kann sich
im Easy-Ad registrie-
ren, den Inhalt per-
sonalisieren und das
Easy-Ad sogar selbst
verschicken (z.B. an
Freunde). Durch die
Versendung des Easy-

84 Vgl. Eckert, E. (2002): »Easy-Ad«. URL: http://www.zone35.de

Ads besteht die Möglichkeit, dass sich dieses Werbemittel in Gegensatz zu allen anderen über die bloße Schaltung/Buchung auf entsprechenden Werbeträgersites hinaus verbreitet. Abbildung 4.34 zeigt ein Easy-Ad mit diversen Funktionsumfängen.

4.4.10 Streeming Video Ads

Bei Streaming Video Ads handelt es sich um *Werbespots,* die im WWW gezeigt werden. Real Streaming Videos in einen Contentbereich einzubinden ist sicher nicht neu. Neu ist aber die Möglichkeit, sie wie Banner über AdServer auszuliefern. Dadurch werden sie interaktiv (können mit einem Hyperlink versehen werden), lassen sich flexibel schalten und sind in ihrer Wirksamkeit durch internetspezifische Kennzahlen wie Klickraten zählbar. Streaming Video Ads lassen sich in Pop-up-Fenstern oder Ad-Frames (definierter Werbebereich im Seitenlayout) einsetzen und sind vom Browsertyp unabhängig.[85] *»Der Anbieter Active <3> offeriert für Video-Streams auf Windows-Basis bereits Video-Werbung, die 15, 30 oder 60 Sekunden lang dauert.«*[86] Aktuell werden weltweit etwa 2% des Online-Werbebudgets für Video-Streaming ausgegeben.[87]

4.4.11 E-Mercials

Das Kunstwort »E-Mercial« ist von dem Wort »Commercial« abgeleitet, welches im englischsprachigen Raum Werbespots bezeichnet. Bei E-Mercials handelt es sich um *bildschirmfüllende Werbespots im Internet.* E-Mercials bieten bewegte Animationen, Ton, Film und Text. Die Flash-Programmierung ermöglicht eine optimale Animation bei geringer Ladezeit. Das E-Mercial ist jedoch nicht klickbar, weshalb i.d.R. zusätzlich ein Pop-up mit ausgeliefert wird. Die Laufzeit von E-Mercials beträgt etwa 7 Sekunden. Laut der GfK (Gesellschaft für Konsumforschung) trifft dieses Werbemittel auf eine hohe Akzeptanz und erzielt eine hohe Aufmerksamkeit. Auf der Website K1010[88] werden täglich etwa 300.000 E-Mercials ausgestrahlt.[89]

---

85 Vgl. o.V. (o.J.): »Streaming Video Ad«.
    URL: http://www.werbeformen.de/werbeformen/sonder/f.shtml
    (Stand: 02.04.2001)
86 Siehe o.V.: new media update – Frühjahr 2001, eMarket Sonderheft, 2001, S. 8.
87 Vgl. o.V.: new media update – Frühjahr 2001, eMarket Sonderheft, 2001, S. 8.
88 URL: http://www.k1010.de
89 Vgl. o.V. (o.J.): »E-Mercials«.
    URL: http://www.werbeformen.de/werbeformen/sonder/ff.shtml
    (Stand: 02.04.2001)

4.4.12 Sonderwerbeformen

Neben den genannten Werbemitteln gibt es eine Vielzahl weiterer Möglichkeit, im Internet zu werben. Grundsätzlich unterscheidet man die folgenden Varianten:

1. Pull-Marketing
2. Push-Marketing
3. E-Mail- bzw. Newsletter
4. Newsgroups
5. Sonstige Werbemittel.

(1) Pull-Marketing
Das Surfen im WWW beruht beispielsweise auf dem Pull-Verfahren. Dabei muss der Anwender aktiv Informationen anfragen, bzw. anklicken.

(2) Push-Marketing
Das Verfahren des Push-Marketings beruht dagegen auf der Idee, direkt mit dem Kunden und seinem heimischen PC verbunden zu sein und diesem in regelmäßigen Intervallen automatisch Informationen zukommen zu lassen. Dies geschieht durch Softwareprogramme, die der Besucher eines Webangebotes kostenfrei herunterladen kann. Dabei kann der Nutzer üblicherweise bestimmen, welche Art von Informationen für ihn von Interesse sind. Die übertragenen Daten können in Form eines Tickers z.B. aus aktuellen Tagesnachrichten, Börsennachrichten oder Last-Minute-Angeboten für Fernreisen bestehen. Mit Hilfe dieser Technologie lassen sich Dienstleistungsangebot aber auch virtuelle Berater für bestimmte Informationsleistungen oder Kalkulationsassistenten realisieren. Für gewöhnlich enthält auch hier das Angebot einen Hinweis auf die Internetpräsenz des Unternehmens mit der Möglichkeit zur Kontaktaufnahme.

Je sinnvoller die zusätzlichen Softwareangebote sind, die mittels Push-Marketing angeboten werden, um so häufiger werden diese auch tatsächlich vom Anwender aus dem Internet heruntergeladen.[90] Denn obwohl das Unternehmen zum Kunden kommt und ihm einen Service zur Verfügung stellt, muss der Vorgang vom Konsumenten zu Beginn aktiviert werden. Der Begriff »Push« war in den Jahren 1998-1999 ein großes Schlagwort, aber die großen Hoffnungen der verschiedenen Firmen und Investoren dieser Technologie wurden enttäuscht. Von Zeit zu Zeit kommt dieser Gedanke wieder auf und einige Firmen versuchen, das Push-Marketing wiederzubeleben.[91]

---

90 Vgl. Fuzinski/Meyer (1997), S. 194.
91 Z.B. mit Handys

(3) E-Mail, bzw. der Newsletter

Die E-Mail zeichnet sich durch einfache Handhabung aus, sie ist schnell und kostengünstig. Sie ist unabhängig von Zeit und Ort und kann daher überall von jedem PC mit Internetanschluss und der notwendigen Software empfangen werden. Bei der Beantwortung von Kundenanfragen via E-Mail kann der Empfänger gezielt auf das Internetangebot des Unternehmens hingewiesen werden. Dieses Instrument eignet sich daher nicht um neue Nutzerkreise zu erschließen, jedoch kann so der Kontakt zum Kunden gehalten und der Wiederbesuch gefördert werden.

Eine solche Nachricht setzt sich in der Regel zusammen aus Informationen über den Absender, aus der Betreffzeile, die den Empfänger zum Lesen der ganzen Mail anregen soll, aus dem eigentlichen Inhalt und den genauen Kontaktmöglichkeiten am Schluss der Nachricht. Der Aufbau ähnelt einem *herkömmlichen Brief* und basiert überwiegend auf Textinformationen. In den letzten Jahren trifft man jedoch immer häufiger auf graphisch gestaltete E-Mails, die jedoch nicht auf jedem PC richtig dargestellt werden können, wenn dieser nicht mit der entsprechenden Software ausgestattet ist.[92]

Die E-Mail wird von vielen Unternehmen als Kommunikations- und Werbemittel unterschätzt, was sich häufig in Beantwortungszeiten von weit länger als 24 Stunden zeigt. Oft liegt das an fehlenden Personalkapazitäten, die für die Bearbeitung von schwierigen Fragen unbedingt erforderlich sind. Auf den Internetpräsenzen zahlreicher Anbieter hat der Besucher die Möglichkeit, seine E-Mail-Adresse für einen Newsletter einzutragen (also ein »E-Mail-Abonnement«). Darüber hinaus gibt es die Möglichkeit, mit Hilfe des Besuchers ein Nutzerprofil anzulegen, in dem er z.B. selbst bestimmen kann, welche Informationen ihn interessieren und wie häufig er kontaktiert werden möchte. Da Werbung durch Newsletter besonders kostengünstig ist, besteht die Gefahr zu häufiger Mailkontakte. Dies kann beim Empfänger dazu führen, dass er sich gestört fühlt, die Nachricht ohne vorheriges Lesen sofort gelöscht oder der Service direkt abbestellt wird. Um solche Reaktanzen zu vermeiden, bietet es sich an, den Abonnenten nach seinen Präferenzen zu befragen und ihm mit jedem Newsletter auch eine problemlose Möglichkeit der Abbestellung bereitzustellen.[93]

(4) Newsgroups

Anders als E-Mails, die direkt im virtuellen Briefkasten des Empfängers landen, funktionieren die Newsgroups, die von ihren Nutzern ähnlich wie ein *»schwarzes Brett«* aufgesucht werden müssen. Hierbei besteht die Möglichkeit, eigene Nachrichten aufzugeben, nach bereits beantworteten Fragen zu suchen

---

92 Dies trifft gleichermaßen auf die Bannerwerbung zu – besonders, wenn fortgeschrittene multimediale Inhalte (z.B. Java oder Flash) enthalten sind.
93 Für eine detaillierte Beschreibung der Möglichkeiten bei der Durchführung von E-Mail-Marketing-Kampagnen vgl. unsere Ausführungen im Rahmen von Kapitel 8.4.

oder die Fragen der anderen zu beantworten. Solche Newsgroups oder Benut-
zerforen werden von vielen Unternehmen betrieben, denn so kann das breite
Wissen vieler Anwender anderen Nutzern zur Verfügung gestellt werden, ohne
eine aufwändige Betreuung zu erfordern.

Da die Nutzung von Newsgroups ein aktives Interesse und Informationsbedürfnis der Besucher voraussetzt, eignen sie sich ebenso für den Einsatz von
Werbung. Z.B. können zur Site-Promotion[94] gezielt themenverwandte Newsgroups ausgewählt und darin Beiträge mit Hinweisen auf die eigene Homepage
veröffentlicht werden. Die Einbringung der Werbebotschaft kann hierbei sowohl
offen als auch versteckt in den Beitrag erfolgen. Diese Mittel sind üblicherweise
kostenlos; jedoch ist das Werben nicht in allen Gruppen erlaubt und kann bei
Verstößen zu zahlreichen Protesten der anderen Nutzer führen.

(5) Sonstige Werbemittel

An dieser Stelle ist anzumerken, dass es noch zahlreiche weitere Formen der
Werbung im Internet gibt, die jedoch nicht alle im Detail aufgeführt werden
können. Die Aufzählung der wichtigsten Werbeformen soll zur Orientierung
einen Überblick über das Thema Werbung im Internet ermöglichen, hat aber
keinen Anspruch auf Vollständigkeit. Da es sich beim Internet um ein sehr
dynamisches Medium handelt, das ständig weiterentwickelt wird, entstehen in
kurzer Zeit viele neue Werbemittel. Aus diesem Grund werden weitere Formen
hier nur kurz erläutert:

- **Ad Navigation Bars:** Hierbei werden die Werbeinformationen in die essen-
  tiell notwendige Navigationsleiste einer Site integriert.
- **Advertainment – Werben in Computerspielen:** Beim Advertainment han-
  delt es sich um die meist kostenlose oder sehr preiswerte Verbreitung von
  PC-Spielen, in denen die Marke oder das Produkt platziert wurde. Es han-
  delt sich somit um eine neue Form des Product Placements.[95]
- **Audio-Banner:** Als einzelne WAV-Datei, als akustischen Banner im HTML-
  Code oder als Hintergrundsound werden Werbespots transportiert.
- **Brand Flooding:** Das Brand Flooding stellt ein neues Konzept dar, das auf
  der Pop-up- und Interstitial-Werbung basiert. Für eine kurze Zeit wird eine
  Content-Site mit Markenattributen, CI-Vorgaben etc. geradezu »überflutet«.
  Die Navigationsfunktion sowie der Content-Bereich der Werbeträgerseite bleiben dabei unberührt. Das Brand Flooding kann dabei über AdServer zeitge-
  steuert werden und in Etappen erfolgen, so dass der Nutzer die Veränderung
  der Site erst nicht bemerkt. Mit der zweiten oder dritten »Überflutungswelle«
  erhält er dann jedoch die Gewissheit, dass eine Veränderung stattgefunden
  hat.[96]

---

94 Bekanntmachung der URL des eigenen Webangebotes mit dem Ziel, neue Besucher
   anzuziehen.
95 Vgl. Lewandowski, in Wamser/Fink (Hrsg.) (1997), S. 77-84.
96 Vgl. o.V. (o.J.): »Brand Flooding«. URL: http://www.plan-net-media.de (Stand
   15.02.2002)

- **Co-Branding:** Co-Branding ist ein neuer Trend aus den USA, in dem eigene lukrative Inhalte, Komponenten oder Funktionen wie *News, Jobbörsen* oder *Wetter* unter Namensnennung im Layout einer fremden Webseite angeboten werden.[97]
- **Comet Cursor:** Hier wird der Mauszeiger beim Führen auf eine Werbefläche durch das entsprechende Firmenlogo ersetzt. Er fungiert jedoch weiterhin als Mauszeiger. Der Comet Cursor kann auch kurze Textbotschaften und Zusatzinformationen beinhalten.[98]
- **Datenbankintegration:** Reaktion auf Suchabfragen an Datenbanken mit Werbeinformationen zusätzlich zum Suchergebnis. Wird von Suchmaschinen angewandt.
- **Digilog-System:** Das Digilog-System ist zwar kein eigenes Werbemittel im eigentlichen Sinne, aber ein sehr interessanter Ansatz zur Response-Steigerung. Es handelt sich hier um ein innovatives Werbesystem der norwegischen Firma Digilog AS. Digilog AS hat ein Bonussystem entwickelt, bei dem der Nutzer namentlich erfasst wird und für jeden Werbeabruf Punkte auf ein Konto gutgeschrieben bekommt. Ab einer bestimmten Menge kann er diese gegen Artikel aus einem Katalog einlösen. Das Nutzerverhalten kann hier genau analysiert werden.[99]
- **Giveaways:** Auch als Goodies oder Zusatznutzen bezeichnete Mitgaben für Sitebesucher, oft Shareware oder Information. Diese Giveaways können gegen ein entsprechendes Endgeld auch auf Werbeträgersites platziert werden. Als Synonym für diese werblichen Downloads findet sich u.U. auch der Begriff *Signature Files.*
- **Internet-Gewinnspiele:** Hier werden wie in der klassischen Werbung Kundenadressen generiert und Produkte als Gewinn platziert. Die Attraktivität eines Gewinnspiels ist stark vom Preis/Gewinn abhängig. Mit einem Mousepad ist kein Kunde mehr zu ködern. Derzeit werden etwa 1.000 Gewinnspiele monatlich im Netz durchgeführt.[100]
- **Linktausch:** Auf vielen Homepages wird eine Service angeboten, der *LINKS* oder *HOTLINKS* heißt. Darunter befindet sich eine *Link-Liste* meist themenähnlicher Seiten. Auf diesen Seiten existieren ebenfalls Link-Listen, in denen als Gegenleistung die eigene URL genannt wird. Diese Werbeform ist für kapitalschwache Unternehmen gut geeignet.[101]
- **Mikrosites:** Komplette Sites mit einer bestimmten Aufgabe als schwebendes Zusatzfenster, im Bannerformat oder als Site-in-Site innerhalb einer größeren Site. Mikrosites können beispielsweise die Bestellung eines einzelnen Artikels auslösen.

---

97 Vgl. Steiner/Bongardt, in Vossen (Hrsg.) (1998), S. 173f.
98 Vgl. o.V. (o.J.): »o.T.«. URL: http://www.werbeformen.de/werbeformen/sonder/b.shtml (Stand: 02.04.2001)
99 Vgl. Steiner/Bongardt, in Vossen (Hrsg.) (1998), S. 176f. Weitere Informationen zu diesem System sind erhältlich unter der folgenden URL: http://www.digger.com
100 Vgl. Steiner/Bongardt, in Vossen (Hrsg.) (1998), S. 168-171.
101 Vgl. Steiner/Bongardt, in Vossen (Hrsg.) (1998), S. 160ff.

- **OMS WEB-Promotion:** Hier verbindet der Werbeträger den Content direkt mit einer Werbebotschaft. Die Werbung schafft damit einen Mehrwert für den Nutzer (in der klassischen Werbung könnte man diese Werbung mit einen bedruckten Kugelschreiber vergleichen).[102]
- **Online Sponsoring:** Hier werden analog zur klassischen Werbung bestimmte Inhalte und Angebote durch Mittel externer Unternehmen finanziert. Im Gegenzug werden die Unternehmen namentlich genannt.[103]
- **Online-Messen:** Unter Online-Messen versteht man spezielle Webseiten, die virtuelle Messen darstellen. Man kann sich in der Ausstellerdatenbank erfassen lassen, sein Unternehmensporträt hinterlegen, sich mit Abbildungen, Preisen und technischen Daten in die Produktdatenbank aufnehmen lassen oder über Banner und Sponsoring auf sich aufmerksam machen.[104]
- **Registrierung in Themenverzeichnissen:** Hier kann man sich gegen Entgeld unter verschiedenen Schlagwörtern in den großen Themenverzeichnissen wie Yahoo, Altavista oder Lycos mit seiner URL registrieren lassen, um Bekanntheit zu erlangen.[105]
- **Screensaver Advertising:** Der Nutzer kann sich auf der Webseite des Werbetreibenden attraktive Werbebildschirmschoner herunterladen. Der Nachteil ist, dass der Bildschirmschoner läuft, wenn nicht am PC gearbeitet wird.[106]
- **Textlinks:** Im Fließtext bestimmter Webseiten werden Links eingebaut, die auf beworbene Seiten führen.
- **Usenet Postings:** Beiträge mit offenem oder versteckt-werblichem Charakter im Usenet.
- **WebDecoder:** Der WebDecoder ist eine bedruckbare Karte aus Papier oder anderen Materialien. In dieser Karte ist eine Folie integriert, die eine nicht-

Abb. 4.35: WebDecoder

102 Vgl. o.V. (o.J.): »o.T.«. URL: http://www.werbeformen.de/werbeformen/sonder/d.shtml (Stand: 02.04.2001)
103 Vgl. Henn (1999), S. 74f.
104 Vgl. Henn (1999), S. 175.
105 Vgl. Pipers/Riehl (1997), S. 240f.
106 Vgl. o.V. (o.J.): »o.T.«. URL: http://www.werbeformen.de/werbeformen/sonder/kk.shtml (Stand: 02.04.2001)

sichtbaren Text/Zahl oder Icon gespeichert hat. Erst durch den Besuch der Website, der Beantwortung von Fragen z.B. soziodemografischer Art öffnet sich ein grafisches Feld auf dem Monitor. Durch Drauflegen der WebDecoder-Karte auf dieses Feld wird die verschlüsselte Botschaft sichtbar. Per E-Mail wird dann diese Botschaft verschickt und der Webbesucher nimmt an einem ausgelobten Gewinnspiel teil. Die so gewonnen Daten können für ein späteres Permission Marketing genutzt werden. Abbildung 4.35 zeigt schematisch einen WebDecoder.

4.4.13 Individuallösungen

Neben den genannten Standard- und Sonderwerbeformen besteht im Internet wie in keinem anderen Werbemedium die Möglichkeit, auf Anfrage *individuelle Kundenwünsche* zu realisieren. Verdeutlicht werden soll dies an einer sehr extravaganten und individuellen Werbelösung von SevenOne Interactive[107] für den amerikanischen Jeans-Produzenten Levi´s. Im Sinne des Crossmedia-Marketings[108] sollte eine Online-Werbung in Anlehnung an den TV-Spot »Levi´s Twisted«, in dem einige junge Leute in Levi´s-Jeans ihre Gliedmaßen ver- und entdrehen, entwickelt werden. SevenOne Interactive erkannte den Kern des Spots im ver- und entdrehen der Gliedmassen und verdrehte kurzerhand die gesamte Homepage von ProSieben.de um die vertikale Mittelachse und ließ sie danach wie eine Stahlfeder wieder zurückschnellen. SevenOne Interactive hat aufgrund der Tatsache, dass sie Vermarkter ihrer eigenen Websites und gleichzeitig Kreativagentur sind, besonders vielfältige Möglichkeiten, auf Anfrage Individuallösungen zu realisieren.

4.4.14 Online-Radio

Beim Online-Radio handelt es sich nicht nur um einen Radiosender, der mit einer Homepage im Internet präsent ist, sondern um einen Radiosender, der nur im Internet existiert und nur online gehört werden kann. Das Online-Radio schlägt damit die Brücke zwischen den Medien Hörfunk und Internet, was sich auch in den Werbeformen wiederspiegelt. Hier werden neben allen Werbeformen des konventionellen Radios auch internetspezifische Werbeformen wie Banner (vgl. Kapitel 4.6.1 Banner) angeboten. Die konventionellen Werbemittel machen jedoch das Gros der Werbeeinnahmen aus. Das Online-Radio ist damit nicht länger nur ein auditives Medium, sondern auch ein visuelles.

---

107 URL: http://www.SevenOneInteractive.de (Stand: 26.04.2002)
108 Vgl. hierzu Gliederungspunkt 4.7 Crossmedia als intermediäre Gesamtstrategie.

Zur Bewertung der quantitativen Qualität des Online-Radios als Werbeträger werden internetspezifische Leistungskennzahlen wie PageImpressions oder Visits herangezogen. Derzeit gibt es nach Darstellung der Webcast Media Group AG, Berlin in der Bundesrepublik Deutschland ca. 12 Online-Radiostationen. Im intermediären Werbeumsatzvergleich ist das Medium des Online-Radios vernachlässigbar, weshalb es in den nächsten Kapiteln nicht weiter betrachtet wird. Im Folgenden wird exemplarisch das Online-Radio »dasWebradio.de« vorgestellt.

dasWebradio.de[109]
* URL: http://www.daswebradio.de
* Ø-PageImpressions pro Monat: 12,5 Mio.
* Ø-Visits pro Monat   2,5 Mio.
* Sendezeit: 24 Std. an 7 Tagen
* Ø-Sekundenpreis   2,85 Euro (6-18 Uhr)
* Niedrigster Sekundenpreis   1,02 Euro (2-5 Uhr)
* Höchster Sekundenpreis   4,60 Euro (16-20 Uhr)
* Als Besonderheit werden so genannte »Specials« angeboten wie Tages- (18 Spots à 30 Sekunden), Wochen- (126 Spots à 30 Sekunden) oder Monatspakete (540 Spots à 30 Sekunden), die einen Preisnachlass von bis zu 20% bieten.

Auffällig ist, dass die Sekundenpreise weniger starken Schwankungen unterliegen als bei dem konventionellen Hörfunk. Dies deutet auf eine geringere Nutzungsschwankung im Tagesablauf hin. Abschließend soll noch erwähnt werden, dass das Online-Radio nach Ansicht der Autoren nach populärer werden könnte, wenn das Internet auf breiter Basis mobil wird und somit im Alltäglichen besser verfügbar ist.

4.5 Crossmedia als Strategie

Crossmedia auch als **Konvergenzwerbung** bekannt ist keine separate Werbeform, sondern eine medienübergreifende Gesamtstrategie. Crossmedia lässt sich als eine »(...) integrierte Kommunikation, in der Marketingmaßnahmen über mehrere Instrumente in klassischen Medien und Online durchgeführt werden (...).«[110]

---

109 Vgl. ARD-Werbung Sales & Service GmbH (o.J.).
     URL: http://www.ard-werbung.de/online/webradio/reichweiten.asp
     (Stand: 17. 04. 2001)
110 Siehe o.V. (o.J.): »Crossmedia«.
     URL: http://www.werbeformen.de/werbeformen/sonder/cc.shtml
     (Stand: 02.04.2001)

beschreiben. Das Ziel dieses Ansatzes besteht darin, Synergieeffekte zu nutzen. Die Werbebotschaft soll nicht nur auf einem anderen Werbekanal kostengünstig wiederholt werden, sie soll um fehlende Möglichkeiten ergänzt werden. Es gilt, die unterschiedlichen Vorteile und Reizwirkungen der einzelnen Medien dabei optimal auszunutzen und zu kombinieren. Im Rahmen des Crossmedia-Ansatzes lassen sich unterschiedliche Kommunikationsziele auf den jeweils bestgeeignetsten Kommunikationskanälen zielführend zu einer Gesamtkampagne vereinen. Veranschaulicht werden soll der Crossmedia-Ansatz durch zwei Praxisbeispiele der SevenOne Interactive GmbH (Partner für die Vermarktung interaktiver Medien der ProSiebenSat.1 Media AG). SevenOne Interactive offeriert individuelle Kombinationsmöglichkeiten für die Medienbereiche TV, Teletext, Online und Mobil-Entertainment.[111]

4.5.1 Case Study Spot-Premiere: Ramazzotti (TV-Spot, Online, Teletext)[112]

Ramazzotti ist eine der erfolgreichsten Marken auf dem Spirituosen-Markt. Die neue Kampagne (Start Mai 2001) hatte das Ziel der Markenauffrischung. Die Kampagne war emotional ausgerichtet. Betont wurde der italienische Flair durch den Claim »Tu mi piaci« (zu deutsch »ich mag dich«), der bereits das zentrale Element des vorherigen TV-Spots darstellte. Zur Penetration des Claims wurde ein Gewinnspiel entwickelt, das in TV, Online, am POS und über Promotion-Maßnahmen kommuniziert wurde. Ziel des Gewinnspiels und insbesondere des Online-Auftritts war es, schon im Vorfeld die Aufmerksamkeit der Ramazzotti-Zielgruppe zu gewinnen und die Konsumenten auf den neuen Spot einzustellen.

Umsetzung: Im Zuge des Frontloadings wurde zur besonderen Unterstützung der Erstausstrahlung das Instrument der *Spot-Premiere* verwendet: Die Erstausstrahlung eines 90-Sekunden-Making-of mit anschließender Erstausstrahlung des TV-Spots wurde zeitgleich auf vier Sendern in der Prime-Time durchgeführt. Erstmalig wurde die TV-Spot-Premiere auch zusätzlich ins Internet auf die Website von ProSieben mit einer eigenen Rubrik verlagert. Zeitgleich mit der TV-Ausstrahlung waren auch hier das Making-of sowie der TV-Spot über moderne Streaming-Technologie abrufbar. Besondere Aufmerksamkeit erhielt die Seite durch das an gleicher Stelle auf ProSieben.de stattfindende Gewinnspiel, in dem passend zum italienischen Flair ein knallroter Alfa Romeo Spider ausgelobt wurde. Die Aufgabe des Online-Gewinnspiels bestand darin, den Claim »Tu mi piaci« auf deutsch zu übersetzen. Die gleiche Gewinnspielfrage

111 URL: http://www.SevenOneInteractive.de
112 Vgl. hierzu sowie zum Folgenden Voss: Case Studies – Wirkung von Konvergenzwerbung, SevenOne Interactive GmbH, Unterföhring 2001.

Abb. 4.36: Screens des Ramazzotti TV-Spots »Tu mi piaci«[113]

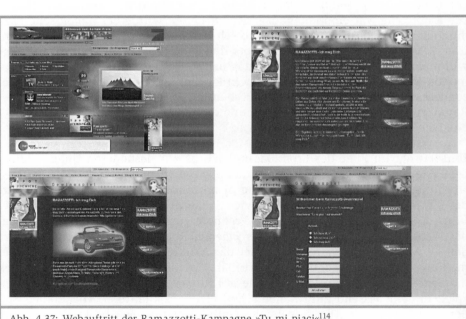

Abb. 4.37: Webauftritt der Ramazzotti-Kampagne »Tu mi piaci«[114]

---

113 Quelle: Voss (2001), S. 12 f.
114 Quelle: Voss (2001), S. 12.

Abb. 4.38: Teletext-Werbung der Ramazzotti-Kampagne »Tu mi piaci«[115]

wurde den Zuschauern auch im Teletext auf einer 1/1 Werbeseite mit anschließender Rollseite gestellt. Auf dieser konnten die Zuschauer ihre Antwort über
eine 0185-Telefonnummer abgeben, auf die auch in der Spot-Premiere hingewiesen wurde. Im Teletext wurde die Gewinnspielseite durch die Belegung von
zwei Topzeilen auf den Seiten 720 (Spiele) und 430 (TV-Promis) beworben. Die
nachfolgenden Abbildungen zeigen Screens der Kampagne.

Ergebnisse: Die gezeigte Ramazzotti-Kampagne veranschaulicht, wie sich in
kreativer Hinsicht tragende Kampagnenelemente über verschiedene Mediengattungen hinweg zu einem schlüssigen Gesamtbild für den Konsumenten formen.
Die Reichweite des TV wurde um die Interaktivität des Internets zur Realisierung des Gewinnspiels erweitert. Es wurden dabei Click-Through-Rates der
Online-Werbemittel von bis zu 2,44% ermittelt (der Durchschnitt liegt mittlerweile unter 0,5%). Ferner wurde eine Conversionrate der Gewinnspielseite
von ca. 94% ermittelt (Gewinnspielteilnehmer im Verhältnis zu PageImpressions Gewinnspielseite). Die Leistungszahlen deuten auf ein hohes Involvement
der Nutzer hin. In den vier Wochen der Online-Schaltung nahmen über 70.000
Interessenten an dem Online-Gewinnspiel teil. Gleichzeitig wurde bei den Teil-
nehmern durch die Bewegtbild-Einbindung der TV-Spots auch eine direkte Verbindung zur Marke und der Kampagnenaussage von Ramazzotti hergestellt.
Insgesamt wurden die Streamings über 150.000-mal abgerufen. Auf der Gewinnspielseite konnte eine Click-Through-Rate von über 5% auf Making-of oder TV-
Spot realisiert werden.

115 Quelle: Voss (2001), S. 13.

Beteiligte
* Michael Mohrs: Groupe Pernot Ricard
* Thorsten Blodow: Carat ·Sponsorship
* Martin Krauter: Saatchi & Saatchi Werbeagentur
* Peter Gerich/Fabian Zink: SevenOne Interactive

Spot-Premiere: Facts & Figures
* **TV:**
  - Sender: ProSieben, Kabel 1, N24, Bloomberg
  - Sendezeit: Einmalig Samstag o. Sonntag 20.08 Uhr (Roadblock)
  - Spot-Länge: 120/150 Sek.
  - Mediabrutto: 110.850,- € (alle Sender, Samstag, 150 Sek.,
    zzgl. Produktionskosten)

* **Online:**
  - ProSieben.de: Microsite Spot-Premiere (Gewinnspiel optional
    wie unten angegeben)
  - Online-Werbung: ProSieben.de, Kabel1.de, N24.de
  - Leistung: 2 Mio. AdImpressions Klassik, 0,15 Mio. AdImpresions
    Streaming Pop-up
  - Zeitraum: 2 Wochen
  - Mediabrutto: 36.400,- €

* **Gewinnspiel:**
  - Microsite Gewinnspiel, redaktionelle Teaser auf ProSieben.de und
    Kabel1.de (Rubrik Gewinnspiele)
  - ProSieben Teletext: 1/1 Seite, 1 Rollseite, Topzeile S. 430 (TV-Promis)
    und S. 720 (Gewinnspiele)
  - Zeitraum: 4 Wochen
  - Mediabrutto: 11.000,- €

4.5.2 Case Study Sponsoring: Travel24.com/Bullyparade (TV-Spot und Online)[116]

Travel24.com ist einer der größten unabhängigen Online-Reiseanbieter Deutschlands. Unter konsequenter Ausnutzung der Möglichkeiten des Internets bietet Travel24.com seinen Kunden eine neue, multimediale Art der Reisevorbereitung- und -buchung. Die Zielgruppe ist zwar noch stark durch das Internet

---

116 Vgl. hierzu sowie zum Folgenden Voss (2001), S. 16ff.

geprägt, doch kommunikativ misst sich Travel24.com durchaus mit den auch offline bekannten etablierten Marken unter den Reiseveranstaltern und -anbietern. Die klassische Werbekampagne zielt auf den Ausbau einer breiten Markenbekanntheit. Schwerpunktmedien sind deswegen reichweitenstarke Werbeträger in Bereich TV und Print. Ergänzt wird diese Kampagne durch Online-Werbung, die Vertrauen und Glaubwürdigkeit im Basis-Medium des Unternehmens, dem Internet, schaffen soll. Zur Kampagnenabrundung wurde ein Sponsoring-Partner gesucht, der folgende Eigenschaften verbinden sollte:

- Schneller Reichweitenaufbau in der Kernzielgruppe (14-29-jährige)
- Dauerhafte, glaubwürdige Präsenz in TV und Online.

Das Comedy-Format »Bullyparade« erfüllte diese Anforderungen durch seine TV-Präsenz auf ProSieben und in der Online-Verlängerung auf bullyparade.de.

Umsetzung: In einem umfassenden Sponsoring hat Travel24.com die »Bullyparade« im Internet präsentiert. Im TV war Travel24.com im Umfeld der Bullyparade mit Diaries bzw. Remindern (5-sekündigen Spots) präsent. Die bereits im TV eingeführten Werbemotive wurden nach der Schlüsselbildstrategie online weitergeführt, was durch den hohen Grad der Wiedererkennung eine zusätzliche Kontaktintensivierung zur Folge hatte. Neben einem prominent platzierten Sponsoren-Logo und innovativ umgesetzten Werbeformaten wie Flash-Bannern oder -Skyscrapern sorgte ein Introflash und direkt an die Video-Clips angehängte Abbinder in Streaming-Technologie für Aufmerksamkeit. Um die Zielerreichung des Werbeziels Steigerung der Markenbekanntheit messbar zu machen, wurde eine Marktforschungserhebung in Zusammenarbeit mit forsa als Telefon- und Online-Befragung in drei Wellen durchgeführt. Insgesamt wurden bei der Befragung über 4.500 Telefoninterviews geführt und 1.164 Fragebögen online ausgefüllt. Die nachfolgenden Abbildungen zeigen Screens der Sponsoring-Kampagne von Travel24.com.

Abb. 4.39: Screens der Travel24.com TV-Spots

Abb. 4.40: Werbekampagne Travel24.com – Sponsoring-Logo auf bullyparade.de[117]

---

117 Voss (2001), S. 16.

Abb. 4.41: Werbekampagne Travel24.com – Introflash auf bullyparade.de[118]

Ergebnisse: Die Befragung ergab, dass Travel24.com durch die Werbekampagne eine Steigerung der gestützten Markenbekanntheit verzeichnen konnte. Im Bereich der Fans der Bullyparade betrug der Zuwachs 40%, im Bereich der definierten Zielgruppe der 14-29-jährigen 30%. Insgesamt wurde das Markenbekanntheitsniveau von 57% auf 74% erhöht. Für Online-Nutzer der bullyparade.de war Travel24.com gestützt sogar die bekannteste Marke, vor Wettbewerbern wie TUI oder L´tur, die ebenfalls online aktiv sind. Über 80% der Befragten kannten die Marke Travel24.com.

---

118 Voss (2001), S. 16.

Beteiligte
- Nils Behrens: Elephant Seven
- Jan von Wussow: blöcher + partner platforming
- Jan Schumacher: Springer & Jacoby Media
- Peter Gerich: SevenOne Interactive

Bullyparade.de Facts & Figures
- **Leistung:** ca. 630.000 PageImpresions pro Monat (Durchschnitt Jan-Jun 2001)
- **User (Eigenerhebung):**
  - Bis 19 Jahre   46%
  - 20-29 Jahre   28%
  - 30-39 Jahre   21%
  - 40-49 Jahre   5%
  - über 50 Jahre   0%
- **Nutzerverhalten:**
  - 12% Nutzer von Bullyparade im TV, die auch bullyparade.de nutzen (mind. einmal im Monat)
  - 91% Nutzer von bullyparade.de, die auch Bullyparade im TV nutzen
  - 60% der Onlinenutzer von bullyparade.de nutzen Videostreemings
- **Werbeplatzierungen:**
  - Fullsize-Banner: TKP 11-21 €
  - Button: TKP 14 €
  - Pop-up: TKP 55-90 €
  - Scyscraper: TKP 70-90 €
  - Interstitial: TKP 90 €

5 Schaltungs- und Abrechnungs-
möglichkeiten von Werbemitteln

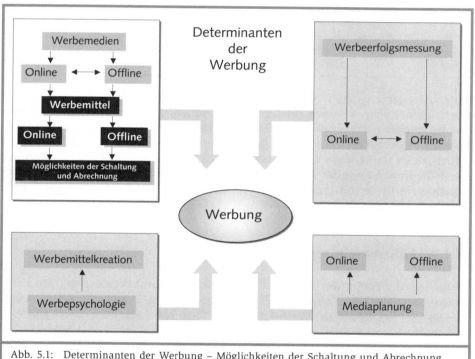

Abb. 5.1: Determinanten der Werbung – Möglichkeiten der Schaltung und Abrechnung von Werbemitteln

5.1   Offline-Werbemittel

5.1.1 Tausenderkontaktpreis-Buchung

Der Tausenderkontaktpreis (TKP) ist die klassische Abrechnungsform im Bereich der Offline-Werbemedien. Er besagt, wie viel Kosten anfallen, um 1.000 Werbekontakte innerhalb eines Mediums zu realisieren.[1] Der TKP errechnet sich wie folgt:

$$TKP \quad = \quad \frac{\text{Werbekosten}}{\text{Quantitative Reichweite}} \quad \text{x } 1.000$$

Durch den gemeinsamen Nenner 1.000 erreicht man eine gute Vergleichbarkeit der Medien. Es muss jedoch berücksichtigt werden, dass der TKP zunächst eine rein quantitative Kennzahl ist und nichts über die Kontaktqualität besagt. Der Kontakt mit einem TV-Spot steht hier neben einem Plakatkontakt. Es spricht jedoch vieles dafür, dass die Unterschiede im TKP die Zielgruppenhomogenität sowie die Kontaktqualität widerspiegeln. Im Folgenden werden die wesentlichen Faktoren für die Ermittlung der Werbekosten sowie der qualitativen Reichweite innerhalb der einzelnen Offline-Medien skizziert.

5.1.2 Außenwerbung

Im Bereich der Außenwerbung wird neben der Kennzahl Werbeträger pro 1.000 Einwohner (TEW) der G-Wert zur Bestimmung der quantitativen Reichweite verwendet. Bei der Kennzahl Werbeträger pro TEW wird ermittelt, wie viele Einwohner verhältnismäßig auf einen Werbeträger (z.B. Großfläche) kommen.

Diese Kennzahl ist jedoch statisch und sagt nichts über die Frequentierung von Werbeflächen z.B. an Verkehrsknotenpunkten aus – anders beim G-Wert. Der G-Wert ist ein von der GfK entwickelter Leistungsindex zur Bewertung von Großflächen. Hier fließen die Kriterien Frequentierung, Kontaktchancendauer, Entfernung, Sichthindernisse, Umfeldkomplexität, parallele Werbeflächen, Situationskomplexität, Höhe der Werbefläche/Blickwinkel und Beleuchtungsverhältnisse in die Bewertung mit ein. Derzeit wurden bundesweit rund 100.000 Großflächen nach dem G-Wert bewertet.[2] Der Werbepreis wird neben dem G-Wert

---

1   Vgl. Stelzer (1994), S. 164 f.
2   Vgl. Grupe in Reiter (1999) S. 355 f.

von der Ortsgrößenklasse sowie dem Nielsengebiet bestimmt. Auf der Home-page der Deutsche Städte Medien[3] findet der Werbekunde ein Planungstool zur Kostenkalkulation von Plakatkampagnen. Die Buchung der Werbemittel Groß-fläche, Allgemeinstelle und Ganzsäule erfolgt in Dekaden von 10-14 Tagen.

| Der Dekadenplan, in dem die Klebeintervalle ersichtlich sind, ist auf der Homepage des Fachverbandes Außenwerbung e.V. als Download kostenlos erhältlich. URL: http://www.faw-ev.de/ | **Tipp** |

Die Werbemittel Großfläche, Allgemeinstelle und Ganzsäule können einzeln gebucht werden, jedoch immer in Dekaden – anders beim City-Light-Poster. Dieses kann nur wochenweise in Citynetzen gebucht werden. Eine Einzelbu-chung ist nicht möglich. Wie bereits im Rahmen von Kapitel 3 ausgeführt wurde reicht die Größe der Citynetze von 12 in Nordhorn bis zu 870 in Ham-burg.[4] In Kassel beträgt die Netzgröße 216. Der Tagespreis pro Vitrine lag hier 2000 bei 8,51 Euro. Kassel ist dem Nielsengebiet IIIa zugeordnet. Der Gesamt-preis für eine City-Light-Poster-Buchung betrug 2000 in Kassel somit 12.871,67 Euro pro Woche.[5]

| Eine Preistabelle der Citynetze ist über die Deutsche Städte Medien im Inter-net erhältlich. URL: http://www.dsr.de/ | **Tipp** |

Im Unterschied zu den genannten Werbemitteln sind Super- und MEGA-Poster in vierwöchigen Dekaden zu buchen. Dies stellt jedoch aufgrund der höheren Werbemittelproduktionskosten keine Einschränkung dar. Es wäre unwirtschaft-lich, ein MEGA-Poster für einen einwöchigen Einsatz zu erstellen. Weitere For-men der Außenwerbung werden hier nicht betrachtet. Wir verweisen auf die genannten Verbände sowie auf die Adressliste im Anhang dieses Buchs.

5.1.3 Anzeigenwerbung (Zeitungen und Zeitschriften)

Bei diesen Werbemedien wird die verkaufte Auflage als Berechnungsgrundlage für den TKP verwendet. Der Werbepreis wird vom Werbeformat sowie von der Homogenität der Leserschaft bestimmt. Je exakter sich eine Zielgruppe durch

---

3 Ehemals Deutsche Städte Reklame. URL: http://www.dsr.de
4 Vgl. hierzu die Ausführungen unter Gliederungspunkt 3.2.
5 Vgl. hierzu auch DSM/Werbering: »clp-Anbieterübersicht«, Stand: 03/2000.

den Printtitel selektieren lässt, desto höher ist der Werbepreis.[6] Weitere Informationen sind über die jeweiligen Verlagshäuser erhältlich (z.B. Axel Springer Verlag, Gruner + Jahr, Burda etc.).

5.1.4 Fernsehen und Radio

Bei diesen elektronischen Medien wird die durchschnittliche Einschaltquote, gestaffelt nach Sendezeiten, zur Ermittlung der quantitativen Reichweite herangezogen. Der Werbepreis bestimmt sich dabei nach der Spotlänge in Sekunden. In der Regel wird der Preis für einen 30-Sekünder (Standardwerbespot) oder der Sekundenpreis ausgewiesen. Als besondere Schaltungsmöglichkeiten sind im TV das Narrow Casting, die Werbeuhr sowie das generelle Verfahren des Splitscreen (häufig bei Formel-1-Übertragungen vorzufinden) zu nennen.[7] Weitere Informationen sind bei den Sendeanstalten sowie auf den Hompages der Sender erhältlich.[8]

5.2 Online-Werbemittel

Im Folgenden werden die wesentlichen Faktoren für die Ermittlung der Werbekosten sowie der qualitativen Reichweite innerhalb der einzelnen Online-Medien skizziert.

5.2.1 AdServer

Die AdServer-Technologie hat die Schaltungsmöglichkeiten und die Flexibilität der Online-Werbung revolutioniert. *»Das Internet hat der Werbebranche ein Füllhorn an neuen Darstellungsmöglichkeiten beschert. AdServer, meist eine Kombination aus Hard- und Software, sorgen dafür, dass die richtige Werbung zum richtigen Zeitpunkt auf den gewünschten Werbeplätzen erscheint. Mit ihrer Hilfe lässt sich das gesamte Ad-Management von der Buchung über die Schaltung bis hin zur Resonanzauswertung, dem Reporting und der Abrechnung steuern.«*[9]

Bei Nichtverwendung eines AdServers werden die Werbemittel von den Anbietern »von Hand« in ihre Werbeträgerseiten eingebaut. Das Reporting erfolgt wöchentlich und ein Austausch der Werbemittel bedarf einem Vorlauf von ein bis zwei Wochen.

---

6 Vgl. hierzu auch die Ausführungen in Kapitel 3.3.
7 Vgl. hierzu unsere Erläuterungen im Rahmen von Kapitel 3.5.
8 Vgl. z.B. URL: http://www.ard-werbung.de
9 Siehe o.V.: new media update – Frühjahr 2001, eMarket Sonderheft, 2001, S. 15.

Bei Verwendung eines AdServer-Systems hingegen liegen alle Werbemittel zentral auf einem AdServer und nicht auf den einzelnen Werbeträgerseiten. Hier wird nur ein **Tag** hinterlegt (meist HTML-Befehl, der Position und Art des Werbemittels beschreibt). Über diesen Tag wird beim Seitenaufruf quasi Just-in-Time das richtige Werbemittel vom AdServer abgerufen und angezeigt. Die Leistungskennzahlen werden hier zeitnah erfasst, weshalb ohne Verzug nachgeregelt werden kann. Der Austausch der Werbemittel ist innerhalb eines Tages möglich.[10] Ein weiterer Vorteil von AdServern besteht darin, dass man von der Mediaagentur nur ein Reporting erhält. Bei nicht Verwendung eines solchen Systems, erhält der Werbetreibende von jeder Werbeträgersite ein separates Reporting. Dies veranschaulicht Abbildung 5.2.

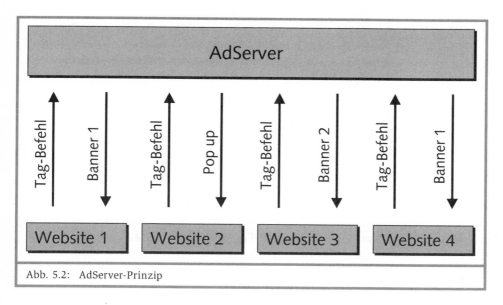

Abb. 5.2: AdServer-Prinzip

Neben den bereits genannten Vorteilen der AdServer gibt es noch spezielle Möglichkeiten der Werbemittelschaltung. Zu nennen sind hier:
(1) Rotation verschiedener Werbemittel auf einem Werbeplatz
(2) Rotation innerhalb eines Web-Auftritts
(3) Netzwerkrotation (Run of Network)
(4) Zeitabhängige Werbemittelauslieferung (Zeitliches Targeting)
(5) Regionales Targeting

---

10 Vgl. o.V. (2001). Präsentation der Onlineagentur Magic Response: »Kooperation mit AdSolution«, Wolfsburg 19. März 2001 (Quelle liegt vor).

(1) Rotation verschiedener Werbemittel auf einem Werbeplatz

Man kann verschiedene Bannermotive auf einem Werbeplatz »rotieren« lassen. Bei jedem Seitenaufruf wird ein anderes Banner an der gleichen Stelle eingeblendet. So können mehrere Produkte beworben werden oder die Wirksamkeit unterschiedlicher Werbemittelgestaltungen bei Konstanthaltung der externen Faktoren getestet werden, da die Resonanz auf jedes Werbemittel einzeln gezählt wird. Die unterschiedlichen Banner müssen jedoch das gleiche Format haben, da sie sich in der Regel in den Ad-Frame des Seitenlayouts einfügen müssen.

(2) Rotation innerhalb eines Web-Auftritts

Hier rotiert das Werbemittel innerhalb der einzelnen Seiten eines Anbieters. Mit jedem Seitenaufruf wechselt es zwischen der Homepage und den Unterrubrik-Seiten. Das Werbemittel wird somit innerhalb der Seiten gestreut. Mit dieser Buchungsart können die einzelnen Werbeplätze (Platzierungen) getestet werden.

(3) Netzwerkrotation (Run of Network)

Bei dieser Buchung rotiert das Werbemittel innerhalb eines Netzwerks. Ein Netzwerk beinhaltet die Seiten mehrerer unterschiedlicher Anbieter. Beispiele wären hier Adpepper (29 Anbieter) oder Adlink-Direkt (65 Anbieter). Diese Art der Buchung ist preisgünstig und erzielt eine hohe Reichweite. Der Nachteil liegt jedoch in der mangelnden Zielgruppenhomogenität sowie in den teilweise unbedeutenden Seiten dieser Netzwerke.

(4) Zeitabhängige Werbemittelauslieferung (Zeitliches Targeting)

Um eine noch effizientere Zielgruppenansprache zu gewährleisten, können die Werbemittel in Abhängigkeit von der Tageszeit bzw. Uhrzeit ausgeliefert werden. Hierfür sind detaillierte Informationen über das Nutzerverhalten sowie die Nutzerstruktur erforderlich.

(5) Regionales Targeting

AdServer-Systeme ermöglichen eine räumliche Zielgruppenselektion. Das System unterscheidet dabei nach dem Einwahlort der Nutzer. Der AdServer Adfred von Link4Link ermöglicht bspw. eine Identifikation bis hin zu kleineren Städten. Link4Link bietet in Deutschland derzeit eine Differenzierung zwischen ca. 400 Städten und angrenzende Regionen an (URL: http://www.link4link.com/).[11] Es gibt mittlerweile zahlreiche Anbieter dieser AdServer-Systeme. Exemplarisch seien einige genannt:[12]

---

11 Vgl. o.V. (2002): »Regionaltargeting« URL: http://www.link4link.com/netzwerk/indexwb. xhtml?sessionID=301281eb7f311d6b2bfa1d55flee4e25-10184498003172&page=28 (Stand: 10.04.2002).

12 Vgl. Freytag (o.J.): »AdServer-Technologie«.
    URL: http://www.werbeformen.de/werbeformen/grundlagen/a.shtml (Stand: 02.04.2001).

- Accipter[13]
- DoubleClick[14]
- Falk eSolutions AG.[15]

Realtime-Banner-Pretest
Die Möglichkeiten der Rotationsbuchungen (vorwiegend in Netzwerken) durch AdServer werden von einigen Anbietern und Vermarktern zu Werbemittel-Pretests genutzt. Alternative Werbemittel mit abgeänderten Farben, Bildmotiven, Werbetexten etc. werden in bestimmten Rubriken (z.B. Wirtschaft und Finanzen) eines Netzwerkes geschaltet. Eine solche Schaltung dauert in der Regel nur wenige Stunden. Der Vermarkter Link4Link bietet für solche Zwecke bspw. ein Netzwerk mit rund 500 Sites und 30 Themenrubriken an. Aus technischen Gründen können derzeit jedoch nur Full-Banner des Formates 468 x 60 getestet werden. Link4Link realisiert während des Tests pro Banner etwa 250.000 bis 500.000 AdImpressions (Werbemitteleinblendungen). Das Ergebnis kann somit als repräsentativ angesehen werden. Die Realisierung von 250.000 AdImpressions pro Banner kostet dabei rund 6,- Euro. Der Preis variiert jedoch mit dem Auftragsvolumen.

Im Test-Reporting werden die Kennzahlen AdClicks und CTR getrennt nach Werbemitteln, Rubriken und einzelnen Sites ausgewiesen. Auf diese Weise erhält der Werbekunde exakte Informationen darüber, welches Werbemittel in welchen Rubriken und auf welchen Sites am effizientesten gelaufen ist. Nach diesen Erkenntnissen kann eine bevorstehende Online-Werbekampagne optimiert werden.

Automatisierte Platzierungsoptimierung
In diesem Abschnitt soll das Konzept der Advertising.com Germany GmbH (Zusammenschluss von Advertising.com und Dayrates International) sowie die automatisierte Platzierungsoptimierung ihres patentierten AdServers AdLearn vorgestellt werden.

Advertising.com bietet dem Interessenten in Deutschland derzeit ein Netzwerk von 120 qualitativ hochwertigen Websites mit einer Kapazität von ca. 220 Mio. AdImpressions pro Monat an. Der Nachteil bei Netzwerkbuchungen besteht meistens in den vielen unbedeutenden Websites, die dort offeriert werden. Anders bei Advertising.com: Die Sites können sich nicht selber registrieren, sondern werden von Advertising.com einer Qualitätsprüfung unterzogen. Außerdem wird geprüft, ob sie ins Portfolio passen.

---

13 URL: http://www.accipter.com
14 URL: http://www.doubleclick.com
15 URL: http://www.adsolution.de

Es handelt sich dabei um qualitative Websites, die ausschließlich zum TKP vermarktet werden. Die Sites sind in der Regel jedoch nicht zu 100% ausgelastet. Diese »Restplätze« werden von Advertisting.com response- und erfolgsorientiert unter Verwendung von CPC- und CPA-Abrechnung vermarktet. Advertising.com versteht sich dabei als ergänzendes Vermarktungsmodell für renommierte Sites, die – ohne das eigene TKP-Modell zu kannibalisieren – eine optimale Auslastung ihrer Werbeplätze anstreben. Um die TKP-Buchungen zu schützen, bleiben die Websites im Netzwerk von Advertising.com anonym. Auf Wunsch werden jedoch Referenzen genannt. Neben Deutschland ist eine Kampagnenschaltung in den Ländern England, Dänemark, Frankreich, Schweden, Norwegen und den USA möglich.

Eine weitere Besonderheit des Vermarkters stellt die *automatisierte Platzierungsoptimierung* dar. Bei einer Netzwerkschaltung prüft das System AdLearn stündlich die Performance der einzelnen Sites. Erhoben werden dabei die Leistungskennzahlen Click-Through-Rate und Conversionrate. Anhand dieser Auswertung optimiert das System automatisch und zeitnah die Werbemittelplatzierungen. Die Kampagne wird somit auf den Werbeträgersites, auf denen sich die Zielgruppe befindet, verstärkt ausgestrahlt, das heißt auf diesen Sites werden mehr AdImpressions realisiert als auf Sites, die weniger effizient performen.[16]

Betrachtet man alle eben genannten Punkte, so stellt Advertising.com ein sehr interessantes erfolgsorientiertes Gesamtkonzept nach dem Motto »No success – no pay« dar, das sich Werbetreibende einmal näher anschauen sollten.[17]

Im Anhang des Buches befindet sich eine anonymisierte Beispielkampagne von Advertising.com.

5.2.2 Besondere Schaltungsmöglichkeiten

Bei der Bannerwerbung in Suchmaschinen und Themenverzeichnissen nimmt das **Keyword Advertising** mittlerweile eine wesentlich größere Rolle ein, als der klassische, unspezifisch gebuchte Bannereinsatz. Hierbei kann der Werbekunde ein oder mehrere Schlüsselwörter bestimmen, bei deren Eingabe in die Suchmaske das gewünschte Banner mit dem Aufbau der Ergebnisseite eingeblendet wird.

Nutzt ein Besucher beispielsweise das Themenverzeichnis Yahoo! und gibt den Suchbegriff »Marketing« ein, so wird neben der Ergebnisliste ebenfalls ein Werbebanner von Amazon eingeblendet, mit dem Hinweis, dass der Kunde

---

16 E-Mail-Kontakt mit Holger M. Klein, Country Manager der Advertising.com Germany GmbH, 10.04.2002 (Quelle liegt vor).
17 URL: http://www.dayrates.com

dort Bücher zum Suchbegriff finden kann. Direkt unter dem Banner von Amazon wirbt außerdem der Online-Buchhandel BOL als Konkurrenzunternehmen und auch die Suchmaschine selbst bietet verschiedene Produkte zum gesuchten Begriff an (vgl. Abbildung 5.3). Dieses Beispiel verdeutlicht, dass trotz der zusätzlichen Möglichkeiten, die das Werben im Internet mit Keyword Advertising bietet, z.B. eine direkte Adressierung an die Zielgruppe oder eine Verminderung der Streuverluste, auch hierbei die Attraktion der Konsumentenaufmerksamkeit nicht gesichert werden kann.

Abb. 5.3:   Eingeblendete Werbebanner auf der Ergebnisseite der Suchmaschine Yahoo! mit dem Suchbegriff »Marketing«

Bei dem Themenverzeichnis Yahoo! können bereits 83 Prozent der auf der Suchergebnisseiten eingeblendeten Banner dem Keyword Advertising zugeordnet werden. Die Optimierung der Bannereinsätze durch Schlüsselworte treibt jedoch mit der Auswahl besonders begehrter Begriffe auch den Preis in die Höhe. Gewöhnlich sind Wörter aus dem Bereich des elektronischen Handels besonders begehrt, z.B. Musik, Karte, Euro etc. Die Buchung beliebter Begriffe kann bei größeren Suchmaschinen mehrere Euro pro Bannereinblendung kosten, seltene Wörter hingegen nur wenige Cents pro Einblendung. Ferner sollte beachtet werden, dass durch die Auswahl eines oder mehrerer Schlüsselwörter automatisch auch die Reichweite der Werbeaktion eingeschränkt wird.

Diese Form der Werbung ist im Grunde sehr kundenfreundlich, da sie auf die Interessen des jeweiligen Besuchers bezogen ist und dadurch weniger störend wirkt. Besonders »einfallsreiche« Werbetreibende versuchen auch durch die Festlegung ihres direkten Konkurrenten als Schlüsselwort, dessen Kunden auf das eigene Webangebot zu leiten.[18] Diese Vorgehensweise ist jedoch rechtlich problematisch. Nach den Kriterien des lauteren Wettbewerbs liegt in einem solchen Fall ein »Abfangen von Kunden«, bzw. »Anhängen an einen fremden Ruf« vor, welches als sittenwidrig zu betrachten ist.

---

18 Vgl. Barowski/Müller (2000), S. 35.

Schaltung mittels Nutzerprofilen und Cookies

Die Platzierung von Werbebannern im WWW nach kontextspezifischen Kriterien ist unabdingbar, wenn man die Auswirkung der selektiven Wahrnehmung von Werbebotschaften möglichst gering halten möchte. Die aufgeführten werbetheoretischen Ansätze beruhen auf der Grundlage, dass interessenkonforme Werbung leichter aufgenommen wird als irrelevante Reize.[19] Besonders wirkungsvoll lässt sich daher der Einsatz von Bannern mit der Analyse von Nutzungsdaten steuern.

Besucher können hierbei ein persönliches Nutzungsprofil ausfüllen, das verschiedene demographische Informationen aber auch Auskünfte über Interessen beinhaltet. Durch die Identifikation mittels eines fiktiven Anmeldenamens können diese Informationen eindeutig einem Besucher zugeordnet werden, ohne dass seine Anonymität aufgehoben werden muss. Durch einen Anmeldevorgang beim Wiederbesuch einer Internetseite wird der Nutzer eindeutig identifiziert und kann somit im weiteren Verlauf seinen Angaben entsprechenden interessenkonformen »Verbraucherinformationen« ausgesetzt werden. Die Bannerschaltung für mehrere Kampagnen wird in den meisten Fällen von einer Steuerungssoftware übernommen. Anhand der Nutzerprofile nimmt diese Software einen Abgleich mit den Selektionskriterien der Werbetreibenden vor und wählt daraufhin das Banner zur Schaltung aus, das am ehesten mit dem Nutzerprofil übereinstimmt.

Ein Vermarktungsunternehmen, das mit der Einspielung von Bannern nach bestimmten Selektionskriterien arbeitet, ist die amerikanische Firma Double-Click. Die Schaltung von Bannern erfolgt hierbei in einem umfassenden Netzwerk aus zahlreichen Werbeträgerseiten. Die Buchung kann nach Kriterien wie der geographischen Lage, der Endung der IP-Adressen, nach den Internet Service Providern (ISP), nach verwendeten Browsertypen und Betriebssystemen aber auch nach einer zeitlichen Steuerung erfolgen. Technisch wird dieser Vorgang durch den Einsatz von AdServern realisiert.

Die Selektion der geeigneten Banner durch die diese Werbemittel-Management-Systeme wird jedoch erst durch den Einsatz von Cookies[20] optimiert. Diese Datensätze, die lokal auf der Festplatte des Besuchers durch die Browsersoftware gespeichert werden, können mittels einer digitalen Kennzeichnung zugeordnet werden.[21] Bei einem wiederholten Aufrufen einer Internetseite mit dem gekennzeichneten Browser können die vorangegangenen Besuche ausge-

---

19 Vgl. Will (1998), S. 23.
20 Cookies: »Information, die vom Server auf die Festplatte des Client-Rechners gespeichert wird. So erkennt der Server beim erneuten Besuch die Einstellungen des Users. Der Cookie kann beliebig lange auf dem Client-Rechner verbleiben. Cookies können auch zur Verfolgung von Benutzeraktivitäten missbraucht werden.« Siehe o.V., Openshop Internet Software GmbH (Hrsg.) (2000), S. 27.
21 Oft wird auch nur eine eindeutige ID bei dem Benutzer gespeichert. Das eigentliche Profil, das der ID entspricht, wird oft auf dem AdServern gespeichert.

lesen werden. Die dadurch erhaltenen Informationen geben Aufschluss über das Verhalten, bzw. die Interessen des Besuchers (vgl. Abbildung 5.4). Mit der Zeit kann man also durch Cookies ein genaues Surfprofil des Nutzers erstellen. Wird dagegen ein Computer von mehreren Benutzern verwendet, können diese Daten verfälscht werden. Die Beeinträchtigung der gewonnenen Daten kann auch durch die Zwischenspeicherung der Cookies durch manche Internet Service Provider oder Proxy-Server erfolgen.

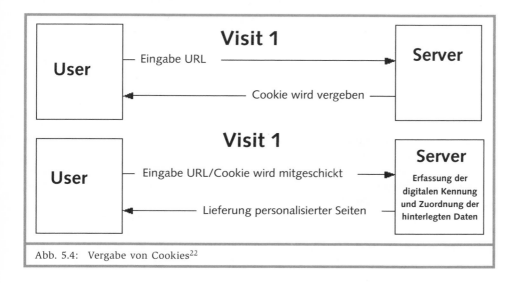

Abb. 5.4: Vergabe von Cookies[22]

Ein weiterer Nachteil für die Werbetreibenden ist die Möglichkeit der Besucher, in ihrer Browsersoftware die Verwendung von Cookies zu deaktivieren.[23] Durch diese Vorsichtsmaßnahme ist der Benutzer aber auch in seinen Möglichkeiten eingeschränkt, denn durch die Deaktivierung können viele Funktionen im WWW nicht mehr im vollen Umfang genutzt werden. So greifen nahezu alle Einkaufskörbe in Online-Shops auf diese Technik zurück. Der Kunde kann dabei verschiedene Seiten besuchen und via Cookie »merkt« sich der Shop, welche Artikel bisher bestellt wurden.

Darüber hinaus dienen Cookies auch der Datensicherheit, obwohl dies im genannten Zusammenhang paradox erscheinen mag. Dienste im Internet, wie z.B. Webmailer, stellen ihren Besuchern viele Webseiten mit persönlichen Inhalten zur Verfügung ohne dabei jedes Mal die Eingabe eines Nutzer-Passwortes

---

22 Quelle: Henn (1999), S. 81 (entworfen nach HORIZONT.NET (1997) S. 12).
23 Vgl. Henn (1999), S. 80-82.

zu verlangen. Die Identifizierung des Browsers erfolgt auch hierbei über die lokale Speicherung der kleinen Datensätze auf dem Client-Rechner. In neueren Browserversionen ist es bereits möglich, nur Cookies von ausgewählten Domains zu akzeptieren, die jedoch einzeln eingetragen werden müssen. Diese Vorsichtsmaßnahmen zum unverfolgten Surfen erfordern von den Anwendern allerdings eine Menge Aufwand und Know-how, so dass die meisten Besucher die Voreinstellung ihres Browsers (»Alle Cookies akzeptieren«) nicht verändern. Die neueste Version des Internet Explorers stellt dagegen größere Ansprüche an den Datenschutz. Hierbei wird vielen Seiten und AdServern der Einsatz von Cookies unmöglich gemacht, wenn diese nicht eine sog. »Privacy Policy« (Erklärung zum Datenschutz) verfügbar machen.

Den Werbenetzwerken gelingt damit, was die Erfinder[24] dieser Technik eigentlich verhindern wollten, nämlich das Verfolgen (»tracken«) von Surfern über die Grenzen der einzelnen Webseiten hinweg. Da DoubleClick zu den größten dieser AdServer-basierten Unternehmen zählt, ist es ihnen möglich gewesen, Benutzerprofile von vielen verschiedenen Quellseiten zu verbinden und damit ein relativ komplettes Gesamtprofil zu erstellen. Diese Vorgehensweise hat Datenschützer aus der ganzen Welt stark alarmiert.

Mit den erhaltenen Cookie-Daten können die Bannerschaltungen an den individuellen Interessenprofilen ausgerichtet und über mehrere Besuche hinweg verfeinert werden. Den Werbetreibenden wird es dadurch möglich, qualitativ hochwertige Werbemittelkontakte zu erzeugen, indem Streuverluste vermieden werden. Hierbei ist allerdings anzumerken, dass bei der Festlegung mehrerer Selektionskriterien auch die Reichweite der Werbeaktion eingeschränkt wird. Nur bei einer hinreichend großen Grundgesamtheit von verschiedenen Besuchern wären damit die fixen Kosten für das Banner-Design und die Durchführung der Aktion aus ökonomischer Sicht zu rechtfertigen.

Banner-Tauschringe

Die Banner-Werbung ist nicht nur auf die Werbekampagnen großer Unternehmen beschränkt, die über einen entsprechenden finanziellen Etat verfügen. Auch für kleinere Firmen oder private Homepage-Betreiber besteht die Möglichkeit, ihre Internet-Präsenz sogar kostenlos durch so genannte Banner-Tauschringe[25] bekannt zu machen. Nach Anmeldung bei einem der zahlreichen Anbieter[25] wird das neue »Mitglied« aufgefordert, einen vorgegebenen HTML-Code in die eigene Homepage einzubauen. Dieser ermöglicht die Einblendung von fremden Bannern auf der eigenen Seite. Im Gegenzug wird auf den Webseiten der anderen Mitglieder das eigene Banner eingeblendet.

---

24 Das Konzept der Cookies wurde von Netscape erdacht und war bereits in der Version 1.0 des Navigators implementiert.
25 Z.B.: Link 4 U (o.J.), URL: http://www.link4u.de; Link 4 Link (o.J.), URL: http://www.link4link.de oder Fair-Banner (o.J.), URL: http://www.fairbanner.de (Stand: 17.01.2002).

Bei der Auswahl solcher Tauschringe, sollte man darauf achten, dass einzelne Anbieter dabei unterschiedliche Tauschverhältnisse. verwenden, z.B. erhält der Betreiber einer Homepage bei Link4Link für zehn fremde Banner, die beim Aufruf seiner Seite eingeblendet werden, nur sieben Einblendungen seines eigenen Banners auf anderen Seiten. In einigen Tauschringen können die Mitglieder die Werbeträgerseiten zur Schaltung ihrer Banner nach themenspezifischen Kategorien selektieren. Teilweise stehen sogar Analyse-Tools zur Verfügung, mit deren Hilfe man einfache Statistiken zur Effektivität der eigenen Banner erstellen kann.

Neben den oft ungünstigen Tauschverhältnissen und den knappen Möglichkeiten zur Zielgruppenauswahl, ist der Werbetreibende auch beim Design seiner Werbeformen eingeschränkt. Denn um lange Ladezeiten zu vermeiden, wird häufig eine sehr kleine maximale Datengröße festgelegt und animierte Grafiken (wie beispielsweise das GIF-Format) vielfach gar nicht akzeptiert. Auch beschränken sich solche Tauschringe sehr häufig auf ein einzelnes Größenformat, wobei es zu Stauchungen und Verzerrungen von Bannern in anderen Formaten kommen kann. Ein entscheidender Nachteil bei der Teilnahme an solchen Tauschringen ist die Tatsache, dass der Homepage-Betreiber in der Regel keinen Einfluss auf die auf seiner Seite geschalteten Banner hat.[26] So muss er damit rechnen, dass potenzielle Interessenten durch die Bannereinblendung eines Konkurrenten von seiner Seite abwandern.

Partnerprogramme

Das Prinzip der Partnerprogramme, auch Affiliate-Programme genannt, ist schon lange auch außerhalb des Internets in Form von *Makler- und Handels-Vermittlungssystemen* bekannt. Nicht nur in den USA, sondern mittlerweile auch in Europa bieten große Online-Unternehmen kleineren Homepage-Betreibern die Möglichkeit, als »Partner« des Unternehmens durch die Schaltung ihrer Banner am Umsatz beteiligt zu werden. Für jeden Besucher, der auf das Banner klickt und in Folge dessen etwas kauft, erhält der Homepage-Betreiber eine Provision.[27] In manchen Fällen ist bereits das Klicken auf das Banner ausreichend, um eine Provision zu erhalten. Die Provisionsberechnung auf Grundlage des tatsächlichen Umsatzes ist aber die häufiger verwendete Variante.

Die Provision beträgt üblicherweise je nach Auftragsvolumen zwischen 5 und 15 Prozent des Bestellwertes. In der Hoffnung auf hohe Umsätze haben sich in den USA beispielsweise beim Online-Buchhändler Amazon.com am Anfang des Jahres 1998 bereits 30.000 Partner registrieren lassen. Bereits im August

---

26 In neueren Konzepten, z.B. bei Link 4 U (URL: http://www.link4u.de), kann man nicht nur seine eigene Homepage für die Einblendung des zugehörigen Banners sperren, sondern auch die Seiten von Konkurrenten. Diese Option ist allerdings bisher bei den kostenlosen Angeboten eher selten.

27 Vgl. in diesem Zusammenhang unsere Ausführungen in Kapitel 6.2.1.9 zum Thema Conversionrate.

des gleichen Jahres waren es mehr als 100.000 Seiten, die mit diesem Programm am Umsatz von Amazon.com beteiligt werden wollten. In Deutschland wie auch in den USA sind die Gewinnspannen mit solchen Partnerprogrammen für kleinere Homepagebetreiber eher gering und betragen selten mehr als 100 Euro pro Monat. Eine Grundvoraussetzung des erfolgreichen Affiliate Marketings ist eine gut besuchte Homepage, deren Inhalte thematisch auf die entsprechenden Partnerprogramme abgestimmt sind.

Die Vorteile für den Webmaster sind daher zum einen die Provisionen für die verkauften Produkte; zum anderen können die Banner eine Ergänzung zum Inhalt der eigenen Homepage bilden. In Folge dessen wird der Aufmerksamkeitswert bei den Besuchern erhöht, und die Banner, beziehungsweise Links, werden eher als Service denn als aufdringliche Werbung verstanden. Für den Anbieter der Partnerprogramme sind die Vorteile offensichtlich: Die Anzahl potenzieller Kunden wird erhöht und seine Produkte werden zusätzlich durch den Partner beworben.[28] Darüber hinaus können die häufig sehr hohen Kosten für die Schaltung von Banner-Werbung durch die eher geringe Umsatzbeteiligung der Partner verringert werden. Zumal Umsätze, die bei späteren Besuchen der geworbenen Kunden getätigt werden, nicht mehr bei der Provisionsberechnung berücksichtigt werden können. Für die Homepage-Betreiber gilt Vorsicht bei der Auswahl der Partnerprogramme, denn die Banner (z.B. von Erotik-Anbietern) können dem eigenen Image schaden und auch Konflikte mit dem Gesetzgeber können die Folge sein.

Ein einfaches Rechenbeispiel zeigt, dass die Homepage eines Affiliate-Partners bei einer fünf-prozentigen Beteiligung mindestens einen Umsatz von 1.000 Euro im Partnerprogramm erzielen muss, um eine Provision von 50 Euro zu erhalten. Für kleinere Internet-Angebote sind solche Partnerprogramme daher kein Weg, reich zu werden. Vielmehr können sie ein »Zubrot« darstellen, um die Kosten für die eigene Webpräsenz zu mildern.

5.2.3 Abrechnungsmodelle

Die klassische *Tausenderkontaktpreis-Buchung* (TKP) der Offline-Medien wurde von den Online-Medien adaptiert und dominierte in der Anfangszeit die Online-Werbung. Im Internet steht die Leistungskennzahl AdImpressions (Werbemitteleinblendungen) für die quantitative Reichweite und gibt somit Auskunft über die 1.000 realisierten Kontakte. Der TKP errechnet sich demnach im Bereich der Online-Werbung wie folgt:

---

28 Vgl. PLAN.NET media GmbH (o.J.), Partnerprogramme, URL: http://www.plan-net-media-de (Stand: 14.01.2002).

$$TKP = \frac{\text{Werbekosten}}{\text{AdImpressions (Quantitative Reichweite)}} \times 1.000$$

Der Nachteil von TKP-Buchungen im Bereich der Online-Werbung besteht darin, dass sie nicht response- oder erfolgsorientiert sind. Werden 100.000 AdImpressions gebucht, die nicht einen einzigen AdClick zur Folge haben, wird dennoch der volle Preis der Werbeschaltung berechnet.

Die interaktiven Möglichkeiten des Internets sowie ein kapazitives Überangebot an Werbeplätzen haben neue internetspezifische Abrechnungsmodelle hervorgebracht, die zunehmend an Bedeutung gewinnen. Diese neuen Abrechnungsmodelle sollen die Werbeumsätze im Bereich der Online-Medien wieder ankurbeln.

Die *Cost-per-Click-Abrechnung* (CPC) ist ein responseorientiertes Abrechnungsmodell. Es wird keine fixe Summe berechnet, sondern nach AdClicks gezahlt. Klickt niemand, werden keine Kosten berechnet (100% variable Kosten). Pro Klick zahlt der Werbetreibende eine fixe Summe. Die Kosten einer CPC-Buchung werden somit erst nach dem Ende einer Kampagne ermittelt, sie lassen sich durch Erfahrungswerte jedoch im Vorfeld recht genau prognostizieren.

Das Abrechnungsmodell *Cost per Action (CPA)*, oder auch *Cost per Order (CPO)* genannt, geht noch einen Schritt weiter. Bei diesem Modell werden dem werbetreibenden Unternehmen nur Kosten in Rechnung gestellt, wenn der Nutzer auf der Seite dieses Unternehmens eine vordefinierte Aktion ausführt (z.B. Reservierung, Konfiguration, Online-Kauf etc.). Es handelt sich somit um ein erfolgsorientiertes Abrechnungsmodell, das eine direkte Bestimmung des ROI ermöglicht. Zur Realisierung einer CPA-Buchung wird die Kennzahl Conversionrate erhoben. Bei der Conversionrate prüft das AdServer-System durch ein Post-Click-Tracking, ob Temporate-Cookie und Action-Tag zusammenpassen. Ist dies der Fall, wird der CPA berechnet. In Analogie zur CPC-Abrechnung lassen sich die exakten Kosten erst nach Ende der Kampagne bestimmen.

Ein solches Abrechnungsmodell ist für jeden Werbetreibenden sehr interessant, hat jedoch den Nachteil, dass es meist von unbedeutenden Websites angeboten wird. Aufgrund der erfolgsorientierten Bezahlung kann es dem Werbetreibenden eigentlich egal sein, von welcher Site seine Nutzer kommen, solange sie nur kommen – wären da nicht weitere Aspekte wie Ausstrahlungseffekte der Werbeträgersite auf das Unternehmen (Image-Aspekte) oder Branding-Effekte. Eine Ausnahme bildet hier bspw. der bereits genannte Vermarkter Advertising.com, der qualitativ hochwertige Buchungsplätze erfolgsorientiert offeriert. Die CPA-Abrechnung spiegelt die Notlage vieler Online-Vermarkter wider. Dieses Abrechnungsmodell wird übrigens von einigen Experten kritisiert und als Gefährdung der gesamten Wertschöpfungskette angesehen.[29]

---

29 Vgl. Huber (2001), in W&V Woche 26, 2001, S. 64.

5.2.4 SWOT-Analyse des Werbeträgers Internet und der Werbeform Banner

Eine SWOT-Analyse im ursprünglichen Sinne befasst sich mit den Stärken und Schwächen eines Unternehmens oder Geschäftsbereichs im Vergleich zu seinen stärksten Wettbewerbern. Ergänzt wird diese Methode um das Abwägen der Chancen und Risiken zukünftiger Entwicklungen. Diese Analyse soll nun im Folgenden auf die Untersuchung des Werbemittels Banner im WWW angewendet werden.

Stärken und Schwächen des Werbemediums Internet
Das Internet zeichnet sich im Vergleich zu den anderen Medien durch seine Verfügbarkeit aus (»anytime, anywhere«). Darüber hinaus bietet es die Möglichkeit, multimediale Inhalte, d.h. Texte, Grafiken, Animationen, Audio- und Video-Dateien einzubinden, welches einen entscheidenden Vorteil für die Unternehmenskommunikation darstellen kann.

Im Vergleich zu anderen Medien, z.B. Print oder Hörfunk, bestehen im WWW nur wenige gestalterische Einschränkungen. Das Netz ermöglicht die Interaktivität zwischen Kunde und Unternehmen und stellt dafür einen direkten Rückkanal bereit. Beim Fernsehen muss dafür ein separater oft medienfremder Kanal gewählt werden, z.B. die Telefonleitung. Durch das Verknüpfen von Inhalten kann man im WWW ohne großen Aufwand weiterführende Informationen bereitstellen und kann den Nutzen seines eigenen Angebotes dadurch aufwerten. Dies kann auch durch die Anbindung von fremden Inhalten geschehen, z.B. mit einem Link eines E-Shop-Anbieters auf die Homepage des Produkt-Herstellers. Diese zusätzlichen Informationen müssen bei den klassischen Medien oft umständlich angefordert werden und sind in der Regel nicht sofort verfügbar.

Ein weiterer Vorteil des Internets und im speziellen des WWW ist die Internationalität. Mit geringem Aufwand können Inhalte Menschen auf der ganzen Welt zur Verfügung gestellt werden, wobei sich hier als maßgebliche Sprache Englisch durchgesetzt hat. Durch vereinfachte Übersetzungsfunktionen ist aber auch eine Darstellung in anderen Sprachen jederzeit möglich. Das WWW eignet sich darüber hinaus auch zur Veröffentlichung aktueller Informationen, wie z.B. zeitlich begrenzte Sonderaktionen. Eine kurzfristige und kostengünstige Aktualisierung der Inhalte ist in anderen Medien schwer zu realisieren. Das Drucken neuer Kataloge oder das Erstellen eines neuen TV-Spots nähme hier doch vergleichsweise viel Zeit in Anspruch. Ferner ist durch eine Weiterentwicklung von Technologien im WWW ein weiterer Schritt zur räumlichen Betrachtungsweise erreicht. Dies wird beispielsweise durch das Aufnehmen der gewünschten Artikel aus verschiedenen Perspektiven oder 360°-Viewer möglich, die beim Nutzer die Illusion des Drehens hervorrufen sollen.

Das WWW bietet den Kunden und den Unternehmen eine Plattform, auf der Werbung angeschaut, spezialisierte Produktinformationen angefordert und erhalten werden können, ein sofortiger Kauf ermöglicht wird und zudem noch eine Einsparung von Zeit und Kosten auf beiden Seiten möglich ist. Handelt es sich um digitale Produkte, z.B. Software, so ist eine direkte Distribution über das Internet als Download möglich. Bei materiellen Artikeln hingegen ist die Aushändigung vor allem aber auch die Rücknahme bei Beanstandungen eher problematisch und erfordert die Zwischenschaltung eines logistischen Dienstes von Filialstellen.

Bei der Wahl des Mediums Internet als Publikationsmittel für Werbung ist eine implizite Vorselektion auf die Gruppe der Internet-Nutzer zu beachten. Trotz steigender Wachstumsraten der Internet-Nutzer in der Vergangenheit ist eine Verbreitung wie beim Fernsehen noch nicht gegeben. Ebenso stellen die notwendige Hardware, Software, die Online-Kosten und die individuellen Kenntnisse (»Know-how«) wichtige Zugangsbarrieren zu diesem Medium, die im deutschen Raum in den letzten Jahren bereits ein wenig abgebaut werden konnten.[30] Ein Problem, gerade bei der Implementation umfangreicher multimedialer Inhalte, ist die Beschränkung der Übertragungsvolumina der Netzinfrastruktur und der Zugangstechnologien. Oftmals müssen für Videos und Animationen von den Nutzern lange Ladezeiten in Kauf genommen werden. Bei der Darstellung, insbesondere bei Grafiken, kann es zu Problemen mit der Browsersoftware und den verwendeten Bildschirmeinstellungen kommen. Hierbei können Bilder oder Animationen nur fehlerhaft, gar nicht oder erst nach dem umständlichen Download eines Plug-ins angezeigt werden.

Bei der Realisierung von Werbeaktionen muss beim WWW auf bestimmte Sinneswahrnehmungen verzichtet werden. So kann beispielsweise zu einer Zeitungsanzeige für ein Parfum eine Duftprobe beigelegt oder die »zarte Haut« nach dem Ausprobieren einer Probe Handlotion selbst gefühlt werden.[31] Dies ist im WWW – bisher – nicht möglich. Die Internationalität birgt jedoch auch einige Nachteile in sich. So können in verschiedenen Kulturen unterschiedliche Auffassungen bezüglich einzelner Einstellungen oder Verhaltensregeln herrschen, die durch eine einheitliche Ansprache der Kunden im Internet zu Missverständnissen oder sogar Verärgerungen führen kann. Geprägt durch die verschiedenen Kulturen variiert die Verbreitung und das Nutzungsverhalten in den verschiedenen Erdteilen und Ländern stark.

Der Grundgedanke des Internets als globales Kommunikations- und Datennetz ohne zentrale Kontroll- und Leitstelle stellt die Nutzer und auch die Gesetzgebung vor zahlreiche Schwierigkeiten. So gibt es zwar verschiedene Gesetze zum

---

30 Z.B. durch den schnellen Preisverfall der Hardware, die Möglichkeit Komplettsysteme kaufen zu können, die Einführung von Flatrates bei den Internet-Providern, Anleitungen zum »Online-Gehen« in den Printmedien etc.

31 Allerdings gab es Bemühungen eines Unternehmens, ein Produkt zu entwickeln, herzustellen und zu vertreiben, das Gerüche über das Internet liefert. Ein Gerät, das mit dem Computer des Benutzers verbunden ist, sollte bestimmt Befehle umsetzen und durch das Mischen von verschiedenen Bestandstoffen Gerüche erzeugen. Diese Idee endete jedoch mit der Insolvenz des Unternehmens.

Schutz der Kunden,[32] gerade aber bei internationalen Transaktionen ist eine gerichtliche Einigung mit hohem finanziellen und nervlichem Aufwand verbunden. Bei den Nutzern ist, verursacht durch die ungenauen rechtliche Grundlagen und die Anonymität des Mediums, häufig ein Gefühl der Unsicherheit zu finden. Dies gilt speziell für die Preisgabe persönlicher Angaben und die elektronische Zahlungsabwicklung, beispielsweise per Kreditkarte.

Ein weiteres Problem stellt der Schutz der eigenen publizierten Inhalte dar. Zwar werden Urheberrechte durch das »Copyright« geschützt, durch die Digitalisierung der Daten ist es jedoch noch nie so einfach gewesen, Inhalte zu kopieren und weiterzugeben. Eine Kontrolle dieser ungeschützten Vervielfältigungen ist nur schwer möglich, wie man am Beispiel der »illegalen« MP3-Tauschbörsen im Internet sehen kann.

Die fehlende Kennzeichnungspflicht für Werbung und die mangelnden rechtlichen Bestimmungen zum Datenschutz im WWW (z.B. bei der Erstellung von Nutzerprofilen durch Cookies) sind weitere Punkte, durch die Besucher und potenzielle Kunden verunsichert werden können. Diese sind häufig nur auf eine freiwillige Eigenkontrolle der werbenden Unternehmen angewiesen. Die genannten Unsicherheitsfaktoren des Mediums können sich negativ auf die Vertrauenswürdigkeit eines online-werbenden Unternehmens auswirken. Zumindest haben gerade technisch-unbewanderte Personen oder Internet-Neulinge eine geringere Vertrauensbasis gegenüber dem Internet als gegenüber den klassischen Medien.

Stärken und Schwächen der Werbeform Banner
Abgeleitet aus den Eigenschaften des Mediums Internet bietet sich bei der Banner-Werbung im WWW die Möglichkeit, multimediale Inhalte zu implementieren. Diese Werbeform gestattet einem Unternehmen, eine Werbebotschaft an den Kunden zu übermitteln und dient zugleich als direktes Responseelement. Durch das Banner initiiert, kann der Besucher sogar den Kauf, die Bezahlung, in manchen Fällen (z.B. bei digitalen Produkten) sogar die Distribution abwickeln ohne dabei das Medium verlassen zu müssen. Bei Hörfunk, Print oder TV ist das nicht möglich und erfordert selbst unter Zuhilfenahme anderer Kommunikationskanäle (z.B. Telefon) längere Zeitabstände und ist häufig mit höheren Kosten verbunden.

Ein weiterer Vorteil gegenüber der Printwerbung ist die höhere Aufmerksamkeitswirkung, die durch den Einsatz von Animationen und Video-Sequenzen erzielt werden kann. Die Produktionskosten eines Werbebanners sind vergleichsweise niedrig, gemessen an denen klassischer Werbeformen. Auch die Kosten für die Platzierung auf entsprechenden Werbeträgern sind in den vergangenen Jahren gesunken – ein Vorteil für die werbenden Unternehmen. Jedoch müs-

---

32 Z.B. das Fernabsatzgesetz, das bei Ferngeschäften – wie bei Transaktionen über das Internet – den Kunden unter anderem ein Widerrufs- und Rückgaberecht sichert, Quelle: o.V., Bürgerliches Gesetzbuch, § 355-358.

sen rein werbefinanzierte Online-Unternehmen zunehmend von kostenlose auf bezahlte Dienste umstellen, weil die Kosten alleine durch die Schaltung von Bannern häufig nicht mehr zu tragen sind.

Werbebanner im WWW zählen zu den wenigen Werbemöglichkeiten, bei denen der Einsatz, z.B. durch Tauschringe, kostenlos sein kann. Durch eine geschickte Positionierung und Auswahl der Werbeträgerseiten kann das Werbemittel für den Besucher über den Inhalt hinaus als zusätzliche Information aufgefasst werden. Aus werbetheoretischer Sicht bietet dies eine gute Voraussetzung zur Schaffung einer High-Involvement-Situation beim Betrachter. Dieser Zusatznutzen für den Betrachter kann jedoch nicht nur durch die Abstimmung auf den Inhalt der Werbeträgerseite geschaffen werden, sondern auch durch die zusätzlichen Funktionen transaktiver Banner selbst, z.B. durch Spiele, Börsenkursabfragen oder Angebotsanforderungen.

Die Erhebung von Nutzerprofilen mit Hilfe von Serverprotokollen und Cookies ermöglicht eine zielgruppengenaue Ansprache der Kunden. Durch eine geschickte Wahl der Targeting-Kriterien kann die Streuung erheblich gemindert werden. Durch die Werbebanner veranlasst, können im weiteren Verlauf E-Mail-Adressen für Newsletter und E-Mail-Aktionen generiert werden.

Aus diesen Gründen kann die Banner-Werbung im WWW einem Unternehmen als Hilfe zum One-to-One-Marketing dienen. Durch die Einrichtung von Partnerprogrammen in Verbindung mit einer Umsatzbeteiligung kann die Verbreitung der eigenen Banner nicht nur enorm gefördert werden, sondern auch der Erfolg kann gesteigert werden. Denn die Provision ist eine entscheidende Motivation für die Werbeträger, die Banner günstig zu positionieren und gegebenenfalls beworbene Produkte im Inhalt noch einmal gezielt zu empfehlen.

Durch die Weiterentwicklung der statischen Banner hin zu bewegten oder unterbrechenden Werbeformen kann eine höhere Aufmerksamkeitswirkung beim Kunden erzielt werden als beispielsweise bei einer E-Mail. Nach der Studie des IAB zur Effektivität von Online-Werbung[33] kann der Banner-Werbung eine eindeutige Beeinflussung des Kaufverhaltens und der Imagebildung nachgewiesen werden. Darüber hinaus kann durch diese Werbeform die Marken- oder Produktbekanntheit gesteigert, Neugier geweckt und eine emotionale Aufladung des umworbenen Produktes beim Kunden erwirkt werden. Durch die kurzfristige und kostengünstige Aktualisierung eignet sich die Banner-Werbung auch zur Einführung neuer Angebote und zeitlich begrenzten Sonderaktionen. Aber auch die Erschließung von Nischenmärkten wird auf Grund der hohen Reichweite des Mediums Internet möglich.

Mit dem Einsatz von AdServern kann eine flexible und zielgruppenspezifische Schaltung vorgenommen werden und die Zahl der Zugriffe gemessen und ausgewertet werden. Die unmittelbare Erfolgsanalyse (z.B. AdClicks, Click-Through-Rate) ist eine deutliche Stärke gegenüber den klassischen Medien, bei denen

---

33 Vgl. Internet Advertising Bureau & Millward Brown Interactive (Hrsg.) (1997).

diese Daten nur mit einer zeitlichen Verzögerung durch aufwendige Befragungen und Erhebungen ermittelt können.

Die zusätzlichen Funktionen und Animationen habe jedoch den Nachteil für den Benutzer, dass längere Ladezeiten in Kauf genommen werden müssen, je umfangreicher das Angebot ist. Teilweise ist für eine korrekte Darstellung ein Plug-in für die Browser-Software notwendig, das nur ungern von den Betrachtern heruntergeladen wird. Manche Werbeträgerseiten akzeptieren darüber hinaus nicht sämtliche Formen und Formate der Banner und beschränken das maximale Datenvolumen eines Werbemittels zur Entlastung der Besucher.

Auch die Uneinheitlichkeit der Formate stellt eine Schwäche der Banner-Werbung dar. So müssen für die Realisation einer Online-Kampagne bei verschiedenen Werbeträgern nicht selten unterschiedliche Banner erstellt werden, was mit einem zusätzlichen finanziellen, zeitlichen und organisatorischen Aufwand verbunden ist. Wird dies nicht beachtet, so können bestehende Formate durch die Anpassung an gegebene Größenmaße gestaucht, bzw. verzerrt werden und verlieren damit ihre Wirkung. Über die in der IAB-Studie ausgewiesene Effektivität von Werbebannern hinaus besteht dagegen die Gefahr, durch zu aufdringliche Werbeformen und Unterbrechungen den Nutzer zu verärgern und dadurch Reaktanzen zu verursachen. Da auf einer Werbeträgerseite meist viele Werbemittel um die Aufmerksamkeit der Betrachter konkurrieren, bleibt in der Regel wenig Aufmerksamkeit für ein einzelnes Banner. Bei der Buchung von Werbemittelschaltungen hat ein werbetreibendes Unternehmen in der Regel keinen Einfluss auf die Unterbindung konkurrierender Angebote im unmittelbaren Umfeld des eigenen Banners.

Ein weiterer wichtiger Punkt zur Beurteilung der Banner-Werbung im WWW ist die Bemühung um Datenschutz. Wie mit dem Medium Internet insgesamt ist auch mit der eingesetzten Werbung beim Nutzer teilweise ein Gefühl der Unsicherheit und des »Ausspioniert-Werdens« vorhanden. Dieser Eindruck kann zu einer mangelnden Akzeptanz der Werbeform führen. Eine freiwillige Kontrolle der werbetreibenden Unternehmen kann diesem Eindruck – aus Sicht der Konsumenten zu Recht – nicht vorbeugen. Ein Zeichen der Gegenwehr der Konsumenten ist der verstärkte Einsatz von Ad-Blocking-Software, bzw. die Deaktivierung von Java-Scripts und Cookies, die das Werben mit Bannern erschweren. Solche Maßnahmen werden jedoch nicht nur gegen Banner-Werbung eingesetzt. Auch bei anderen Formen der Online-Werbung, wie beispielsweise bei E-Mail-Werbung, kann durch den Einsatz von Filtern der Posteingang »gesäubert« werden.

Auf Grund zahlreicher Erfolgskennzahlen, die aus der Schaltung eines Werbemittels erhoben werden können, ergeben sich uneinheitliche Preismodelle, die oft eine ungenaue Ausrichtung an der wahren Leistung oder dem Erfolg sichern. Ferner ist eine Wirkung des Werbemittels, die nicht durch einen Adclick registriert wird, in der Praxis nur schwer nachweisbar und fließt nicht in die Beurteilung von Erfolgsbewertungs- und Preismodellen ein.

Von der gestalterischen Seite bietet das Werbebanner trotz zusätzlicher Funktionen weniger Raum zur Unterbringung der Werbebotschaften als beispielsweise eine Mikro-Site oder ein Newsletter. Zusätzliche Informationen können erst durch das Anklicken des Banners offeriert werden, welches bei Click-Raten von in der Regel weniger als drei Prozent nur selten realisiert werden kann. Durch das Navigieren auf mehreren Seiten wird meist nur eine vergleichsweise kurze Kontaktdauer mit dem Werbemittel erwirkt. Selbst bei der Wahrnehmung eines Banners ist die tatsächliche Verarbeitung der Botschaft nicht gewährleistet.

Weniger geeignet ist der Einsatz von Werbebannern für Kampagnen, die auf einen sehr engen lokalen Raum begrenzt sind. Selbst bei einer gezielten Auswahl von lokalen Werbeträgerseiten würde auf Grund der zusätzlichen Selektion durch das Medium Internet eine zu kleine Personengruppe erreicht werden.

Chancen und Risiken des Mediums Internet

Die globale Verbreitung des Internets hat in den vergangenen Jahren explosionsartig zugenommen. Demzufolge ergeben Schätzungen, dass derzeit 350 Millionen Menschen in aller Welt das Internet nutzen. Nach einer Studie von Jupiter Research wird sich der Anteil der Internet-Nutzer an der Gesamtbevölkerung in Europa von 17% in 1999 auf 43% im Jahre 2005 erhöhen.[34] Durch diese Entwicklung kann das Internet immer mehr zur »Normalität« werden und auch der Internet-Werbung eine gute Grundlage für zukünftige Aktivitäten bieten. Technische Entwicklungen wie mobile Endgeräte (z.B. Pocket PC oder Palm) und kabellose Netzwerke ermöglichen eine allgegenwärtige Online-Kommunikation, ohne die Freiheit des Benutzers einzuschränken.

Der gegenwärtige Trend zur Erhöhung der Online-Budgets kann bei Fortbestehen einen entscheidenden Einfluss auf die Weiterentwicklung und Verbesserung der Internet-Angebote nehmen. Auch die Steigerung der Bandbreiten im Internet wird zukünftig den verstärkten Einsatz von Rich-Media-Anwendungen ermöglichen, der gegenwärtig noch durch lange Ladezeiten behindert ist. Durch die zusätzlichen Dienste, die ein Unternehmen dem Kunden im Internet anbieten kann (z.B. »individuelle« Beratung, virtuelle Agenten, technischer Support etc.), kann über das eigentliche Produkt hinaus eine langfristige Kundenbindung erzielt werden.

Das Problem der Bezahlung im Internet über die herkömmlichen Zahlungsmittel wie Kreditkarte, Überweisung oder Nachnahme kann zukünftig seine abschreckende Wirkung für den E-Commerce verlieren. Dazu kann die Einführung der SmartCard[35] und die elektronische Rechnung erheblich beitragen. Die SmartCard vereint die Funktionen einer Geldkarte sowie einer elektronischen Debitkarte (ähnlich der heutigen EC-Karte). Die elektronische Rechnung ermöglicht den elektronischen Versand, die Präsentation und die Bezahlung im

---

34 Vgl. Focus Medialine (2000), Internet-Entwicklung, von Jupiter Research (Stand: 25.01.2002).
35 Vgl. Forrester Research, (2000), Bezahlen im Internet – Revolution auf Raten, (Stand: 22.01.2002).

Internet. Dieses Verfahren wird mit dem Ausdruck Electronic Bill Presentment and Payment (EBPP) bezeichnet. Grundlegende Voraussetzung für eine weitreichende Verbreitung dieser Zahlungswege ist die Einführung einer qualifizierten elektronischen Signatur, durch die Identität eines Absenders im Internet rechtsverbindlich nachgewiesen und die Originalität der elektronischen Nachrichten sichergestellt wird. Dadurch würde der Online-Handel dem traditionellen Handel von rechtlicher Seite völlig gleichgestellt. Die Einführung neuer Zahlungsmethoden für das Internet kann den Nutzern kostenpflichtiger Dienste das Gefühl der Unsicherheit nehmen und schafft so ein Wachstumspotenzial für kommerzielle Aktivitäten im WWW.

Von rechtlicher Seite gibt es jedoch weitere Bemühungen, den Konsumenten im Internet zu schützen. So besteht die Gefahr einer Verstärkung der rechtlichen Datenschutzbestimmungen, die sich besonders auf das Anlegen von Nutzerprofilen durch Cookies auswirken könnte. Diese Bemühungen verdeutlicht der »Cappato-Bericht«, eine Ergänzung zum EU-Kommissions-Entwurf zur Neufassung der Datenschutzrichtlinie.[36] Dieser empfiehlt eine andere Formulierung der verabschiedeten Datenschutzrichtlinie:

»Mitgliedstaaten sollen verbieten, den Einsatz von elektronischen Netzwerken zur Speicherung von Informationen von Kunden zu nutzen oder Einblick in die am Terminal des Kunden gespeicherten Daten zu gewinnen, es sei denn, der Nutzer gibt sein ausdrückliches Einverständnis.«

Wie auch im letzten Teil der EU-Datenschutz-Empfehlung angesprochen, könnte das Anlegen von Nutzerprofilen zukünftig nur noch durch die Einwilligung der Nutzer erfolgen. Für die Werbung im WWW könnte sich der Open Profiling Standard (OPS) durchsetzen, bei dem der Besucher selbst bestimmt, welche Informationen gespeichert werden dürfen. Auch eine freiwillige Kontrolle der Werbeträgerseiten könnte für eine Verstärkung des Sicherheitsgefühls der Internet-Nutzer von Vorteil sein. Ein Beispiel für eine unabhängige Kontrolle des Datenschutzes ist TRUSTe,[37] ein Netzwerk verschiedener Websites, die mit der Abbildung des »TRUSTe's Privacy Seal« (vgl. Abbildung 5.5) dem Konsumenten die Kontrolle über die Verwendung seiner persönlichen Informationen zusichern.

Bei TRUSTe ist kritisch anzumerken, dass die Finanzierung durch Beiträge der zu kontrollierenden Unternehmen erfolgt. Das heißt, es gibt einen finanziellen Anreiz, eine möglichst große Anzahl der Sicherheitssiegel zu verleihen, da die Firma für jedes

Abb. 5.5: TRUSTe Privacy Seal

36 Vgl. Kommission der Europäischen Gemeinschaften (2000), KOM(2000) 385 endgültig (Stand: 22.01.2002).
37 TRUSTe (o.J.), URL: http://www.truste.com (Stand: 22.01.2002).

einzelne bezahlt wird. In der Vergangenheit ist TRUSTe auch für zu langsames und unentschlossenes Handeln öffentlich kritisiert worden, wenn Mitglieder-Unternehmen gegen die Datenschutzerklärung verstoßen haben. Dieses Beispiel verdeutlicht, dass eine unabhängige Kontrolle außerhalb der gesetzlichen Bestimmungen nur schwer zu realisieren ist, da selbst freiwillige Einrichtungen häufig durch wirtschaftliche Faktoren bestimmt werden.

Eine Konkurrenz für das Internet könnte in Zukunft die Einführung des Übertragungsstandards Universal Mobile Telecommunications Systems (UMTS) darstellen. Bei diesem Standard können von mobilen Endgeräten (Handys) multimediale Anwendungen über eine deutlich vergrößerte Bandbreite von 5MHz empfangen und versandt werden. Dabei können auch Verbindungen zum ISDN-Netz und dem Internet hergestellt und unterschiedliche Transportprotokolle, beispielsweise das Wireless Application Protocol (WAP) unterstützt werden. Die kommerzielle Einführung dieses Standards könnte dem Mobile Commerce (M-Commerce) in den nächsten Jahren zu einem enormen Wachstum verhelfen. Zum jetzigen Zeitpunkt befindet sich der M-Commerce noch in einem Vorstadium aufgrund zu geringer Übertragungsgeschwindigkeiten und unzureichender Endgeräte.[38]

Durch den ungebrochenen Handy-Boom in Deutschland könnte die Nutzung des WWW zurückgehen und der M-Commerce eine echte Bedrohung für den E-Commerce darstellen. Nach einer Studie von Forrester Research[39] zum M-Commerce in Deutschland wird dieser Markt: »(...) *nicht auf Kosten des herkömmlichen E-Commerce wachsen, sondern zusätzlich zu diesem entstehen.*«

»*Technologie, Kundengruppe und Produkte unterscheiden sich stark vom herkömmlichen E-Commerce. 50% der potenziellen M-Commerce-Kunden haben keine Internet-Erfahrung.*«

Für die Werbebranche bringen diese Entwicklungen einen völlig neuen Markt hervor, der Werbung und Entertainment über das Handy vereint. M-Commerce-Anbieter wie 12snap realisieren bereits jetzt große Mobile-Marketing-Aktionen. Dies geschieht nicht wie bisher üblich über das Sponsoring von SMS-Nachrichten, sondern beispielsweise über die Verknüpfung von Kurznachrichten mit originellen Sounddateien. Der Trend bei den Telekommunikations-Anbietern von der reinen Sprachübermittlung zur Erweiterung durch die Datendienste könnte im schlimmsten Fall zu einer Substitution des WWW, im besten Fall zur einer Co-Existenz beider Angebote führen.

Ein Risiko für das Internet geht aber auch von der technischen Entwicklung des Smart-TV aus. Für eine zukünftige Entwicklung des interaktiven Fernsehmarktes ist das Internet von zentraler Bedeutung. Dabei stellt sich die Frage,

---

38 Gegenwärtig getragen vom WAP-Standard. WAP-fähige Handys haben jedoch für M-Commerce-Anwendungen meist noch zu kleine, nicht-farbige Displays und arbeiten mit einer für den Nutzer schwerfälligen Navigation.

39 Vgl. Forrester Research (2000), Mobile Commerce in Deutschland (Stand: 22.01.2002).

Stärken und Schwächen	Internet	Klass. Medien
Aktualisierbarkeit	+	-
Ganzheitliches Vertriebskonzept	+	-
Interaktivität	+	-
Internationalität	+	-
Multimedialität	+	+/-
Personalisierungsmöglichkeiten	+	-
Support	+	-
Verfügbarkeit	+	+/-
Weiterführende Angebote, zusätzl. Funktionen	+	-
Zeit- und Kostengünstigkeit	+	-
Erreichbarkeit aller Kundenschichten	-	+
Infrastruktur	-	+
Kennzeichnungspflicht für Werbung	-	+
Rechtliche Sicherheit	-	+
Schutz publizierter Inhalte (»Copyright«)	-	+/-
Sicherheit gegenüber Störungen	-	+
Sinnliche Wahrnehmungsmöglichkeiten	-	+/-
Vertrauensbasis beim Kunden	-	+
Zahlungssysteme	-	+
Zugangsbarrieren	-	+
Chancen und Risiken		
Einführung neuer Zahlungssysteme	+	-
Langfristige Kundenbindung	+	+/-
Steigerung der Mobilität	+	-
Steigerung der Nutzungsintensivität	+	+
Steigerung der Werbebudgets	+	+/-
Synergieeffekte mit anderen Medien	+	+

Abb. 5.6: SWOT-Analyse des Medium Internet

ob es hierbei zu einer Verschmelzung beider Welten kommen kann oder ob beide getrennt nebeneinander existieren werden. Bisher bietet echte Interaktivität nur das Internet, deshalb könnte die Zukunft der Fernsehsender darin liegen, in einer Verbindung der Programmangebote mit den eigenen Internetauftritten einen Mehrwert für den Anwender zu schaffen und neue Kundenschichten anzusprechen.[40]

Abbildung 5.6 stellt die Stärken, Schwächen, Chancen und Risiken des Internets im Vergleich zu den konventionellen Medien dar. Wichtig ist hierbei zu beachten, dass die klassischen Medien als Einheit betrachtet werden und es in dieser Gruppe zu variierenden Einzelbeurteilungen kommen kann. Diese Zusammenfassung wird an dieser Stelle vorgenommen, da in diesem Schaubild das Internet im Fokus der Untersuchung steht.

Chancen und Risiken der Werbeform Banner
Durch den vermehrten Einsatz von Network Dynamic Targeting (NDT) – auch auf freiwilliger Basis der Konsumenten – ergibt sich für die Banner-Werbung im WWW die Chance auf eine vermehrte Zielgruppenorientierung und damit zur Steigerung der Effektivität. Den gleichen Zweck erfüllt eine Technologie, die sich im Laufe des letzten Jahres einen Namen gemacht hat, das so genannte »Geo-Targeting«. Diese ermöglicht dem Werbetreibenden anhand der IP-Adresse die geographische Lage des Benutzers festzustellen.

Zudem führt eine absehbare Verbesserung der Netzinfrastruktur zu wesentlich schnelleren Übertragungsraten. Mit einer Verkürzung der Ladezeiten können vermehrt Rich-Media-Anwendungen in die Werbebanner integriert werden. Bemühungen um eine Optimierung der Abrechnungskonzepte für die Banner-Werbung, weg von der Adclick-Grundlage und hin zu leistungsorientierteren Konzepten, sollen den werbetreibenden Unternehmen einen gläsernen Einblick in die Berechnungsgrundlagen gewähren und ihr Vertrauen in diese Werbeform stärken.

Mit dem Wunsch der Online-Werbebranche nach immer neueren Werbeformen erhält das klassische Banner ernstzunehmende Konkurrenz. Bereits jetzt ist ein Trend zu immer aggressiveren Werbemitteln, z.B. Pop-ups, Interstitials etc., im WWW zu verzeichnen. Ist ihr Anteil am gesamten Online-Werbevolumen gegenwärtig noch gering, wird jedoch mit einem starken Wachstum dieser Werbeformen in der Zukunft gerechnet. Die klassischen Banner verlieren den »Reiz des Neuen« und laufen somit Gefahr, auch in ihrer Werbewirkung, z.B. den Adclicks, zurückzugehen. Die Einführung immer neuer Werbeformen im Internet, um durch die Neuartigkeit das Interesse der Besucher auf sich zu ziehen, verdeutlicht diese Entwicklung. So könnte der momentane Anteil der Banner-Werbung am internationalen Online-Werbevolumen von 54% in den

---

40 Vgl. Forrester Research (2001), Breitband-Internet vs. SmartTV, (Stand: 22.01.2002).

Stärken und Schwächen		
Aktualisierbarkeit	+	–
Aufmerksamkeitssteigerung	+	+/–
Direktes Responselement	+	–
Emotionale Aufladung des Produkts	+	+
Erreichung von Nischenmärkten	+	–
Implementierung multimedialer Inhalte	+	+/–
Initierung eines kompl. Verkaufsvorgangs ohne Medienbruch	+	–
Produktions- und Schaltungskosten	+	–
Steigerung der Marken- und Produktbekanntheit	+	+
Unmittelbare Erfolgsanalyse	+	–
Verringerung von Streuverlusten	+	–
Wecken von Neugier	+	+
Zielgruppengenaue Anspache	+	–
Zusätzliche Funktionen	+	–
Aufwand des Kunden (mit steigendem Angebot)	–	+/–
Ausspionieren des Kunden	–	+
Einfluß auf Konkurrenzangebote	–	+/–
Einheitliche Preismodell	–	+
Formats- und Funktionsbeschränkung	–	–
Kontaktdauer	–	+/–
Lokaler Einsatz	–	+
Räumliches Platzangebot für Werbebotschaften	–	+
Reaktanzen beim Kunden	–	–
Standards	–	+
Werbeüberflutung	–	–
Chancen und Risiken		
Leistungsorientierte Abrechnungskonzepte	+	–
Steigerung der Zielgruppenorientierung	+	–
Zukünftige zusätzl. Angebote	+	+
Gegenwehr durch Verbraucherschutzorganisationen	–	+/–
Konkurrenz durch aggressive Werbeformen	–	–
Rechtliche Einschränkungen	–	+/–
Verlust des »Reiz des Neuen«	–	+

Abb. 5.7: SWOT-Analyse der Werbeform Banner

nächsten Jahren stark zurückgehen und den Weg für neue aggressivere Werbeformen frei machen.

Die Mobilmachung der Internet-Nutzer gegen störende Internet-Werbung könnte auch in Zukunft zum Problem für die Banner-Werbung werden. Durch den vermehrten Einsatz von Ad-Blocking-Software, Veränderung der Browser-Konfigurationen und öffentliche Proteste gegen aufdringliche Online-Werbekampagnen kann der Erfolg der Werbebanner stark eingeschränkt werden.

Abbildung 5.7 stellt die Stärken, Schwächen, Chancen und Risiken der Werbeform Banner abgeleitet aus den Eigenschaften des Internets im Vergleich zu Werbeformen konventioneller Medien dar. Wichtig ist hierbei zu beachten, dass die Werbeformen der klassischen Medien als Einheit betrachtet werden und es auch in dieser Gruppe zu variierenden Einzelbeurteilungen kommen kann. Die Werbeformen klassischer Medien werden hier zusammengefasst, da in diesem Schaubild die Werbeform Banner im Fokus der Untersuchung steht.

6   Werbeerfolgsmessung

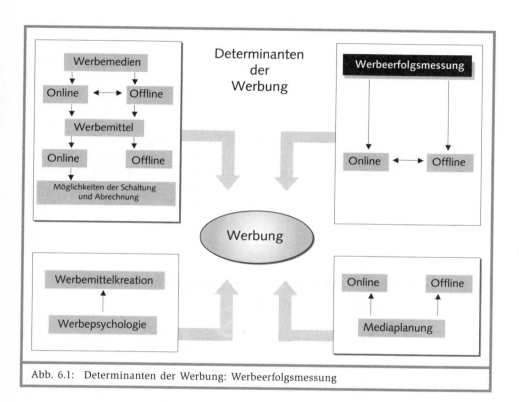

Abb. 6.1:   Determinanten der Werbung: Werbeerfolgsmessung

In den vorangegangenen Kapiteln wurden die einzelnen Werbemedien sowie ihre unterschiedlichen Werbemittel und deren Kosten betrachtet. Nun stellt sich neben der Frage, was etwas kostet auch immer die Frage, was etwas bewirkt. Die Werbeerfolgsmessung betrachtet genau diese Frage. Da die Werbeerfolgsmessung zwischen den klassischen Medien und dem Internet sehr unterschiedlich ist und eine entscheidende Rolle für die Beurteilung der Werbemedien spielt, wäre dieser Punkt als Vergleichskriterium eigentlich unter der in diesem Buch im Rahmen von Kapitel 7 diskutierten Thematik des intermediären Vergleichs von on- und offline Werbemedien anzusiedeln. Wegen ihrem großen Gewicht für die Werbepraxis und ihrem Umfang wird der Werbeerfolgsmessung jedoch in diesem Buch ein eigenes Kapitel gewidmet.

Das primäre Ziel der Wirtschaftswerbung ist per Definition die Absatzförderung oder Ergebnisverbesserung. Der Werbeerfolg wird durch ökonomische Faktoren wie Kostenreduktion, Umsatz- oder Verkaufszahlensteigerung bestimmt.[1] Die außer- oder vorökonomischen Faktoren wie Produktwissen, Markenbekanntheit oder Image sind dabei als »(...) *mehr oder weniger unbedingte Voraussetzungen für das Erreichen der ökonomischen Zielsetzungen anzusehen.*«[2] Da der Absatz jedoch neben der Werbung noch von Faktoren wie Preis, Qualität oder Konkurrenzmaßnahmen abhängt, ist die direkte Korrelation zwischen Werbung und Absatz schwer messbar.[3] Aus diesem Grund soll im Folgenden unter Werbeerfolg die bloße Tatsache verstanden werden, dass die Werbung den Konsumenten erreicht hat, bzw. er ihr seine Aufmerksamkeit geschenkt hat, da dies messbar ist.

6.1 Vor- und Nachteile der Werbeerfolgsmessung in klassischen Medien

Die klassischen Werbemedien sind nicht interaktiv. Die Kommunikation erfolgt nur in eine Richtung. Eine direkte Responsemessung ist daher nicht möglich. Die klassischen Medien sind somit in Bezug auf die Werbewirkung nicht unmittelbar zählbar. Man hat hier auf der Basis von Einschaltquoten, Auflagen oder Reichweiten nur Anhaltspunkte, die im Nachhinein eine grobe Schätzung der Anzahl an erreichten Personen ermöglichen. Die Aufmerksamkeit für eine Werbung wird als *Werbe-Awareness* bezeichnet. Um die Werbe-Awareness innerhalb der klassischen Medien messbar zu machen, untersucht man die Gedächtniswirkung der Rezipienten. Dies erfolgt durch Tests oder Befragungen im Rah-

---

1   Vgl. Spanier (2000), S. 24.
2   Siehe Spanier (2000), S. 23.
3   Vgl. Werbe-Tracking-Instrumente (o.J.): »Eine Analyse der Standardinstrumente zur Werbeerfolgskontrolle«, S. 4. URL: http://www.pz-online.de (Stand: 20.04.2001).

men einer Ex-Post-Analyse. Bei den Messverfahren zur Gedächtniswirkung unterscheidet man zwischen:[4]
- Freier Erinnerung (free bzw. unaided recall)
- Gestützter Erinnerung (aided recall)
- Wiedererkennung (recognition).

Die Ergebnisse dieser Messungen sind als Recall- und Recognitionrates bekannt. Ihnen werden grafisch die Werbeaufwendungen gegenüber gestellt. Fehlt hier ein eindeutiger Zusammenhang zwischen den Kurven, so spricht man von einem Wear-Out-Effekt.[5] Bei der Messung der Werbe-Awareness wird unterschieden zwischen:[6]
- **Allgemeine Werbe-Awareness (medienübergreifend):** »Haben Sie in der letzten Zeit Werbung irgendwelcher Art für y (Produktbereich) gesehen, gehört oder gelesen?«
- **Medienspezifische Werbe-Awareness:**
  - Mediengestützte Abfrage: »Denken Sie einmal an z (Fernsehen/ Zeitschriften/Radio...), an welche Werbung für y (Produktbereich) können Sie sich aus z erinnern?«
  - Nachträgliche Zuordnung zu einer Mediengattung: »Wo haben Sie in letzter Zeit Werbung für x (Marke/Produkt) gesehen, gehört oder gelesen – im Fernsehen, im Radio, in einer Zeitung...?«

Die *Vorteile* der Werbeerfolgsmessung innerhalb der klassischen Medien liegen in dem direkten vis-à-vis Kontakt mit der Zielperson durch die Befragungs- oder Testsituation. Man sieht die Person und kann zusätzliche qualitative Daten wie Alter, Berufsstand oder andere demographische Merkmale erheben. Es lässt sich dadurch in Erfahrung bringen wen die Werbung erreicht hat.

Nachteile: Um ein repräsentatives Ergebnis zu erzielen, muss die Stichprobe einen entsprechenden Umfang haben und die Probanden müssen innerhalb der selektierten Zielgruppe nach dem statistischen Zufallsprinzip ermittelt werden. Das Verfahren gestaltet sich daher sehr anspruchsvoll, zeitaufwändig und kostspielig. Darüber hinaus stellt der Zeitraum zwischen der Wahrnehmung der Werbung und der Befragung eine schwer kalkulierbare Variable dar, hier können Erinnerungen aus dem Langzeitgedächtnis das Ergebnis beeinträchtigen.

Innerhalb der medienspezifischen Werbe-Awareness konnte ein hoher TV-Bias nachgewiesen werden. Der TV-Bias beschreibt den Sachverhalt, dass die erinnerte Werbung dem Fernsehen zugeordnet wird, obwohl nachweislich keine Fernseh-

---

4   Vgl. Brosius/Fahr (1998), S. 31.
5   Vgl. Werbe-Tracking-Instrumente (o.J.): »Eine Analyse der Standardinstrumente zur Werbeerfolgskontrolle«, S. 7. URL: http://www.pz-online.de (Stand: 20.04.2001).
6   Vgl. Werbe-Tracking-Instrumente (o.J.): »Eine Analyse der Standardinstrumente zur Werbeerfolgskontrolle«, S. 6. URL: http://www.pz-online.de (Stand: 20.04.2001).

werbung stattgefunden hat.[7] Ein weiteres Problem der objektiven Messung der Gedächtniswirkung besteht darin, dass die Recognitionwerte stärker vom Interesse des Probanden an der Werbung beeinflusst werden als die Recallwerte. Die Recallwerte hingegen weisen eine höhere Rate an Zufallsfehlern auf.[8]

6.2 Werbeerfolgsmessung im Internet: Webtracking

Das Internet ist als Neues Medium interaktiv und bietet daher besondere Möglichkeiten der Werbeerfolgsmessung – das Internet ist zählbar und kann somit als »gläsernes Medium« betrachtet werden. Im Internet unterscheidet man zwischen passiven und aktiven Messverfahren:

- **Passive Messverfahren:**[9] Sind reine Zählwerke, die nur die Anzahl der Zugriffe erfassen, aus denen sich dann Verhältnisse bilden lassen.
- **Aktive Messverfahren:**[10] Geben hingegen Auskunft darüber, wer einen Zugriff getätigt hat.

6.2.1 Passive Messverfahren

Passive Messverfahren sind reine Zählverfahren, die lediglich die Anzahl von Zugriffen durch die Nutzer der entsprechenden Website erfassen. Unter dem Oberbegriff der passiven Messverfahren lassen sich die folgenden neun Methoden subsumieren:

1. Logfiles und Hits
2. PageImpressions
3. AdImpressions
4. Visits
5. Nutzungsintensität
6. AdClicks
7. Click-Through-Rate
8. AdView-Time
9. Webtracking über Session-Cookies.

7 Vgl. Werbe-Tracking-Instrumente (o.J.): »Eine Analyse der Standardinstrumente zur Werbeerfolgskontrolle«, S. 6. URL: http://www.pz-online.de (Stand: 20.04.2001).
8 Vgl. Brosius/Fahr (1998), S. 31.
9 Vgl. Hünerberg/Jaspersen, in Hünerberg/Heise (Hrsg.) (1996), S. 201ff.
10 Vgl. Hünerberg/Jaspersen, in Hünerberg/Heise (Hrsg.) (1996), S. 207ff.

(1) Logfiles und Hits

Innerhalb des Internets werden die Datenabrufe und Zugriffe in Protokollen den so genannten Logfiles festgehalten.[11] Diese Logfiles sind ein »Abfallprodukt« des netzbasierten Datenaustausches und seines Protokollsystems.[12] Die Logfiles ermöglichen es, das Nutzerverhalten messbar zu machen. Die Log-Datei speichert standardmäßig folgende Daten:[13]

- **IP-Adresse:** Host-Name/Domain-Name, von dem die Anfrage kam.
- **URL:** Die URL des Angebotes, das abgerufen wurde.
- **Zeitpunkt:** Datum und Uhrzeit des Zugriffs auf ein Angebot.
- **Datenmenge:** Speicherumfang/Datenmenge der jeweiligen Dateien.

Der Eintrag in ein Logfile-Protokoll wird als Hit (Zugriff) bezeichnet. In der Vergangenheit wurden zur Beurteilung der Leistung eines Web-Angebotes lediglich die Hits gezählt. Wie bereits erwähnt, kann eine WWW-Seite im HTML-Format neben Texten auch multimediale Elemente wie Grafiken etc. enthalten. Der Abruf oder Zugriff auf solche Elemente generiert jedoch zusätzliche Hits. Es kommt somit zu Mehrfachzählungen, weshalb die Hitrate bei Seiten mit vielen grafischen Elementen stets höher ist, als die Hitrate bei schlichten Seiten.[14]

(2) PageImpressions

Um die eben beschriebenen Probleme der Mehrfachzählungen zu umgehen, wurden die PageImpressions als Leistungskennzahlen eingeführt. Die PageImpressions stellen einen »Seitenbegriff« dar, »(...) der vom Layout und der grafischen Opulenz unabhängig ist.«[15] Die PageImpressions wurden früher Page Views oder schlicht Views genannt und beinhalten die Abrufzahlen von potenziell werbeführenden HTML-Seiten. Die Zählung erfolgt, wenn die Seite vollständig geladen und angezeigt wurde.[16] Jeder Klick auf einer Webseite generiert eine neue PageImpression. Dies kann sich als problematisch erweisen, wenn die Seite mit der Frame-Technologie erstellt wurde. Die Seite ist dann z.B. in Contentframe, Navigationsframe und Adframe unterteilt. Die einzelnen Frames sind technisch voneinander getrennt und werden als einzelne Seiten gemessen, daher müssen die Zählungen später zusammengefasst werden.[17]

---

11 Vgl. Raps, in Link/Tiedtke (Hrsg.) (1999), S. 187.
12 Vgl. Bachem, in Wamser/Fink (Hrsg.) (1997), S. 191.
13 Vgl. Hünerberg/Jaspersen, in Hünerberg/Heise (Hrsg.) (1996), S. 201f.
14 Vgl. o.V. (o.J.). URL: http://www.pz-online.de/pmonl/oreichweiten/reichweiteninfos/einf.htm (Stand:24.04.001).
15 Siehe o.V. (o.J.): »o.T.«. URL:http://www.pz-online.de/pmonl/oreichweiten/reichweiteninfos/einf.htm (Stand: 15.02.2002).
16 Vgl. Henn (1999), S. 88.
17 Vgl. Bachem, in Wamser/Fink (Hrsg.) (1997), S. 194.

In der Regel wird durch einen technisch protokollierten Abruf einer Seite auch ein Sichtkontakt mit dem Besucher hergestellt.[18] Entscheidend ist daher die zusammenhängende Darstellung der einzelnen Teile einer Webseite, die aus Elementen wie Grafiken, Texten, Navigationsleisten etc. bestehen können. Da jedoch eine Webseite häufig über die Anzeigefläche des Bildschirms hinausgeht, werden bestimmte Teile erst durch das »Herabscrollen« für den Betrachter sichtbar. Eine PageImpression beinhaltet also nicht automatisch einen Sichtkontakt mit dem Werbemittel.

Schwierigkeiten bei der Beurteilung von PageImpressions ruft die Implementierung von Video-Sequenzen hervor. Obwohl nicht durch den Benutzer initiiert, verursacht ein erneuter Seitenaufbau hierbei eine weitere PageImpression. Auch der Aufbau der Navigationsstruktur hat Einfluss auf die Größe dieser Kennzahl. Bei fehlenden Navigationselementen (Hyperlinks) muss der Besucher über den »Back-Button« des Browser einen wiederholten Aufruf vorheriger Seiten auslösen. Da diese Vorgehensweise jedoch der Navigation dient, ist eine erneute intensive Auseinandersetzung mit dem Inhalt eher unwahrscheinlich.[19]

(3) AdImpressions

Analog zu den PageImpressions zählen die AdImpressions (früher Ad Views oder AdRequest) den erfolgreichen Abruf eines Werbemittel.[20] Die Werbemittel werden in der Regel von Ad-Servern an die Werbeträgersites ausgeliefert. Bei jedem dieser Werbemittelabrufe wird bei den Ad-Servern ein AdImpression gezählt. Da bei der *Vollbuchung* eines Werbeplatzes mit jedem Seitenaufruf (PageImpression) vom Ad-Server ein Werbemittel ausgeliefert wird (AdImpression), müssten diese Zahlen theoretisch identisch sein. In der Praxis sind die AdImpression-Werte jedoch höher, da die bloße Werbemittelanforderung bereits gezählt wird. Zu große Ladezeiten können dazu führen, dass der Nutzer die Seite bereits wieder verlassen oder geschlossen hat, bevor das Werbemittel angezeigt wurde.

Manche Browser bieten darüber hinaus die Möglichkeit, das Laden von Grafiken zu deaktivieren, was sich negativ auf diesen Wert ausübt. Aus diesem Grund gibt es in der Praxis Bemühungen, die AdImpressions in mehrere Kategorien einzuteilen: in die »Graphical AdImpressions«, die »Cached AdImpressions« und die »Textual AdImpressions«, abhängig von woher die Werbemittel geladen werden (Server, bzw. Speicher) und wie diese im Browser dargestellt werden (Grafik, bzw. alternative Texte). Darüber hinaus gibt es im Internet bereits zahlreiche kostenlose Software-Lösungen,[21] die als so genannte »Werbe-

---

18 Geringe Abweichungen sind jedoch durch Störungen (z.B. Netzüberlastung) möglich.
19 Vgl. Stern Anzeigenabteilung (Hrsg.), (1998), S. 21.
20 Vgl. Henn (1999), S. 90.
21 Z.B. das Programm Proxomitron, URL: http://www.buerschgens.de/Prox/ (Stand: 21.01.2002) oder das Progamm WebWasher, webwasher.com AG, URL: http://www.webwasher.de (Stand: 21.01.2002).

blocker« tätig sind. Trotz dieser Nachteile haben sich AdImpressions als guter, preiswerter und zeitnaher Indikator für die Kontaktrate mit einem Werbemittel erwiesen.

Da das Internet ein dynamisches Pull-Medium ist, dienen die AdImpressions zusätzlich als Buchungsgrundlage für Werbemittel. Es werden bspw. 10.000 AdImpressions für zwei Wochen auf einer Seite mit durchschnittlich 80.000 PageImpressions pro Monat gebucht. Die Werbung würde dann in dem gebuchten Zeitraum durchschnittlich bei jedem vierten Seitenaufruf eingeblendet werden. Der Betreiber der Werbeträgerseite kann bei diesen Teilbuchungen folglich einen Werbeplatz mehrfach »verkaufen«.

(4) Visits

Die PageImpressions bzw. AdImpressions zählen zwar die Seitenaufrufe bzw. Werbemittelabrufe, können jedoch keine Aussage darüber machen, wie viele Nutzer sich dahinter verbergen. Zehn AdImpressions oder zehn AdClicks können von einem oder von zehn Nutzern ausgelöst worden seien. Die Leistungskennzahl Visits (Besuch) versucht hier Abhilfe zu leisten indem. Ein Visit wird gezählt, wenn ein erfolgreicher Seitenzugriff eines Browsers von außerhalb auf ein Angebot erfolgt.[22] Klickt sich der Nutzer anschließend durch die weiteren Seiten innerhalb des Angebots, so wird kein zusätzlicher Visit gezählt. Hier sind Mehrfachzählungen von Nutzern zwar nicht ausgeschlossen, jedoch unwahrscheinlicher als bei Impression-Werten.

Visits können jedoch z.B. durch die dynamische Vergabe der IP-Adressen durch die Provider verfälscht werden. Erfolgen bspw. zwei Zugriffe unterschiedlicher Nutzer, denen im festgelegten Zeitraum nacheinander vom Provider die gleiche IP-Adresse zugewiesen wurde, so wird fälschlicherweise nur ein Visit erfasst.[23] Auch die Nutzung eines Computers durch mehrere Personen kann nicht korrekt erfasst werden. Dafür ist eine eindeutige Identifikation der Besucher notwendig, beispielsweise über eine Registrierung mit Vergabe eines Benutzernamens und zugehörigem Kennwort. Daneben kann auch die Offline-Nutzung eines Webangebotes durch die Visits nicht gemessen werden, da hierbei kein erneuter Kontakt mit dem Server der HTML-Seite zustande kommt. Eher unüblich ist der Ausdruck *Clickstream,* er bezeichnet ebenfalls einen Zugriff von außerhalb, setzt jedoch voraus, dass der Nutzer innerhalb der Seiten weiterklickt. Kommt der Nutzer von außen und verlässt das Angebot sofort wieder, wird ein Visit gezählt, jedoch kein Clickstream.

(5) Nutzungsintensität

Interessant ist das Verhältnis von *Visits* zu *PageImpressions,* für das es bisher leider keinen Fachausdruck gibt. Man könnte es als Nutzungsintensität eines

---

22 Vgl. Bachem, in Wamser/Fink (Hrsg.) (1997), S. 194.
23 Vgl. Malchow (1997), S. 59. Wenn Provider Proxy-Server verwenden, werden Visits auch oft falsch eingeschätzt, da Anfragen des Client-Rechners von verschiedenen IP-Adressen kommen können.

Webangebotes bezeichnen. Stehen beispielsweise 10.000 Visits 80.000 Page-Impressions gegenüber, so kann daraus geschlossen werden, dass jeder Nutzer durchschnittlich acht mal innerhalb des Angebotes geklickt hat. Aus der Praxis gesehen, würde dies einem guten Wert entsprechen. Nach dieser Kennzahl kann man zwischen so genannten »going-through-sites« und »going-to-sites« unterscheiden. Going-through-sites sind reine Navigationsseiten, die als »Sprungbrett« fungieren. Going-to-sites hingegen sind »Zielseiten«, auf denen gearbeitet wird. Ihre Nutzungsintensität ist höher. Diese Unterscheidung ist für die Mediaplanung im Netz wichtig. Betrachtet man die Nutzungsintensität nun abschließend als Korrekturfaktor und teilt die AdImpressions durch diesen, so erhält man eine differenzierte Kontaktrate, die Auskunft darüber gibt, wie viele verschiedene Nutzer mit der Werbung erreicht wurden.

(6) AdClicks

Unter dem AdClick (auch Click-Through genannt) versteht man das Anklicken des Werbemittels durch den Internet-Nutzer, der durch die Hinterlegung einer Zieladresse via Hyperlink mit weiterführenden Informationen durch den Werbetreibenden versorgt wird. Dabei kann die Zielseite Teil des Internet-Angebotes des Werbetreibenden aber auch in den Werbebanner integriert sein (z.B. im Nanosite-Banner[24]). Man erhält somit Informationen darüber, wann auf welcher Seite welches Werbemittel angeklickt wurde. Quantität bekommt folglich im Internet eine völlig neue Dimension: *Die Response auf eine Werbung ist zählbar!*

Der AdClick ist jedoch nicht mit der Anzahl der Zugriffe auf die Zielseite gleichzusetzen, denn der Wert der Seitenzugriffe kann beispielsweise durch das Abbrechen einiger Besucher oder auch durch eine Kapazitätsüberlastung der Netzinfrastruktur gemindert werden. Dies bedeutet, dass zwar ein AdClick auf den Banner erfolgt ist, jedoch keine weiterführenden Informationen abgerufen werden konnten. Der AdClick ist in der Praxis die am häufigsten genutzte Kennzahl zur Beurteilung des Werbemittelerfolges, da er eine unmittelbare Verhaltensreaktion des Kunden und den Wunsch nach ausführlicher Information verdeutlicht. Zur Steigerung der AdClick-Werte wird bei der Gestaltung von Bannern häufig auf die Nennung des umworbenen Produktes oder Marke verzichtet, mit der Absicht, beim Betrachter eine größere Neugier hervorzurufen. Dieses Vorgehen kann beim werbetreibendem Unternehmen zu einer Zielkonkurrenz führen, wenn beispielsweise neben einer Steigerung der AdClicks auch eine Steigerung der Markenbekanntheit verfolgt wird (Brandingeffekt).[25]

Die alleinige Verwendung dieser Kennzahl als Grundlage zur Bezahlungsberechnung für die Werbeträgerseiten ist jedoch problematisch, da eine Abhän-

---

24 Für eine genaue Beschreibung des Nanosite-Banners vgl. Gliederungspunkt 4.6.1.3 Interaktive Banner (3. Banner-Generation))
25 Vgl. Internet Advertising Bureau & Millward Brown Interactive (Hrsg.) (1997), S. 48-50.

gigkeit nicht nur zum Werbemittelumfeld, sondern auch von der eigentlichen Leistung des Werbemittels gegeben ist; und auf diese hat die Werbeträgerseite keinen Einfluss. Zum Vergleich unterschiedlicher Gestaltung- und Platzierungsvariablen wird der AdClick häufig in Bezug zu der Werbeträger-Seite gestellt. Entsprechende Bezugsgrößen werden nachstehend behandelt.

(7) Click-Through-Rate (CTR)

Die Click-Through-Rate (CTR) wird in Prozent angegeben und gibt Auskunft über das Verhältnis von AdImpressions zu AdClicks: Wie viele Sichtkontakte stehen wie vielen Klicks gegenüber? Die CTR errechnet sich wie folgt:

$$\textbf{CTR} \quad = \quad \frac{\text{AdClicks}}{\text{AdImpressions}} \quad \text{x } 100$$

Der Durchschnitt dieses Leistungsmerkmals, die Average Click-Through-Rate, liegt in der Praxis bei ca. 0,5%. Die CTR findet in der Praxis als Indikator für die Zielgruppenqualität und -homogenität Anwendung. Je höher die CTR ist, je geringer sind die Streuverluste. Die CTR hat somit einen qualitativen Aussagecharakter.

(8) AdView-Time

Die AdView-Time gibt einen Zeitwert an, in dem ein Werbemittel potenziell wahrgenommen werden kann. Die Auswertung dieser Leistungsmerkmale erfolgt über die Log-Files der Server, auf denen die Zugriffszeiten auf die einzelnen Dateien protokolliert werden. Die Aussagekraft der AdView-Time wird jedoch durch die unterschiedlichen Zugriffsgeschwindigkeiten der Internet-Nutzer eingeschränkt. So wird bei einem 33,6KBit/s-Modem-Nutzer eine längere Verweildauer angegeben, als bei einem DSL-Nutzer, verursacht durch die unterschiedlichen Ladezeiten. Denn nur die Zugriffspunkte können erfasst werden, nicht aber wann die Seite komplett beim Betrachter geladen ist. Hierzu ist festzuhalten, dass die tatsächliche Wahrnehmungszeit eines Werbemittels in der Regel nicht der Einblendungszeit entspricht.

Ähnlich wie bei Zeitschriftenanzeigen haben Untersuchungen ergeben,[26] dass die durchschnittliche Betrachtungszeit von Internet-Werbemitteln nicht mehr als 1,5-2 Sekunden beträgt. Aus diesen Gründen hat die AdView-Time nur eine eingeschränkte Aussagekraft, jedoch kann sie als Bezugsgröße für die Adclicks zur Ermittlung von Gestaltungs- und Platzierungsvariabler herangezogen werden.

(9) Webtracking über Session-Cookies

Die *Analyse der Nutzernavigation* – das so genannte Webtracking über Session-Cookies – ist von großer Bedeutung, da sie Auskunft darüber gibt, wel-

---

26 Vgl. Huth/Pflaum (1996), S. 248.

che AdClicks oder AdImpressions effizient sind. Sie bringt somit Transparenz in die oftmals getroffene Annahme, Klick sei gleich Klick bzw. AdImpressions sei gleich AdImpressions. Das Webtracking über Session-Cookies wird jedoch nicht von allen Unternehmen praktiziert. Es gibt eine Vielzahl an Werbetreibenden, die sich vom Einsatz von Cookies distanzieren.

»Als Cookies werden geringfügige digitale Codierungen bezeichnet, die von einem Online-Angebot unter Zustimmung des Nutzers in eine designierte Datei seines Browsers geschrieben werden.«[27] Session-Cookies sind Browsermarkierungen, die zeitlich begrenzt sind, sie werden daher auch Temporate Cookie genannt. Mit der Auslieferung des Cookies, erhält der Nutzer unbemerkt (im Gegensatz zur genannten Definition) eine Session-based-ID. Generell lassen sich die folgenden Anwendungsfälle unterscheiden:

(a) Track-by-Click
(b) Ermitteln der Conversionrate
(c) Track-by-View.

(a) Track-by-Click

Track-by-Click ermöglicht dem Werbekunden, die Navigation des Nutzers auf der Seite des Werbekunden nach dem AdClick auf einen Werbeträger nachzuvollziehen. Es kann somit die Frage beantwortet werden, welche Aktivitäten der Nutzer auf der Site durchgeführt hat bzw. wofür er sich interessiert hat. Auf dieser Basis lässt sich ein aussagekräftiges Profil erstellen, welches alle relevanten Determinanten beinhaltet (Rubrik der Platzierung, Werbeträgersite, Werbemittel und Navigation auf der Site des Werbetreibenden). Zur Realisierung des Track-by-Click Verfahrens wird das Werbemittel mit einer Session-based-ID in Form eines Temporate Cookie versehen. Auf der Sites des Werbetreibenden werden relevante »Messpunkte« (z.B. Homepage, Unterrubriken, Newsletter-Abonnement, Online-Kauf etc.) definiert. An diesen Messpunkten werden HTML-Tags in Form so genannter Zähl-Pixel gesetzt. Trifft nun im Verlauf der Online-Kampagne ein Temporate Cookie auf ein solches Zähl-Pixel, so wird dieser Vorgang im Rahmen eines Post-Click-Tracking als Nutzeraktion gespeichert und entsprechend ausgewiesen. Anbieter eines solchen Systems ist bspw. die Real Media Deutschland GmbH[28].[29]

(b) Conversionrate

Die Conversionrate (zu deutsch »Umwandlungsrate«) gibt prozentual Auskunft darüber, wie viele Nutzer, die einen AdClick getätigt haben, im weiteren eine *vordefinierte Aktion* auf der Sites des werbetreibenden Unternehmens ausgeführt haben. *Wie viel Klicks wurden in Leistung umgewandelt?* Die Conversionrate

---

27 Siehe Bachem, in Wamser/Fink (Hrsg.) (1997), S. 196.
28 URL: http://www.realmedia.com
29 Vgl. o.V. (2001): »User Manual – Open Advertiser Release 1.5«, Real Media Deutschland GmbH (unveröffentlichtes Dokument).

stellt somit eine erfolgsorientierte qualitative Kennzahl dar. Sie ist ein Unterpunkt des Verfahrens Track-by-Click, unterscheidet sich jedoch dadurch vom Track-by-Click, dass nur *eine* erfolgsorientierte Aktion gemessen wird und der Wert in Prozent angegeben wird. Der eingangs bereits zitierte Ausspruch von Henry Ford: *»Ich weiss, die Hälfte meiner Werbung ist herausgeworfenes Geld. Ich weiss nur nicht, welche Hälfte.«*, gehört seit dem Post-Click-Tracking und speziell der Conversionrate der Vergangenheit an.

In der Praxis bildet die Conversionrate die Grundlage des Abrechnungsmodells CPA bzw. CPO.[30] Zur Realisierung wird das Werbemittel mit einer Sessionbased-ID versehen, auf der Seite des Werbetreibenden wird ein Action-Tag in Form eines Zähl-Pixels gesetzt. Sollte das ökonomische Werbeziel in der Tätigung einer Reservierung bestehen, würde man den Action-Tag bspw. auf der Seite der Reservierungsbestätigung platzieren. Das AdServer-System ermittelt nun die AdClicks und durch ein Post-Click-Tracking die »Reservierungsklicks«. Die Reservierungsklicks werden gezählt, wenn Session-based-ID und Aktion-Tag zusammenpassen. Das Verhältnis wird prozentual pro Werbemittel bzw. Werbeträgersite ausgewiesen. Anbieter eines solchen Trackings ist bspw. die Advertising.com Germany GmbH.[31]

(c) Track-by-View

Vielfach ist im Rahmen der Online-Werbung von so genannten Branding-Effekten die Rede (Brand zu deutsch gleich Marke). Track-by-View ist ein Verfahren, den Branding-Effekt messbar zu machen. Bei Branding-Effekt wird davon ausgegangen, dass der Nutzer mit einem AdImpression (einer Werbemitteleinblendung) konfrontiert wurde, jedoch nicht über den Hyperlink des Werbemittel auf die Werbeträgersite gelangt ist, sondern durch einen späteren Direktaufruf der Website über den Firmennamen bzw. die URL. Der Nutzer hat die Werbung somit zwar nicht angeklickt, sich jedoch den Markennamen bzw. die URL gemerkt.

Eine 100%ige Kausalität zwischen AdImpression und einem späteren Direktaufruf der Site des Werbetreibenden kann durch das Track-by-View-Verfahren jedoch nicht nachgewiesen werden. Es ist durchaus möglich, dass der Nutzer die Werbung gar nicht wahrgenommen hat und die Marke bereits im Vorfeld kannte oder nach dem AdIpression über andere Quellen von der Marke Kenntnis genommen hat (Rat von Freunden, Anzeigenwerbung, TV-Spot etc.). Dennoch stellt das Track-by-View-Verfahren einen akzeptablen Kompromiss zur Erhebung von Branding-Effekten im Netz dar, der es so bis dato nicht möglich war. Es ist jedoch darauf hinzuweisen, dass es bei der parallelen Anwendung dieses Verfahren mit dem Track-by-Click-Verfahren zu Doppeltzählungen kommt. Die Track-by-Click-Werte müssen von den Track-by-View-Werben sub-

---

30 Zur ausführlichen Erläuterung des Abrechnungsmodells CPA/CPO vgl. unsere Ausführungen im Rahmen von Kapitel 5.2.3.
31 URL: http://dayrates.com

trahiert werden. Die Realisierung des Track-by-View gestaltet sich analog zum
Track-by-Click. Die Session-based-ID wird jedoch nicht über den AdClick ver-
geben (den es in diesem Modell ja nicht gibt), sondern über die Werbemitteleinblendung (AdImpression). Auf der Site des Werbetreibenden wird wiederum
ein Zähl-Pixel platziert. Passen Session-based-ID und Zähl-Pixel in einem Post-
Click-Tracking zusammen, wird die Kennzahl erhoben. Anbieter eines solchen
Systems ist bspw. die Real Media Deutschland GmbH.[32]

6.2.2 Aktive Messverfahren

Wie weiter oben erwähnt, besteht das Ziel der aktiven Messverfahren darin,
die Personen hinter den Seitenzugriffen und Klicks zu ermitteln. Aktive Messverfahren erheben somit *qualitative Daten*. In einem weiteren Schritt bieten die
aktiven Messverfahren die Möglichkeit, mit dem Nutzer über Online-Befragungen in Interaktion zu treten und Daten über Akzeptanz und Qualität der Werbung zu erheben. Zu dieser Gruppe von Messverfahren lassen sich vor allen
die nachstehend genannten Methoden zählen:
- Nutzeridentifikation
- Online-Befragungen

Nutzeridentifikation: Um die Nutzer zu identifizieren, ist man auf deren Mit-
hilfe angewiesen. Bei der Identifikation unterscheidet man zwischen *Nutzungen* und *Nutzern*.
- **Nutzungen:** Die Zugriffe oder Nutzungen lassen sich anhand der einzelnen
  Browser unterscheiden. Die Browser werden in der Praxis häufig durch so
  genannte Cookies oder vergleichbare Markierungen identifiziert. Der Nachteil
  der Identifikation von Nutzungen besteht darin, dass persönliche Daten weiter verborgen bleiben. Darüber hinaus kann ein markierter Browser (Inter-
  netzugangssoftware) von mehreren Personen genutzt werden und damit die
  Identifikation verfälschen.[33] Die Identifikation von Nutzungen kann somit
  nur als Vorstufe der Identifikation von Nutzern gesehen werden.
- **Nutzer:** Hier werden die Nutzer aufgefordert, sich zu registrieren, um Zugang
  zu einem Angebot oder Service zu bekommen (Log-in). Ihnen wird ein Pass-
  wort zugewiesen, das sie zukünftig vor der Nutzung des Angebotes einge-
  ben müssen.[34] Damit sind sie exakt identifizierbar. Der Umfang der erhobenen Daten bei der Registrierung ist unterschiedlich. Hier kann es von Name,
  Alter, E-Mail-Adresse bis hin zu Anschrift, Beruf oder Hobbys gehen. In der
  Praxis haben sich auch Newsgruppen und Mailinglisten als gute Hilfsmittel
  erwiesen, um E-Mail-Adressen zu generieren.

---

32 o.V. (2001): »User Manual – Open Advertiser Release 1.5«, Real Media Deutschland
     GmbH (unveröffentlichtes Dokument). URL: http://www.realmedia.com
33 Vgl. Bachem, in Wamser/Fink (Hrsg.) (1997), S. 196.
34 Vgl. Hünerberg/Jaspersen, in Hünerberg/Heise (Hrsg.) (1996), S. 207.

Online-Befragungen: Neben den demographischen Nutzerdaten interessieren natürlich auch Aspekte wie Akzeptanz der Werbung, Qualität des Angebotes, Lob oder Kritik. Um diese Fragen zu beantworten, werden elektronische Fragebögen erstellt und über das Netz versendet oder bereitgestellt. Die Schwierigkeit besteht jedoch darin, die Zielpersonen zur Erteilung von Auskünften zu motivieren. Hier haben sich in der Praxis Gewinnspiele oder kleine Preise/Vorteile als sehr wirksam erwiesen.[35] Die Online-Befragung hat den Vorteil, dass sie schnell, unbürokratisch und kostengünstig ist. Andererseits wird durch das Medium und oft auch durch den Anreiz (Preis/Gewinnspiel) eine Vorselektion getroffen, die eine repräsentative Erhebung nur schwer ermöglichen.

6.2.3 Die Proxy-Server-Problematik

Viele Internet-Provider, Online-Dienste und Universitäten haben so genannte »Proxy-Server« eingerichtet. Dies sind spezielle Server, die über einen umfangreichen Zwischenspeicher (Cache) verfügen.[36] Die Caches dienen je nach Programmierung dazu, die häufigsten oder zuletzt abgerufenen Seiten zwischenzuspeichern. Hierfür gibt es zwei Gründe:[37]
1. Die zwischengespeicherten Seiten stehen bei erneutem Abruf schneller zur Verfügung. Die Übertragungszeiten werden durch diesen »Puffer« minimiert. Die Provider bieten den Nutzern somit einen *Service* oder *Komfort* an.
2. Die Provider bezahlen an die Anbieter-Server pro Seitenabruf. Wird die Seite zwischengespeichert, kann der Nutzer sie mehrfach betrachten, ohne dass dem Provider weitere *Kosten* entstehen.

Das Problem der Proxy-Server für die Werbeerfolgsmessung besteht nun darin, dass die Abrufe dieser zwischengespeicherten Seiten nicht als Visits oder Impressions gezählt werden können. Ein Werbemittel würde in diesem Fall einmal vom AdServer ausgeliefert, zwischengespeichert und mehrfach angezeigt werden. Abbildung 6.2 stellt die Proxy-Problematik schematisch dar.

Die Informationsgemeinschaft zur Feststellung der Verbreitung von Werbeträgern (IVW) hat am 01.01.2002 ihr Online-Zählverfahren umgestellt,[38] um unter anderem die Proxy-Problematik zu umgehen. Die Vorgehensweise ist recht einfach:

---

35 Vgl. Steiner/Bongardt, in Vossen (Hrsg.) (1998), S. 198.
36 Vgl. Bachem, in Wamser/Fink (Hrsg.) (1997), S. 192.
37 Vgl. o.V. (o.J.): »Proxy-Problematik«. URL: http://www.ivw.de/verfahren/caches. html (Stand: 05.02.2002).
38 Vgl. o.V. (2002): »Systemwechsel bei IVW-Online«. URL: http://www.ivwonline.de/ (Stand: 15.02.2002).

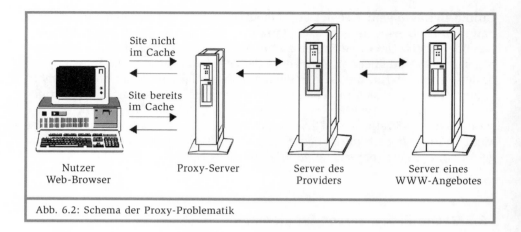

Abb. 6.2: Schema der Proxy-Problematik

- Die IVW-geführten Webseiten (aktuell 358[39]) werden mit einer HTML-Kennung versehen, die nur wenige Bytes umfasst.
- Diese Kennung ist zum Anzeigen der Seite notwendig, jedoch im Cache nicht speicherbar.
- Wird die zwischengespeicherte Seite nun aus dem Cache abgerufen, muss erst die HTLM-Kennung von der Anbieterseite geladen werden.
- Bei diesem Vorgang werden die Visits und Impressions gezählt.
- Die Ladezeit dieser HTML-Kennung ist so gering, dass der Nutzer in seinem Komfort nicht beeinträchtigt wird.

Darüber hinaus besitzen manche Browser heutzutage eigene kleine Caches. Hier werden die Seiten zum späteren Abruf auf der Festplatte des Nutzers zwischengespeichert. Diese Browser-Caches spielen in der Praxis jedoch eine vernachlässigbare Rolle. Für die exakte Erfassung von Leistungskennzahlen ist die Proxyserver-Problematik hinderlich, für den Werbetreibenden jedoch nicht. Bei der Zwischenspeicherung einer Werbeträgersite würde das Werbemittel unentgeltlich mehrfach angezeigt werden, was unumstritten gar von Vorteil ist.

6.2.4 Besonderheiten bei der Kreation von Online-Werbemitteln

Bei der Kreation von Online-Werbemitteln lassen sich verschiedene Gestaltungsparameter variieren, die die Wahrnehmung und damit die Werberesponserate beeinflussen können.

---

39 Vgl. o.V. (2002): »Online-Nutzungsdaten Januar 2002«.
   URL: http://ausweisung.ivw.de/ausweisung.php3 (Stand: 15.02.2002).

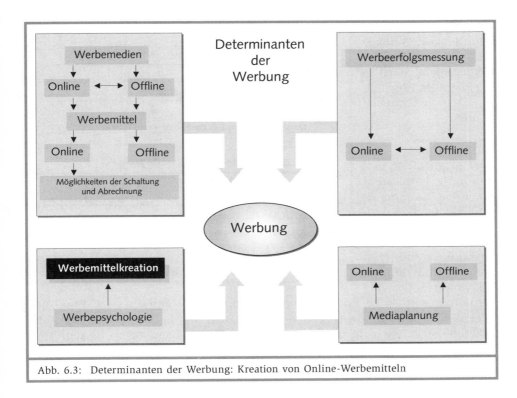

Abb. 6.3: Determinanten der Werbung: Kreation von Online-Werbemitteln

Da sich das Spektrum der Gestaltungsparameter durch die technische Entwicklung auf diesem Gebiet kontinuierlich erweitert, lässt sich heute nicht oder zumindest nur schwer sagen, wie die Online-Werbung in einigen Jahren aussehen wird.[40] Im Rahmen von Kapitel 2 haben wir in diesem Buch bereits konkrete Empfehlungen zur konkreten Umsetzung von gestalterischen Anforderungen in Bezug auf Werbemittel gegeben.[41] Diese Empfehlungen gelten prinzipiell für alle Mediengattungen, da sie sich bisher in der Praxis bewährt haben und auch von einer gewissen Beständigkeit sind.

Selbstredend gelten die allgemeinen Aussagen des ersten Kapitels auch für den Bereich der Online-Werbemittelgestaltung. Ziel dieses Abschnittes ist nun aber eine dediziertere Beschäftigung mit den Besonderheiten bei der Kreation von Online-Werbemitteln in Bezug auf den Werbeerfolg. Die nachstehende Abbildung 6.4 stellt die wesentlichsten Gestaltungsvariablen von Online-Werbemitteln dar.

---

40 Vgl. Henn (1999), S. 75.
41 Vgl. Kapitel 2, Gliederungspunkt 2.8 »Gestalterische Anforderungen/Empfehlungen«.

Die nebenstehend auf-
geführten Gestaltungs-
variablen von Online-
Werbemitteln sollen in
den folgenden Abschnit-
ten näher beschrieben
werden.

Bannerformat: Die
wohl prägnanteste und
gefälligste Form stellt
der *Kreis* dar, da er
ein Höchstmaß an
Geschlossenheit auf-
weist. Ähnlich hohen
Gestaltwert besitzen
Dreieck und *Ellipse*.
Bei ihnen sollte das

Bannerformat
⟶ Fläche des Banners (Pixelformat) und Speicherbedarf
Optische Gestaltung
⟶ Onlinespezifische Besonderheiten
Animation
⟶ Darstellung von bewegten Texten und Grafiken
Call to Action
⟶ Handlungsaufforderungen wie »*hier klicken*«
Interaktive Gestaltungselemente
⟶ Bspw. Integrieren von Suchfeldern oder Java-Applikationen
Werbebotschaft/Branding
⟶ Art und Formulierung der Werbebotschaft; Platzierung von Markenzeichen/Logos

Abb. 6.4: Gestaltungsvariablen der Online-Werbemittel[42]

Verhältnis von Breite zu Höhe jedoch nicht allzu ungleich sein. Praxisbeispiele finden sich vor allem im Bereich der Logos und Firmenzeichen der Automobilindustrie, die zum Großteil rund (z.B. Volkswagen) oder ellipsenförmig
bzw. oval (z.B. Ford) sind. Unter den rechtwinklig begrenzten Figuren wird das
Quadrat am gefälligsten angesehen. Findet ein *Rechteck* Anwendung, so sollte
das Seitenverhältnis dem »*goldenen Schnitt*« entsprechen.[43] Der goldene Schnitt
reicht bis in die Antike zurück und stellt den ästhetisch gefälligsten Grundriss
eines Rechtecks dar. Zu seiner Bestimmung subtrahiert man bei einem Rechteck von der längeren Seite »b« die kürzere Seite »a«, so ergibt sich das Rest-
stück »c«. Das Seitenverhältnis von »b:a« entspricht im goldenen Schnitt dem
Seitenverhältnis von »a:c« (in Zahlen 1,5833:1). Abbildung 6.5 visualisiert diesen Sachverhalt.

Zur Ermittlung des goldenen Schnitts lassen sich prinzipiell zwei Fälle unterscheiden:

- Ist die Breite »b« des Rechtecks vorgegeben, teilt man durch 1,5833, um die
  Höhe »a« im goldenen Schnitt zu ermitteln.
- Ist die Höhe »a« des Rechtecks vorgegeben, multipliziert man mit 1,5833,
  um die Breite »b« im goldenen Schnitt zu ermitteln.

Die freie Wahl der Abmessungen eines Werbemittels ergibt sich in der Praxis
jedoch in den seltensten Fällen. Meist ist man an Normen oder Standards gebunden. Für den Bereich der Online-Werbung veröffentlicht das IAB in regelmäßigen

42 Quelle Henn (1999), S. 76.
43 Vgl. Jacobi (1963), S. 93f.

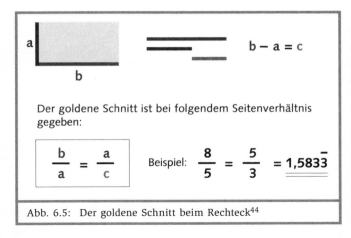

Der goldene Schnitt ist bei folgendem Seitenverhältnis gegeben:

$$\frac{b}{a} = \frac{a}{c} \qquad \text{Beispiel:} \quad \frac{8}{5} = \frac{5}{3} = 1{,}583\overline{3}$$

Abb. 6.5: Der goldene Schnitt beim Rechteck[44]

Abständen Vorschläge zur Werbemittelstandardisierung, um die seitenübergreifende Schaltung zu vereinfachen. In Analogie zur Zeitschriftenwerbung muss sich das Werbebanner in den AdFrame[45] integrieren. Lässt sich ein Banner nicht in den AdFrame einfügen, ist es quasi nicht schaltbar.

»Nach Aussagen von Praktikern aus der Internet-Werbebranche lässt sich eine positive Korrelation zwischen dem Bannerformat in Pixeln und den realisierten AdClick-Raten beobachten. Diesen Erfahrungen entsprechen Erkenntnisse aus dem Bereich der klassischen Anzeigenwerbung, wonach die messbaren Aufmerksamkeitswerte mit wachenden Anzeigengröße zunehmen.«[46] Diese Zunahme ist jedoch unterproportional. Eine empirische Untersuchung ergab, dass unter gleichen Bedingungen ein Banner des Formates 468 x 60 (CTR = 0,97) gegenüber einem 250 x 50 Banner (CTR = 0,92) eine um 0,05 % höhere CTR aufweisen konnte.[47] Dies entspricht einem prozentualen Unterschied von ca. 5 %. Betrachtet man zusätzlich die Steigerung der Schaltungskosten für ein größeres Banner, ist diese Strategie nicht wirklich lohnend.

Es gibt jedoch einen weiteren Aspekt, der sich direkt auf die CTR auswirkt und zwar die Exklusivität eines Werbeplatzes. Der AdFrame ist in der Regel für ein Vollbanner (468 x 60) ausgelegt. Bucht man hingegen die Fläche für ein Halbbanner (234 x 60), so bietet man anderen Werbetreiben die Möglichkeit, mit einem Halbbanner direkt daneben zu werden. Dieser Sachverhalt sollte Berücksichtigung finden und ist in den meisten Fällen die Begründung für die Buchung eines Vollbanners. Weiterhin gilt das Banner als klassische Online-Werbeform, die mittlerweile eine hohe Akzeptanz gefunden hat. Aus diesem Grund wird dieses Werbemittel als geeignet für konservative und seriöse Werbeauftritte im Internet angesehen. Anders ist es bei den neueren Werbeformen

---

44 Die Seitenlängen sind gerundet, der Wert 1,5833-Periode ist jedoch exakt.
45 Wie bereits in Kapitel 4 unter Gliederungspunkt 4.6.2 näher erläutert worden ist, handelt es sich beim AdFrame um einen definierten Werbebereich im Seitenlayout einer Website.
46 Vgl. Henn (1999), S. 163.
47 Vgl. Henn (1999), S. 165.

Pop-up, Superstitial oder Interstitial. Diese sehr großflächigen und meist stark animierten Werbeformen wirken mitunter aufdringlich und/oder unseriös. Sie sind somit trotz ihrer hohen Aufmerksamkeitswirkung für bestimmte Unternehmen nicht zu empfehlen. Da der gleiche Ausstrahlungseffekt für Websites gilt, sind diese Werbeformen auf renommierten Websites wie beispielsweise vom Nachrichtensender N-TV[48] nicht oder nur in begrenzter Anzahl (AdImpressions) schaltbar.

Optische Gestaltung: Bei der Farbgestaltung von Online-Werbemitteln ergeben sich zwei wesentliche Besonderheiten. Erstens sollte die Darstellbarkeit durch das technische Equipment des Nutzers berücksichtigt werden. *»Kann der Rechner eines Nutzers bspw. nur eine begrenzte Anzahl verschiedener Farben darstellen, so werden Farbtöne aus umfangreichen Paletten auf dem Bildschirm verfälscht wiedergegeben.«*[49] Zweitens hat die Hintergrundfarbe der Website, auf der ein Werbemittel geschaltet wird, großen Einfluss auf die farbliche Gesamtwirkung und speziell auf den Kontrast. Ein blaues Banner mag bspw. auf einer weißen oder hellgrauen Website angenehm wirken und gute Click-Through-Rates erzielen, auf einer ebenfalls blauen Website hingegen würde es sich nicht abheben können. Aus diesem Grund wird in der Online-Mediaplanung die Site-Selektion (der so genannte Kostenplan) vor der Werbemittelkreation erstellt. Somit haben die Agenturen die Möglichkeit, sich die gewünschten Sites im Vorfeld anzusehen und die Werbemittel entsprechend anzupassen.

Ebenfalls sollten unternehmensinterne Vorgaben in Form von CI-Farben oder eines Styleguides berücksichtigt werden. Ein einheitlicher Unternehmensauftritt ist zur Erhöhung der Konsistenz und zur Steigerung der Identifikation und Wiedererkennung von größter Wichtigkeit.

Empirische Eigenerhebungen, die aus Geheimhaltungsgründen an dieser Stelle nicht näher ausgeführt werden können, ergaben bspw., dass die farblichen Anforderungen eines Banners davon abhängen, ob das Werbemittel auf einer Special- oder auf einer Common-Interest Website geschaltet wird. Die optische Gestaltung eines Werbemittels hat auf themenspezifischen Sites (Special-Interest) eine geringere Bedeutung. Dort scheinen die Nutzer rational vorzugehen und sich wenigen von den Werbemotiven und Farben leiten zu lassen. Zu auffällige oder aufdringliche Banner erweisen sich auf diesen Sites mitunter gar als kontraproduktiv. Auf den nicht zielgruppenspezifischen Sites (Common-Interest) hingegen ist die Auffälligkeit eines Werbemittels bedeutender. Hier muss das Interesse des Nutzers durch das Werbemittel erst geweckt werden.

Generell abzuraten sei von den so genannte getarnten Bannern (Fakes), die bspw. eine Microsoft-Oberfläche vortäuschen. Diese Werbeform gilt als unseriös, da der Nutzer bewusst getäuscht wird und meist entsprechend verärgert wird.

---

48 URL: http://www.n-tv-de
49 Siehe Henn (1999), S. 75f.

Animation: Die Animation eines Werbebanners verfolgt prinzipiell zwei Ziele. Erstens dient die Animation zur Steigerung der Aufmerksamkeitswirkung im Sinne der Aktivierung durch physische Bewegung und zweitens dient sie dazu, mehr Darstellungsmöglichkeiten auf der sehr begrenzten Fläche eines Banners zu erhalten. Die Aktivierung durch Bewegung lässt sich einerseits dadurch erzielen, dass der Inhalt des Banners animiert wird, und andererseits dadurch, dass das Werbemittel selbst bewegt wird (z.B. Flying-Banner). Die Animation des Inhalts eines Banners geht mit der Steigerung der Darstellungsmöglichkeiten einher. Es ergibt sich hier bspw. die Möglichkeit, mehre Sequenzen nacheinander anzuzeigen, um einen dramaturgischen Spannungsaufbau zu realisieren. So könnte z.B. eine Frage gestellt werden, die erst in einer späteren Sequenz beantwortet wird. Von übermäßig schrill-blinkenden Animationen sei jedoch abgeraten, da der Nutzer hinter einer solchen Werbung meist ein unseriöses Angebot vermutet.

Call to Action: Offerten wie »hier klicken« besitzen unumstritten einen hohen Aufforderungscharakter. Sollte sich dahinter jedoch kein interaktives Schaltelement, wie nachfolgend beschrieben, befinden, ist von einer solchen Aufforderung abzuraten. Selbst der unerfahrenste Nutzer weiß, dass er bei Bedarf auf ein Banner klicken muss, um zu der verlinkten Websites zu gelangen. Eine solche Aufforderung ist überflüssig und wird daher als Verschwendung der knappen Gestaltungsfläche eines Banners gesehen; zudem wirkt sie aufdringlich und unseriös.

Interaktive Gestaltungselemente: Die Integration interaktiver Elemente kann dem Nutzer einen echten Mehrwert bieten. Klassische Interaktionselemente sind bspw. Mouse-Over-Funktionen, Pull-down-Menüs oder interaktive Grafiken, die sich durch die Bewegung mit der PC-Mouse steuern lassen. Neben spielerischen Möglichkeiten, die den Nutzer dazu animieren, sich mit einer Werbung auseinander zu setzen, bieten Pull-down-Menüs dem Nutzer bspw. einen informativen Mehrwert. Interaktive Gestaltungselemente gelten als empfehlenswert, da sie die Möglichkeiten des Internets optimal nutzen. Der Interessent kann innerhalb des Werbemittels arbeiten und muss nicht zwangsläufig die Werbeträgerseite verlassen. Die Gefahr besteht jedoch darin, dass viele Nutzer durch die Existenz von getarnten Bannern zögerlich auf interaktive Elemente reagieren könnten.

Werbebotschaft/Branding: Bei der Gestaltung der Werbebotschaft soll sich im Folgenden auf den Werbetext beschränkt werden. Man unterscheidet bei Werbetexten prinzipiell zwei Arten:
1. Den informationslastigen argumentativen Werbetext
2. Den aufmerksamkeitswirksamen emotionalen Werbetext.

Welche Form des Textes nun zu empfehlen ist, hängt von dem redaktionellen Umfeld ab, in dem der Werbetext platziert wird. Das Marktforschungsunternehmen ComCult Research führte zu den Variablen Werbetext und Buchungsumfeld eine interessante Analyse durch, die nachfolgend skizziert wird.[50] Es wurden zwei fiktive Produkte kreiert:

1. **Money.Check:** Eine Finanzzeitschrift
2. **Prof. Hirthe Hustenstop:** Ein Hustenmittel.

Zu jedem der genannten Produkte wurden ein argumentatives und ein emotionales Werbebanner im Format 468 x 60 mit vier Sequenzen kreiert. Abbildung 6.6 zeigt die verschieden Werbetexte.

Werbetext Money.Check	Werbetext Prof. Hirthe Hustenstop
1. Image	**1. Image**
Riester-Rente nicht verstanden?	*Erwischt?*
Keine Angst!	*Keine Angst!*
Wir helfen Ihnen durch den Renten-Dschungel.	*Wir schlagen Ihren Husten in die Flucht*
Money.Check – Die Finanzschrift, die sich rentiert.	*Prof. Dr. Hirthe Hustenstop Natur Pur*
2. Argument	**2. Argument**
Rieser-RenteSpecial: von der Grundidee Bis zu steuerrechtlichen Feinheiten	*Antibakteriell schleimlösend hochwirksam ohne Alkohol*
... zeigt Ihnen mit 10 Beispielen unterschiedliche Rentenmodelle	*Thymian wirkt antibakteriell und krampflösend auf Ihre Bronchien*
... enthält eine detaillierte List der staatlich geförderten Versicherungsangebote	*Wirksames Sekretolytikum aus Pflanzenextrakten befreit Sie von Hustenschleim*
... nennt Ihnen die besten Riester-Renten-Berater in Ihrer Nähe	*Schont Ihren Körper durch Verzicht auf Alkohol und Codein*

Abb. 6.6:   Werbetexte der ComCult-Studie Umfeld- und Texteffekte bei Bannerwerbung[51]

50 Vgl. o.V. (2002): »Umfeld- und Texteffekte bei Bannerwerbung – Ein Online-Experiment zur Optimierung von Werbewirkung«
    URL: http://www.comcult.de/ic/download/comcultBennertest.pdf (Stand: 10.04.2002).
51 Quelle: O.V. (2002): »Umfeld- und Texteffekte bei Bannerwerbung – Ein Online-Experiment zur Optimierung von Werbewirkung«
    URL: http://www.comcult.de/ic/download/comcultBennertest.pdf (Stand: 10.04.2002).

Die Werbemittel wurden in drei unterschiedlichen Rubriken der Website der Zeitschrift Stern[52] geschaltet. Es ergaben sich somit zwölf Kombinationsmöglichkeiten. Unter folgenden Rubriken wurden die Werbemittel platziert:

- **Unterhaltung:** Model-Contest
- **Wirtschaft:** Artikel zur Riester-Rente
- **Wissenschaft:** Artikel zu Husten.

Die Untersuchung von ComCult Research ergab, dass weder Argumentation noch Image pauschal präferiert werden. Passt die Website thematisch zum beworbenen Produkt, wirken argumentative Banner besser. Ist die Website jedoch thematisch different zum beworbenen Produkt, erzielen Image-Banner höhere Click-Through-Rates. In diesem Fall macht es bspw. keinen Unterschied, ob das Finanz-Banner in der Rubrik Unterhaltung oder Wissenschaft geschaltet wurde. Ferner ergab die Untersuchung, dass argumentative Banner auf thematisch abgestimmten Websites auch Zielgruppen erreichen, die in der Regel eher verhalten auf Online-Werbung reagieren. In anderen Konstellationen war dies nicht der Fall.

Ein weiterer wichtiger Faktor der Werbemittelgestaltung ist die Platzierung des Brands oder der Marke. Die Marke sollte unter Verwendung des Logos genannt werden. Diese einheitliche Kommunikation erhöht die Erinnerungsleistung bei Mehrfachkontakten. Es ist zu bedenken, dass neben den AdClicks den AdImpressions eine beachtliche Bedeutung zukommt. Der Nutzer hat das Werbemittel zwar nicht angeklickt, er hat es jedoch gesehen. Bei diesen reinen Sichtkontakten hat man die Möglichkeit, Branding-Effekte zu erzielen. Man erhöht die Markenbekanntheit, beeinflusst das Markenimage und gelangt im Idealfall in das Relevant Set der Konsumenten.

6.3 Bewertung der Messmethoden online und offline

Die Neuen Medien unterscheiden sich durch ihre besonderen technischen Spezifikationen von den konventionellen Medien. In diesem Zusammenhang werden die Begriffe **One-Way-Kommunikation** und **Two-Way-Kommunikation** verwendet. Diese unterschiedlichen Kommunikationsformen lassen sich wie folgt definieren:[53]

- **One-Way-Kommunikation (konventionelle Medien):**
  - Technisch vermittelte Informationsdistribution
  - Einseitige Verbreitung von Mitteilungen an ein disperses Massenpublikum

---

52 URL: http://www.stern.de
53 Vgl. Oenicke (1996), S. 61.

- Rolle von Sender und Empfänger sind nicht austauschbar bzw. asymmetrisch
- Die Möglichkeit der Antwort ist von vornherein ausgeschlossen, nur ein sehr eingeschränktes und indirektes Feedback ist, wenn überhaupt, möglich
- **Two-Way-Kommunikation (Neue Medien):**
  - Reziproker oder wechselseitiger Austausch von Mitteilungen
  - Rolle von Sender und Empfänger sind austauschbar bzw. symmetrisch
  - Die Möglichkeit der direkten Antwort ist mit der Qualität des Austausches impliziert
  - Technisch oder nicht technisch vermittelter Informationsaustausch.

Innerhalb der Neuen Medien bietet sich durch die technische Besonderheit der Two-Way-Kommunikation sowie dem *Aktivcharakter als Pull-Medium* die Möglichkeit der direkten Responsemessung. Visits oder Impressions bieten harte Daten und Fakten. Diese Zählbarkeit oder Messbarkeit ist innerhalb der konventionellen Medien technisch bedingt nicht möglich, weshalb man sich hier der Kontaktwahrscheinlichkeiten und Befragungsmethoden bedient. Die Messbarkeit eines Medium ist in Anbetracht der eingangs erwähnten Informationsüberlastung und Mediensättigung zu einem wesentlichen Beurteilungskriterium im Bezug auf die werbliche Eignung geworden. Streuverluste können nur mit Hilfe einer aussagekräftigen Responsmessung minimiert werden. Die Folge ist eine gesteigerte Effizienz und eine gesteigerte Wirtschaftlichkeit der Werbekampagne. Das Werbecontrolling bekommt durch die interaktiven Möglichkeiten der Neuen Medien eine neue Dimension. Die Neuen Medien sind den konventionellen Medien im Bezug auf die Werbeerfolgsmessung in Form der Responsemessung deutlich überlegen.

7 Online- und Offline-Werbung im Vergleich

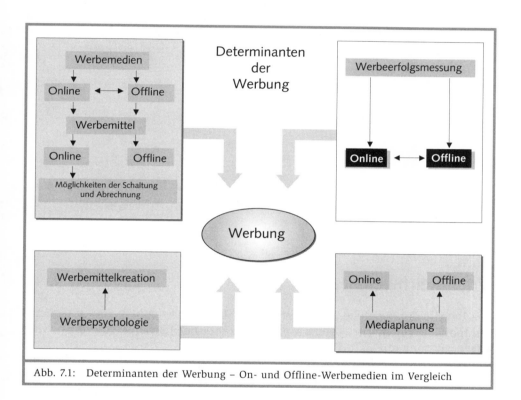

Abb. 7.1:   Determinanten der Werbung – On- und Offline-Werbemedien im Vergleich

In den vorangegangenen Kapiteln wurden die Werbemedien, ihre unterschiedlichen Werbemittel sowie die jeweiligen Möglichkeiten der Werbeerfolgsmessung separat betrachtet. In diesem Kapitel soll nun der Versuch unternommen werden, das Internet mit den konventionellen Medien zu vergleichen, um so eine Basis für eine Bewertung zu schaffen. Dazu wird ein Maßstab aus quantitativen und qualitativen Kriterien, wie er in der Werbepraxis, den Mediastatistiken oder der einschlägigen Literatur vorzufinden ist, angelegt. Dieser Vergleich ist jedoch durchaus problematisch, da innerhalb der Medien sehr unterschiedliche Grundvoraussetzungen vorliegen und sich rein intramediäre Leistungskennzahlen wie z.B. bei der Außenwerbung der G-Wert etabliert haben. Folgende acht Unterscheidungskriterien werden in den folgenden Abschnitten betrachtet:

1. Reichweiten
2. Werbekosten
3. Reizwirkung und Erinnerungsleistungen
4. Involvement
5. Selektionsmöglichkeiten
6. Nutzungsdauer
7. Nutzungsmotive
8. Medienimage

Im letzten Abschnitt des Kapitels versuchen wir außerdem eine Bewertung der Eignung der einzelnen Medien zur Erfüllung der angestrebten Kommunikationsziele durchzuführen.

7.1   Reichweiten

Der Begriff der Reichweiten ist sehr vielschichtig. Es gibt keine allgemeinverbindliche Reichweite, sondern eine Vielzahl spezifischer Reichweiten. Hier wären zu nennen:[1]

- **Technische Reichweite:** Unter diesem Punkt versteht man die technische Ausstattung der Bevölkerung mit den entsprechenden Medien.
- **Räumliche/geografische Reichweite:** Hier spricht man von der Fläche, die von einem Medium abgedeckt wird.
- **Qualitative Reichweite:** Diese Reichweite besagt, inwieweit die selektierte Zielgruppe erreicht werden konnte.
- **Quantitative Reichweite:** Diese gibt Auskunft darüber, wie viele Personen innerhalb eines begrenzten Zeitraums mit einem Werbemittel in Kontakt gekommen sind. Man unterscheidet hier weiter in:
  - **Brutto-Reichweite:** Die Brutto-Reichweite ist die Summe der Einzelkontakte (auch Mehrfachkontakte).

---

1   Vgl. Gabler-Wirtschaftslexikon (1997), S. 3236.

- **Netto-Reichweite:** Die Netto-Reichweite ist die um externe Faktoren korrigierte Brutto-Reichweite.
- **Kumulierte Reichweite:** Die Kumulierte Reichweite ist die um Mehrfachkontakte korrigierte Brutto-Reichweite.

Aufgrund der vielfältigen Ausprägungen der Reichweite, der Unterschiedlichkeiten der Medien und der Tatsache, dass die für die Praxis wichtige quantitative Reichweite stark vom eingesetzten Werbebudget abhängt, werden im Folgenden nur einige Daten der (1) technischen und (2) nichtdifferenzierten qualitativen Reichweiten genannt.

(1) Technische Reichweite

Zahlen aus 2000: Im Bereich TV und Radio verfügen nahezu 100% der Bevölkerung über ein Empfangsgerät. 50% der Bundesdeutschen besitzen sogar zwei oder mehr TV-Geräte. Beim Radio liegt die Quote für ein Zweitgerät bei 20%. 50% der deutschen Bevölkerung verfügen über einen Computer, mittlerweile ist die Hälfte dieser Geräte über ein Modem oder eine ISDN-Karte internettauglich.[2] 2001 lag die Anzahl an Internetnutzern bei 24,2 Mio., was etwa 38% der Bevölkerung entspricht. 65,7% von ihnen verfügen dabei über einen Internetzugang von zu Hause aus.[3]

(2) Nichtdifferenzierte quantitative Reichweite

Abbildung 7.2 zeigt den prozentualen Kontakt der bundesdeutschen Bevölkerung mit den Werbemedien an einem Durchschnittstag.

85%	85%	54%	54,3%	52,5%	10%
TV	Radio	Tageszeitung	Großfläche	City-Light-Poster	Internet

Abb. 7.2: Medienreichweite[4]

Das Internet nimmt jedoch eine gewisse Sonderstellung ein, da es die bundesdeutsche Bevölkerung noch nicht vollständig penetriert hat. Die Verbreitung des Internets ist innerhalb der einzelnen *Sinus Milieus* sehr unterschiedlich. Nach der TdW ist die Bevölkerung in zehn so genannte »Sinus Milieus« unterteilt. Als Unterteilungskriterien gelten die Soziale Lage sowie die Grundorientierung. Abbildung 7.3. stellt die Sinus Milieus nach der TdW dar.

---

2 Vgl. Massenkommunikation 2000: Images und Funktionen der Massenmedien im Vergleich, a.a.O., S. 104.
3 Vgl. GfK Online-Monitor (o.J.): Ergebnisse der 7. Untersuchungswelle. URL: http://www.gfk.de (Stand: 20.04.2001).
4 Vgl. Massenkommunikation 2000: Images und Funktionen der Massenmedien im Vergleich, a.a.O., S. 105 – Außenwerbung: Martini (2001), S. 46 und S. 54.

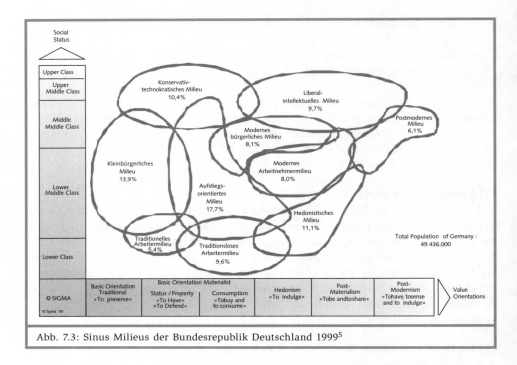

Abb. 7.3: Sinus Milieus der Bundesrepublik Deutschland 1999[5]

Die durchschnittliche Verbreitung des Internets lag im Jahr 2000 über alle Milieus bei 12,5%.[6] Es sind zwar 38% der Bundesdeutschen online, jedoch ist die Anzahl an Personen in den einzelnen Milieus unterschiedlich, weshalb es hier zu differenten Werten kommt. Der durchschnittliche Milieuwert wird gleich 100 gesetzt. Die Internetverbreitung in den einzelnen Milieus wird nun durch die durchschnittliche Verbreitung von 12,5% geteilt und mit 100 multipliziert. Das Ergebnis ist ein Index, der eine Aussage über die über- oder unterdurchschnittliche Verbreitung des Internets in den einzelnen Milieus zulässt. Abbildung 7.4 stellt die Internetverbreitung in den einzelnen Sinus Milieus nach diesem Index dar.

5   Quelle: o.V. (2001): »Euro Sensor« Trend- und Zukunftsforschung – Volkswagen AG.
6   Vgl. o.V. (2001): »Euro Sensor« Trend- und Zukunftsforschung – Volkswagen AG.

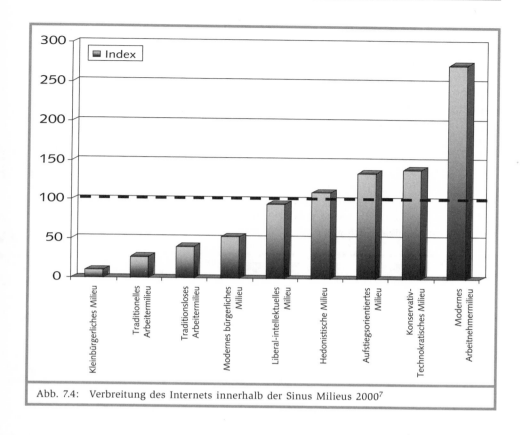

Abb. 7.4: Verbreitung des Internets innerhalb der Sinus Milieus 2000[7]

7.2 Werbekosten

Wie bereits erwähnt, stehen quantitative Reichweite und eingesetztes Werbebudget in einer engen Relation zu einander. Da die einzelnen Reichweiten der Medien sehr unterschiedlich sind, ist ein reiner Kostenvergleich wenig aussagekräftig. In der Praxis hat sich daher als intermediäre Vergleichszahl der *Tausenderkontaktpreis (TKP)* etabliert.[8] Der TKP besagt, wie viel Kosten anfallen, um 1.000 Werbekontakte innerhalb eines Mediums zu realisieren.[9] Durch den gemeinsamen Nenner 1.000 erreicht man eine gute Vergleichbarkeit der Medien.

7   Quelle: O.V. (2001): »Online Sensor« Trend- und Zukunftsforschung – Volkswagen AG.
8   Zum TKP vgl. auch unsere Ausführungen in Kapitel 5.1.1 und in Kapitel 5.2.3.1.
9   Vgl. Stelzer (1994), S. 164f.

Es muss jedoch berücksichtigt werden, dass der TKP eine rein quantitative Kennzahl ist und nichts über die Kontaktqualität besagt. Der Kontakt mit einem TV-Spot steht hier neben einem Plakat- oder Bannerkontakt. Die nachfolgende Abb. stellt einen intermediären TKP-Vergleich dar. Bei der Anzeigenwerbung wird eine vierfarbige Ganzseite betrachtet. Innerhalb der elektronischen Medien Radio und TV wird der klassische 30-Sekünder betrachtet und im Bereich der Außenwerbung die wesentlichen Werbeformen Großfläche, Ganzsäule und City-Light-Poster (CLP). Die bei Großfläche und Ganzsäule angegebenen Quoten stellen das Verhältnis zwischen Werbemittelträger und der Bevölkerung pro 1.000 Einwohner (TEW) dar. Im Bereich der Online-Werbung wird die Werbeform nicht spezifiziert, es ist davon auszugehen, dass es sich um das Standardbanner (468 x 60) handelt. Um die Konsistenz des Vergleiches zu wahren, werden Preise des Jahres 2001 verwendet, da für 2002 keine Bannerdurchschnittspreise vorliegen.

Medium	Anzeigenwerbung			Fernsehen			Radio	Außenwerbung			Internet
	Publikumszeit-schriften	Zeitungen		ARD	RTL	Pro7	Ø-Sender	Großfläche	Ganzsäule	CLP	Ø-WWW-Seite
		Abo.	Kauf								
	1/1 4c	1/1 4c	1/1 4c	30-sek.	30-sek.	30-sek.	30-sek.	1:3 TEW	1:10 TEW	Netzbuchung	Banner
TKP in DM	19,82	21,60	11,13	7,69	9,01	10,17	3,56	5,30	2,41	4,73	40,00

Abb. 7.5:   Intermediärer Tausenderkontaktpreis (TKP)-Vergleich[10]

7.3   Reizwirkung und Erinnerungsleistung

Den Reizwirkungen kommt eine besondere Bedeutung zu, da sie darüber entscheiden, welche Sinne angesprochen werden. Man unterscheidet zwischen inneren und äußeren Reizen. Innere Reize sind in der Regel physische Vorgänge wie Träume oder Wünsche. Äußere Reize hingegen »(...) *sind wahrnehmbare Sinnesmodalitäten wie Gerüche, Geräusche, Musik, Sprache, Bilder etc.*«[11] Die multisensorische Ansprache hat dabei starke Auswirkungen auf die Wahrnehmungs- und Erinnerungsleistung.[12] Die Faustformel des amerikanischen Wissenschaftlers Roger Fetterman besagt, dass der Mensch

• 20% von dem behält, was er sieht,
• 40% von dem behält, was er sieht und hört
• und bis zu 75% von dem behält, was er sieht, hört und macht.

---

10 Vgl. Gruner + Jahr AG&Co (2000): Zahlen und Daten für die Mediaplanung 2001,
     S. 76f. / Internet: vgl. o.V.:« Web-Werbung: Preise sinken, Umsatz steigt«, Titelblatt,
     in Web Welt (Mittwoch, 30. Mai 2001).
11 Siehe Esch (1990), S. 140ff.
12 Vgl. Pipers/Riehl (1997), S. 161.

Der Münsteraner Professor Klaus Backhaus spricht in diesem Zusammenhang sogar von Lerneffekten von bis zu 90%.[13] Abbildung 7.6 stellt einen Vergleich der Reizwirkungen der einzelnen Werbemedien dar.

Reize		Außenwerbung (klassische Plakatierung)	Anzeigen	Radio	TV	Internet
visuell (Bilder / Texte)	statisch	X	X		X	X
	animiert				X	X
	Film				X	X
auditiv	Sprache			X	X	X
	Musik			X	X	X
	Geräusche			X	X	X
Geruch*			X			
Geschmack						
Tastsinn*			X			
					Medien	

Abb. 7.6. Intermediärer Vergleich der Reizwirkungen[14]

7.4 Involvement

In Analogie zur Reichweite gibt es keinen eindeutigen allgemeingültigen Involvement-Begriff. Vielmehr unterscheidet man verschiedene Formen des Involvements; zu nennen sind hier:[15]

- Persönliches Involvement
- Produktinvolvement
- Situationsinvolvement
- Medieninvolvement
- Reaktionsinvolvement.

Im Rahmen dieses Buches beschränken wir uns hier im Weiteren auf das *Medieninvolvement*. »*Das Medieninvolvement spiegelt das Interesse des Zuschauers bzw. Lesers in der Kommunikationssituation wider.*«[16] Es kann als Maß für die Aufmerksamkeit des Konsumenten gesehen werden.

---

13 Vgl. Pipers/Riehl (1997), S. 161.
14 Der Geruchssinn kann innerhalb der Anzeige durch Duftlackanzeigen realisiert werden. Der Tastsinn wird über Art und Qualität des Papiers angesprochen. Eine höhere Papierstärke und eine ansprechende Oberflächenbeschaffenheit können einen hochwertigen und edlen Eindruck vermitteln.
15 Vgl. Esch (1990), S. 7.
16 Siehe Neibecker (1990), S. 103.

Als Idealsituation für den Werbetreibenden gilt sicherlich der persönliche Kontakt durch einen Werbevertreter. Hier genießt der Werbetreibende die ungeteilte Aufmerksamkeit des Konsumenten. Diese Form der persönlichen Ansprache ist jedoch zu kostspielig, als dass man sie flächendeckend praktizieren könnte, weshalb die Werbetreibenden auf die Massenmedien ausweichen, um eine breite Zielgruppe wirtschaftlich zu erreichen. Radio und Fernsehen werden in der Literatur als *Low-Involvement-Medien* beschrieben,[17] die Anzeigenwerbung hingegen wird von Neibecker als *High-Involvement-Medium* angesehen.[18] Kroeber-Riel vertritt die Ansicht, dass 95% der heutigen Anzeigenwerbung nicht den Konsumenten erreichen.[19] Darüber hinaus liegt nach Behle die durchschnittliche Betrachtungsdauer einer Anzeige bei nur ca. 2 Sekunden.[20] Diese Argumente sprechen gegen Neibeckers Behauptung, dass die Anzeigenwerbung ein High-Involvement Medium sei. Im Bereich des Fernsehens sind sich die Autoren jedoch einig.

Um das Medieninvolvement transparenter zu gestalten und schärfer zu konturieren, sollen im Folgenden die Kontaktsituation, die angesprochenen Reize sowie die zeitliche Verfügbarkeit als Kriterien für das Involvement aufgenommen werden. Des Weiteren wird der Begriff Begleitmedium eingeführt. Unter Begleitmedium soll ein Medium verstanden werden, das parallel zu anderen Aktivitäten konsumiert wird. Es »begleitet« den Konsumenten bei anderen Tätigkeiten.

Außenwerbung:
- **Kontaktsituation:** Der Kontakt findet außerhaus statt. Durch die strategische Platzierung an Haltestellen des öffentlichen Personenverkehrs oder an Verkehrsknotenpunkten findet der Kontakt häufig in einer Wartesituation statt. Durch die Netzbuchung der CLP tritt ein starker Wiederholungscharakter auf. Nach Meinung der Verfasser ist die Außenwerbung als Begleitmedium zu beschreiben.
- **Reize:** Die Außenwerbung ist ein rein visuelles Medium.
- **Verfügbarkeit:** Sie ist verfügbarer als ein Funkspot, jedoch aufgrund ihrer mangelnden Mobilität weniger verfügbar als eine Anzeige.

Radio:
- **Kontaktsituation:** 81% der Radihörer hören unterwegs bzw. im Auto, 29% konsumieren das Medium am Arbeitsplatz.[21] Das Radio ist nach Meinung der Verfasser das typische Begleitmedium. Darüber hinaus erleichtern vorprogrammierte Sender das Umschalten bei Werbeblöcken.

---

17 Vgl. Brosius/Fahr (1998), S. 27.
18 Vgl. Neibecker (1990), S. 103.
19 Vgl. Behle (1998), S. 30.
20 aaO.
21 Vgl. ARD: Massenkommunikation 2000: Images und Funktionen der Massenmedien im Vergleich, aaO., S. 109.

- **Reize:** Das Radio ist ein rein auditives Medium.
- **Verfügbarkeit:** Der Radiospot ist nicht beliebig verfügbar (30-Sekünder)

TV:
- **Kontaktsituation:** Das Fernsehen ist das klassische Zu-Hause-Medium.[22] Durch die Möglichkeit, lediglich den Ton zu verfolgen, eignet sich das Fernsehen ebenfalls als Begleitmedium. Man isst nebenbei, bügelt nebenbei oder verlässt gar den Raum. Viele Zuschauer neigen beim Fernsehen stark zum Zapping, um nichts zu verpassen, gerade bei Werbeblöcken.[23]
- **Reize:** Des Fernsehen ist ein visuelles und auditives Medium.
- **Verfügbarkeit:** Der TV-Spot ist nicht beliebig verfügbar (30-Sekünder).

Anzeigenwerbung:
- **Kontaktsituation:** Augen und Hände sind an das Medium gebunden. Es ist schwierig, eine andere Tätigkeit parallel auszuführen.
- **Reize:** Die Anzeigenwerbung ist i.d.R. ein rein visuelles Medium.
- **Verfügbarkeit:** Die Anzeige ist mobil und nicht dynamisch, womit sie permanent verfügbar ist.

Internet:
- **Kontaktsituation:** Der Kontakt findet zu Hause oder am Arbeitsplatz statt, zukünftig auch verstärkt mobil (UMTS). Der Nutzer ruft die Informationen aktiv ab. Er verfügt durch seine Erwartungshaltung beim Seitenaufbau über eine hohe Aufnahmebereitschaft. Man spricht hier im Gegensatz zum Push-Marketing der klassischen Medien vom *Pull-Marketing*.[24] Der Nutzer »zieht« sich seine Informationen aus dem Netz. Analog dazu findet man auch der Ausdruck *Advertising-on-Demand*, der ebenfalls den aktiven Werbeabruf beschreibt.[25]
- **Reize:** Das Internet spricht visuelle und auditive Sinne an. Zusätzlich zeichnet es sich jedoch durch seine Interaktivität aus. Der Nutzer kann hier selber agieren, was seine Motivation und Erinnerungsleistung steigert.
- **Verfügbarkeit:** Da das Internet nicht an Sendezeiten gebunden ist, ist es praktisch permanent verfügbar. Einschränkungen sind hier jedoch (noch) im Bezug auf die Mobilität vorzunehmen.

Bewertung der Werbemedien in Bezug auf das Medieninvolvement: Abschließend sollen die vorstehend gewonnen Erkenntnisse kurz zusammengefasst wer-

---

22 Vgl. ARD: Massenkommunikation 2000: Images und Funktionen der Massenmedien im Vergleich, aaO., S. 107.
23 Vgl. Niemeyer/Czycholl (1994), S. 249.
24 Vgl. Steiner/Bongardt, in Vossen (Hrsg.) (1998), S. 88.
25 Vgl. Waller, in Fraunhofer-Institut für Arbeitswirtschaft und Organisation IAO (Hrsg.) (1996), S. 7.

den. Zur Auswertung bietet sich hier ein Scoring-Modell an, das qualitative Sachverhalte quantifiziert. Hier werden einige Punkte übersprungen und die Auswertung vorweggenommen. Der Kontaktsituation wird der höchsten Stellenwert zugemessen und der Verfügbarkeit der geringste. Abbildung 7.7 zeigt, wie die Rangfolge im Bezug auf das Medieninvolvement unter diesen Prämissen aussehen könnte:

Involvement: 1=niedrig	1	3	4	5	7
Medien:	Radio	Außenwerbung	TV	Anzeige	Internet

Abb. 7.7:   Mögliches Ergebnis eines Involvement-Vergleichs

Neibecker scheint somit im Bezug auf das Medieninvolvement der Anzeigenwerbung doch recht zu haben. Führt man sich jetzt noch einmal die Abbildung 7.5, Intermediärer TKP-Vergleich, vor Augen, so ist festzustellen, dass die Rangreihung der Werbemedien mit der gezeigten Involvement-Tabelle identisch ist. Dies ist nicht weiter verwunderlich, da beim TKP die quantitativen Unterschiede durch den Hauptnenner 1.000 eliminiert wurden. Die Preisdifferenz bezieht sich somit nur auf qualitative Unterschiede und diese werden stark vom Involvement geprägt.

Stark geprägt wird das Medieninvolvement auch von der individuellen Affinität des Konsumenten zu dem beworbenen Produkt.[26] Es lässt sich daher die Vermutung aufstellen, dass je exakter man mit einem Werbemedium die Zielgruppe ansprechen kann, um so höher wird auch ihr Involvement und damit das des Mediums sein. Die Rangreihung der Werbemedien nach den Möglichkeiten der selektiven Zielgruppenansprache müsste demnach der des Involvements entsprechen. Da die Möglichkeiten der selektiven Zielgruppenansprache ebenfalls die Kontaktqualität beeinflussen, müsste diese Rangreihung auch mit der des TKP identisch sein.

7.5   Möglichkeiten der selektiven Kundenansprache

Unter diesem Punkt soll nicht die Einzelkundenansprache im Rahmen des Individualmarketings verstanden werden, sondern die Möglichkeit, sich mit seiner Werbebotschaft auf die relevante Zielgruppe zu konzentrieren und damit die Streuverluste zu minimieren.

---

26 Vgl. Esch (1990), S. 75.

Außenwerbung

Zur Mediaplanung im Bereich der Außenwerbung stehen in der Bundesrepublik Deutschland derzeit folgende Studien zur Verfügung:[27]

- Plakat-Media-Analyse (PMA)
- Verbraucheranalyse (VA)
- Allensbacher Werbeträger Analyse (AWA)
- G-Wert
- Outdoor Site Classification (OSCAR)
- CONTUR
- Grundstudie zur Ermittlung der Medialeistung von Verkehrsmittelwerbung.

Die Studien PMA und G-Wert gelten jedoch als wichtigste Planungsgrundlagen, weshalb sie näher betrachten werden.[28]

Plakat-Media-Analyse (PMA): Die PMA[29] wird vom Fachverband Außenwerbung e.V. in Auftrag gegeben und beruht auf einer Befragung von 14.300 Personen, die über 14 Jahre alt sind. Die PMA dient dazu, Großflächen, Ganzsäulen und City-Light-Poster zu bewerten. Folgende Punkte werden erhoben:

- Nettoreichweite
- Opportunity To See (OTS), die Anzahl der Sichtkontakt-Möglichkeiten pro Person mit der Werbefläche
- Gross Rating Points (GRP), die Bruttoreichweite als Produkt von Nettoreichweite und OTS (Indikator für den Werbedruck)
- TKP.

Darüber hinaus werden die soziodemographischen Grunddaten der befragten Personen erfasst sowie die am häufigsten gefahrenen Routen.

G-Wert: Der G-Wert[30] ist ein von der GfK entwickelter Leistungsindex zur Bewertung von Großflächen. Hier fließen die Kriterien Kontaktchancendauer, Entfernung, Sichthindernisse, Umfeldkomplexität, parallele Werbeflächen, Situationskomplexität, Höhe der Werbefläche/Blickwinkel und Beleuchtungsverhältnisse in die Bewertung mit ein. Derzeit wurden bundesweit rund 100.000 Großflächen nach dem G-Wert bewertet.

Diese Informationen sind jedoch zur Zielgruppenselektion nur bedingt verwertbar. Nettohaushaltseinkommen, Schulbildung, Alter oder Sichthindernisse lassen nur sehr wage Vermutungen im Bezug auf Neigungen, Vorlieben und Produktaffinitäten der Konsumenten zu. Darüber hinaus besteht das größte Problem der Außenwerbung darin, dass nur eine räumliche Selektion möglich ist.

---

27 Vgl. Grupe, in Reiter (Hrsg.) (1999), S. 353.
28 Vgl. Grupe, in Reiter (Hrsg.) (1999), S. 354.
29 aaO.
30 Vgl. Grupe, in Reiter (Hrsg.) (1999), S. 355f.

Man kann zwar versuchen, Geschäftsleute an ICE-Bahnhöfen und Flughäfen anzusprechen oder Jugendliche im Bereich der öffentlichen Verkehrmittel mit Werbebotschaften zu konfrontieren, man muss bei dieser Werbeform jedoch immer mit starken Streuverlusten rechnen. Die Außenwerbung ist nach Meinung der Verfasser daher zur selektiven Kundenansprache ungeeignet.

Radio

Im Bereich des Radios haben sich zwei wesentliche Studien zur Mediaplanung etabliert:
- Media Analyse (MA) der Arbeitsgemeinschaft Media Analyse e. V. (AG.MA)
- Verbrauchs- und Mediaanalyse (VuMA).

Media Analyse (MA): Die MA gilt als »*Leitstudie zur Bestimmung und Bewertung des Medien- und Werbeträgerangebotes in Deutschland (...)*«[31] und als wichtigstes Planungsinstrument im Bezug auf das Radio.[32] Hier werden in 25.972 Face-to-Face Interviews Befragungen zu folgenden Kriterien vorgenommen:[33]
- Mediennutzung (Sender, Programm, Zeit, Hörsituation etc.)
- Soziodemographie
- Konsumverhalten
- Freizeitverhalten
- Reichweiten
- Einstellungen und Meinungen
- Haushaltsausstattung.

Verbrauchs- und Medienanalyse (VuMA): Die von der VuMA erhobenen Daten sind mit denen der MA identisch. Sie beruhen ebenfalls auf einem Face-to-Face Interview. 1998 wurden zur Erstellung der VuMA 16.665 Personen befragt. In einem zusätzlichen Fragebogen, dem so genannten Haushaltsbuch, wird das Kaufverhalten von den Konsumenten dokumentiert. In der VuMA 98 II wurden 250 Produkte und 600 Marken geführt.[34]

Die Selektionsmöglichkeiten der Zielgruppe sind auf Basis dieser Daten und der technischen Voraussetzungen des Radios besser als im Bereich der Außenwerbung. Neben der geographischen Steuerbarkeit über die Senderreichweite bietet sich hier auch die Möglichkeit der zeitbezogenen Steuerbarkeit des Radiospots. Hier kann nach Programmen und Sendezeiten selektiert werden. Das Problem besteht nach Meinung der Verfasser jedoch darin, dass die meisten Sender so genannte General-Interest-Sender sind. Es gibt wenig themenspezifische Sender oder Programme, weshalb hier ebenfalls mit Streuverlusten zu rechnen ist.

31 Siehe Schrey, in Reiter (Hrsg.) (1999), S. 288.
32 Vgl. Schrey, in Reiter (Hrsg.) (1999), S. 288.
33 Vgl. Schrey, in Reiter (Hrsg.) (1999), S. 288f.
34 Vgl. Schrey, in Reiter (Hrsg.) (1999), S. 289.

Fernsehen

»Die 90er Jahre markierten die Epoche der »klassischen« TV-Optimierung im deutschen Mediageschäft. Die Entstehung des privaten Fernsehmarktes erbrachte ein umfangreiches Angebot an Programmen, Genres und Formaten, die den unterschiedlichen Bedürfnissen und Interessen des Publikums gerecht wurden. Die vielfältigen Möglichkeiten, Werbung im Umfeld dieser Programmangebote zu platzieren, eröffnete der Werbewirtschaft neue Möglichkeiten und Qualitäten, um mit den Konsumenten zu kommunizieren.«[35] *»Grundlagen für die Planung von Fernsehkampagnen sind die aktuellen GfK-Daten aus den Meter-Messungen.«*[36] Hier findet das AGF/GfK-Panel Anwendung.[37] Es werden Merkmale wie Sehbeteiligung, Kontaktsummen oder Nettoreichweiten gezählt. Seit 1997 werden zusätzlich so genannte personenindividuelle Nutzungsdaten (PIN-Daten) erhoben, die auch die Erstellung eines Treueindexes ermöglichen.[38] Zusätzlich werden in Analogie zum Radio die entsprechenden Daten der MA verwendet.

Das Fernsehen bietet gegenüber dem Radio weniger Möglichkeiten zur räumlichen Selektion, da die meisten Sender bundesweit empfangbar sind. Die Selektionsmöglichkeiten des Fernsehens liegen in der Auswahl des Senders, der Sendezeit sowie dem Thema der Sendung. Es gibt mittlerweile eine Reihe von Spartenprogrammen (Special-Interest-Sendern) wie Sportsender, Kultursender, Nachrichtensender, Musiksender oder Kindersender.[39] Die Einschaltquoten liegen bei diesen Sendern zwar deutlich hinter denen der Vollprogramme, dafür ist die Zielgruppe homogener.[40] Darüber hinaus gibt es eine Fülle an themenspezifischen Sendungen, in deren Umfeld der Werbespot platziert werden kann. Die Sendezeit lässt sich dabei exakt buchen. Man kann gemäß des Fare Share, den man volumenmäßig bei den Sendern hat, sogar bei Erst-, Zweit- oder Letztplatzierungen innerhalb eines Werbeblockes berücksichtigt werden, um eine stärkere Bindung an den redaktionellen Teil zu erlangen.

Trotz dieser doch recht guten Selektionsmöglichkeiten hat man auch beim Fernsehen mit Streuverlusten zu rechnen. *»Der geringe Preis und die leichte Verfügbarkeit des Mediums führen dazu, dass von dem Zuschauer auch Sendungen verfolgt werden, die für eine bestimmte Zielgruppe, der er nicht angehört, konzipiert sind.«*[41] Des Weiteren kommt hier das bereits erwähnte Zapping-Phänomen zum Tragen. Die Zuschauer springen zwischen den TV-Angeboten, vor allem in der Werbeunterbrechung. Personen mit höherer Ausbildung und höherem Einkommen erweisen sich aufgrund ihres besseren Medienverständnisses als eher zapping-resistent.[42] Um diese Personen zu erreichen, ist jedoch eine zielgrup-

---

35 Siehe Modenbach, in Reiter (Hrsg.) (1999), S. 264.
36 Siehe Hess, in Reiter (Hrsg.) (1999), S. 57.
37 Vgl. Hess, in Reiter (Hrsg.) (1999), S. 42.
38 Vgl. Hess, in Reiter (Hrsg.) (1999), S. 57.
39 Vgl. Stelzer (1994), S. 98.
40 Vgl. Stelzer (1994), S. 99.
41 Siehe Niemeyer/Czycholl (1994), S. 241.
42 Vgl. Niemeyer/Czycholl (1994), S. 241.

penorientierte Programmstruktur notwendig, die nur außerhalb der Hauptsendezeit liegen kann und damit reichweitenschwächer ist.[43] Nach Meinung der
Verfasser ist das Fernsehen trotz der besagten Nachteile relativ gut zur Zielgruppenselektion geeignet.

Anzeigenwerbung

Zeitschriften und Zeitungen sind die am tiefsten erforschten Werbemedien. Es
gibt eine Fülle von Studien, die die Anzeigenwerbung zu einem gläsernen Werbeträger machen; zu nennen wären hier:

- Auflagenlisten der Informationsgemeinschaft zur Feststellung der Verbreitung von Werbeträgern (IVW)[44]
- Media Analyse (MA)[45]
- Allensbacher Werbeträger Analyse (AWA)[46]
- Typologie der Wünsche (TdW)[47]
- Eigenerhebungen der Verlagshäuser (z.B. Springer-Verlag, Gruner + Jahr,
  Burda, etc.).[48]

Um den Rahmen dieses Buches nicht zu sprengen, sollen die genannten Studien und Analysen hier nicht näher erläutert werden. Es wird auf die genannten Quellen verwiesen. Die gewonnen Daten gehen von Auflagen über Demographien bis hin zu persönlichen Einstellungen. Auf dieser Basis lässt sich eine
gute Zielgruppenselektion vornehmen.

Darüber hinaus gibt es im Bereich der Publikumszeitschriften eine Fülle Special-Interest-Titel, die die Selektion produkt- und themenaffiner Zielgruppen
erleichtern. Die Streuverluste sind hier sehr gering, da die Informationsbeschaffung im Gegensatz zum TV oder Radio doch mit nennbaren Kosten verbunden ist. »*Eine Person, die sich nicht für Motorräder interessiert, wird sich normalerweise auch keine Zeitschrift dieser Art am Kiosk kaufen – entsprechend mit
bestimmten Anzeigenmaterial auch nicht konfrontiert werden.*«[49] Innerhalb der
General-Interest-Zeitschriften bietet sich die Selektion über themenspezifische
Rubriken an. Im Bereich der Zeitungen ist neben der Selektion nach Rubriken
auch eine Selektion nach Regionen (regionale Zeitungen) realisierbar.

Internet

Das Internet ist in diesem Quintett das am wenigsten erforschte Medium. Dennoch gibt es mittlerweile eine steigende Anzahl an Studien zu den Bereichen
Internet-Nutzer und E-Commerce. Exemplarisch werden einige vorgestellt:

---

43 Vgl. Niemeyer/Czycholl (1994), S. 241.
44 Vgl. Hess, in Reiter (Hrsg.) (1999), S. 23ff.
45 Vgl. Hess, in Reiter (Hrsg.) (1999), S. 40.
46 Vgl. Hess, in Reiter (Hrsg.) (1999), S. 41.
47 Vgl. Hess, in Reiter (Hrsg.) (1999), S. 48.
48 Vgl. Hess, in Reiter (Hrsg.) (1999), S. 50f.
49 Siehe Niemeyer/Czycholl (1994), S. 241.

- **Online-Monitor der GfK (Gesellschaft für Konsumforschung):** Es werden Daten erhoben wie bspw. demographische Grunddaten, Ort des Zugangs, Provider-Ranking, Reichweiten, Aktivitäten im Netz oder online nachgefragte Produkte.

> Auf der GfK-Website finden sich kostenlose Downloads von Studien im PDF-Format. URL: http://www.gfk.de/   **Tipp**

- **Online-Panel von Jupiter MMXI:** Bei Jupiter MMXI handelt es sich um ein Joint Venture des US-Marktführers Media Matrix Inc. und den führenden europäischen Marktforschungsinstituten GfK, IPSOS und der Observer AB. Es werden Daten erhoben wie bspw. demographische Grunddaten, Reichweiten, Visits (Besuche) oder Surfverhalten. Diese Daten werden getrennt ausgewiesen nach Domains (einzelne Websites und Online-Applikationen), Global-Domains (Zusammenfassen von Marken-Domains z.B. name.de, name.fr, name.com oder name.uk) und Properties (Zusammenfassen von Webauftritten, die zu mehr als 50% zu einem Unternehmen gehören). Es können auch eigene Erhebungen in Auftrag gegeben werden.[50]
- **Online-Panel von ComCult Research (seit 1999, Kooperation mit TNS Emnid, Bielefeld):** Es werden Daten erhoben wie bspw. demographische Grunddaten, Themen- und Freizeitinteressen, Branchendaten, detaillierte Zielgruppenanalysen, Kaufmotivationen, Kaufpotenziale, Produkte oder Wege der Informationsbeschaffung. Es können auch eigene Erhebungen in Auftrag gegeben werden.

> Vielzahl kostenloser Downloads von Studien im PDF-Format. URL: http://www.comcult.de/   **Tipp**

- **Typologie der Wünsche (TdW-Intermedia), Hrsg., TdW-Intermedia GmbH & Co. KG, in Zusammenarbeit mit GfK, IFAK, INRA Deutschland, Ipsos, Marplan und Media Markt Analysen):** Es werden Daten wie bspw. Provider, Produkte, Zahlungsweisen, Informationsquellen und Websites angeboten. Darüber hinaus entstammen die Sinus Milieus dieser Studie. Zusätzlich bietet die TdW Daten über klassische Medien sowie generelle Trends. Die TdW-Intermedia kann als Basisstudie für Marketing-Aktivitäten betrachtet werden.[51]

> Die Studie ist unter der folgenden Adresse gegen eine Schutzgebühr in Höhe von 150,– Euro erhältlich. Studenten erhalten bei Nachweis erheblichen Rabatt: *TdW-Intermedia GmbH & Co. KG*, Am Kestendamm 1, 77656 Offenburg   **Tipp**

---

50 URL: http://www.mmxieurope.de
51 URL: http://www.tdwi.com

- **Online-Werbeplanung (Hrsg. Neue Mediengesellschaft Ulm mbH):** Diese Studie führt sehr detailliert Nutzerstrukturen, Werbemöglichkeiten, Werbepreise, sowie schaltbare Formate (gif/flash/shockwave etc.) der Online-Werbemittel nach einzelnen Websites auf. Die Websites sind zur besseren Übersicht nach Themengebieten geordnet. Diese Studie kann aus eigener Erfahrung empfohlen werden.

Tipp   Die Studie ist unter folgender Adresse erhältlich: **Neue Mediengesellschaft Ulm mbH**, Konrad-Celtis-Str. 77, 81369 München, Tel.: 089-74117-0. URL: http://www.nmg.de

- **Net Rating: Online-Panel des Marktforschungsunternehmens ACNielsen:** Jeder Teilnehmer installiert auf seinem PC eine »Messsoftware«. Diese wertet sein Surfverhalten aus. Zusätzlich werden Interviews (CATI) durchgeführt. Somit bietet das Net Rating von ACNielsen sehr tief gehende Daten wie bspw. AdClicks der Top-Banner, PageImpressions und Visits nach einzelnen Sites, Surfverhalten – Wo kommt der Nutzer her, wo geht er hin? oder Verweildauer. Ferner werden so genannte »Highlights« wie Banner Tracking, Trend Reports oder Messen von Download-Zeiten offeriert. Selbstredend werden diese Erhebungsdaten mit den demographischen Nutzerprofilen kombiniert, so dass ein aussagekräftiges Gesamtbild entsteht. Kunden von ACNielsen können über den Client Login an 7 Tagen in der Woche 24 Std. auf die Daten zugreifen. Es stehen drillbare Standardberichte zur Verfügung (auch zu einzelnen Branchen). Ferner können spezielle Erhebungen in Auftrag gegeben werden, die dann monatlich, vierteljährlich oder jährlich geliefert werden.

Tipp   Auf beiden Websites stehen diverse Studien als Download im PDF-Format kostenlos bereit. Die Site nielsen-netratings.com sowie die dortigen Downloads sind in englischer Sprache.
URL: http://www.nielsen-netratings.com/
URL: http://www.acnielsen.de/

- **Rogator G3: Software für Online-Befragungen (Rogator AG):** Die Rogator AG offeriert eine Software zur Online-Befragung und führt auf Kundenwunsch Erhebungen durch. Die Regator AG erstellt jedoch keine allgemeinen Studien.[52]
- **Sonstige:** Darüber hinaus sind das Marktforschungsunternehmen Forrester Research[53]sowie Eigenerhebungen der im Netz präsenten Unternehmen (z.B. AOL) und Verlage (z.B. Burda, Gruner & Jahr, Springer & Jacoby etc.) zu nennen. Diese Eigenerhebungen befinden sich meist auf den jeweiligen Homepages.

---

52 URL: http://www.rogator.de
53 URL: http://www.forrester.com

> Im Anhang dieses Buches sind unter der Rubrik »Marktforschung« weitere **Tipp**
> Informationen sowie eine Auswahl praxisrelevanter Ergebnisse einzelner
> Online-Studien und Online-Panel aufgeführt!

Aufgrund der Vielzahl themenspezifischer und regionaler Internetseiten sowie den Schaltungsmöglichkeiten der AdServer (zeitabhängige Werbemittelauslieferung, Rotationsbuchungen, Auslieferung nach dem Einwahlort des Nutzers etc.) ergeben sich im Internet sehr gute Möglichkeiten der *thematischen* und gute Möglichkeiten der *regionalen Zielgruppenselektion.* Spezifische Werbemittel wie Multiple-Link-Banner bieten darüber hinaus weitere Möglichkeiten der Selektion innerhalb des Werbemittels. Zusätzlich können *technische Filter* zur Zielgruppenselektion eingesetzt werden. Der Online-Vermarkter Link4Link[54] bietet bspw. unter anderem folgende Filter an:[55]

- **Studentenfilter:** Das System identifiziert über die IP-Adresse Studenten, die sich über das Rechenzentrum der Hochschule einwählen. Dabei kann zwischen Fachhochschulen, Universitäten und sogar einzelnen Fachbereichen wie Medizin, Informatik, Physik oder Biologie unterschieden werden.
- **Providerfilter:** Das System unterscheidet hier einzelne Provider wie bspw. AOL, T-Online oder MSN.
- **Betriebssystemfilter:** Das System analysiert die Betriebssysteme der Nutzer und passt die ausgelieferte Werbung entsprechend an. Folgende Unterscheidungen der Nutzer nach dem Betriebssystem können getroffen werden: Macintosh-Nutzer sind typischerweise dem Umfeld der Lehrer, Freiberufler, Werbe- und Kreativagenturen zuzuordnen. Die Betriebssysteme Windows NT, 2000 und XP korrelieren stark mit dem Einsatz in Firmen, während Linux immer noch ein typisches System für engagierte Computerspezialisten ist. Windows 9x und ME sind die klassischen Endverbraucher-Systeme. Die genannten Filter lassen sich zur Effizienzsteigerung kombinieren.

Abschließend führt Abbildung 7.8 noch einmal die wichtigsten Erkenntnisse dieses Abschnittes vergleichend zusammen.

Die gezeigte Tabelle kann nun ebenfalls über ein Scoring-Modell verfeinert und ausgewertet werden. Die angegebenen Werte stellen Tendenzen dar. Da in der Praxis der Selektion nach thematischen Umfeldern – sprich nach dem Interesse des Nutzers – die größte Bedeutung zukommt, lässt sich bereits ohne detaillierte Auswertung ein Trend ablesen, der die unter Involvement aufgestellte These zu bestätigen scheint. Die medienspezifischen Möglichkeiten der Zielgruppenselektion stünden damit in einem direkten Verhältnis zum Medieninvolvement und damit zum TKP eines Mediums.

---

54 URL: http://www.link4link.com
55 Vgl. o.V. (2002): »Weitere technische Filter« URL: http://www.link4link.com/netzwerk/in dexwb.xhtml?sessionID = 301281eb7f311d6b2bfa1d55flee4e25-10184498003172&page = 57 (Stand: 10.04.2002)

Selektionskriterien	Medien					
1 = niedrig	Außenwerbung	Radio	TV	Anzeigenwerbung		Internet
				Zeitschriften	Zeitungen	
Räumliche Selektion	5	2	1	nein	4	3-4
Zeitliche Selektion	nein	3	3	nein	nein	5
Selektion über demographische Grunddaten	1	2	3	5	2	3
Selektion über themenspezifisches Umfeld	1 (Nähe zum POS)	2	4	5	4	5

Abb. 7.8: Möglichkeiten der selektiven Kundenansprache

7.6   Nutzungsdauer der Medien

Die nachstehende Statistik entstammt der Studie Massenkommunikation 2000. Diese Studie führt neben den bereits behandelten Medien noch die Medien CD/MC/LP, Bücher und Video. Um einen besseren Gesamtüberblick zu bekommen, wurde diese Statistik nicht angepasst. Die nachstehende Abb. zeigt die durchschnittliche Nutzungsdauer der Medien an einem Durchschnittstag. Das gesamte Medienzeitbudget beträgt dabei 502 Minuten, dies entspricht 8 Stunden und 22 Minuten.[56] Der Bundesbürger umgibt sich somit durchschnittlich 8:22 Stunden am Tag mit Medien. Die Außenwerbung lässt sich in diesen Vergleich nicht integrieren.

Der durchschnittliche tägliche Medienkonsum ist damit in den letzten 20 Jahren um knapp 62% angestiegen. 1980 betrug er bei den über 14-jährigen 306 Minuten. Es muss in dieser gesamten Betrachtung darauf hingewiesen werden, dass parallele Medienaktivitäten nicht berücksichtigt wurden. Es handelt sich

---

56 Vgl. ARD: Massenkommunikation 2000: »Images und Funktionen der Massenmedien im Vergleich«, aaO., S. 105.

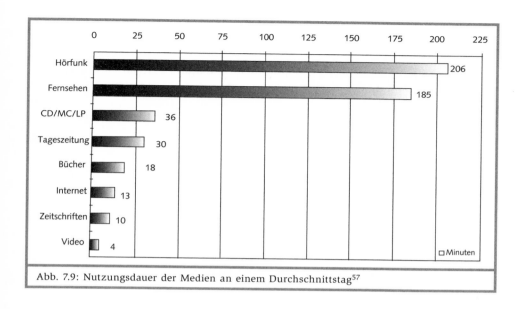

Abb. 7.9: Nutzungsdauer der Medien an einem Durchschnittstag[57]

somit um Bruttomediennutzungszeiten.[58] Vergleicht man diese Entwicklung mit der Ausweitung des Medienangebotes, so lässt sich feststellen, dass hier ein deutliches Missverhältnis besteht. Die Mediennutzungsdauer bleibt trotz ihres Anstiegs weit hinter dem Anstieg des Medienangebotes zurück. Diese Tatsache hat eine inter- sowie intramediäre Konkurrenzintensivierung zur Folge.[59]

Vor diesem Hintergrund geht die Nutzung des neuen Mediums Internets verstärkt zu Lasten der klassischen Medien. Im Jahr 2000 sagten 48% der Internetnutzer, dass sie durch das Web zukünftig weniger Fernsehen sehen würden. In jenem Jahr lagen folgende Substitutionen vor:[60]

* 28% der Internetnutzer sehen weniger Fernsehen
* 21% der Internetnutzer lesen weniger Zeitschriften oder Zeitungen
* 15% der Internetnutzer hören weniger Radio.

57 Quelle: ARD: Massenkommunikation 2000: »Images und Funktionen der Massenmedien im Vergleich«, aaO., S. 105.
58 Vgl. ARD: Massenkommunikation 2000: »Images und Funktionen der Massenmedien im Vergleich«, aaO., S. 104.
59 Vgl. ARD: Massenkommunikation 2000: »Images und Funktionen der Massenmedien im Vergleich«, aaO., S. 105.
60 Vgl. ARD/ZDF-Online-Studie 2000: »Gebrauchswert entscheidet über Internetnutzung«. URL: http://www.ard-werbung.de/mediaperspektiven/inhalt/mpoo/mp00_08/van_eimeren.asp (Volltext PDF), S. 346 (Stand: 20.04.2001)

7.7   Vergleich der Nutzungsmotive

Unter diesem Punkt werden in Anlehnung an die Studie Massenkommunikation 2000 die unterschiedlichen Nutzungsmotive innerhalb der einzelnen Werbemedien verglichen (die Außenwerbung lässt sich hier nicht integrieren). Bei den Anzeigenmedien fand nur die Zeitung Berücksichtigung. Innerhalb der Studie wurden dazu die Kriterien Nutzungsmotivation und Demographie erhoben.[61]

Nutzungsmotivation
- Damit ich mitreden kann
- Weil ich Denkanstöße bekomme
- Weil ich mich informieren möchte
- Weil ich dabei entspannen kann
- Weil es mir Spaß macht
- Weil ich mich dann nicht allein fühle
- Weil ich damit den Alltag vergessen möchte
- Weil es aus Gewohnheit dazu gehört
- Weil es mir hilft, mich im Alltag zurechtzufinden.

Demographie
- Geschlecht
- Alter: 14-29 J./30-49 J./ab 50 J.
- Bildungsniveau: Volks-/Hauptschule/weiterführende Schulen/Abitur/Studium.

Die Ergebnisse werden in Abbildung 7.10 zusammengefasst. Zu weiteren Informationen verweisen wir auf die angegebene Quelle.

7.8   Ein intermediärer Imagevergleich

Unter diesem Punkt werden in Anlehnung an die Studie Massenkommunikation 2000 die Images der Medien miteinander verglichen (vgl. Abb. 7.10). Die Publikumszeitschriften sowie die Außenwerbung finden hier keine Berücksichtigung. Entscheidet man sich dafür, sachlich über ein Produkt zu informieren, sollte ein Werbemedium selektiert werden, das eine hohe Reputation und Glaubwürdigkeit besitzt. Dieses Beispiel zeigt bereits die Relevanz des Medienimages für die Werbepraxis. Generell gilt es zu bedenken, dass die Grundgesamtheit der Erhebung den Bevölkerungsdurchschnitt widerspiegelt, in dem

---

61 Vgl. ARD: Massenkommunikation 2000: »Images und Funktionen der Massenmedien im Vergleich«, aaO., S. 108 – 112.

Nutzungsmotivation	Fernsehen	Hörfunk	TZ	Internet
Mitreden können	77	49	(62)	11
Denkanstöße bekommen	74	53	(60)	(13)
Informieren	73	45	(68)	(13)
Entspannen	(89)	(81)	24	5
Spaß	86	72	27	(14)
Nicht alleine fühlen	(87)	(79)	21	6
Alltag vergessen	(87)	(78)	22	7
Aus Gewohnheit	78	71	46	4
Im Alltag zurechtfinden	70	56	61	10

Abb. 7.10: Nutzungsmotive der Medien im Direktvergleich (trifft am meisten/an zweiter Stelle zu auf..., in %)[62]

das Internet derzeit nur mit etwa 40 % vertreten ist. Es kommen daher möglicherweise Vorurteile zum Tragen. Abbildung 7.11 stellt einen Direktvergleich der Medienimages dar.

Müssten sich die Nutzer dauerhaft für ein Medium entscheiden, so würden:
- 46 % der Bevölkerung das Fernsehen wählen
- 33 % das Radio
- 16 % die Tageszeitung
- 6 % das Internet.[63]

Auch hier gilt es zu berücksichtigen, dass derzeit ca. 60 % der bundesdeutschen Bevölkerung nicht online sind und das Internet daher nicht objektiv aus ihrer Erfahrung mit dem Medium heraus beurteilen können.

62 Quelle: ARD: Massenkommunikation 2000: »Images und Funktionen der Massenmedien im Vergleich«, aaO., S. 105.
63 Vgl. o.V. (o.J.): »o.T.«. URL: http://glossar.de/glossar/z_intrzahl2001.html (Stand: : 27.03.2001).

Image	Fernsehen	Hörfunk	TZ	Internet
anspruchsvoll	69	41	59	(31)
modern	(85)	35	20	(60)
zukunftsorientiert	(83)	27	28	(61)
vielseitig	82	39	39	(40)
unterhaltsam	(94)	(72)	20	13
aktuell	78	49	48	25
informativ	72	40	(63)	25
glaubwürdig	70	(53)	(62)	14
kompetent	74	44	59	22
sachlich	68	45	(69)	18
kritisch	78	41	(70)	10
mutig	81	45	44	29
ungezwungen	(83)	(69)	23	24
sympathisch	80	(65)	39	16

Abb. 7.11: Ein intermediärer Imagevergleich (trifft am ehesten/an zweiter Stelle zu auf..., in %)[64]

7.9 Bewertung der Medieneignung zur Erfüllung der Kommunikationsziele

Da es unterschiedliche Kommunikations- oder Werbeziele gibt und die einzelnen Medien über individuelle Stärken und Schwächen verfügen, kann man nicht ein Medium pauschal als das bestgeeignetste bezeichnen. Hier spielen die bereits genannten Faktoren wie quantitative Reichweite, Preise, Reizwirkungen/Gestaltungsmöglichkeiten oder Involvement eine große Rolle. Die drei wesentlichen in Kapitel 2 beschriebenen Kommunikationsziele sind:

---

64 Quelle: ARD: »Massenkommunikation 2000: Images und Funktionen der Massenmedien im Vergleich«, aaO.,S. 113.

(1) Schaffen von Aktualität
(2) Schaffen von Emotionalität
(3) Vermitteln sachlicher Informationen

Die Werbemedien sollen im Folgenden nach ihrer generellen Eignung zur Erfüllung der Kommunikationsziele bewertet werden, unabhängig von bestimmten Budgetrestriktionen, spezifischen Zielgruppen oder Produkten.

(1) Schaffen von Aktualität

Unter diesem Punkt geht es primär um Bekanntheit. Man lässt hier durch starke Wiederholungen den Konsumenten den Marken- und/oder Produktnamen lernen. Die Werbetreibenden versuchen mit ihren Produkten in das Relevant Set der Kunden zu gelangen und eine starke Präsenz am POS (Point of Sale) aufzubauen. Bei der Schaffung von Aktualität geht es um einen zügigen Reichweitenaufbau, einen hohen Werbedruck und eine starke Aufmerksamkeitswirkung, wie sie z.B. im Rahmen einer Markteinführung von Nöten ist. Da Werbungskosten und Reichweite in enger Relation zueinander stehen, sollte ein kostengünstiges und reichweitenstarkes Werbemedium selektiert werden. Die Zielgruppenaffinität sowie das Medieninvolvement spielen dabei eine eher untergeordnete Rolle.[65] Zur Steigerung der Aufmerksamkeitswirkung sind so genannte »Blickfänger« notwendig. Dies können auffällige Farben, große Schriftzüge oder Bilder sein.[66] Bildelemente sind hier besonders geeignet, da das menschliche Bildgedächtnis kurzfristig 90% und langfristig noch 60% der Bilder wiedererkennt und damit die gewünschte Erinnerungsleistung eintritt.[67] Die Werbebotschaft sollte kurz und prägnant sein. Sie stellt somit keine besonderen Anforderungen bezüglich der Darstellungstiefe an das Werbemedium.[68]

Außenwerbung: Dieses Werbemedium würden wir hier favorisieren. Es ist kostengünstig, reichweitenstark und bietet die Möglichkeit, visuelle Reize zu vermitteln. Darüber hinaus generiert es aufgrund seiner Größe zusätzlich Aufmerksamkeit. Durch die Buchung im Wochenrhythmus und gute Verfügbarkeit (statisches Medium) besteht hier eine hohe Wahrscheinlichkeit von Mehrfachkontakten. Mit der Außenwerbung kann man direkt im Umfeld des POS werben und damit seine Präsenz steigern. Ein gutes Praxisbeispiel sind hier die bundesweiten Plakataktionen der privaten Stromanbieter Yellow-Strom und eon, die ohne Emotionen und Informationen nur über Auffälligkeit (gelb/schwarz bzw. orange/weis) und Aktualität agiert haben. Die weiteren Werbeziele wurden später in anderen Werbemedien kommuniziert.

---

65 Vgl. Kall (1996), S. 163.
66 Vgl. in diesem Zusammenhang unsere Ausführungen in Kapitel 2.
67 Vgl. Neibecker (1990), S. 171.
68 Vgl. Kall (1996), S. 162.

Radio: Das Radio ist eher als ergänzendes Werbemedium einzustufen, um Kampagnen aus anderen Medien aufzufrischen oder zu unterstützen. Es besitzt einen flankierenden Charakter und wird in der Werbepraxis als Bei-Medium bezeichnet.[69] Es bietet nur die Möglichkeit auditive Reize anzusprechen und verfügt damit nicht über die notwendigen Eyecatcher. Hier werden kurze Melodien oder Tonfolgen zur Wiedererkennung eingesetzt, die jedoch vom Konsumenten erst gelernt werden müssen. In Verbindung mit einem visuellen Medium ist das Radio durchaus als unterstützendes Element zur Generierung von Aktualität einsetzbar. Es verfügt über ein gutes Preis-/Leistungsverhältnis und eignet sich gut zur Vermittlung simpler Inhalte.[70]

Fernsehen: Das Fernsehen ist sehr reichweitenstark und kostengünstig. Da der Werbespot aufgrund der Dynamik des Mediums nicht beliebig verfügbar ist, müssen die Spots häufig wiederholt werden, um Mehrfachkontakte zu generieren. Dieser Sachverhalt erhöht die Kosten und kann den Konsumenten unter Umständen belästigen und damit kontraproduktiv wirken. Die Gestaltungsmöglichkeiten des TV sind gut, doch gehen sie für dieses Kommunikationsziel schon bald über das notwendige Maß hinaus. Hier wird für etwas gezahlt, was primär nicht benötigt wird.

Anzeigenwerbung: Die Stärken der Anzeigenwerbung liegen in ihrem hohen Involvement, in der unbegrenzten zeitlichen Verfügbarkeit und der Möglichkeit, komplexe Sachverhalte zu vermitteln. Dies sind jedoch Vorteile, die hier nicht gefragt sind. Hinzu kommt der hohe Preis der Anzeigenwerbung. Nach Meinung der Verfasser ist die Anzeigenwerbung daher für das Kommunikationsziel der Aktualität eher ungeeignet.

Internet: Das Internet ist zur Schaffung von Aktualität ebenfalls gut geeignet. Hier lassen sich durch die Buchung kostengünstiger und reichweitenstarker Seiten TKPs von unter 5,- Euro erzielen. Auffällige Werbeformen wie Super- oder Interstitials generieren durch ihre Größe und Animationsmöglichkeit eine hohe Aufmerksamkeit, würden den TKP jedoch wieder erhöhen. Durch die Integration von Hyperlinks lassen sich die weiteren Werbeziele auf der Homepage des Werbetreibenden ergänzend platzieren. Abstriche müssen jedoch derzeit noch in der Verbreitung des Mediums gemacht werden.

---

69 Vgl. Grün (o.J.): »Deutschlands Kreative über Radiowerbung«.
   URL: http://www.ard-werbung.de/radio/creativ-area/rbrings/Gruen/gruen.asp
   (Stand: 17.04.2001).
70 Vgl. Baader (o.J.): »Deutschlands Kreative über Radiowerbung«.
   URL: http://www.ard-werbung.de/radio/creativ-area/rbrings/baader/baader.asp
   (Stand: 17.04.2001)

Die Beurteilung der Medieneignung für die weiteren Kommunikationsziele wird nicht in der eben praktizierten Ausführlichkeit durchgeführt. Es wird auf das bereits Gesagte verwiesen.

(2) Schaffen von Emotionalität

Hier besteht die Aufgabe darin, die Produkte mit einem positiven Image aufzuladen, indem sie mit Lebenswelten und Werten verknüpft werden. Man bedient sich dazu der Sozialtechnik der *Emotionalen Konditionierung*[71] Die Emotionale Konditionierung wird vorwiegend auf Sättigungsmärkten eingesetzt, um sich von der Konkurrenz abzugrenzen und dem Konsumenten einen emotionalen Mehrwert zu bieten.[72]

Zur Kommunikation der Werte und Lebenswelten sind Bilder unterstützt durch Musik am effizientesten, sprachliche Reize sind für diese Aufgabe eher ungeeignet.[73] Als weiteres wichtiges Gestaltungsmittel wird der zeitliche Ablauf gesehen, weshalb nur dynamische Medien zum Einsatz kommen sollten.

Zusammenfassend lässt sich festhalten, dass man zur effektiven Emotionalen Konditionierung ein sowohl visuelles wie auch auditives und dynamisches Werbemedium benötigt. Die Auswahl reduziert sich damit auf die Medien Fernsehen und Internet. Eine Sonderstellung nimmt die Publikumszeitschrift ein, die nach dem obengenannten als Werbeträger für das Vermitteln von Emotionalität ungeeignet ist. In der Praxis wird sie jedoch häufig genau hierfür eingesetzt und empfohlen.[74] Die Gründe dafür können in der hohen Zielgruppenaffinität der Special-Interest-Tilel, dem hohen Medieninvolvement sowie in der unbefristeten Verfügbarkeit liegen. Praxisbeispiele hierfür wären die rein auf Emotionalität ausgelegten Anzeigen für Designermoden und Parfums in den einschlägigen Mode- und Lifestylemagazinen. Die Außenwerbung ist für die Vermittlung von Emotionalität eher ungeeignet. In der Praxis bedienen sich zwar die Tabakhersteller stark dieser Werbeform, doch die Gründe hierfür liegen in gesetzlichen Werberestriktionen und nicht in der Eignung des Mediums.

(3) Vermitteln sachlicher Informationen

Hier soll sachlich über das Produkt informiert werden. Technische Daten, Zusammensetzungen, Eigenschaften oder Herkunft des Produktes sowie seiner Bestandteile stehen im Focus der Kommunikation. Um diese Informationen aufzunehmen, zu realisieren und zu verarbeiten bedarf es Zeit. Die Werbung sollte daher zeitlich gut verfügbar sein und in einem involvementstarken Medium platziert werden.[75] Die klassischen dynamischen Medien Radio und

---

71 Vgl. hierzu unsere Erläuterungen in Kapitel 2.4.2.
72 Vgl. Gabler – Wirtschaftslexikon (1997), S. 1109.
73 Vgl. Neibecker (1990), S. 155.
74 Vgl. Gruner + Jahr AG&Co (2001): Zahlen und Daten für die Mediaplanung 2002, S. 80.
75 Vgl. Kall (1996), S. 165.

Fernsehen sind durch die zeitliche Restriktion der Spotlänge und damit des Preises eher ungeeignet. Darüber hinaus verfügen sie nicht über das notwendige Medieninvolvement. Die Außenwerbeflächen bieten trotz ihrer Größe zu wenig Gestaltungsfläche für Informationen. Diese Werbeflächen werden meist aus der Distanz wahrgenommen und müssen daher mit entsprechen Schriftgrößen ausgestattet sein. Das Medieninvolvement der Außenwerbung ist ebenfalls schwach.

Gut geeignet für die Vermittlung informativer Werbeinhalte ist die Anzeigenwerbung.[76] Sie bietet den nötigen Gestaltungsplatz, ist zeitlich unbegrenzt nutzbar und verfügt über ein hohes Involvement. Am besten geeignet ist nach Ansicht der Verfasser das Internet. Kein anderes Medium bietet so ausgefeilte Möglichkeiten der Informationsdarstellung und erfüllt dabei alle anderen wichtigen Eignungskriterien. Die Online-Werbemittel selber dienen hier i.d.R. nur der Generierung von Aufmerksamkeit und der zielgerichteten Navigationsführung. Die eigentlichen Informationen bekommt der Nutzer auf den verlinkten Homepages. Dort ist die Kapazität nahezu unbegrenzt. Detaillierteste Informationen können durch eine intelligente Menüführung dargeboten werden. Die Interaktivität des Mediums ermöglicht es dem Nutzer, die für ihn relevanten Informationen zu selektieren. Er entscheidet, was für ihn wichtig ist. Darüber hinaus sind hier auch technische Besonderheiten wie 360°-Ansichten des Produktes, Animationen, Streaming Videos sowie Simulatoren oder Emulatoren zur Demonstration der Produktfunktionen realisierbar. Wo bei diesem Werbemedium die Grenzen liegen, entscheidet lediglich der Werbetreibende bzw. sein Budget.

Abbildung 7.12 stellt eine Zusammenfassung der gewonnen Erkenntnisse dieses Kapitels dar.

Werbemedien	Kommunikationsziel		
	Aktualität	Emotionalität	Information
Außenwerbung	sehr gut	schlecht	schlecht
Anzeigenwerbung	schlecht	gut	gut
Radio	gut	bedingt	bedingt
Fernsehen	bedingt	sehr gut	bedingt
Internet	bedingt	sehr gut	sehr gut

Abb. 7.12: Generelle Eignung der Werbemedien zur Erfüllung der Kommunikationsziele

---

76 Vgl. Gruner + Jahr AG&Co (2000): Zahlen und Daten für die Mediaplanung 2001, aaO., S. 76f.

8   Mediaplanung

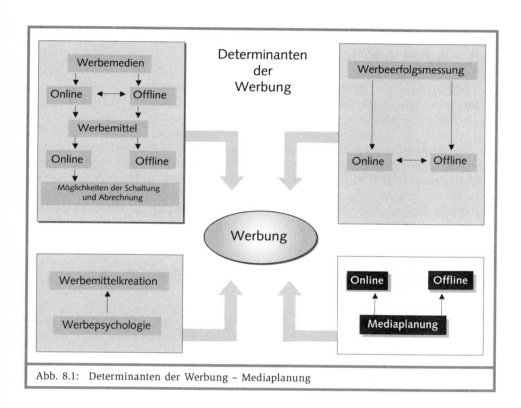

Abb. 8.1:   Determinanten der Werbung – Mediaplanung

»Als Teil der Marketing- und Kommunikationsplanung besitzt die Mediaplanung eine immer wichtiger werdende Optimierungsfunktion für eine unter Kosten/ Leistungsgesichtspunkten effiziente und unter Werbewirkungsaspekten aufmerksamkeitsstarke Zielgruppenansprache im Rahmen des Auswahlprozesses strategisch sinnvoller Kommunikationskanäle für den erfolgreichen Transport der Werbebotschaft.«[1] Es ist davon auszugehen, dass sich unter diesen Prämissen das Berufsbild des Mediaplaners nachhaltig verändern wird. Der Mediaplaner wird vom »Einkäufer« zum strategischen Berater über alle Kommunikationskanäle.[2]

8.1 Inter- und Intramediaplanung

Die Mediaplanung unterteilt sich in folgende Teilbereiche:
- Intermediäre Mediaplanung
- Intramediäre Mediaplanung.

»Die Intermedia-Planung ist die Auswahl der geeigneten Mediengattungen für eine Werbekampagne (Zeitschriften, Fernsehen, Plakatwand etc.). Auf dieser Planung baut die Intramedia-Planung auf, durch die die geeigneten Werbeträger innerhalb einer Mediengruppe ausgewählt werden (Zeitschrift A, Zeitschrift B etc.).«[3] Die Intermedia-Planung ist somit vor der Intramedia-Planung zu konzipieren.

8.2 Phasen der klassischen Mediaplanung

Die Mediaplanung ist in einen Planungsprozess integriert, der von der Analyse der Ist-Situation bis zur Ergebnisauswertung der Werbekampagne reicht. Folgende Planungsphasen werden dabei durchlaufen:[4]
1. Statusanalyse (Markt- und Wettbewerbsanalyse)
2. Strategische Zielsetzungen
3. Budgetdiskussion
4. Mediaselektion/Strategische Überlegungen
5. Kreative Erfordernisse
6. Kampagnenstrategische Überlegungen
7. Modelldiskussion und Strategieempfehlung

---

1 Siehe Winter/Fritzen, in Reiter (Hrsg.) (1999), S.397.
2 Reiter (1999), S. 21.
3 Siehe Pipers/Riehl (1997), S. 254.
4 Vgl. Winter/Fritzen, in Reiter (Hrsg.) (1999), S.398.

8. Media-Feinplanung
9. Dokumentation/Kampagnen-Reporting und -Monitoring.

Nachfolgend werden die einzelnen Planungsphasen erläutert.[5]

8.2.1 Statusanalyse (Markt- und Wettbewerbsanalyse)

Zu Beginn einer jeden Kampagne sollte eine umfassende Markt- und Wettbewerbsanalyse durchgeführt werden. Dabei sollten die eigenen bisherigen Werbeaktivitäten kritisch reflektiert und die Wettbewerbsaktivitäten im Bereich
der Werbung nach Umfang, Botschaft und selektierten Kommunikationskanälen analysiert werden. Des Weiteren sollte ein Imagevergleich aufgestellt sowie
die gesamte wirtschaftliche Marktlage analysiert werden. Im Folgenden wird
eine Auswahl an Hilfsmitteln zur Statusanalyse vorgestellt:
- **Spendings/Share of Advertising (SOA):** Der SOA stellt den Werbeanteil einer
  Marke an den Gesamtwerbeausgaben des Marktes dar. Die Daten können
  über Nielsen S+P bezogen werden, jedoch nur Daten klassischer Werbemedien (ohne Kino). Der SOA gibt Auskunft über die Position der einzelnen
  Wettbewerber im Markt.
- **Leistungslevel/Share of Voice (SOV):** Auf Basis der S+P Daten können über
  Zählprogramme Kampagnenleistungswerte wie Reichweite, OTS oder GRP
  ermittelt werden. Diese Daten geben Auskunft über das im Markt erforder-
  liche Leistungslevel zur Durchsetzung von Kommunikationszielen.

8.2.2 Strategische Zielsetzungen

In dieser Phase werden die ökonomischen Marketingziele (z.B. Steigerung des
Marktanteils auf x %) geplant bzw. in Werbeziele übersetzt, da die Werbeziele
in der Regel eine Operationalisierung der Marketingziele darstellen. Auf dieser
Basis werden zur Erreichung der Werbeziele geeignete Kommunikationsziele
(z.B. Schaffen von Emotionalität) und Mediaziele (z.B. Werbewirkungsaspekte
wie Netto-Reichweiten) definiert. Abbildung 8.2 stellt die Interdependenz strategischer Zielsetzungen von den Unternehmenszielen bis zu den Mediazielen
exemplarisch dar.

---

5   Vgl. hierzu sowie zum Folgenden Winter/Fritzen, in Reiter (Hrsg.) (1999), S. 398ff.

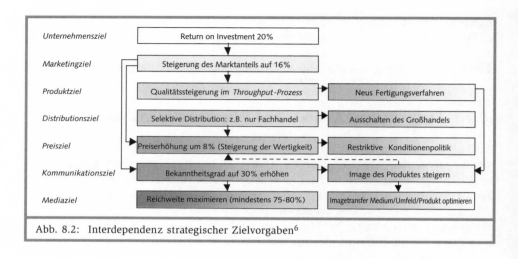

Abb. 8.2: Interdependenz strategischer Zielvorgaben[6]

8.2.3 Budgetdiskussion

Die Planungsphase Budgetdiskussion möchten wir hier etwas ausführlicher behandeln, da sie in der Praxis den größten Unsicherheitsfaktor darstellt und in der gesamten Mediaplanung einen stark beeinflussenden Charakter besitzt. *»Die Entscheidung über die Höhe und Streuung eines Werbebudgets ist streng genommen simultan zu treffen, da jedes Werbebudget theoretisch mit einem exakt definierten Spektrum werblicher Maßnahmen korrespondiert.«*[7] Faktisch bedient man sich hier jedoch der Sukzessivplanung. Die Mediaplanung ist nach Landwehr somit als Folgeentscheidung der Budgetfestlegung zu sehen.[8]

In der Praxis wird ebenfalls so gearbeitet, nur in Sonderfällen wird das verfügbare Budget korrigiert. Bei der Festlegung des Werbeetats wird in einer ersten Planungsstufe nach Produktgruppen oder Sparten und in einer zweiten nach einzelnen Produkten unterschieden. Es wird hier die zweite Planungsstufe vorausgesetzt. Bevor man sich nun mit den Budgetplanungsmethoden befasst, sollte die Stellung des Produktes im *Marktzyklus* analysiert werden,[9] da in der Praxis ein stark negatives Verhältnis zwischen Umsatzvolumen und Werbeaufwand zu beobachten ist.[10]

Der Marktzyklus ist Teil des Produktlebenszyklus und beschreibt die schematische zeitliche Entwicklung des Umsatzvolumens eines Produktes von der

---

6 Quelle: Winter/Fritzen, in Reiter (Hrsg.) (1999), S. 406.
7 Siehe Landwehr (1988), S. 48f.
8 Vgl. Landwehr (1988), S. 49.
9 Vgl. Kall (1996), S. 55f.
10 Vgl. Landwehr (1988), S. 145.

Markteinführung bis zur Entnahme des Produktes vom Markt.[11] Abbildung 8.3 stellt das Verhältnis zwischen Werbeaufwand und Umsatz zeitlich dar.

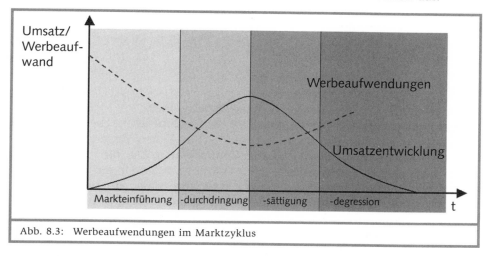

Abb. 8.3: Werbeaufwendungen im Marktzyklus

Zum Zeitpunkt der Markteinführung ist das Produkt noch unbekannt. Es muss daher mit erhöhten Werbeaufwendungen gefördert oder »angeschoben« (gepusht) werden. Ist das Produkt bereits bekannt und erfolgreich, können die Werbeausgaben reduziert werden. Mit der Degressionsphase steigen sie wieder an, um eben diese zu verhindern oder den Abverkauf der letzten Produkte zu sichern.

Verfahren zur Festlegung des Werbeetats

In der Praxis findet sich eine Fülle von Methoden und Verfahren zur Festlegung des Werbeetats. Diese reicht von simplen heuristischen Ansätzen bis zu komplexen modellgestützten Methoden. Im Folgenden werden die wichtigsten kurz genannt und erläutert.

Ökonomische Kennziffern als Bezugsgrößen[12]

- **Prozent-vom-Umsatz-Methode:** Ein bestimmter Prozentsatz des Umsatzes wird in Werbemaßnahmen investiert. Hier ist ein strategisches Gleichgewicht der einzelnen Produkte in den jeweiligen Marktphasen von Nöten.
- **Prozent-vom-Gewinn-Methode:** Analog zu Prozent vom Umsatz.
- **Prozent-vom-Deckungsbeitrag-Methode:** Analog zu Prozent vom Umsatz.
- **Werbeaufwand je Stück (Produkt):**[13] Fixe Werbesumme pro produzierter Einheit. Der Werbeetat ist somit ausbringungsmengenabhängig. Nachteil ist, dass die in Abbildung 8.3 aufgezeigte Abhängigkeit vernachlässigt wird.

---

11 Vgl. Link (1996), S. 111.
12 Vgl. Kall (1996), S. 31.
13 Vgl. Landwehr (1988), S. 144.

- **Prozent-von-den-Herstellkosten-Methode:** Hier werden in der Herstellung teurere Produkte stärker beworden. Die Position des Produktes im Markt-zyklus wird ebenfalls nicht berücksichtigt.
- **Prozent-der-Gesamt-Geschäftsausgaben-Methode:** Die Gesamt-Geschäfts-ausgaben stehen in einem sehr indirekten Verhältnis zu den strategisch not-wendigen Werbeaufwendungen.
- **Vorjahresetat inkl. Zuwachs:** Bei dieser Methode besteht die Gefahr, alte Fehler fortzuschreiben.

Das Werbeverhalten der Konkurrenz als Bezugsgröße[14]

- **Wettbewerbs-Paritäts-Methode:** Der eigene zukünftige Werbeetat orientiert sich an den prognostizierten oder durchschnittlichen vergangenheitsbezo-genen Werbebudgets vergleichbarer Konkurrenten. Die individuelle Situa-tion des eigenen Unternehmens wird bei dieser Methode nicht berücksich-tigt. Des Weiteren besteht auch hier die Gefahr, Fehler zu übernehmen.
- **Werbeanteil-Marktanteil-Methode (share of advertising):** Diese Methode ist auch als Werbeanteil je Marktanteilspunkt bekannt.[15] Das Verhältnis von eigenen Werbeausgaben zu den Gesamt-Werbeausgaben des Marktes sollte dem eigenen Marktanteil entsprechen.
- **Konkurrenzbezogener Ansatz zur Werbeetatbestimmung:**[16] Hier wird in einem ersten Schritt die Werbeproduktivität »e« aus vergangenheitsbezoge-nen Daten ermittelt: $e = Wu/Uu : Wk/Uk$[17]
  Setzt man »e« nun als konstant, so ergibt sich in einem zweiten Schritt Wu aus dem angestrebten Verhältnis von Uu zu Uk sowie den zukünftigen Werbeausgaben der Konkurrenz Wk. Der Nachteil besteht darin, dass alle zukünftigen Parameter geschätzt werden müssen und auf dieser (ungewis-sen) Basis dann die Berechnung von Wu erfolgt.

Verfügbare liquide Mittel als Bezugsgröße[18]

- **All-you-can-afford-Methode:** Die Höhe des Werbeetats richtet sich nach der momen-tanen individuellen Finanzlage des Unternehmens (was man sich leisten kann).
- **Restwertmethode:** Das Werbebudget ergibt sich bei dieser Methode als Resi-dualgröße nach Abzug aller anderen Marketingmaßnahmen der Periode.

Zu Verfolgende Werbeziele als Bezugsgröße[19]

- **Objective-and-task-Methode:** Diese Methode wird auch Ziel-Mittel- oder Ziel-Aufgaben-Methode genannt. Die Höhe des Werbeetats orientiert sich hier an den angestrebten Werbezielen. Sollten diese sich als nicht finanzier-bar erweisen, werden sie in einem Rückkopplungsprozess korrigiert.

---

14 Vgl. Landwehr (1988), S. 32.
15 Vgl. Landwehr (1988), S. 144.
16 Vgl. Link/Gerth/Vossbeck (2000), S. 286f.
17 Wu = Werbeausgaben der eigenen Unternehmung, Uu = Umsatz der eigenen Unter-
    nehmung, Wk = Werbeausgaben der Konkurrenten, Uk = Umsatz der Konkurrenten.
18 Vgl. Kall (1996), S. 33.
19 aaO.

Weitere Methoden

* Neben den vorstehend aufgeführten marginalanalytischen Optimierungsansätzen gibt es noch multiple Regressionsansätze sowie dynamische Responsefunktionen zur Festlegung des Werbeetats,[20] die hier jedoch nicht weiter ausgeführt werden. Es wird auf die angegebene Quelle verwiesen.

Welche Methode zur Werbeetatbestimmung nun zur Anwendung kommt, ist von der individuellen Situation des Werbetreibenden, von seinen Präferenzen sowie von seinen Erfahrungen abhängig. Nach Meinung der Verfasser wäre eine Kombination der Methoden Werbeanteil-Marktanteil-Methode, All-you-can-afford-Methode und Ziel-Mittel-Methode empfehlenswert. Die Werbeanteil-Marktanteil-Methode gibt Auskunft darüber, wie sich der relevante Markt im Bezug auf Wachstum und Konkurrenzintensivierung entwickelt. Darüber hinaus berücksichtigt sie die Werbeetatentscheidungen mehrerer Unternehmen und nivelliert so Ausreißer. Die All-you-can-afford-Methode berücksichtigt die individuelle Finanzsituation des Einzelnen und schützt damit vor finanziellen Überlastungen. Die Ziel-Mittel-Methode berücksichtigt die strategischen Kommunikationsziele und stellt diese bei Nichtfinanzierbarkeit in Frage. Hierdurch kann die kommunikative Effizienz der Kampagne verbessert werden.

8.2.4 Mediaselektion/Strategische Mediaüberlegungen

In dieser Planungsphase wird die Intermediaplanung durchgeführt, d.h. es werden die für die strategische Zielsetzung geeignetsten Mediengattungen selektiert. Folgende Aspekte gilt es dabei schwerpunktmäßig zu Berücksichtigen:
* Die Eignung der Medien zur Erfüllung der strategischen Kommunikationsziele[21]
* Die Möglichkeiten der selektiven Kundenansprache.[22]

8.2.5 Kreative Erfordernisse

Unter diesem Punkt sollten strategische Überlegungen zur Werbemittelgestaltung auf Basis der strategischen Zielsetzungen vorgenommen werden. Zu berücksichtigen sind dabei Präferenzen der Werbemittelbeschaffenheit des Marktes, gestaltungsspezifische Mindestanforderungen, ein wirtschaftliches Verhältnis von Kreativkosten zu Schaltungskosten sowie die Einhaltung gestalterischer Vorgaben in Form von CI-Farben oder einem Styleguide.[23] Auf der Grundlage

---

20 Vgl. Link/Gerth/Vossbeck (2000), S. 288f.
21 Vgl. hierzu Kapitel 7.9.
22 Vgl. hierzu Kapitel 7.5.
23 Vgl. hierzu Kapitel 7.9.

dieser Überlegungen wird das Agentur-Briefing (Ausschreibung der Werbemittelkreation) sowie ein Agentur-Pitch (Ergebnispräsentation mehrerer Agenturen in einer Konkurrenzsituation) durchgeführt.

8.2.6 Kampagnenstrategische Überlegungen

Bei diesem Aspekt geht es darum, Schwerpunkt-Medien und evtl. Bei-Medien (unterstützende/ergänzende Medien) innerhalb des Media-Mixes festzulegen. Berücksichtigt werden müssen dabei:
- Kampagnenzeitraum und Mindestfrequenz nach Werbedruckaspekten
- Abstimmung mit saisonalen Schwankungen und Promotionaktionen
- Einteilung der Kampagne in zeitliche Etappen und Festlegen einer entsprechenden Frequenz- und Werbedruckgewichtung
- Wellentaktik oder durchgängige Werbezeitraumabdeckung festlegen
- Media-Mix-Strategie oder Mono-Strategie festlegen
- Bei Entscheidung für Media-Mix zeitliche Einsätze der Mediengattungen festlegen
- Räumliche Schwerpunktgebiete definieren.

8.2.7 Modelldiskussion und Strategieempfehlung

In dieser Phase werden alternative Mediastrategien simuliert und nach Gesamt-Nettoreichweiten, Frequenz- und Kontaktdichte, realisiertem Werbedruck, Aufmerksamkeitswirkung, zeitlicher Staffelung oder Streuverlusten beurteilt. Abschließend wird auf den Ergebnissen dieser Phase eine Strategieempfehlung gegeben. Generell wird zwischen folgenden Strategieansätzen unterschieden:
- **Wirtschaftlichkeitsorientierte Strategie:** Optimierung des TKP. Nachteil: Randzeiten/-titel, Defizite in der Nutzungsintensität und damit in der Reichweite.
- **Qualitätsstrategie:** Zielgruppenaffin und zu Kernzeiten. Anwendung bei imagesensitiven Produkten oder Überzeugungsaspekten.
- **Reichweitenorientierte Strategie:** Maximieren der Nettoreichweite. Marginalanalytische Kostenoptimierung für jeden zusätzlichen Reichweitenpunkt (Grenzkostentheorie).
- **Kontaktorientierte Strategie:** Maximierung der Kontakthäufigkeit (OTS).

8.2.8 Media-Feinplanung

In dieser Phase wird die Intramediaplanung, das heißt die Feinplanung durchgeführt. Zu diesem Zweck wird ein detaillierter Mediastreuplan mit folgenden Inhalten erstellt:

* Werbeträger inkl. Werbemittel
* Schaltungskosten
* Schaltungstermine/-frequenzen
* Buchungsdeadlines
* Werbemittel-Anlieferungstermine
* Stornosituation.

8.2.9 Dokumentation/Kampagnen-Reporting und -Monitoring

Klassische Dokumentation und Auswertung aller Planungsphasen der Werbe-kampagne sowie Analyse des Werbeerfolges. Folgende Punkte sind dabei zu berücksichtigen:

* **Generelle Informationen:** Erstellen eines Organigramms, das alle Ansprech-partner beinhaltet, Kompetenzen und Zuständigkeiten klärt. Dieses Orga-nigramm sollte der Agentur und dem Kunden vorliegen. Entwickeln eines Verteilsystems, das die Frage klärt, wer wann was erhält.
* **Strategie und Planung:** Erstellen eines Strategiecharts und eines Frequenz-plans pro Mediengruppe.
  - **Strategiechart:** Das Strategiechart stellt eine Übersicht der belegten Medien-gattungen dar. Berücksichtigt werden dabei Aspekte wie Zeitraum, Wer-bedruck, Reichweite, OTS, Werbungskosten etc.
  - **Frequenzplan:** Der Frequenzplan ist als Ergänzung zum Strategiechart zu sehen. Er beinhaltet die einzelnen Werbeträger (z.B. Zeitschriftenti-tel, TV-Sender), die jeweiligen Werbemittel, ihre Schaltungsfrequenzen sowie die Buchungszeiträume.
* **Einkauf:** Mit dem Einkauf der Buchungsplätze durch die Media-Agentur werden folgende Detailinformationen bereitgestellt: Terminpläne, Platzie-rungslisten, Kostenpläne und Produktionspläne (technische Anforderungen für die Werbemittelproduktion).
* **Budgetführung:** Erstellen von Budgetlisten und Koordination der Konditio-nen.
* **Analysen:** Folgende Analysen sollten durchgeführt werden:
  - Soll-/Ist-Vergleiche
  - Einkaufs-/Platzierungsanalysen
  - Marktanalysen.

8.3 Phasen der Online-Mediaplanung

Die Online-Mediaplanung unterscheidet sich in vielen Belangen von der klassi-schen Mediaplanung, weshalb sie separat betrachtet wird. Folgende neun Pla-nungsphasen werden im Rahmen der Online-Mediaplanung durchlaufen:

1. Definition der Werbeziele
2. Selektion geeigneter Werbemittel
3. Selektion der Werbeträgersites und Erstellen eines Kostenplanes
4. Werbemittelkreation
5. Banner-Pretest
6. Schaltung des ersten Flights
7. Reporting und Optimierung
8. Schaltung des zweiten Flights
9. Kampagnenauswertung/Check Zielereichung.

Nachfolgend werden die einzelnen Schritte der Online-Mediaplanung vorge-stellt, das Werbebudget sei dabei gegeben.

8.3.1 Definition der Werbeziele

In Analogie zur klassischen Mediaplanung werden zum Beginn der Kampagne die **strategischen Zielsetzungen** festgelegt. Neben den kommunikativen Werbe-zielen ergeben sich einige internetspezifische Besonderheiten. Zu nennen wären hier die bloße Generierung von Traffic in Form von Visits, der Online-Verkauf von Produkten, das Tätigen einer Reservierung oder bspw. das Hinterlassen der Kontaktdaten für spätere Informationen.

8.3.2 Selektion geeigneter Werbemittel

Grundsätzlich ist die Selektion geeigneter Werbemittel von den kommunikati-ven Zielsetzungen abhängig. Soll der Nutzer emotional angesprochen werden, bedarf es eines Werbemittels mit vielfältigen multimedialen Gestaltungselemen-ten (bspw. Videosequenzen, Musik, Textanimationen etc.). Für solche Einsätze ist das Superstitial prädestiniert. Pop-ups bieten ebenfalls viele Gestaltungs-möglichkeiten, konfrontieren den Nutzer jedoch mit Ladezeiten.

Banner sind aufgrund ihrer begrenzten Gestaltungsfläche sowie den kapazi-tiven Restriktionen von ca. 12 KB zur Schaffung von Emotionalität eher unge-eignet. Zur Schaffung von Aktualität sind Interstitials zu empfehlen, da sie als auffälligste Werbemittel im Internet gelten. Es sollte jedoch beachtet werden, dass Interstitials in der Regel nicht klickbar sind. Besteht das Ziel darin, den Nutzer auf die Site des Werbetreibenden zu leiten, muss daher parallel zum Interstitial ein Pop-up oder Banner ausgeliefert werden.

Zu Vermittlung von Informationen sind Banner sehr geeignet. Durch die Möglichkeiten interaktiver Banner lassen sich bspw. Mouse-Over-Funktionen oder Pull-down-Menüs integrieren, die dem Nutzer einen informativen Mehr-wert bieten.

Ebenfalls zu Berücksichtigen sind so genannte unternehmenspolitische Interes-sen. Will oder muss das Unternehmen auf bestimmten Seiten präsent sein, können dadurch die Werbemittel vorgegeben sein. Nicht auf jeder Website ist jedes Werbemittel schaltbar. Sollte man sich bspw. für eine reine Super- oder Interstitial-Kampagne entscheiden, würden diverse qualitativ-hochwertige Websites entfallen. Die Wahl des Werbemittels ist somit nicht getrennt von der Wahl der Werbeträgersite durchzuführen – beide Variablen korrespondieren miteinander.

8.3.3 Selektion der Werbeträgersites und Erstellen eines Kostenplanes

In dieser Planungsphase werden die relevanten Werbeträgersites selektiert. Um die Frage beantworten zu können, auf welchen Websites geworben werden sollte, müssen folgende Aspekte berücksichtigt werden:
- Qualität: zielgruppenaffine Websites (Special-Interest-Sites)
- Qualität: Nutzungsintensität der Website
- Quantität: reichweitenstarke Websites (Common-Interest-Sites)
- Quantität: Rotationsbuchungen
- Wirtschaftlichkeit: CPC-Berechnungsmodelle
- Aktionsorientierung: CPA-Berechnungsmodelle
- Schaltbare Werbemittel
- Unternehmenspolitische Interessen

Im Internet gibt es prinzipiell zwei Unterscheidungskriterien zur Klassifikation von Websites: Das Thema einer Website und die Nutzungsintensität einer Website. Nach dem Thema einer Website unterscheidet man zwischen *Common-* oder *General-* und *Special-Interest-Sites*. Common-Interest-Sites haben keinen thematischen Bezug zum beworbenen Produkt, Special-Interest-Sites hingegen schon, weshalb sie als zielgruppenaffiner gelten.

Diese Zielgruppenaffinität hat jedoch ihren Preis: Werbeplätze auf Special-Interest-Sites sind in der Regel teurer als Werbeplätze auf Websites, die keine Einschränkung der Zielgruppe ermöglichen. Common-Interest-Sites hingegen zeichnen sich durch ihre meist höhere Bekanntheit und einer daraus resultierenden größeren Anzahl an Visits und PageImpressions aus. Dieser Sachverhalt gewinnt an Bedeutung, legt man bspw. die Klassifikation der Internetnutzer von McKinsey zugrunde.[24] Dem Nutzertyp der so genannten »Schnupperer« fehlt es an Netzerfahrung, weshalb sich diese Gruppe stark an Offline-Marken orientiert (z.B. Bild.de, Sat1.de etc.). Nach Angaben von McKinsey macht die Gruppe der »Schnupperer« 26% aller Online-Nutzer aus. Wirbt man auf sehr speziellen Internetseiten, die der Masse nicht bekannt sind, entgehen einem somit 26% aller Internetnutzer.

Die *Nutzungsintensität* spiegelt das Verhältnis von Visits zu PageImpressions wieder. Stehen bspw. 10.000 Visits 80.000 PageImpressions gegenüber, so kann

---

24 Vgl. hierzu Kapitel 4.3.

daraus geschlossen werden, dass jeder Nutzer durchschnittlich acht mal innerhalb des Angebotes geklickt hat. Aus der Praxis gesehen würde dies einem
guten Wert entsprechen. Nach dieser Kennzahl kann man zwischen so genannten *Going-Through-Sites* und *Going-To-Sites* unterscheiden. Going-Through-Sites
sind reine Navigationsseiten, die als »Sprungbrett« fungieren. Going-To-Sites
hingegen sind »Zielseiten«, auf denen gearbeitet wird. Ihre Nutzungsintensität ist höher. Aufgrund der höheren Nutzungsintensität und der meist längeren Verweildauer sind Going-To-Sites für werbliche Maßnahmen geeigneter als
Going-Through-Sites.

Tipp   Auf der Website der IVW sind die Kennzahlen Visits, PageImpressions und
die Nutzungsintensität von über 400 Sites nach Rubriken sowie alphabe-
tisch ausgewiesen.
URL: http://www.ivw.de/, Navigationspfad: Online-Nutzung – Daten

Neben der Buchung von fixen Werbeplätzen ermöglichen die modernen AdServer-Systeme *Rotationsbuchungen*.[25] Die Buchungsform Run of Network ermöglicht
es bspw., ein Werbemittel (meist Banner) innerhalb eines Netzwerkes rotieren
zu lassen. Beispiele wären hier Adpepper (29 Anbieter) oder Adlink-Direkt (65
Anbieter). Diese Art der Buchung ist preisgünstig und erzielt eine hohe Reichweite. Der Nachteil liegt jedoch in der mangelnden Zielgruppenhomogenität
sowie in den oftmals unbedeutenden Seiten dieser Netzwerke.

Ein weiteres Entscheidungskriterium für die Wahl einer Werbeträgerseite ist
das offerierte *Abrechnungsmodell* und damit der Preis der Werbemittelschaltung.[26] Qualitativ-hochwertige Sites sind sich ihrer Position bewusst und bieten
meist nur TKP-Abrechnungen an. Es wird ein fixer Preis für 1.000 Werbemitteleinblendungen (AdImpressions) gezahlt. Dieses Abrechnungsmodell entspricht
dem der klassischen Medien.

Neben diesem klassischen Modell gibt es zwei internetspezifische responseori-
entiere Abrechnungsmodelle: Das CPC- und das CPA-Modell. Beim CPC-Modell
(Cost per Click) wird keine Pauschalsumme erhoben, sondern nach AdClicks
gezahlt. Clicks niemand, entstehen dem Werbetreibenden keine Kosten. Noch
einen Schritt weiter geht das CPA-Modell (Cost per Action), dass meist in Verbindung mit einem geminderten CPC angeboten wird. Der CPA wird nur berechnet, wenn auf der verlinkten Website des Werbetreibenden eine vorher definierte Aktion (z.B. Reservierung) durchgeführt wird. Den Ausführungen zu
den responseorientierten Abrechnungsmodellen ist zu entnehmen, das sich die
Höhe der Schaltungskosten im Vorfeld auf der Basis prognostizierter AdClicks
und Conversionrates nur schätzen lässt. Dieser Nachteil ist jedoch aufgrund
von Erfahrungswerten der Mediaagenturen nicht sehr gewichtig.

---

25 Vgl. hierzu Kapitel 5.2.1.
26 Vgl. hierzu Kapitel 5.2.3.

Neben der Restriktion der buchbaren Werbemitteln (bspw. nur Banner und Pop-ups) sollten *unternehmenspolitische Interessen* bei der Selektion von Werbesites berücksichtigt werden. Es sollte bspw. geprüft werden, ob auf den Websites der Konkurrenz geworben werden sollte. Dafür spricht, dass man ihnen evtl. Interessenten abzieht, dagegen spricht, dass man sie durch die Werbeschaltung finanziell unterstützt. Da es bei der Schaltung von Werbung generell zu Ausstrahlungseffekten kommt, sollte berücksichtigt werden, ob man als Werbetreibender eine Website aufwertet, oder ob eine Website das werbende Unternehmen aufwertet. Generell sei von imageschädigenden Websites der Bereiche Alkohol, Tabakwaren, Erotik oder Websites politischen Inhalts abgeraten.

Neben der Auswahl der Bannerart und den geeigneten Werbeträgerseiten hat auch die *Platzierung auf der Seitenebene* einen entscheidenden Einfluss auf die Wahrnehmung, Erinnerung und nicht zuletzt auf den AdClick-Erfolg einer Banner-Werbekampagne. Eine Determinante für eine erfolgreiche Platzierung von Bannern ist beispielsweise die Darstellung der Internetseite bei verschiedenen Bildschirmauflösungen. So können bei größeren Auflösungen die unteren Bereiche einer Webseite erst durch herunterscrollen sichtbar werden, die bei einer kleineren Auflösung direkt beim Laden der Seite auf dem Bildschirm sichtbar wären.

Darüber hinaus muss über horizontale (links-, bzw. rechtsseitige Platzierung) und vertikale (Platzierung oben, bzw. unten) Bannerposition entschieden werden. Dies ist natürlich stark von der Werbeträgerseite und dem präsentierten Inhalt abhängig. Untersuchungen ergaben, dass die Platzierungsvariable oben vs. unten keinen nennbaren Einfluss auf die CTR hat, die Variable rechts vs. links hingegen schon. Hier haben dicht neben der Scrollbar auf der rechten Seite platzierte Werbemittel geringfügig bessere CTR erzielt als links platzierte.[27]

Einen entscheidenden Einfluss auf die Dauer der Sichtbarkeit der Werbeform hat auch der Aufbau einer Seite. Erfolgt die Navigation durch das Webangebot über die Aufteilung der Seite in Frames,[28] so können in Frames positionierte Banner länger im Sichtbereich des Besuchers erscheinen als Banner auf der Hauptseite, die durch das Herunterscrollen aus dem einsehbaren Bereich verschwinden.[29] Ein weiterer wichtiger Faktor für die erfolgreiche Banner-Platzierung ist die Anzahl der konkurrierenden Werbeformen auf der ausgewählten Trägerseite. Empirische Untersuchungen haben hierbei ergeben, dass mit

---

27 Vgl. o.V. (o.J.), URL: http://www.glossar.de/glossar/z_banner.htlm (Stand: 08.05.2002).
28 Strukturierung einer Internetseite durch »Rahmen«, also abgetrennte Seitenbereiche in denen beispielsweise Navigationsleisten positioniert werden. Diese bleiben auch nach dem Aufrufen einzelner Seiten im Hauptfenster in den abgetrennten Bereichen sichtbar.
29 Sog. Sticky Ads können diesem Nachteil entgehen. Hierbei handelt es sich um spezielle Werbebanner, die beim Scroll-Vorgang im sichtbaren Bereich des Besuchers bleiben, indem sie neben dem Inhalt »mitwandern«, Quelle: G+J Electronic Media Sales GmbH (2001), Online Werbewirkung, S. 29.

zunehmender Anzahl der auf einer Seite platzieren Werbeflächen der Anteil des Nutzerinteresses für den einzelnen Banner abnimmt.[30]

Bei den Ausführungen zur Wahl der richtigen Werbeträgersites ist deutlich geworden, dass es nicht die eine richtige Entscheidung gibt. Eine gute Online-Werbeschaltung ist stark von einem ausgewogenen Mischungsverhältnis geprägt. Eine rein qualitative Kampagne stellt sich meist als zu teuer heraus, eine rein quantitative Kampagne weist in der Regel zu hohe Streuverluste und damit eine zu geringe CTR auf. Es wird daher empfohlen, einen Teil des Werbebudgets für die zielgruppenaffine Schaltung (meist auf TKP-Basis) zu verwenden und den anderen Teil zur Realisierung response- und/oder erfolgsorientierter orientierter (CPC- oder CPA-Buchungen) und reichweitenstarker sowie kostengünstiger Buchungen (Common-Interest und Netzwerkrotationen). Somit lassen sich Wirtschaftlichkeit und Netzpräsenz steigern sowie die Wahrscheinlichkeit von Mehrfachkontakten erhöhen. Auf Basis dieser Erkenntnisse sollten für das Unternehmen relevante Bereiche/Rubriken festgelegt werden, für einen Finanzdienstleister bspw. folgende:
1. Umfeld Finanz/Wirtschaft
2. Reichweitenstarke Platzierungen
3. Wirtschaftliche/kostengünstige Platzierungen.

Da das Internet ein dynamisches Pull-Medium ist, werden Online-Werbekampagnen in der Regel nach *AdImpressions* (Anzahl der Werbemitteleinblendungen) gebucht. Bei einer »Vollbuchung« entsprechen die AdImpressions den PageImpressions, d.h. mit jedem Seitenaufruf wird das Werbemittel ausgeliefert bzw. angezeigt. In der Regel liegt aus Kostengesichtsgründen die Anzahl der AdImpressions unter den realisierbaren PageImpressions der Werbeträgersites. Die Folge ist, dass die Werbung nur bei jedem x. Seitenaufruf eingeblendet wird. Bei einer solchen »Teilbuchung« sollte die Anzahl der AdImpressions nicht zu gering gewählt werden, da der Nutzer eine erinnerte Werbung sonst unter Umständen nicht wiederfindet. Es sei den Werbetreibenden daher empfohlen, sich ein unteres Limit von bspw. 50.000 oder 100.000 AdImpressions zu setzen. Dadurch diszipliniert man sich selber, nicht mit zu geringen Einblendungen auf zu vielen unterschiedlichen Websites zu werben.

Neben der Buchung nach AdImpressions offerieren einige Vermarkter (bspw. Advertising.com) die Buchung nach *AdClicks*. Es wird dabei eine bestimmte Anzahl an AdClicks eingekauft. Je nach der CTR wird das Werbemittel so lange/oft ausgestrahlt (AdImpressions), bis die gewünschte Anzahl an AdClicks realisiert wurde. Bei einer prognostizierten geringen CTR oder ungewissen Netzwerkrotationen würde sich ein solches Buchungsmodell (meist in Verbindung mit einer CPC-Abrechnung) anbieten.

---

30 Henn spricht in diesem Zusammenhang vom »Kannibalisierungseffekt durch die simultane Platzierung mehrerer Werbeflächen auf einer Bildschirmseite«, vgl. Henn (1999), S. 154f.

Internetsite	Internet-platzierung	Datum von	Datum bis	Breite	Höhe	Bemerkung	Kosten (N/N/N)	GeAl	URL
Umfeld Auto / Reise									
ADAC	Test & Technik	4/23/01	5/20/01	200	300		3,294.38	70,000	www.adac.de
AdLive Reisekombi	Rotation	4/23/01	5/20/01	468	60		6,388.59	750,000	Gruppe: AdLive Reisekombi
Autouniversum	Home	4/23/01	5/20/01	200	300		5,457.29	113,739	www.autouniversum.de
Deutsche Bahn	Homepage	4/23/01	5/20/01	468	60		3,833.16	150,000	www.bahn.de
Sportal.de	Homepage	4/23/01	5/20/01	200	300		4,259.06	100,000	www.sportal.de
Sports.com	Homepage	4/23/01	5/20/01	200	300		4,259.06	100,000	www.sports.com
Zwischensumme:							**27,491.54**	**1,283,739**	
Wirtschaftliche Platzierungen									
Adlink Direct	Rotation	4/23/01	5/20/01	468	60		5,783.81	800,000	Gruppe Adlink direct
Netpoint	Rotation	4/23/01	5/20/01	468	60		6,388.59	1,000,000	Gruppe: Netpoint Kombi
Wetteronline	Werbeframe	4/30/01	5/13/01	234	60		5,110.80	4,000,000	www.wetteronline.de
Zwischensumme:							**17,283.20**	**5,800,000**	
Reichweitenstarke Platzierungen									
Adpepper	Run of Network	4/23/01	5/20/01	468	60		10,221.75	3,000,000	Gruppe: Run of Network
Tomorrow Network	Rotation	4/23/01	5/20/01	468	60		3,258.18	450,000	Gruppe: Tomorrow Network
tvtoday	Fußball	5/3/01	5/20/01	468	60		1,996.44	125,000	www.tvtoday.de
tvtoday	Formel 1	4/30/01	5/20/01	468	60		718.72	45,000	www.tvtoday.de
tvtoday	Home	5/14/01	5/20/01	200	300		4,216.47	60,000	www.tvtoday.de
Zwischensumme:							**20,411.56**	**3,680,000**	
Test Umfeld Finanzen / Wirtschaft									
N-TV Online	Unternehmen	4/23/01	5/13/01	200	300		9,787.75	100,000	www.n-tv.de
Sueddeutsche	Wirtschaft	4/23/01	5/20/01	200	300		9,090.00	100,000	www.sueddeutsche.de
Welt online	Finanzen/Politik	4/23/01	5/20/01	200	300		6,388.59	100,000	www.welt.de
Zwischensumme:							**25,266.34**	**300,000**	
Summe:							**90,452.64**	**11,063,739**	

MAGIC RESPONSE

Abb. 8.4: Kostenplan einer Online-Kampagne (in DM)

Eine weitere Besonderheit der Online-Werbung stellt der *Buchungszeitraum* dar. Das Internet ist stark vom Neuigkeitswert geprägt. Eigenerfahrungen ergaben, dass die AdClicks sowie die CTR mit der Zeit kontinuierlich sinken. Daraus lässt sich ableiten, dass eine Online-Kampagne bei Konstanthaltung des Werbemittels und der Werbeträgersite nicht länger als ca. vier Wochen dauern sollte. Nach dieser Zeit sollten die Werbemittel oder die Werbeträgersites gewechselt werden. Ausnahmen bilden hierbei Rotationsbuchungen, bei denen automatisiert kontinuierlich die Werbemittel und/oder die Websites gewechselt werden.

Wurden die Werbeträgersites selektiert, die Werbemittel, die Buchungszeiträume und die gewünschten AdImpressions festgelegt, werden diese Daten in einem Mediaplan dem so genannten »*Kostenplan*« niedergeschrieben. Die Mediaagentur prüft auf dieser Basis die Verfügbarkeit. Der Kostenplan sollte ca. vier Wochen vor dem geplanten Kampagnenbeginn fertiggestellt sein. Abbildung 8.4 zeigt einen möglichen Kostenplan.

Die Spalten Breite und Höhe definieren das Werbemittel (200 x 300 = Pop-up, 468 x 60 = Banner). Die Kosten sind in DM angegeben und entstammen dem Jahr 2001, sie variieren nach dem Einkaufgeschick der Mediaagentur. Die Spalte GeAl zeigt die gebuchten (gewünschten) AdImpressions an. Bei Netzwerkbuchungen werden die Sites des Netzwerkes als Anlage beigefügt. Ein solcher Kostenplan dient im Weiteren der Kreativagentur als Grundlage zur Werbemittelkreation.

8.3.4 Werbemittelkreation

Die Kreativagentur erstellt auf Basis des Kostenplanes die Werbemittel. Sie hat so die Möglichkeit, die Werbemittel von der Tonalität her auf die Werbeträgersites abzustimmen. Ebenfalls sei nochmals darauf hingewiesen, dass die Anforderungen eines Werbemittels davon abhängig sind, ob auf einer Special- oder einer Common-Interest-Site geschaltet wird. Da in der Regel beides der Fall ist, benötigt das werbetreibende Unternehmen somit mindestens zwei differente Werbemittel.

Im zielgruppenaffinen Bereich der Special-Interest-Sites sollten die Werbemittel nicht zu auffällig oder aufdringlich sein. Auf den nicht zielgruppenspezifischen Sites (Common-Interest) hingegen ist die Auffälligkeit eines Werbemittels bedeutender. Hier muss das Interesse des Nutzers durch das Werbemittel erst geweckt werden.

Tests des Marktforschers ComCult Research ergaben, dass auf Special-Interest-Sites argumentative Banner höhere CTR erzielen. Auf Common-Interest-Sites sind emotionale Image-Banner wirksamer. Es lässt sich in Anlehnung an die Abschnitte 2.8 »Gestalterische Anforderungen/Empfehlungen« und 6.2.4 »Besonderheiten bei der Kreation von Online-Werbemitteln« festhalten:

- **Spezial-Interest-Site/zielgruppenaffin:**
  - Dezente Farbgebung
  - Sachliches Werbemotiv
  - Argumentativer Werbetext.

- **Common-Interest-Site/nicht-zielgruppenaffin:**
  - Auffällige Farbgebung
  - Emotionales aktivierendes Werbemotiv
  - Imagelastiger emotionaler Werbetext.

Aus Wirtschaftlichkeitsgründen sollten sich die Kreativkosten an den Schaltungskosten orientieren. Auf die Werbemittelkreation sollten dabei nicht mehr als 10% der Schaltungskosten entfallen, da hier sonst ein deutliches Missverhältnis besteht. Ferner ist zur Senkung der Kosten zu berücksichtigen, dass Werbemotive (bspw. Personenabbildungen) aus einer lizenzfreien Datenbank gewählt werden.

Werden Abbildungen von Produkten, Firmenzeichen etc. verwendet, liegen diese in der Regel dem Unternehmen bereits in digitaler Form vor. Zur Steigerung der Transparenz, zur Senkung der Kosten sowie zur Unterstützung der Kreativagentur sollten diese Abbildungen in einer unternehmensinternen Datenbank gespeichert und den Agenturen zur Verfügung gestellt werden.

Zur Gewährleistung einer problemlosen Kampagnenschaltung sollte auf eine permanente Abstimmung zwischen Kreativ- und Mediaagentur geachtet werden. Neben kapazitiven Restriktionen bestehen zwischen den einzelnen AdServer-Systemen und Werbeträgersites unterschiedliche Anforderungen im Bezug auf die Programmiersprache, die Verlinkung oder die Integration von Tag-Befehlen. Die Mediaagenturen stellen in der Regel eine Liste zum Thema »technische Anforderungen der Werbemittelgestaltung« bereit, die akribisch Beachtung finden sollte.

Tipp

Sollten die Werbemittel aus Kostengesichtsgründen in Eigenregie erstellt werden, und nicht das notwendige Know-how vorliegen, sei die folgende Website empfohlen:
http://www.banner.de/
Auf dieser Website wird kostenlos ein Banner-Generator zur Erstellung eigener Werbebanner angeboten. Der Nutzer kann dabei sogar eigene Werbemotive (Produktabbildungen, Logos etc.) importieren. Nachteil: Die Sites ist sehr stark frequentiert, weshalb in der Nutzung auf Randzeiten ausgewichen werden sollte.

8.3.5 Banner-Pretest

Ein leider zu gering verbreiteter Praktikerausspruch besagt: *Der Köder muss nicht dem Angler schmecken, sondern dem Fisch!*

Aus diesem Grund sollten die Werbemittel vor der finalen Schaltung einem Pretest durch die Nutzer unterzogen werden. Es besteht somit die Möglichkeit zu prüfen, welches Werbemittel in welchen Rubriken die höchsten Leistungswerte erzielt. Ein solcher Test kann die Effizienz einer Kampagne deutlich steigern. Im Bezug auf den genannten Praktikerausspruch ist es wenig zielführend, die Auswahl des Werbemittels bspw. einem Werbeleiter zu überlassen. Einzig und allein die Meinung und Akzeptanz der Nutzer bzw. Zielgruppe zählt.

8.3.6 Schaltung des ersten Flights

Wurden alle zuvor genannten Schritte erfolgreich abgeschlossen, wird der erste Flight der Kampagne geschaltet. Der Begriff »*Flight*« entstammt der Werbepraxis und bezeichnet die Online-Schaltung der Kampagne nach Vorgaben des Kostenplans. Aufgrund des Zwangs zur Aktualisierung der Werbeschaltung, besteht eine Kampagne in der Regel aus mehreren Flights. Nach der Online-Stellung sollte der Werbetreibende unbedingt alle Werbeschaltungen darauf überprüfen, ob die richtigen Werbemittel auf den richtigen Werbeträgersites korrekt angezeigt werden und die gewünschten Verlinkungen integriert wurden bzw. die Werbemittel voll funktionstüchtig sind. Dieser Kontrollvorgang ist von größter Wichtigkeit, da die Online-Werbung leider in vielen Bereichen z.Z. noch fehlerbehaftet ist. Sollte die Kontrolle Fehler aufweisen, erhält der Werbetreibende als Entschädigung meist zusätzliche kostenlose AdImpressions, Preisnachlässe sind weniger üblich und auch nicht zielführend.

Problematisch sind in diesem Zusammenhang Rotationsbuchungen auf Netzwerken, da sie sich als nahezu unkontrollierbar erweisen. Ebenfalls erschwert wird die Kontrolle, wenn im Verhältnis zu den PageImpressions eine zu geringe Anzahl an AdImpressions gebucht wurde, was nochmals für die Festsetzung einer Mindestgrenze an AdImpressions spricht.

Ein Beispiel zur Verdeutlichung der genannten Kontrollprobleme: Auf einer Site mit 500.000 PageImpressions pro Monat werden 10.000 AdImpressions eingekauft. Das Werbemittel würde somit durchschnittlich bei jedem 50. Seitenaufruf (PageImpression) eingeblendet werden. Würde es sich in dem Beispiel um eine Netzwerkrotation handeln, würden sich die AdImpressions zusätzlich auf bspw. 50 Websites verteilen und wären somit gezielt faktisch nicht aufzufinden.

8.3.7 Reporting und Optimierung

Unter Reporting versteht man die Auswertung eines Flights bzw. einer Online-Kampagne nach spezifischen Leistungskennzahlen.[31] In der Regel erhält der Werbetreibende das Reporting wöchentlich als Tabelle von der Mediaagentur.

---

31 Vgl. hierzu Kapitel 6.2.

Internetsite	Platzierung	Breite	Höhe	Bemerkung	Gesamt-kosten	Geleistete Kosten	GeAI	GeAI	AC	CTR	CPC	Index
Umfeld Auto / Reise												
ADAC[1]	Test & Technik	200	300		3,294.38	844.30	70,000	17,940	-	-	-	-
AdLive Reisekombi	Rotation	468	60		6,388.59	42.59	750,000	44,904	50	0.11	0.85	36
Autouniversum	Home	200	300		5,457.29	1,094.49	113,739	22,811	183	0.8	5.98	253
Deutsche Bahn	Homepage	468	60		3,833.16	984.02	150,000	38,507	153	0.4	6.43	272
Sportal.de[1]	Homepage	200	300		4,259.06	1,062.30	100,000	24,942	175	0.7	6.07	257
Sports.com[1]	Homepage	200	300		4,259.06	1,187.51	100,000	27,882	167	0.6	7.11	301
Zwischensumme:					**27,491.54**	**5,215.21**	**1,283,739**	**176,986**	**728**	**0.41**	**7.16**	**303**
Wirtschaftliche Platzierungen												
Adlink Direct	Rotation	468	60		5,783.81	1,428.60	800,000	554,099	1,976	0.36	0.72	31
Netpoint	Rotation	468	60		6,388.59	906.54	1,000,000	95,495	1,419	1.49	0.64	27
Wetteronline	Werbeframe	234	60	noch nicht gestartet!	5,110.80	-	4,000,000	-	-	-	-	-
Zwischensumme:					**17,283.20**	**2,335.14**	**5,800,000**	**649,594**	**3,395**	**0.52**	**0.69**	**29**
Reichweitenstarke Platzierungen												
Adpepper	Run of Network	468	60		10,221.75	3,050.35	3,000,000	895,252	2,156	0.24	1.41	59
Tomorrow Networld	Rotation	468	60		3,258.18	1,335.16	450,000	184,404	389	0.21	3.43	145
Tv-Today	Formel 1	468	60	noch nicht gestartet!	718.72	-	45,000	-	-	-	-	-
Tv-Today	Fußball	468	60	noch nicht gestartet!	1,996.44	-	125,000	-	-	-	-	-
Tv-Today	Home	200	300	noch nicht gestartet!	4,216.47	-	60,000	-	-	-	-	-
Zwischensumme:					**20,411.56**	**4,385.51**	**3,680,000**	**1,079,656**	**2,545**	**0.24**	**1.72**	**73**
Test Umfeld Finanzen / Wirtschaft												
N-TV Online[1]	Unternehmen	200	300		9,787.75	2,407.59	100,000	24,598	221	0.9	10.89	461
Sueddeutsche	Wirtschaft	200	300		9,090.00	892.37	100,000	9,817	104	1.06	8.58	364
Welt online[1]	Finanzen/Politik	200	300		6,388.59	1,413.03	100,000	22,118	75	0.34	18.84	798
Zwischensumme					**25,266.34**	**4,712.99**	**300,000**	**56,533**	**400**	**0.71**	**11.78**	**499**
Summe:					**90,452.64**	**16,648.85**	**11,063,739**	**1,962,769**	**7,068**	**0.36**	**2.36**	**100**

Legende zur Abbildung 8.5:
Gesamtkosten: Kosten der Schaltung über die gesamte Dauer der Kampagne in DM – Geleistete Kosten: Kosten der ersten Schaltungswoche in DM – GeAI: Gebuchte AdImpressions über die gesamte Dauer der Kampagne – GeAI: Geleistete AdImpressions der ersten Woche – AC: AdClicks der ersten Woche – CTR: Click-Through-Rate der ersten Woche – CPC: Cost per Click der Ersten Woche in DM
Index: Verhältnis der Einzel-CPC zu den Gesamt-CPC (100 = Durchschnitt)

Abb. 8.5: Beispiel eines Online-Reportings

Es gibt jedoch auch Anbieter/Vermarkter, die dem Kunden zusätzlich über eine eigene URL rund um die Uhr den Einblick in ein Online-Realtime-Reporting ermöglichen (z.B. Reporting-Tool von Dayrates.com oder AdLink.de). So ist der Kunde permanent über die Leistungswerte seiner Kampagne informiert und kann gegebenenfalls zeitnah reagieren. Die Werbeplatzierungen sowie die AdImpressions gelten aufgrund der Buchung jedoch meist als Datum. Bei laufender Kampagne stellen die Werbemittel die Variablen dar. Bei der Verwendung eines AdServer-Systems können sie innerhalb eines Tages ausgetauscht werden. Abbildung 8.5 zeigt eine Beispielauswertung der ersten Schaltungswoche des zuvor gezeigten Kostenplanes.

Ein Online-Reporting, wie das in Abbildung 8.5 gezeigte, bietet vielfältige Diskussionsmöglichkeiten. An dieser Stelle sei darauf hingewiesen, dass nicht die einzelne Leistungskennzahl im Vordergrund steht (Preis, CTR, CPC etc.), da diese Kennzahlen von vielen Faktoren abhängig sind und daher von Kampagne zu Kampagne stark abweichen können. Vielmehr geht es darum, Tendenzen und mögliche Optimierungsansätze aufzuzeigen. Das Fehlen der Leistungskennzahlen der ADAC-Buchung sei hier stellvertretend für Fehler im Webtracking gezeigt. Leider kommt es in der Praxis häufiger vor, dass Leistungskennzahlen aufgrund technischer Defekte nicht ermittelt werden konnten. In der Regel werden diese jedoch von den Anbietern/Mediaagenturen nachgereicht.

Eine *Optimierung nach AdClicks* ist wenig sinnvoll, da die AdClicks stark von den AdImpressions abhängen. Ist die Anzahl der AdImpressions hoch, ist in der Regel auch die Anzahl der AdClicks hoch. Daher gibt diese Kennzahl keine Auskunft über die Leistung einer Platzierung.

Eine *Optimierung nach der CTR* ist sinnvoll, da sie Auskunft darüber gibt, wie viele Nutzer, die das Werbemittel gesehen haben, es angeklickt haben. Die CTR ist somit unabhängig von der Anzahl der AdImpressions. Die CTR lässt sich als qualitativer Indikator für die Zielgruppenaffinität einer Buchung charakterisieren. Rein nach CTR-Aspekten müssten somit für den zweiten Flight Buchungen wie AdLive Reisekombi, Adpepper oder Tomorrow Network gestrichen werden. Buchungen wie Netpoint, N-TV Online oder Süddeutsche sollten forciert werden. Betrachtet man jedoch weitere Kennzahlen wie den CPC oder den Index, wird deutlich, dass der Sachverhalt doch komplizierter ist.

Eine *Optimierung nach dem CPC* ist aus Wirtschaftlichkeitsgründen sinnvoll, wenn man unterstellt, dass Click gleich Click ist. Eben noch forcierte Buchungen wie bspw. Süddeutsche oder N-TV Online müssten nun wieder gestrichen werden. Nach der Kennzahl CPC sollte das gesamte Budget des zweiten Flights in Seiten des Adlink Direct oder Adpepper Netzwerks investiert werden. Die CTR zeigt jedoch, dass der Werbetreibende in diesem Fall nicht seine Zielgruppe treffen würde bzw. mit hohen Streuverluste zu rechnen habe. Zielgruppenaffine Werbeträgersites mit einer homogenen Zielgruppe scheinen somit teurer als Websites mit einer eher allgemeinen thematischen Ausrichtung und einer heterogenen Nutzerschaft zu sein.

Ein *Index,* wie der in Abbildung 8.5 gezeigte, ist wenig aussagekräftig, in der Werbepraxis jedoch vielfach anzutreffen. Das Problem bei einem Gesamtindex besteht darin, dass qualitative Buchungen (renommiert, zielgruppenaffin etc.) nach finanziellen Aspekten (CPC) mit quantitativen Buchungen (kostengünstig, reichweitenstarke, weniger bedeutend etc.) verglichen werden. Abbildung 8.5 ist zu entnehmen, dass fast alle Indices über dem Durchschnittswert von 100 liegen. Der Grund dafür ist die stark qualitative Ausrichtung der gezeigten Kampagne. Die wenigen Sites, die unter dem Index liegen wie bspw. Adpepper, fallen jedoch mit AdImpressions von in Höhe von drei Millionen (Adpepper) übermässig stark ins Gewicht und ziehen damit die Indices der vorwiegend qualitativen Websites nach oben. Aus diesem Grund sollten so genannte *Rubrikindices* an Stelle eines Gesamtindex eingeführt bzw. verwendet werden. Für das Beispielreporting würde sich somit ein Index für den Bereich Auto/ Reise, einer für den Bereich wirtschaftliche/kostengünstige Platzierungen u.s.w. anbieten. Innerhalb eines Bereiches würden die Rubrikindices dann eine sinnvolle wirtschaftliche Kennzahl ergeben.

Empfehlung: Qualitative Buchungen sind teurer als quantitative. Qualitative Buchungen sollten im ersten Schritt nach der CTR und erst im zweiten Schritt nach dem CPC oder einem wirtschaftlichen Index optimiert werden. Quantitative Platzierungen sollten in erster Linie nach dem CPC oder einem wirtschaftlichen Index und erst in zweiter Linie nach ihrer CTR optimiert werden.

8.3.8 Schaltung des zweiten Flights

Unter Berücksichtigung der Erkenntnisse des ersten Flights bzw. des Reportings des ersten Flights wird in Analogie zum ersten Flight der zweite geschaltet. Positiv gelaufenen Platzierungen sollten jedoch unter dem Zwang der Aktualisierung von Online-Kampagnen nicht unverändert fortgeführt werden. Es wird dabei vielfach die Meinung vertreten, dass der Platzierung ein höherer Stellenwert als dem Werbemittel zukommt. Fundierte empirische Erhebungen zur Bedeutung dieser beiden Variablen gibt es jedoch derzeit nicht. Es hat sich aber als zielführend erwiesen, einen Teil der Platzierungen als fixe Basis beizubehalten und einen Teil zu variieren, um das Risiko zu minimieren. Generell sollten die Werbemittel innerhalb der Special- und Common-Interest-Sites getauscht bzw. erneuert werden. Die Folgeschritte sind identisch zum ersten Flight: Buchungskontrolle, Auswertung und evtl. Optimierung der Werbemittel.

8.3.9 Kampagnenauswertung/Check Zielerreichung

Mit Abschluss des letzten Flights bzw. mit Beendigung der gesamten Online-Kampagne sollte eine Abschlussauswertung sowie eine Überprüfung der Zielereichung vorgenommen werden. Die Abschlussauswertung stellt eine Zusammenfassung aller Einzelreportings dar, die um den Faktor Zielereichung erweitert wird. Folgende Aspekte sollten dabei berücksichtigt werden:

- **Gesamtzahl der AdImpressions (Branding-Effekt):** »Wie viele Personen haben die Online-Werbung gesehen?«
- **Gesamtzahl der AdClicks:** »Wie viele Nutzer gelangten während der Kampagnendauer über den Click auf ein externes Werbemittel auf meine Website? Wie viel Prozent der Gesamtnutzer (Visits) meiner Website waren das?«
- **Gesamtkosten der Werbekampagne**
- **Auswirkungen der Steigerung des Traffics:** »Wie hat die Kampagne die Aktivitäten auf meiner Website beeinflusst (Info-Downloads, Konfigurationen, Online-Verkäufe, Anfragen etc.)?« Eine direkte Kausalität zwischen der Steigerung des Traffics und der Steigerung der Aktivitäten kann ohne Conversion-Rate jedoch nicht nachgewiesen werden. Man geht in der Praxis aber meist von einem linearen Verhältnis zwischen den Faktoren aus. Somit ließe sich ein »angenommener« ROI bestimmen.
- **Conversion-Rate:** Wurde eine CPA- bzw. CPO-Buchung getätigt, so kann die Conversion-Rate direkt ausgewiesen werden (bei jedem Reporting). Somit lässt sich exakt feststellen, welche Websiteaktivitäten von Nutzern ausgeführt worden, die über ein externes Werbemittel aus die Site kamen. Der ROI der Kampagne ist somit eindeutig feststellbar. Nicht erfasst werden dabei jedoch Nutzer, die über ein externes Werbemittel geworben wurden, sich jedoch erst in einer späteren Session (Direktzugang über die URL) für eine Transaktion entschieden haben.

Generell bietet sich zu fast allen genannten Punkten eine grafische Auswertung nach einzelnen Wochen sowie eine kumulierte Gesamtdarstellung an. Durch eine solche Auswertung schafft man Transparenz und stellt die Überlegenheit der Online-Werbung im Bezug auf die Werbeerfolgsmessung heraus.

8.4 Management personalisierter E-Mail-Marketing-Kampagnen

Die Planung personalisierter E-Mail-Marketing-Kampagnen[32] unterscheidet sich in einigen Belangen von der Online-Mediaplanung. Unsere Betrachtungen im Rahmen der Diskussion der einzelnen Phasen der Online-Mediaplanung haben wir maßgeblich auf einen Internet-Dienst, nämlich das WWW fokussiert. In diesem Abschnitt betrachten wir nun einen anderen Internet-Dienst und zwar E-Mail. Wir haben hier die wesentlichen Bestandteile für das erfolgreiche Management von personalisierten E-Mail-Marketing-Kampagnen zu Werbezwecken aufgeführt. Der Grund, warum wir das tun, liegt in den Ergebnis-

---

32 Zum Management von E-Mail-Marketing-Kampagnen vgl. auch Dannenberg (2002), S. 207ff.

sen einer Studie von ARD Online, nachdem 78 Prozent der Nutzer das Internet hauptsächlich zum Senden und Empfangen von E-Mails nutzen.[33] Damit ist die E-Mail die am meisten genutzte Anwendung im Internet und verdient deshalb eine gesonderte Betrachtung. Nach Darstellung des *Deutschen Direktmarketing Verbandes (DDV) e.V.* ist die E-Mail sogar nicht nur *der meistgenutzte Internet-Dienst,* sondern übertrifft mittlerweile auch herkömmliche Informations- und Kommunikationsmedien, wie beispielsweise Telefon und Fax.

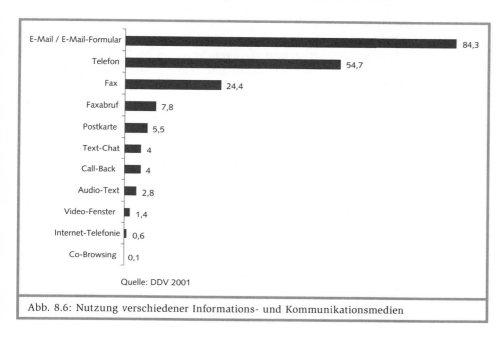

Abb. 8.6: Nutzung verschiedener Informations- und Kommunikationsmedien

Für die Zukunft prognostiziert Forrester Research[34] eine Steigerung der E-Mail-Flut von um jährlich 300 Prozent, ausgelöst unter anderem durch die mobile Integration diverser Internet-Dienste. Doch diese Entwicklung hat auch eine Kehrseite. Mit dem steigenden Volumen dürften vor allem die Konsumenten zu kämpfen haben. So soll nach Schätzungen von Forrester Research[35] die Zahl der kommerziellen E-Mails, die ein Online-Käufer im Jahr erhält, von 40 im Jahre 1999 auf 1.600 im Jahre 2005 steigen. Die Zahl der personalisierten E-Mails soll sich dabei von 1.750 auf 4.000 etwas mehr als verdoppeln. Trotz dieser problematischen Entwicklung ist E-Mail-Marketing gegenwärtig eines der effektivs-

33 URL: http://www.das-erste.de/studie/
34 URL: http://www.forrester.com/
35 aaO.

ten Informations- und Kommunikationsmedien. Hierfür sind nach Darstellung der Agnitas AG vor allem die folgenden neun Gründe verantwortlich:[36]

- **Günstige Kosten:** Die Kosten für ein E-Mailing betragen in der Regel nur 10 bis 20% der Kosten für ein Post-Mailing mit vergleichbarer Auflage (ohne Kreativleistungen und Produktion der Inhalte). Es fallen keinerlei Papier- und Druckkosten an, denn E-Mails sind immateriell. Die Distributionskosten bei dem Medium E-Mail sind sehr gering und liegen mit 0,5 bis 5 Cent pro Aussendung deutlich unter den Portokosten für Post-Mailings oder den Telekommunikationsgebühren für Fax-Mailings.

- **Hohe Aktualität:** Die E-Mails einer E-Marketing-Kampagne sind, abhängig von dessen Auflage, innerhalb von wenigen Minuten bis Stunden verschickt und gehen in der Regel nur Sekunden nach dem Versand bei den Empfängern in deren Postfächern ein, so dass diese (weltweit) extrem schnell informiert werden können. Erfahrungsgemäss treffen innerhalb der ersten 48 bis 72 Stunden nach dem Versandtermin eines E-Mailings 80% der Rückläufe (Link-Klicks und E-Mail-Antworten) beim Versender ein, so dass das Feedback schnell vorliegt.

- **Gezielte Ansprache:** Über die personalisierte Ansprache mit dem Namen des E-Mail-Empfängers hinaus lässt sich der Inhalt eines E-Mailings mit Hilfe von alternativen und optionalen Textbausteinen dem individuellen Profil des jeweiligen Empfängers anpassen, so dass dieser ganz gezielt angesprochen wird. So kann Interessenten beispielsweise ein Einstiegsangebot offeriert werden, Wiederholungskäufer bekommen einen Treuerabatt und Stammkunden mit besonders hohen Umsätzen erhalten ein exklusives Spezialangebot. Damit bietet E-Mail-Marketing das Potenzial für Mikro- und 1:1-Marketing.

- **Hohe Responsequote:** Abgesehen von den variablen Inhalten, die sich natürlich Rücklauf-steigernd auswirken, weisen E-Mails von Haus aus eine höhere Rücklaufquote als vergleichbare klassische Papier- oder Fax-Mailings auf, weil das Antworten viel einfacher und bequemer ist. Anstatt eine Postkarte auszufüllen, diese mit einer Briefmarke zu versehen und zum Briefkasten zu bringen oder ein Faxformular auszufüllen, dieses in das Faxgerät einzulegen und die Empfängernummer anzuwählen, braucht der Empfänger bei einer E-Mail nur auf den Antwort-Button zu klicken und ein paar Zeilen zu tippen oder – noch einfacher – in der Checkbox eines HTML-Mail-Formulars ein Häkchen anzuklicken. Mit einem weiteren Klick auf »Senden« schickt er seine Antwort auf den Weg – mit der Gewissheit, dass diese innerhalb weniger Sekunden beim Empfänger ankommt. Alternativ lassen sich per Mausklick auf Links in einer E-Mail weiterführende Informationen auf der referenzierten Website aufrufen.

- **Perfekte Messbarkeit:** Der Erfolg eines E-Mailings lässt sich aufgrund seiner elektronischen Natur einfach, präzise und schnell messen, denn der Rück-

---

36 URL: http://www.agnitas.de/content/gruende.htm

lauf landet wieder in einem Computer und kann dadurch unmittelbar elektronisch erfasst und automatisch ausgewertet werden. Es lässt sich messen, wer eine E-Mail tatsächlich erhalten hat, wer sie geöffnet hat und wer wann und wie oft auf welche Links in der E-Mail geklickt hat. Dadurch wird es sehr einfach, nachfolgende E-Mail-Marketing-Aktionen oder Kampagnen-Stufen auf Basis des vorliegenden Feedbacks zu optimieren.

- **Unbegrenzte Inhalte:** E-Mails können im Prinzip beliebig lang sein. Im Gegensatz zu alternativen Werbeformen wie TV-Spots, Print-Anzeigen oder Werbebannern, die sich zeitlich oder räumlich beschränken müssen, ist die Länge einer E-Mail unlimitiert, so dass die Kommunikation mit dem Empfänger wesentlich entspannter ablaufen kann.
  - **Interaktive Inhalte:** E-Mailings im HTML- oder Flash-Format können interaktive Elemente wie Web-Formulare oder klickbare Bereiche enthalten, die direkt auf die Mausklicks des E-Mail-Empfängers reagieren, um unmittelbar ein Ergebnis zu produzieren. Dadurch lassen sich E-Mails aktiver und eindringlicher gestalten.
  - **Multimediale Inhalte:** E-Mailings im HTML- oder Flash-Format können formatierte Texte, Farben, Icons, Tabellen, Diagramme, Grafiken, Fotos, Sounds, Animationen und interaktive Elemente enthalten, um beim Empfänger eine höhere Aufmerksamkeit zu erzielen.
- **Digitale Qualität:** E-Mails sind digital und lassen sich dadurch beliebig oft reproduzieren und weiterleiten, ohne an Qualität zu verlieren, sowie sich mit Software (beispielsweise mit einem Textverarbeitungsprogramm) weiterverarbeiten oder neu formatieren und ausdrucken.

Aufgrund dieser Vorteile beginnen immer mehr Marketingfachleute vieler Unternehmen auf E-Mail-Marketing zu setzen, um ihre Produkte, Services oder Marken noch stärker ins Bewusstsein ihrer Verbraucher zu rücken. Diese Entwicklung bestätigt auch eine vom DDV durchgeführten Umfrage, deren Ergebnisse in Abbildung 8.7 wiedergegeben sind.

Wie bei jeder Marketingstrategie gibt es, auch für das Management personalisierter E-Mail-Kampagnen, bestimmte Grundsätze, die für eine erfolgreiche Durchführung zu beachten sind. Welche konkreten Stufen in diesem Zusammenhang notwendig sind, sollen die nächsten Abschnitte zeigen.[37]

8.4.1 Zielsetzungen von E-Mail-Marketing

Eine grundlegende Voraussetzung für den Erfolg jeder Marketingaktion ist die detaillierte Formulierung ihrer Hauptzielsetzungen.[38] Nach Darstellung des DDV

---

37 Vgl. Dannenberg (2002), S. 211ff.
38 aaO.

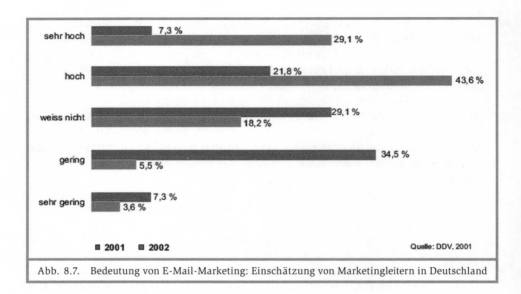

Abb. 8.7.   Bedeutung von E-Mail-Marketing: Einschätzung von Marketingleitern in Deutschland

lassen sich die nachfolgend aufgeführten acht Hauptziele unterscheiden, die mit einer Marketingaktion verfolgt werden können:[39]

1. Neukundengewinnung
2. Kundenbindung
3. Branding
4. Produktverkauf
5. Marktforschung
6. Service
7. Vertriebsunterstützung
8. Kostenreduktion.

Diese acht Hauptziele des E-Mail-Marketings werden hier nun näher erläutert, natürlich können mit einer Marketingaktion auch mehrere der angegebenen Ziele gleichzeitig verfolgt werden.

(1) Neukundengewinnung

Kaum ein anderes Marketingziel ist heute so wichtig wie die Neukundengewinnung. In fast alle Märkte treten immer mehr Wettbewerber ein, die Anzahl der Kunden bleibt aber in den meisten Fällen konstant. Die Folge ist, dass es immer schwieriger und teurer wird einen neuen Kunden zu gewinnen. Aus diesem Grund setzen heute bereits viele Unternehmen E-Mail-Kampagnen zur

---

39 Vgl. Deutschen Direktmarketing Verbandes (DDV) e.V. (Hrsg.) (2002).

Gewinnung von Neukunden ein. Dies bestätigt eine aktuelle Untersuchung des Online-Magazins »Opt-in News«. Demnach planen 35 % aller Werbetreibenden ihre E-Mail-Kampagnen in erster Linie um neue Kunden zu gewinnen, weitere 23 % beabsichtigen den Absatz von spezifischen Dienstleistungen zu verbessern, 18 % wollen den Produktabsatz steigern und bei 16 % steht die Steigerung der Markenbekanntheit im Vordergrund. Um den Kunden den Weg zum eigenen Webangebot schmackhafter zu machen, beinhalten 53 % aller E-Mail-Kampagnen ein so genanntes »Incentive« als Response-Verstärker.

(2) Kundenbindung

E-Mail-Marketing mit der Zielsetzung Kundenbindung ist meist darauf angelegt, Kunden einen Zusatznutzen zu bieten. Beispielsweise kann ein Newsletter über neue Produkte informieren oder Anwendungsempfehlungen enthalten. Kunden werden damit nicht nur zur intensiven Nutzung eines Produktes, sondern auch zu weiteren Käufen motiviert. Die Kosten, einen Bestandskunden zu binden, sind im Mittel wesentlich geringer als die Kosten, einen neuen Kunden zu gewinnen. Personalisierte und individualisierte E-Mails können die Kundenzufriedenheit deutlich erhöhen und die Kosten der Kundenbetreuung senken. So wird es möglich, Gewinn bringend eine größere Anzahl von Kunden besser als zuvor zu betreuen.

(3) Branding

E-Mail-Marketingaktionen können – sowohl losgelöst von, als auch in Kombination mit den vorgenannten Zielen – die Bekanntheit einer Marke, eines Unternehmens- oder Produktnamens steigern. E-Mail ist die mit Abstand meistgenutzte Internetanwendung und immer mehr Menschen verbringen immer mehr Zeit damit, E-Mails zu lesen. Um diese Menschen optimal zu erreichen, eignen sich insbesondere das Sponsoring und die Anzeigenschaltung in reichweitenstarken Newslettern.

(4) Produktverkauf

Produkte direkt zu verkaufen ist ein klassisches Ziel im Direktmarketing, das immer wieder durch Katalogversendung, Mailings mit Lager-Restposten und Sonderpreisen verfolgt wird. Das Medium E-Mail erlaubt es, verkaufsorientierte Aktionen sehr zeitnah durchzuführen. Innerhalb weniger Stunden kann über E-Mail gezielt und wirkungsvoll der Verkauf bestimmter Produkte gefördert werden. Zudem lässt sich über individualisierte Angebote und mehrstufige E-Mail-Kampagnen der Response einfacher als je zuvor maximieren. Da Druckkosten und Mindestauflagen entfallen, können beispielsweise Kataloge noch stärker auf die Bedürfnisse einzelner Kunden ausgerichtet werden, was sich unmittelbar in besseren Verkaufszahlen widerspiegelt.

(5) Marktforschung[40]

E-Mails eignen sich für Umfragen etwa zur Wirkung von Marketingaktionen oder zum Bekanntheitsgrad einer Marke in definierten Zielgruppen. Ebenso lassen sich die Reaktionen unterschiedlicher Zielgruppen auf die Art der Ansprache oder die Details eines Angebots testen. Hierbei spielt die individuelle Zusammenstellung von E-Mail-Fragebögen eine ganz besondere Rolle, da sie – abgesehen vom wesentlich teureren Interview – die individuellste Art darstellt, eine Zielgruppenperson zu befragen.

Über E-Mail versandte elektronische Fragebögen entsprechen inhaltlich Papier-Fragebögen, sofern keine neueren E-Mail-Technologien wie HTML-E-Mails verwendet werden. Im Gegensatz zu rein textbasierten E-Mails können HTML-E-Mails alle interaktiven Elemente übertragen. Dazu gehören z.B. Checkboxen, die die Markierung mehrerer Antworten ermöglichen, Radiobuttons, die nur eine Antwortmöglichkeit zulassen, Textfelder und Drop-down-Menüs.

Generell können die Rückantworten per Post, Fax oder E-Mail versandt werden. Die Rücksendung per E-Mail sollte aufgrund der Kosten- und Zeitvorteile vorgezogen werden. So liegen die durchschnittlichen Kosten einer E-Mail-Befragung bei ca. 5 bis 20 % der Kosten einer Befragung mittels Papierfragebogen. Die zeitlichen Vorteile resultieren aus dem Vergleich der durchschnittlichen Rücklaufzeiten von E-Mail und Post. Sheehan/McMillian bestätigten dies durch eine Untersuchung im Jahr 1999.[41] Im Rahmen dieser Studie brauchten die postalischen Rückantworten 11,8 Tage, während die Beantwortung per E-Mail in lediglich 7,6 Tagen erfolgte. Zusätzlich zur Zeitersparnis besteht ein weiterer Vorteil in der Möglichkeit die E-Mail vom Zeitpunkt der Öffnung bis hin zur Rücksendung durch den Befragten zu verfolgen. Ebenso ist eine automatische Auswertung der Antworten möglich. E-Mails können außerdem – genau wie Papierfragebögen – an einzelne Personen adressiert werden, wodurch eine gezielte Auswahl der Auskunftspersonen möglich wird.

Da es für E-Mail-Adressen kein offizielles Verzeichnis gibt, müssen die Adressen mit einem teilweise beträchtlichem Arbeitsaufwand erst gesammelt werden. Zudem existieren rechtliche Restriktionen, wonach zur Zusendung einer E-Mail eine Einwilligung der Auskunftsperson notwendig ist. Man spricht in diesem Zusammenhang auch von »Permission Marketing«. Außerdem können E-Mails nur eingeschränkt gestaltet werden, zum einen, da viele E-Mail-Programme derzeit HTML-E-Mails (noch) nicht interpretieren können, und zum anderen, um eine Kompatibilität zwischen den verschiedenen E-Mail-Programmen sicherzustellen, solange keine ausreichende Standardisierung gegeben ist. Ein weiteres Problem besteht in der Rücklaufquote, die bedeutendste Größe bei allen Befragungen, die nach ersten E-Mail-Untersuchungen in den USA seit dem Jahr 1986 tendenziell abnimmt.[42]

---

40 Zur Durchführung von Marktforschungsprozesse vgl. Dannenberg/Barthel (2002).
41 Vgl. Sheehan/McMillian (1999), S. 45-54.
42 Vgl. Dannenberg/Barthel (2002), S. 152ff.

Während die Anzahl der akademischen Untersuchungen in den vergangenen 15 Jahren zunahm, scheint, nach Sheehan,[43] die durchschnittliche Rücklaufquote abzunehmen: Betrug sie 1995/96 noch 46%, so liegt sie 1998/99 nur noch bei 31%.

Die Abnahme der Rücklaufquote kann durch unterschiedliche Faktoren ausgelöst worden sein. So besteht die Möglichkeit, dass die zunehmende Diffusion des Internets in der Gesellschaft die Nutzerstruktur des Internets verändert. Wurde das Internet anfangs vor allem durch Universitäten, Wirtschaft, große Organisationen und von Käufern von Computerkomponenten genutzt, nutzt heute ein breiter Querschnitt der Bevölkerung das Internet. Die Affinität zur Forschung, einhergehend mit einem höheren Interesse an der Technologie, sinkt dadurch. Die Befragungsthemen bekommen ein höheres Gewicht bei der Entscheidung zur Teilnahme. Ein anderer Faktor kann die Zunahme der unaufgeforderten E-Mail-Befragungen in den USA sein. Studien haben gezeigt, dass einige Internetnutzer am Arbeitsplatz mehr als 39 unaufgeforderte E-Mail-Befragungen pro Tag erhielten.[44] Diese Informationsflut führt bei den Betroffenen zu einer Abstumpfung und zunehmender Abneigung gegenüber E-Mail-Befragungen.

Vor dem Hintergrund der Vorteile einer E-Mail-Befragung gegenüber der Post oder dem Fax müssen Wege gefunden werden, wie die Rücklaufquote wieder erhöht werden kann. Angefangen bei der Erhöhung der Aufmerksamkeit durch entsprechende Betreffzeilen, Absenderadressen oder Vorankündigungen über die Gestaltung und den Einsatz von multimedialen Komponenten bis hin zu Anreizen wie Gewinnspielen oder anderen Vergünstigungen (Incentives). Weitere Möglichkeiten der Steigerung der Rücklaufquoten können im Abschnitt über Teilnehmermotivation nachgelesen werden.

(6) Service

Die Verfolgung des Ziels, dem Kunden einen besseren Service zu bieten als der Wettbewerb, führt zu einer nachhaltigen Steigerung des Kundenvertrauens und im Bedarfsfall zur Wiederholung einer Kaufentscheidung. E-Mails eignen sich in diesem Rahmen besonders gut dazu, Kunden schnell und individuell über Neuerungen zu informieren und sie beispielsweise mit unterstützenden Gebrauchsanleitungen zu versorgen. Es sind aber vor allem auch vom Kunden via E-Mail gestellte Anfragen, die es schnell und präzise zu beantworten gilt. Doch die steigende Nutzung der elektronischen Post führt nicht zwangsläufig zu einem besserem Kundenservice. So hat das Marktforschungsinstitut Datamonitor[45] herausgefunden, dass US-amerikanische Unternehmen jährlich bis zu sechs Milliarden US-Dollar ihrer Einnahmen durch schlechten Kundenservice im Internet verlieren.

---

43 Vgl. Sheehan (2001), S. 7.
44 Vgl. URL: http://www.nua.ie/surveys/?f=VS&art_id=905355873&rel-=true.
45 URL: http://www.datamonitor.com/

Gleiches lässt sich auch aus Deutschland berichten. »Die e-mail als Service«[46] – so heißt eine Studie der addyourservice GbR,[47] die das Handling von mittels E-Mail gestellten Kundeanfragen in der Versicherungsbranche untersucht. 48 Versicherungen wurden in die Studie einbezogen, vier Online-Versicherungsmakler bilden die Vergleichsgruppe. Die Studie zeigt, dass E-Mail-Technologien in dieser Branche, gerade unter Service-Gesichtspunkten, überwiegend mangelhaft implementiert sind. So wurden nur 55 % der Kundenanfragen, die via E-Mail eintrafen, überhaupt beantwortet. Ein Servicelevel von unter 18 Stunden wird dabei nur von vier Versicherungen und einem Online-Versicherungsbroker erreicht. Das Antworten völlig ausbleiben war keine Ausnahme. So ließen sechs Versicherungen und ein Online-Versicherungsmakler die Anfragen im digitalen Nichts verschwinden. Was jede komplett unbeantwortete Anfrage für Kundenzufriedenheit und das Unternehmensimage bedeutet, muss hier nicht weiter erläutert werden. Die erhobenen Ergebnisse sind nach Darstellung der addyourservice GbR zum großen Teil auch auf andere Branchen übertragbar, woraus resultiert, dass die meisten Unternehmen derzeit noch schlecht oder gar nicht auf E-Mail-Kommunikation mit ihren Kunden eingerichtet seien.[48]

(7) Vertriebsunterstützung

Abhängig von Produkt- und Kundenstruktur ist der klassische Vertrieb aus Kostengründen oftmals nicht mehr in der Lage, einzelne Kunden persönlich anzusprechen. Personalisierungs- und Individualisierungstools von E-Mail-Marketing-Lösungen ermöglichen Vertriebsmitarbeitern, dieses zu leisten. E-Mails bieten beispielsweise gegenüber Telefonanrufen den Vorteil, dass der Kunde die Information nicht nur schriftlich (und damit nachprüfbar) erhält, sondern auch selbst entscheidet, wann er eine E-Mail liest und reagiert.

(8) Kostenreduktion

E-Mail-Marketing bietet zudem die Möglichkeit, dass Angebote für die verschiedenen Zielgruppen variabel gestaltet werden können. Anders als breit gestreute Werbeformen auf Internetseiten, im Fernsehen oder Radio, können E-Mailings spezielle Angebote und Botschaften für die unterschiedlichen Zielgruppen beinhalten. Da bei E-Mails Druckkosten vollständig entfallen und Versandkosten nur einen Bruchteil der gängigen Portokosten ausmachen, sind sie wesentlich kostengünstiger als Mailings per Post. Je nach Akzeptanz innerhalb der Kundengruppe kann sogar ein Print-Katalog vollständig ersetzt werden.

---

46 Vgl. URL: http://www.addyourservice.de/download/emailstudie_auszug_versicherungen.pdf und http://www.addyourservice.de/download/addyourservices_callcenterprofi.pdf

47 Vgl. URL: http://www.addyourservice.de/

48 Vgl. URL: http://www.addyourservice.de/download/addyourservices_callcenterprofi.pdf

8.4.2 Direktmarketing-Richtlinie für elektronische Werbeformen

Stehen die Ziele fest, die mit einer E-Marketing-Aktion verfolgt werden sollen, geht es im nächsten Schritt darum, sich mit den Richtlinien vertraut zu machen, die es zu beachten gilt.[49] Der Verband der deutschen Internetwirtschaft, eco Electronic Commerce Forum e.V.,[50] hat hierzu im Jahr 2001 eine Richtlinie für Online-Direktmarketing-Aktivitäten verabschiedet.[51] Ziel ist es hier, die steigende Flut an unerwünschter Werbung, die per E-Mail, Fax und SMS immer mehr Verbraucher belästigt, einzudämmen. Der Leitfaden legt hierzu verbindliche Regeln fest, nach denen Unternehmen digitales Marketing per E-Mail, Fax oder SMS durchführen sollten. Der Kern der eco-Richtlinie kann folgendermaßen zusammengefasst werden:

> Der Verbraucher erhält nur dann und nur solche Werbeinformationen, die er selbst ausdrücklich angefordert hat (Permission bzw. Erlaubnis-Marketing).[52]

Die Notwendigkeit hierzu ergibt sich schon allein daraus, dass der Versand von werblichen E-Mails, Faxen und SMS ohne Zustimmung des Empfängers in Deutschland rechtswidrig ist. Um mehr Vertrauen für das Permission Marketing zu schaffen, sollen sich Unternehmen der Richtlinie gemäß, zu einer klaren, verständlichen Sprache verpflichten, damit das Vertrauen nicht durch Missverständnisse belastet wird, die bei deutlicherer Erläuterung vermeidbar gewesen wären. Interessenten sollen selbst bestimmen, über welches Ausgabemedium (E-Mail, SMS, Telefon, Fax) sie Informationen erhalten möchten. Wo angeboten, sollen die sie auch jederzeit Inhalt und Frequenz dieser kommerziellen Kommunikation selbst bestimmen können.

Die Verwendung der von Interessenten angegebenen Adresse soll ausschließlich zu dem Zweck erfolgen, der den Interessenten vorab mitgeteilt wurde. Beispielsweise soll niemand telefonische Produktangebote erhalten, wenn vorher die Telefonnummer ausdrücklich nur für den Fall von Rückfragen im Zusammenhang mit einer Bestellung gegeben wurde. Gleiches solle für E-Mail-Adressen gelten, die nur angegeben wurden, um über den Lieferstatus zu informieren.

Die Empfänger sollen zudem jederzeit den Informationsservice abbestellen können und schnellstmöglich keine weiteren Informationen mehr zugesandt

---

49 Vgl. Dannenberg (2002), S. 217ff.
50 URL: http://www.eco.de/
51 Vgl. eco Electronic Commerce Forum e.V. Verband der deutschen Internetwirtschaft (Hrsg.) (2001).
52 Der Begriff und das Konzept des Permission Marketings geht auf den Autor Seth Godin zurück, der 1999 ein Buch mit dem Titel »Permission Marketing: Turning strangers into friends, and friends into customers« veröffentlicht hat.

bekommen. Die Abbestellfunktion sollte möglichst bequem realisierbar sein und keine vermeidbare Hemmschwelle darstellen.

Die eventuelle Weitergabe von Kundenadressen sollte nur auf ausdrücklichen Wunsch von Interessenten stattfinden. Die Erlaubnis hierzu solle durch eine eindeutige Handlung der Interessenten zu erteilen sein und muss auch deutlich kommuniziert werden. Das Unternehmen sollte außerdem eine verständlich formulierte Datenschutzrichtlinie erarbeiten und diese den Interessenten und Kunden offen kommunizieren.

Die Richtlinie des eco-Verbandes beinhaltet neben den vorstehend aufgeführten Punkten auch eine umfassende Empfehlung zur technischen Umsetzung der Richtlinien.[53]

8.4.3 Definition der relevanten Zielgruppe und des Medienmix

Neben der Definition der Marketingziele und dem Beachten entsprechender Richtlinien sind zu Beginn einer Kampagne die Zielgruppe(n) und der Medienmix festzulegen.[54]

Zielgruppendefinition

Je genauer die Zielgruppe definiert wird, desto besser kann eine E-Marketing-Kampagne geplant und durchgeführt werden und so erfolgreicher wird sie sein. Zunächst muss ein detailliertes Profil erstellt werden, wen ein Produkt oder eine Dienstleistung ansprechen kann. Danach ist zu untersuchen, welche Profilmerkmale auf welche Zielgruppen zutreffen. Entsprechend muss eine E-Marketing-Aktion für verschiedene Zielgruppen unterschiedlich gestaltet werden (z.B. verschiedene Aussageschwerpunkte zum beworbenen Produkt, einkommensabhängiger Methodenmix). Gerade per E-Mail lassen sich problemlos mehrere Zielgruppen individuell bewerben, ohne dass dabei hohe Mehrkosten entstehen.[55]

Medienmix und Anzahl der Kampagnenstufen

Oft ist der Einsatz *mehrerer Medien* sinnvoll. Beispielsweise können Kunden per E-Mail benachrichtigt werden, dass ihnen auf dem Postwege ein umfangreiches Sortiment mit Produktproben zu einem aktuellen Sonderangebot zugesandt wird. Derartige integrierte Kampagnen nutzen die Stärken der verschiedenen Medien für eine optimale Zielgruppenansprache. E-Mails bieten in integrierten Kampagnen den Vorteil, dass die Angebote für die verschiedenen Zielgruppen

---

53 Die komplette Dokumentation der Richtlinie kann kostenlos durch eine E-Mail an info@eco.de angefordert werden.
54 Vgl. Deutschen Direktmarketing Verbandes (DDV) e.V. (Hrsg.) (2002).
55 Vgl. Dannenberg (2002), S. 219.

variabel gestaltet werden können. Anders als breit gestreute Werbeformen auf Internetseiten, im Fernsehen oder Radio, können E-Mail-Kampagnen spezielle Angebote und Botschaften für die unterschiedlichen Zielgruppen beinhalten. So kommt ein Stammkunde in den Genuss eines »Treueangebotes«, während Neukunden vom »Begrüßungsangebot« profitieren.

8.4.4 Wege zur Zielgruppe

Mit E-Mail-Marketing können sowohl bestehende Kunden und Interessenten angesprochen, als auch neue Interessenten gewonnen werden. Grundsätzlich unterschieden werden hierbei eigene Adressen und Fremdadressen, für die jeweils unterschiedliche Punkte zu beachten sind.

Eigene Adressen
Der Aufbau einer eigenen E-Mail-Adressdatenbank ermöglicht es Unternehmen, Bestandskunden und Interessenten zeitnah und kostengünstig zu betreuen und mit Informationen zu versorgen. Aufbau und Pflege sollten strukturiert erfolgen und in andere Datenerhebungsprozesse (z. B. bei der Gewinnung von Interessenten oder Neukunden) integriert sein. Zielvorgaben wie die Zahl der zu erreichenden Adressen oder die Kosten pro Adresse helfen, die Effizienz dieses Instrumentes zu kontrollieren und zu verbessern. Das Einholen der Erlaubnis zum Versand von Newslettern oder E-Mailings kann über alle Kommunikationsschnittstellen zum Kunden erfolgen:[56]

- Webseiten
- Kundenrundschreiben
- Vertrieb
- Call-Center
- Kundenzeitschriften
- Formulare wie Rechnungen etc.
- Point-of-Sale
- Messen und Veranstaltungen
- Empfehlungen durch Partner.

So sollte es beispielsweise auf jeder Webseite eines Unternehmens einen Verweis zu einer Anmeldeseite geben, über den die Seitenbesucher Newsletter oder Informationen per E-Mail anfordern können. Typischerweise melden sich überdurchschnittlich viele Besucher an, wenn sie kostenlose aber exklusive Informationen angeboten bekommen, die sie auch jederzeit wieder abbestellen können. Auch der Hinweis auf streng vertrauliche Behandlung der Daten sollte nicht fehlen.

---

56 Vgl. Dannenberg (2002), S. 220.

Der Anmeldeprozess sollte kurz und einfach gehalten sein, um die Zahl der Abbrecher gering zu halten. Zwingend notwendig ist die E-Mail-Adresse. Die meisten User geben auch ihre Interessengebiete gerne an, weil sie so selbst steuern können, über welche Themen sie informiert werden. Zur Personalisierung sollten darüber hinaus Basisdaten (Anrede, Titel, Vor- und Nachname) abgefragt werden. Es gilt allerdings zu beachten, dass je mehr Daten erfragt werden, desto geringer die Zahl der Anmeldungen sein wird. Die Auslobung eines Gewinnspiels[57] mit attraktiven Preisen kann den Anreiz erhöhen, weitere Daten wie Wohnort oder Alter anzugeben. Weitere Daten können aber auch später in E-Mail-Umfragen erhoben werden. Adressdaten können unterstützend auch an anderer Stelle gewonnen werden, wie beispielsweise über:[58]

- Postalische Mailing-Aktionen
- Print- und Rundfunkwerbung mit Responsemöglichkeit
- Anzeigen in zielgruppenaffinen Newslettern
- Affiliate-Programme zur Adressengenerierung[59]
- Weiterempfehlungen und Zielgruppen-Sharing
- mit Partnern
- Aktionsbezogene Adressanmietung (vgl. Fremdadressen).

Je konsequenter ein Unternehmen die gesamten Maßnahmen der Zielgruppenkommunikation auch für die Generierung von E-Mail-Adressen nutzt, desto schneller und erfolgreicher können eigene Datenbestände aufgebaut werden. Der Aufwand lohnt sich, denn der Einsatzbereich eines eigenen Adressbestandes ist nahezu unbegrenzt und kostengünstig.

Fremdadressen
Der Einsatz von Fremdadressen eignet sich vor allem zur Neukundenakquise und zur Absatzsteigerung von Produkten und Dienstleistungen. Auch Unternehmen, die nicht die nötigen Ressourcen zum Aufbau und zur Pflege einer eigenen E-Mail-Datenbank besitzen, werden auf diesem Wege in die Lage versetzt mittels E-Mail zu werben.[60]

---

57 Informationen zu den rechtlichen Aspekten von Gewinnspielen bietet die Broschüre »Gewinnspiele im Direktmarketing«, die kostenlos beim DDV unter http://www.ddv.de oder info@ddv.de zu beziehen ist.
58 Vgl. Dannenberg (2002), S. 221.
59 Anbieter von Affiliate-Programmen vermitteln zwischen Unternehmen, die Werbung schalten wollen, und Betreibern von Webseiten, die ihre Werbekapazitäten verkaufen möchten. Bei Affiliate-Anbietern können Creatives hinterlegt werden, die dann von Programmteilnehmern heruntergeladen und zum Werben von Abonnenten genutzt werden. Die Programmbetreiber erhalten typischerweise einen bestimmten Betrag pro neu gewonnener Adresse. Davon behalten sie eine Provision ein und geben den Rest an die Werbungtreibenden weiter.
60 Vgl. Dannenberg (2002), S. 221.

Diverse Anbieter, in der Regel so genannte »Adress-Broker«, haben E-Mail-Adressen gesammelt und bieten hierüber Werbemöglichkeiten an. Zuallererst gilt es für einen Werbetreibenden, die Seriosität des Anbieters zu überprüfen. Die Empfänger einer E-Mail-Nachricht, in welche die eigene Werbung einge-bunden ist, dürfen sich davon auf keinen Fall belästigt fühlen. Es muss also sichergestellt sein, dass die Adress-Broker nicht die E-Mail-Adressen von unin-formierten Kunden zum Kauf oder zur Miete anbieten.

Die Folge des Versands an Kunden, die ihre Zustimmung für eine Zusendung vorher nicht gegeben haben ist nicht nur, dass der Versender sich als so genann-ter »Spammer« äußerst unbeliebt macht. Es muss auch mit wettbewerbsrecht-lichen Konsequenzen wie z.B. Abmahnungen wegen Zusendung unverlangter E-Mails gerechnet werden. So gut wie kaum bekannt ist außerdem, dass solch ungewolltes Spamming auch einen Eintrag in der Mail Abuse Prevention Sys-tem – Realtime Blackhole List (MAPS RBL)[61] nach sich ziehen kann, was für ein Unternehmen fatale Folgen hat, da die Abfrage dieser Anti-Spammer-Daten-bank mittlerweile ein Standard-Feature vieler Mailserver geworden ist.

Wenn nun die IP-Adresse eines Spammers in der MAPS RBL gelistet ist, nimmt der Mailserver beim Internetprovider E-Mails mit dieser Adresse nicht mehr an. Zudem setzen viele große Freemail-Anbieter wie AOL, HotMail und Yahoo! die RBL-Datenbank zur Filterung von Spam-Mails ein. Des Weiteren zählen weltweit ca. 22.000 Systemadministratoren zu den zahlenden Nutzern dieser Datenbank. Die Listung einer IP-Adresse in der RBL hat damit die für die Unternehmenskommunikation fatale Folge, dass dadurch die gesamte E-Mail-Firmenkommunikation zum Stillstand kommen kann. Eine noch relativ unbe-kannte Begleiterscheinung ist, dass es für den beliebten Apache-Webserver zwi-schenzeitlich auch ein Modul gibt, welches die RBL-Datenbank abfragt. Hosts, die in der RBL gelistet sind, erhalten dann keinen Zugriff mehr auf bestimmte WWW-Sites. Auf diesem Wege soll verhindert werden, dass automatische Adres-sensammler, so genannte Spambots, von den so blockierten Webseiten E-Mail-Adressen »einsammeln« können.

Hat man sich schließlich von der Seriosität seines Adress-Brokers überzeugt und ist bereit Adressen fremd zu beziehen, ist zu beachten, dass die Nutzung von Fremdadressen üblicherweise in Tausender-Kontakt-Preisen (TKP) abgerech-net wird. Darin ist meist auch die Versendung der E-Mails – also auch der Wer-bebotschaft – enthalten. Der Preis für 1.000 Kontakte variiert je nach Zielgrup-pengenauigkeit, die über Selektionskriterien wie Interessen, Alter, Geschlecht usw. festgelegt wird. Die Wahl des Anbieters der Fremdadressen kann sich auch auf das Format und die Gestaltung der Werbebotschaft auswirken. Im Bereich des E-Mail-Marketings haben sich derzeit noch keine Standardformate durch-gesetzt. Es gibt somit keine anbieterübergreifenden Größenvorgaben. Ob eine Werbebotschaft als Text, in HTML oder in Flash versendet wird, hängt meist von den angeschriebenen Adressaten ab.

---

61 URL: http://www.mail-abuse.org/rbl/

Generell lassen sich zwei Formen des Einsatzes von Fremdadressen unterscheiden. Zum einem können in *Newslettern* neben anderen (z.B. redaktionellen) Inhalten Anzeigen geschaltet werden, zum anderen kann die E-Mail auch ausschließlich aus der *Werbebotschaft* bestehen. Wenn reine Werbebotschaften an Fremdadressen versendet werden, so ist im Unterschied zu Anzeigen in Newslettern verstärkt auf die Relevanz des beworbenen Angebotes für einzelne Empfänger Rücksicht zu nehmen. Das Angebot sollte so dargestellt werden, dass der Empfänger erkennen kann, dass es auf seine Interessenlage und Bedürfnisse ausgerichtet wurde.

Auch muss dem Empfänger deutlich werden, über welchen Anbieter der Werbetreibende seine Adresse bezogen hat. Nur so ist es dem Empfänger möglich, seine Erlaubnis für die Werbezusendung zu widerrufen. Im Idealfall ist die Werbebotschaft in eine Vorlage des Anbieters eingebettet, der in einer solchen Konstellation meist auch den Versand der Werbebotschaft übernimmt.

8.4.5 Arten des E-Mail-Marketings

Folgt man dem Deutschen Direktmarketing Verbandes (DDV) e.V. dann bietet das Medium E-Mail vier verschiedene Hauptformen, mit denen die weiter oben beschriebenen Marketingziele erreicht werden können:[62]

- Eigener Newsletter
- Anzeigenschaltung und Sponsoring in fremden Newslettern
- E-Mailings
- E-Mail-Abruf.

Diese Formen des E-Mail-Marketings sollen nun näher erläutert werden.[63]

Eigener Newsletter

Newsletter sind periodisch versendete E-Mails an eine mehr oder weniger gleichbleibende Gruppe von Adressaten. Unternehmenseigene Newsletter besitzen je nach Zielsetzungen und Zielgruppe unterschiedliche inhaltliche Schwerpunkte, die von vorwiegend redaktionellen Inhalten über Mischformen bis hin zu rein werblichen Angeboten reichen können. Unternehmenseigene Newsletter beinhalten meist kurze Beiträge zu bestimmten Themen und verweisen auf Webseiten, von denen Detailinformationen abgerufen werden können. In ihnen werden meist auch direkte Ansprechpartner mit E-Mail-Adresse und Telefonnummer benannt, um den Dialog mit Kunden zu fördern. Da es sehr einfach ist, sich für einen Newsletter anzumelden, lassen sich über Newsletter sehr effizient Kunden gewinnen und binden. In welcher Frequenz (täglich, wöchent-

---

62 Vgl. Deutschen Direktmarketing Verbandes (DDV) e.V. (Hrsg.) (2002).
63 Vgl. Dannenberg (2002), S. 224ff.

lich, monatlich usw.) ein Newsletter versendet wird, hängt im Wesentlichen von den jeweiligen Inhalten ab.

Anzeigenschaltung und Sponsoring in fremden Newslettern

In vielen Newslettern können Werbetreibende Anzeigen schalten. Wie auch in anderen Medien sind für die Anzeigenschaltung Auflage, Inhalt und Zielgruppe des Newsletters entscheidende Auswahlkriterien. Aus den Themen eines Newsletters lassen sich sehr einfach Affinitätsmuster zu bestimmten Angeboten herleiten. Zahlreiche Anbieter verfügen zudem über demographische Daten ihrer Leser, die sich mit den eigenen Zielgruppen abgleichen lassen. Tests und die Auswertung der Responsezahlen ermöglichen bei wiederholten Aktionen eine weitere Optimierung. Falls möglich, ist eine Nähe der Werbeinhalte zu verwandten redaktionellen Inhalten zu empfehlen. Das passende Umfeld eines per Anzeige beworbenen Angebotes hat bedeutenden Einfluss auf den Response. Weniger stark ist die Bedeutung des Umfeldes für die Akzeptanz seitens der Empfänger, so lange die eigentlichen Inhalte der E-Mail für sie relevant sind und eine Werbung nicht als unpassend empfunden wird.

Eine Textanzeige sollte einen Link zur zugehörigen Angebotsseite – der so genannten Landing Page – und eventuell eine E-Mail-Adresse oder Telefonnummer beinhalten. Der Gestaltung der Landing Page kommt daher für den Kampagnenerfolg eine besondere Bedeutung zu. Sie entscheidet, ob ein Interessent zum Käufer umgewandelt werden kann oder nicht. Newsletteranzeigen werden, da sie sehr kostengünstig sind, zunehmend als Reichweiteninstrument eingesetzt.

In diesem Zusammenhang gewinnt auch das Sponsoring an Bedeutung. Ziel des Sponsorings ist es, ein Unternehmen mit bestimmten Themen oder einem positiven Image zu verbinden. Beim Sponsoring wird weniger Wert auf unmittelbare Kundenreaktionen gelegt, der Fokus liegt auf Image und Branding.

Die Firma mediaoffice.net[64] legte in 2001 erstmals grundsätzliche Ergebnisse einer Marktübersicht zu E-Mail-Newslettern in Deutschland vor. Sie registrierten insgesamt 266 professionelle Internet-Newsletter mit einer durchschnittlichen Abonnentenzahl von ca. 24.000.

Der Studie zufolge liegt das Hauptinteresse der Abonnenten im Finanz- und Börsenbereich, gefolgt von Internet- und Computerthemen. 60 Prozent der untersuchten E-Mail-Newsletter werden wöchentlich versandt, 18 Prozent alle zwei Wochen und 14 Prozent täglich. Ein Viertel der elektronischen Nachrichtendienste ist als HTML-Version zu haben. Viele Dienste seien erst in den letzten beiden Jahren entstanden. Der älteste Newsletter ist »Cybernews« mit fünf Jahren.[65] Der sehr junge E-Mail-Markt wird dabei von mediaoffice.net als qualitativ hochwertig und zur Zeit noch sehr günstig bewertet, da Werbetreibende derzeit für knapp 100.000 Euro rund 3,3 Millionen Sichtkontakte erzielen können.

---

64 URL: http://www.mediaoffice.net
65 URL: http://www.cybernews.de

Eine Speedfacts-Studie entkräftet das Vorurteil der ungenutzten Newsletter-Abonnements weitgehend.[66] Die Marktforscher von Speedfacts hatten im Auftrag des Werbe-Fachmagazins W&V 3.000 repräsentative Web-Nutzer befragt. Demnach legen nur 1,4 % der User ihre elektronische Info-Briefe ungelesen ab. 38,7 % öffnen grundsätzlich jeden Newsletter und 28,3 % immerhin noch jeden zweiten. Außerdem wurde festgestellt, dass rund zwei Drittel der Nutzer ihre Newsletter ausschließlich aus privaten Gründen beziehen. Nur gut 12 % abonnieren mindestens jeden zweiten E-Mail-Dienst aus beruflichem Interesse. Mit einem einzigen Abo geben sich nur wenige User zufrieden. Jeder Vierte erhält wöchentlich bis zu drei Newsletter, 16,9 % sogar zweimal täglich, 28,4 % drei bis fünf und 7,7 % bis zu zehn pro Tag.

Um sich im Bereich der fremden Newsletter zurechtfinden zu können, bietet Mediaoffice.net eine ständig aktualisierte Marketing-Datenbank mit professionellen, deutschsprachigen Newslettern. Vollständig erfasst sind derzeit 266 E-Mail-Newsletter mit allen marktrelevanten Informationen, beispielsweise Name, Thema, Zielgruppen, Gründungsjahr, Erscheinungsweise, Reichweite, Anzeigenschluss, Redaktions- und Anzeigenformate, Preise (Tausenderkontaktpreis, Pauschalen), Leserqualität, Rabatte und Kontaktadressen. In der Basic-Version kann man kostenfrei recherchieren.[67] Die kostenpflichtige Profi-Version enthält zusätzliche Informationen und ist im Abonnement per E-Mail erhältlich.[68]

E-Mailings
E-Mailings sind das elektronische Pendant zu den traditionellen Direct Mailings. Die kostengünstige Alternative bietet sehr gute Möglichkeiten der Response-Messung. Im Gegensatz zu Newslettern werden E-Mailings nicht periodisch, sondern aktionsbezogen versendet. Meist sind sie stärker werblich orientiert.[69]

Aktionsbezogene E-Mailings können bei zielgenauer Ansprache außergewöhnlich hohe Klick- und Konversionsraten erreichen. Sie eignen sich insbesondere zur Förderung von Verkaufszielen. Eine entscheidende Rolle spielt dabei vor allem die Gestaltung der Nachricht, die möglichst viele Links zum Angebot enthalten sollte, ohne thematisch den Fokus zu verlieren. So können beispielsweise Versicherungen ihren Kunden per E-Mailing eine Erweiterung des bestehenden Versicherungsschutzes anbieten. Sachliche Informationen über die Vorteile einer solchen Erweiterung, verbunden mit einem Angebot wie »Sie sind ab sofort versichert, zahlen aber erst ab dem nächsten Halbjahr«, erzielen bei der Auswertung nach »Kauf per Klick aus der E-Mail« überdurchschnittlich gute Ergebnisse.

---

66 URL: http://www.speedfacts.com
67 URL: http://www.telemat.de/publikationen/
68 aaO.
69 Vgl. Dannenberg (2002), S. 226.

Bei E-Mailings können die Empfänger im Unterschied zum periodischen Newsletter nicht schon am Versanddatum und dem gewohnten Erscheinungsbild (Absender, Betreff, Layout) erkennen, von wem sie gerade elektronische Post erhalten. Deshalb sollte besonderer Wert darauf gelegt werden, dass deutlich wird, von wem die Nachricht versendet wird.

Insbesondere bei der Nutzung von Fremdadressen sollte aus der Nachricht zudem klar hervorgehen, wem gegenüber die Erlaubnis zur Zusendung des E-Mailings gegeben wurde und wo sie gegebenenfalls widerrufen werden kann. Entsprechende Informationen lassen sich beispielsweise in farblich abgesetzte Rahmen einbetten oder bei reinen Textnachrichten in einem einleitenden Header voranstellen.

E-Mail-Abruf

Beim E-Mail-Abruf geht die Initiative zum Bezug von Werbung oder Informationen vom Kunden aus.[70] Dieser sendet eine E-Mail an eine bestimmte Adresse und erhält innerhalb weniger Minuten automatisch eine dort hinterlegte Nachricht als Antwort. Als kostengünstige Alternative zu Telefon oder Faxabruf bietet der E-Mail-Abruf Kunden und Interessenten die Möglichkeit, sich völlig unverbindlich über ein Thema zu informieren. Wie auch beim Faxabruf, z.B. in Verbrauchersendungen, kann der Kunde Zeitpunkt und Inhalte der Information selbst bestimmen. Alle relevanten Informationen stehen ihm rund um die Uhr zur Verfügung. Mittels der zugehörigen Abruf-Zahlen kann die Nachfrage nach diesem Service leicht überprüft werden und gibt somit einem Unternehmen die Möglichkeit, sein Informationsangebot zu optimieren.

8.4.6 Personalisierung des E-Mail-Marketings

Was bei vielen Internetangeboten wie z.B. Yahoo!, Amazon, Wallstreet Journal oder Handelsblatt heute bereits zu beobachten ist, hält zunehmend auch Einzug in den Versand von E-Mails und Newslettern. Die moderne Form von E-Mails und Newslettern spricht den Empfänger persönlich an und enthält speziell auf den Empfänger zugeschnittene Informationen. Man spricht dabei von Personalisierung, Individualisierung bzw. Profilierung. Aus Zeit- oder Kostengründen ist es natürlich nicht möglich an jeden Einzelnen persönlich zu schreiben. Es gibt jedoch einige Dinge, die Massenbotschaften zu einem persönlichen Schreiben werden lassen, wodurch der Empfänger meinen könnte, es wäre einzig nur an ihn gerichtet. Hierzu nun einige wenige Praxistipps:[71]

- **Personalisieren der Absenderangaben:** Mitteilung sollten von einer konkreten Person und nicht allgemein von einem Unternehmen kommen. Der direkte Absender löst beim Empfänger das Gefühl aus, dass er sich an einen

---

70 Vgl. Dannenberg (2002), S. 227.
71 Vgl. Dannenberg (2002), S. 227.

wirklichen Menschen wenden kann, statt nur einem unnahbaren Unternehmen antworten zu können.

- **Personalisieren der Inhalte:** Durch Hinzufügen des Abonnenten-Namens in der Anrede des Newsletters und Verwendung persönlicher Anrede (Personalpronomina: Sie, Ihre) im Newsletter selbst, empfindet der Leser, dass einzig nur zu ihm gesprochen wird. Die Verwendung der Wörter »Ich« und »mir« bestätigen ihm noch einmal, dass er eine Mitteilung erhält, die von einer ihn betreuenden Person kommt, statt von einem gedankenlosen Apparat.
- **Generierung von relevantem Content:** Content ist entscheidend. Die sicherste Methode, Kunden zu behalten ist, für Content zu sorgen, der interessant und relevant ist.
- **Personalisieren des Feedbacks:** Leser sollten zum Feedback auf eine E-Mail oder einen Newsletter eingeladen werden. Hierfür ist möglichst die gleiche persönliche E-Mail-Adresse zu nennen, die in der »from«-Zeile der Absenderangaben zu sehen ist. Auf diesem Weg findet der Angesprochene Gehör. Dazu gehört auch, dass seine Kommentare oder Fragen, wann immer es sinnvoll erscheint, beantwortet werden.

Ganz bequem kann eine derartige Personalisierung mit Softwareprodukten von bestimmten Anbietern geschehen. Beispielsweise kann man mit solch einem Softwareprogramm relativ einfach eine personalisierte E-Mail-Vorlage erstellen. Diese Vorlage enthält dann Platzhalter für personalisierbare Daten, wie zum Beispiel Vorname und Hobbies. Die nachstehende Abbildung 8.8 verdeutlicht die Funktionsweise dieser Platzhalter.

Beim Versenden werden von den Softwarelösungen dann automatisch die spezifischen Daten des jeweiligen Empfängers eingesetzt. Als Ergebnis erhält dann jeder Empfänger einen automatisch erstellte und dennoch personalisierte E-Mail bzw. Newsletter. Ein Beispiel für eine derart erstellte E-Mail zeigt Abbildung 8.9.

```
Freiburg, [%date] [%time]

[%IF Geschlecht="w"]
Sehr geehrte Frau [last-name],
[%ELSE]
Sehr geehrter Herr [last-name],
[%ENDIF]

für [Beruf] und alle mit Interesse an [Hobby] habe ich
ein ganz besonderes Angebot. Schauen Sie doch mal das
Attachment an!

Viel Erfolg,
- Hans Mustermann

[@impressum]
```

Abb. 8.8: Beispiel für eine E-Mail-Vorlage mit Platzhaltern[72]

---

72 Quelle: URL: http://www.inxmail.de/produkt/personalisierung.html

```
Freiburg, 03.05.2001 10:56

Sehr geehrter Herr Müller,

für Diplom-Grafiker und alle mit Interesse an Fußball
habe ich ein ganz besonderes Angebot. Schauen Sie doch
mal das Attachment an!

Viel Erfolg,
- Hans Mustermann

Inxnet GmbH - intelligent software solutions
info@inxnet.de
http://www.inxnet.de
```

Abb. 8.9: Automatisch erzeugte, personalisierte E-Mail[73]

Die Personalisierung von E-Mails hört bei den meisten Produkten in der Regel nicht bei der individuellen Anrede des Empfängers auf. Man kann vielmehr beliebige Informationen personalisieren, wie z.B. Kundennummern und Werbetexte. Vordefinierte E-Mail-Vorlagen, die die meisten Programme beinhalten, helfen zudem bei der schnellen Erstellung von Texten. Scheut man sich vor dem Kauf derartiger Software oder möchte man den gesamten Bereich des E-Marketing-Kampagnen-Managements nicht selbst abwickeln, so gibt es Anbieter, die diesen gesamten Bereich als Dienstleister übernehmen.

Zusammenfasssung

Wie aus den vorstehenden Ausführungen ersichtlich wird beginnt eine E-Mail-Marketing-Kampagne zunächst mit dem Definieren von Zielen, die hierdurch erreicht werden sollen. Im nächsten Schritt geht es darum, die entsprechenden Richtlinien zu beachten, um nicht durch die Verärgerung von potenziellen Adressaten unnötigerweise den Erfolg der ganzen Aktion zu gefährden. Anschließend sollte die Definition der relevanten Zielgruppe, die durch die Marketing-Maßnahme angesprochen werden soll sowie die Festlegung des entsprechenden Medienmixes erfolgen. Eng damit zusammen hängt dann die Entscheidung, ob mit der E-Marketing-Kampagne nur bestehende Kunden oder auch neue Interessenten angesprochen werden sollen. In diesem Zusammenhang ist zu klären, ob hierbei eigene Adressen und/oder Fremdadressen verwendet werden sollen. Danach erfolgt die Auswahl der erfolgsversprechensten E-Marketing-Formen. Im letzten Schritt geht es dann um das Erstellen der Kampagne und deren zielgruppenadäquate Personalisierung. Als Resultat einer solchen Vorgehensweise sollte eine Win-Win-Situation entstehen: Die Kunden lassen sich gezielt adressieren und erhalten nur E-Mails oder Newsletter mit Inhalten, die sie auch interessieren.

---

73 Quelle: URL: http://www.inxmail.de/produkt/personalisierung.html

9 Resümee

Ziel dieses Buches ist eine ganzheitliche Betrachtung der Offline- und Online-Werbemedien sowie aller werberelevanten Disziplinen von den Werbezielen über die Kreation und Mediaplanung bis hin zur Abrechnung und Kampagnenauswertung. Wir haben Fachbegriffe besonders aus den Bereichen der Off-/Online-Werbemittel sowie der Abrechnungs- und Schaltungsmethoden erläutert. Mit dem anschließenden intermediären Vergleich und den werbe- und gestaltungspsychologischen Grundsätzen erhalten sowohl Mediaplaner und Werbepraktiker als auch Studenten, die sich mit dieser Thematik im Rahmen ihres Studiums befassen müssen, eine umfassende Hilfestellung für eine intermediäre Sichtweise und zur Entwicklung einer strategischen Vorgehensweise in Sachen Werbeplanung. Abschließend sollen an dieser Stelle die wesentlichen Erkenntnisse noch einmal zusammengefasst werden.

Werbung soll Begehrlichkeiten wecken, Begehrlichkeiten in all seinen Formen. Sei es nun ein emotionaler Mehrwert, eine technische Besonderheit oder schlichtweg ein lukrativer Preis, der zu diesem Zweck kommuniziert wird. Um dies zu erreichen, werden verschiedene Werbemittel möglichst zielführend auf geeigneten Werbeträgern – den Werbemedien – platziert. Da jeder Werbekontakt Geld kostet (TKP), ist die Betonung der zielführenden Werbeplatzierung von entscheidender Bedeutung. Hier gilt es, unter Wirtschaftlichkeitsaspekten die Streuverluste durch ungewünschte oder ineffiziente Werbekontakte zu minimieren.

Der intermediäre Vergleich in diesem Buch beinhaltet bewusst eine Einschränkung, da die einzelnen Werbemedien und ihre unterschiedlichen Werbemittel auf einer allgemeinen intermediären Ebene de Facto nicht vergleichbar sind. Die Qualität eines Werbemediums und damit seine Eignung wird durch unterschiedliche Einzelfaktoren wie Werbekosten, Verfügbarkeit, Reichweite oder Involvement geprägt. Doch viele dieser Einzelfaktoren sind ebenfalls nur schwer medienübergreifend zu definieren. Das Involvement ist beispielsweise stark von der individuellen Kontaktsituation abhängig, die durch so genannte Soft Facts geprägt wird. Darüber hinaus haben wir gezeigt, dass diese Einzelfaktoren zum Teil miteinander verzahnt sind, was die Komplexität erhöht.

Die einzelnen Werbemedien verfügen über unterschiedliche Stärken und Schwächen. Wann welches Medium eingesetzt wird, hängt von den angestrebten Kommunikationszielen ab. Diese Kommunikationsziele stellen bestimmte Anforderungen an die Medien. Nach diesen Anforderungen ergibt sich eine Rangreihung (Gewichtung) der Beurteilungskriterien oder Einzelfaktoren. Das bestgeeignetste Werbemedium ist somit von der individuellen Aufgabenstellung des Werbetreibenden, von seinem Umfeld, dem Werbebudget sowie von der selektierten Zielgruppe abhängig.

Die Mediaselektion basiert auf einer Summe von situativen Prioritätsentscheidungen. Eine grundlegende Analyse der Ausgangssituation sowie eine exakte Formulierung der eigenen strategischen Zielsetzungen erleichtern die Wahl des geeignetsten Werbemediums ungemein. Dieses Ergebnis mag zwar zum Teil unbefriedigend sein, entspricht jedoch der Praxis.

Neben dem intermediären Vergleich sollte mit diesem Buch im speziellen auch durch die Vorstellung werbetheoretischer Ansätze und ihrer Anwendbarkeit auf die Werbung im WWW eine Grundlage zur Untersuchung des Werbemediums Internet und dafür geeignete Werbemittel geschaffen werden. Das Banner haben wir als gegenwärtig meistverwendete Werbeform der Online-Werbung vorgestellt und die verschiedenen Möglichkeiten der Schaltung und Abrechnung aufgezeigt. Auf dieser Grundlage und mit der abschließenden Untersuchung der Stärken, Schwächen, Chancen und Risiken des Internets und der Werbeform Banner können folgende Aussagen zusammengefasst werden:

Die Wirkung der Banner-Werbung über rein umsatzorientierte Erfolge hinaus wird durch zahlreiche Untersuchungen gestützt. So belegt der *Kinnie-Report*[1] die komplexe Online-Werbewirkung von Bannern in folgenden Punkten:

- Steigerung der Brand-Awareness
- Aufbau eines prägnanten Markenbildes
- Steigerung der Kaufbereitschaft
- Steigerung des Effektes mit der Erhöhung der Kontaktdosis.

Zu einem ähnlichen Ergebnis kommt auch die Studie zur Effektivität der Online-Werbung des IAB.[2] Demnach kann die Aufmerksamkeit der Konsumenten mit Hilfe der Banner-Werbung gezielt auf das werbende Unternehmen und dessen Produkte gezogen werden. Obwohl solche Studien durch die Interessen der auftraggebenden Unternehmen kritisch zu betrachten sind, zeigt sich doch das Potenzial des WWW für die Werbebranche. Die Banner-Werbung hat jedoch in den anderen Werbeformen, z.B. Sponsorships und E-Mail, ernstzunehmende Konkurrenten, ebenso in den neuen aggressiveren Formen der Online-Werbung, z.B. den Interstitials. Dies kann zukünftig zu einer Schmälerung des vorherrschenden Anteils der Banner-Werbung am gesamten Online-Werbevolumen führen.

Technologische Entwicklungen wie UMTS und Smart-TV sind gegenwärtig für die verbreitete Nutzung des Internets keine Gefahr, können zukünftig aber dem WWW bei der modernen, konsumfreudigen Zielgruppe »den Rang ablaufen«. Die Erfindung neuer multimedialer Werbeformen, die nicht zuletzt durch den anhaltenden Handyboom in Deutschland getragen wird, dürfte von Seiten der Werbeindustrie nicht lange auf sich warten lassen.

Die in den nächsten Jahren weiter wachsende Bedeutung des WWW und nicht zu erwartende Sättigungserscheinungen stellen für die Online-Werbung jedoch wichtige Voraussetzungen und festigen neben der Werbung in traditionellen Medien die Position zur Sicherung eines langfristigen Erfolges. Wichtig hierbei ist jedoch die systematische Vorgehensweise bei der Gestaltung, dem

---

1 Vgl. G+J Electronic Media Service AdSales (2001), Kinnie-Report (Stand: 18.01.2002).
2 Vgl. Internet Advertising Bureau (1997).

Einsatz und der Erfolgskontrolle der Online-Werbeformen. Hierbei sollten weniger die hohen Click-Raten, sondern eine langfristige Kundenbindung im Vordergrund stehen.

In der Konkurrenz um die Aufmerksamkeit der Internet-Nutzer sollte vor allem die Gefahr der Verärgerung der Kunden und der damit möglichen Verursachung von Reaktanzen berücksichtigt werden. Ferner werden auch gesetzliche und freiwillige Datenschutzbestimmungen den gezielten Einsatz von Nutzerprofilen maßregeln. In diesem Zusammenhang wäre es wünschenswert, dass zukünftige Bemühungen der Online-Werbung sich an den Bedürfnissen der Konsumenten orientieren und damit durch zusätzlichen Nutzen und nicht durch bloße Erregung von Aufmerksamkeit (und eventuellem Ärgernis) bei den Kunden zu gewinnen versuchen.

Abschließend lässt sich sagen, dass das Internet nicht nur ein weiteres Medium in unserer mediengesättigten Gesellschaft ist, sondern eine sinnvolle und innovative Ergänzung des bestehenden Angebotes darstellt, die in der Mediaplanung Berücksichtigung finden sollte. Die Vergangenheit hat gezeigt, »(...) dass ein neues Medium die bereits bestehenden immer ergänzt und nicht verdrängt hat.«[3] 61% der Werbeleiter sind der Ansicht, dass das Internet »On the Top« zu den konventionellen Werbemedien genutzt werden wird.[4] Es kommt hier somit nicht zum Ausschlussverfahren, sondern zu einer integrierten Kommunikation im Sinne des Crossmedia Marketings, in der durch Kombination Schwächen nivelliert und Synergien genutzt werden sollten.

Als zukünftige Aufgabe sollte der intermediäre Vergleich vertieft werden. Des weiteren sollte das Internet generell in allen Medien-Analysen und -Vergleichen Berücksichtigung finden. Darüber hinaus ist zu bedenken, ob die Trennung zwischen konventionellen (klassischen) und Neuen Medien sinnvoll und zielführend ist. Diese punktuelle Mediensichtweise bietet dem Praktiker nur einen geringen Nutzen, da jedem Medium und jeder Entscheidung eine Alternative gegenüber steht. Die strategische medienübergreifende Sichtweise sollte daher künftig stärker thematisiert werden.

---

3 Siehe ARD/ZDF-Online-Studie (2000), S. 345.
4 Vgl. Waller, in Fraunhofer-Institut für Arbeitswirtschaft und Organisation IAO (Hrsg.) (1996), S. 9.

10 Anhang

Werbebeispiele

Nachstehend wird die folgende Auswahl interessanter Werbebeispiele näher beschrieben:
(1) Die Pop-under-Kampagne von X10.com
(2) Kreativkonzept Golf eGeneration, Volkswagen AG
(3) Beispielkampagne des Vermarkters Advertising.com.

(1) Die Pop-under-Kampagne von X10.com
Der Seattler Vertrieb für elektronische Geräte X10.com hat Anfang des Jahres 2001 eine Online-Werbekampagne gestartet, die in den Medien sehr kontrovers diskutiert worden ist. Werbeträger dieser Aktion sind zahlreiche populäre Seiten, hauptsächlich im englischsprachigen Raum, z.B. die Online-Version der New York Times, Altavista oder auch Lycos. Beim Besuch dieser Webseiten öffnet sich im Hintergrund automatisch ein weiteres Fenster, das Pop-under mit der Werbebotschaft für eine drahtlose Mini-Kamera.

Abb. 10.1: Beispiel eines Pop-unders von x10.com

Erst wenn der Besucher das Browserfenster schließt, wird das Pop-under sichtbar und muss damit nicht mit anderen Werbeformen um die Aufmerksamkeit des Betrachters konkurrieren. Durch das Anklicken des Fensters gelangt der interessierte Nutzer auf das weiterführende Angebot von X10.com. Ebenso kann das Fenster mit einem Klick auf den »Beenden-Button« geschlossen werden. Betreut wird diese Kampagne durch die amerikanische Internet-Werbeagentur »Fastclick« in Santa Barbara, die einen Ruf als führender Anbieter für Pop-unders inne hat.[1] In der ersten Jahreshälfte 2001 ist es Fastclick möglich gewesen, ihr Pop-under-Volumen monatlich zu verdoppeln. Nach Angaben des Leiters[2] sind typische Werber dieser Form in den USA Anbieter von Diäten, technischen Geräten und Kreditfirmen, die auf eine »eher ungebildete« Zielgruppe ausgerichtet ist. Durch diese Werbeform soll der Markenname gezielt aufgebaut, die Markenbekanntheit und die Marken-Erinnerung gefördert werden.

Bereits nach wenigen Monaten, in denen X10.com mit den Pop-under-Fenstern geworben hat, stellte sich ein fraglicher Erfolg ein. Auf der Rangliste der am häufigsten besuchten Websites des Infodienstes Jupiter Media Metrix (JMM)[3] rutschte X10.com im Mai 2001 auf den fünften Platz, hinter AOL, Microsoft, Yahoo! und Lycos. Laut dieser Übersicht konnte das Seattler Unternehmen allein von April bis Mai die Anzahl unterschiedlicher Besucher um 87% von 15,3 auf 28,6 Million erhöhen. Ebenfalls ergibt sich daraus, dass im Zeitraum vom Januar bis Mai 2001 ein Drittel aller Internetnutzer als Besucher dieser Site aufgenommen wurde. Unter genauerer Betrachtung erklärt sich dieses unglaubliche Ergebnis durch die Tatsache, dass in der genannten Statistik von JMM das automatische Öffnen des Pop-unders bereits als Besuch der Seite angerechnet wird – unabhängig davon, ob der Nutzer auf die Werbung klickt oder nicht. Die aufgerufenen Werbefenster machen insgesamt 95% der unterschiedlichen Besucher aus, die ohne diese Kampagne lediglich 2,7 Millionen Personen betragen würde. Im Gegensatz zur Rangliste von JMM erscheint X10.com auf der Statistik von Nielsen/Net Rating, einem konkurrierenden Unternehmen von JMM, im gleichen Zeitraum nur auf Platz 116. Nielsen/Net Rating kommt zu einem völlig anderen Ergebnis, da in deren Berechnung keine Werbeseiten einfließen, die ausschließlich aus Eigenwerbung bestehen.

Trotz der gestiegenen Bekanntheit von X10.com ist der Erfolg dieser Werbekampagne fraglich. JMM hat dabei festgestellt, dass rund 73% der mit dem Pop-under konfrontierten Surfer das Fenster in weniger als 20 Sekunden schließen. Diese »Drop-out-Rate« beträgt fast das Doppelte anderer erfolgreicher Kampagnen, die teilweise bei weniger als 40% liegen. Die Zahl der Besucher, die tatsächlich mehr als drei Minuten auf den Seiten des Online-Vertriebes verweilt, liegt gerade bei 1,2 Millionen. Das Image des Unternehmens ist durch die zahlreichen Proteste der unfreiwilligen Besucher angeschlagen. Dies zeigt sich auch an der Reaktion des Unternehmens selbst, das aufgrund der negativen Reaktionen auf der firmeneigenen Homepage Informationen zum Unterbinden der Pop-under Fenster für verärgerte Nutzer anbietet.[4]

Die Marken-Bekanntheit konnte mit der weitgestreuten Kampagne gesteigert werden, jedoch fühlten sich viele Surfer durch die Werbefenster belästigt und die Seriosität des Unternehmens wurde in der öffentlichen Diskussion in Frage

---

1   Vgl. Laube/Liebert (2001).
2   Aussage von Fastclick-CEO Dave Gross.
3   Vgl. Jupiter Media Metrix (2001).
4   Vgl. X10.com (2001) Information on X10 Advertising.

gestellt. Das Beispiel von X10.com verdeutlicht, dass mit den Bemühungen, die klassischen Bannerformate um neue kreative Online-Werbeformen zu erweitern, eine erhöhte Aufmerksamkeitswirkung erzielt werden kann. Durch die Überschreitung persönlicher Grenzen der Internet-Nutzer, kann die Werbung aber auch nicht mehr als nützliche oder interessante Information, sondern als aufdringliche Belästigung aufgefasst werden, welches sich letztendlich hemmend auf den wirtschaftlichen Erfolg eines Unternehmens auswirken kann.

(2) Kreativkonzept Golf eGeneration, Volkswagen AG

Im Folgenden wird das Kreativkonzept eines innovativen B2C-E-Commerce-Projekts vorgestellt, dass sich gut zur Veranschaulichung der internetspezifischen Werbemöglichkeiten eignet. Das strategische Ziel dieses Projekts bestand darin, den Verkaufsanbahnungsprozess über das Internet zu fördern. Das Projekt wurde von der Abteilung Vertrieb/Marketing/E-Commerce (VME) der Volkswagen AG initiiert und geleitet. Ferner waren die Werbeagentur DDBO Interactive sowie die Mediaagentur Magic Response beteiligt.

Das zu vermarktende Produkt war ein Golf-Sondermodell. Der Golf eGeneration ist das erste Automobil mit serienmäßigem Internetzugang. Realisiert wird der Zugang über ein PDA (HP Jornada 548) und ein WAP-Handy (Nokia 6210). Beide Geräte sind bedienerfreundlich und crashsicher in speziellen Halterungen untergebracht. Darüber hinaus verfügt das Fahrzeug über eine umfangreiche Sonderausstattung und einen lukrativen Preisvorteil. Es ist darauf hinzuweisen, dass es sich aus konzernpolitischer Sicht nicht um einen internetspezifischen Rabatt handelte (wie z.T. beim Wettbewerb), da das Internet ein seriöser Vertriebskanal ist und nicht als »Schleuderbörse für Schnäppchenjäger« entwertet werden soll. Eine weitere Besonderheit des limitierten eGeneration Modells bestand darin, dass es ausschließlich über das Internet zu reservieren war. Es gab weder Ausstellungsfahrzeuge bei den Händlern noch Prospekte oder Broschüren. Der Interessent findet die relevanten Informationen nur im Internet. Volkswagen markiert mit dieser Art des Vertriebs eine neue Ära.

Vor diesem Hintergrund und durch den Verzicht auf Offline-Produktinfomationen bestanden besondere Anforderungen an den eGeneration-Webauftritt im Bezug auf Informations- und Gestaltungstiefe sowie einer zielgerichteten Navigationsführung. Die folgende Abbildungen zeigt einige Screenshots der eGeneration-Homepage. Besondere Highlights der eGeneration-Seite waren neben dem PDA-Simulator und WAP-Emulator (beide in Orginalgröße) die 360°-Ansichten des Produktes (Innen- und Außenansicht).

Da dieses Sondermodell ausschließlich über das Internet vermarktet wurde, entschloss man sich für eine ausgedehnte Online-Werbekampagne, in der neben der *Information* die *Emotionalität* eine gewichtige Rolle spielen sollte. Um die Stringenz und Übersichtlichkeit zu wahren, wurden diese Kommunikationsinhalte getrennt. Der informationslastigen Homepage (Plattform-Seite) wurde dabei eine multimedialanimierte Emotionalisierungsseite (Emo-Seite) im Flash-Format vorangestellt. Schließt der Nutzer die Emo-Seite, gelangt er automatisch auf die Plattform-Seite.

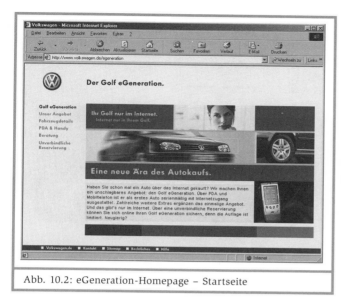

Abb. 10.2: eGeneration-Homepage – Startseite

Der Golf ist als klassenloses Automobil traditionell in mehreren Milieus und bei mehreren Zielgruppen etabliert. Das Kreativziel bestand darin, diesem Sachverhalt Rechnung zu Tragen und eine zielgruppenaffine Kundenansprache zu ermöglichen. Auf der Basis von internen Marktforschungsdaten wurden aus den Sinus Milieus der TDW folgende vier Zielgruppen selektiert und charakterisiert:

- Moderne Arbeitnehmer: Kommunikation
- Modern bürgerliches Milieu: Exklusivität
- Status-/aufstiegsorientiertes Milieu: Lifestyle
- Etabliert/konservatives Milieu: Wertigkeit

Jedes der Milieus steht für eine bestimmte Lebenswelt und Einstellung. Zur Kommunikation dieser Lebenswelten wurden innerhalb der Emo-Seite emotionale Bildelemente und Werte eingesetzt. Die Werte wurden visuell und auditiv dargeboten und durch milieuspezifische Musik verstärkt. Darüber hinaus wurden die Produktvorteile zielgruppenadäquat übersetzt.

Das besondere an dieser Kampagne war *die multidimensionale Zielgruppenausrichtung*. Die interaktiven Möglichkeiten des dynamischen Mediums Internet wurden dabei optimal genutzt: Je nach Ziel-

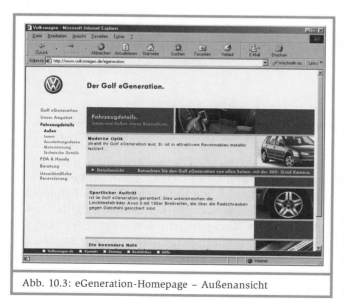

Abb. 10.3: eGeneration-Homepage – Außenansicht

gruppe lädt sich die Emo-Seite mit der spezifischen Lebenswelt. Abbildung 10.5 zeigt die lifestyleorientierte Emo-Seite des status- und aufstiegsorientierten Milieus.

Die Selektion erfolgte jedoch nicht nach dem Zufallsprinzip, sondern wurde vom Interessenten bewusst oder unbewusst durchgeführt. Es gibt zwei Zugangsmöglichkeiten zur Emo-Seite:

1. Über die Volkswagen Homepage (bewusste Selektion).[5]
2. Über externe Werbemittel auf Werbeträgerseiten (unbewusste Selektion).

Kommt der Nutzer über die *Volkswagen Homepage,* so gelangt er vor der Emo-Seite auf eine *»Verteilerseite«,* in der alle Lebenswelten bildlich dargestellt werden. Darüber hinaus wurde zur weiteren Selektionshilfe sowie zum Spannungsaufbau eine diffe-

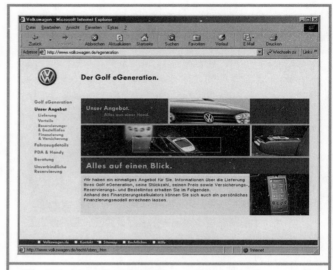

Abb. 10.4: eGeneration-Homepage – Unser Angebot

Abb. 10.5: Lifestyleorientierte Emotionalisierungsseite

renzierte Frage gestellt, die erst zum Ende der Emo-Seiten-Animation beantwortet wurde. Auf der Verteilerseite war über den Mouse-Over-Effekt immer nur eine Lebenswelt sichtbar. Der Nutzer konnte sich die unterschiedlichen Lebenswelten durch horizontales Verschieben des Mauszeigers ansehen und die anklicken, die ihn am meisten ansprach. Als Navigationshilfe wurden zum Start der Verteilerseite kurz alle Lebenswelten animiert dargestellt, danach konnte der

5   URL: http://www.volkswagen.de

Nutzer in Ruhe selektieren. Der Nutzer wählte bzw. selektierte zwar bewusst nach Anmutung und Interesse, ihm blieb jedoch verborgen, dass er durch diesen Prozess einem Sinus Milieu zugeordnet wurde. Folgende Fragen wurden auf der Verteilerseite kommuniziert:

- **Moderne Arbeitnehmer:** »Was macht das Internet, wenn es nicht im Büro ist – und auch nicht zuhause?«
- **Modern bürgerliches Milieu:** »Max zum Kindergarten, dann ins Büro. Wer sagt mir, wo die Staus sind?«
- **Status-/aufstiegsorientiertes Milieu:** »Internet mit 130 PS?«
- **Konservativ/etabliertes Milieu:** »Gibt es das Internet eigentlich auch mit Klimaanlage?«

Abbildung 10.6 zeigt die Verteilerseite mit der »aktivierten« Lifestyle-Lebenswelt. Die anderen zentralen Bildelemente der Lebenswelten sind den zum Ende hin gezeigten Werbemitteln zu entnehmen. Kommt der Interessent über den Klick auf ein *externplatziertes Werbemittel* auf die Emo-Seite, hat er bereits unbe-

Abb. 10.6: Verteilerseite mit »aktivierter« Lifestyle-Lebenswelt

wusst selektiert. Der Online-Mediaplan wurde nach Zielgruppen erstellt, d.h. jeder Zielgruppe wurden spezifische möglichst in sich homogene und gegeneinander heterogene Webseiten zugeschrieben. Durch das bloße Interesse des Nutzers an bestimmten Online-Angeboten bekundet er seine Zugehörigkeit zu einer Zielgruppe. Die Online-Werbemittel sind von der Tonalität her stringent zur Verteilerseite und zum Inhalt der Emo-Seite, so dass hier ein hoher Wiedererkennungscharakter besteht. Die zielgruppenspezifischen Werbemittel waren mit den zielgruppenspezifischen Inhalten der Emo-Seite verlinkt, so dass der Nutzer immer auf die zu dem Werbemittel gehörige Emo-Seite geführt wurde.

Da die generelle Online-Strategie neben qualitativen Buchungen (zielgruppenaffin) auch quantitative Buchungen (reichweitenstark, kostengünstig) vorsieht, kam auf den *nichtzielgruppenaffinen Webseiten* die Werbeform des *Multiple-Link-Banners* zum Einsatz. Dieses Werbemittel erlaubt es in der Flash-Programmierung, mehrere Hyperlinks in einem Banner zu offerieren. Hier wurden alle vier Lebenswelten mit den dazugehörigen Links parallel in einem Werbemittel dargestellt. Der Nutzer konnte somit innerhalb des Banners selektieren. Die Tonalität und Animation entsprach dabei der Verteilerseite. Da z.Z. etwa nur 80% der Browser Flash-kompatibel sind, musste jedes Werbemittel zusätzlich als Gif-

Format hinterlegt werden. Diese Anforderung stellt normalerweise kein Problem dar, anders beim Multiple-Link-Banner: Wird dies als Gif-Datei erstellt, so verfügt es nur über einen Hyperlink. In diesem Fall wurde der Nutzer auf die Verteilerseite geführt, um dort selber eine Selektion vorzunehmen. Dieser Navigationspfad entsprach somit dem Zugang über die Volkswagen-Homepage.

Im Folgenden werden Beispiele der in der Kampagne eingesetzten Online-Werbemittel gezeigt. Es ist generell darauf hinzuweisen, dass es sich bei den im gesamten Abschnitt gezeigten Abbildungen um sog. Screenshots handelt. Diese stellen nur eine Momentaufnahme der Animationen oder Streaming Videos dar.

Auszug der Online-Werbemittel:

1. Banner (Flash-Animation, Format 468 x 60 Pixel):

Moderne Arbeitnehmer

Abb. 10.7: Banner der eGeneration Kampagne

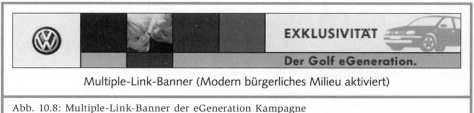

Multiple-Link-Banner (Modern bürgerliches Milieu aktiviert)

Abb. 10.8: Multiple-Link-Banner der eGeneration Kampagne

2. Pop-ups (Flash-Animation, Format 200 x 300 Pixel):

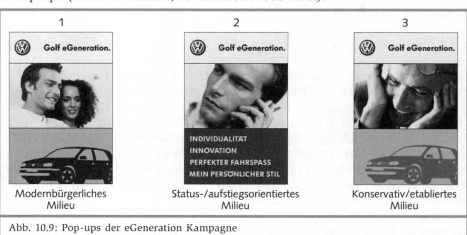

Abb. 10.9: Pop-ups der eGeneration Kampagne

Abbildung 10.10 zeigt zusammenfassend die Navigationsstruktur der Online-Kampagne zum Golf eGeneration.

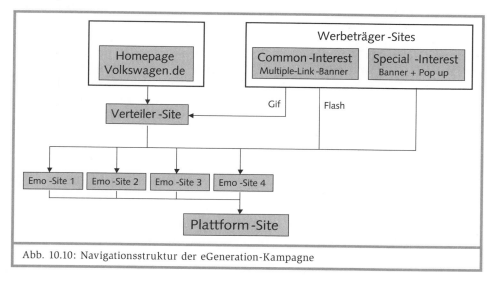

Abb. 10.10: Navigationsstruktur der eGeneration-Kampagne

Abschließend soll festgehalten werden, dass es sich bei der Online-Kampagne zum Golf eGeneration sowohl um eine Fraktal- wie auch um eine Schlüsselbildstrategie handelt. Der Charakter der Fraktalstrategie ist dadurch gegeben, dass heterogene Zielgruppen mit unterschiedlichen Werbemotiven angesprochen werden. Innerhalb einer Zielgruppe (z.B. Status- und aufstiegsorientiertes Milieu) wird die Ansprache jedoch über ein einheitliches Werbemotiv, einen einheitlichen Claim sowie eine stringente Tonalität getätigt, so dass es sich in diesem Fall um eine Schlüsselbildstrategie handelt.

Beteiligte:
- **Volkswagen AG:**[6]
  - Hartmut Seeger
  - Frank H. Wildschütz
  - Michael Mandat (Arthur D. Little International Inc.)
- **BBDO Interactive GmbH Werbeargentur:**[7]
  - Malte Sudendorf
  - Jochen Kirchhoff
  - Marco Arzt
- **Magic Response GmbH Mediaagentur (Tochter der MediaCom):**[8]
  - Gesa Tiling

6 URL: http://www.volkswagen.de
7 URL: http://www.bbdo-interactive.de
8 URL: http://www.magicresponse.de

(3) Beispielkampagne des Vermarkters Advertising.com[9]

Im Folgenden wird eine Beispielkampagne des Vermarkters Advertising.com vorgestellt. Der Werbekunde wollte jedoch anonym bleiben, weshalb im Weiteren von dem Unternehmen X die Rede sein wird.

Das Unternehmen X verfolgte mit der Online-Kampagne auf dem Netzwerk von Advertising.com das Ziel, seine Produkte direkt (session-based) online abverkaufen zu wollen. Das Produkt kostete 20 Euro. Die Werbeschaltung wurde nach dem Modell CPC abgerechnet. Der CPC betrug 0,68 Euro. Zusätzlich wurde über ein Post-Click-Tracking die Conversionrate ermittelt. Eine weitere Besonderheit der Kampagne bestand darin, dass nicht wie üblich nach AdImpressions, sondern nach AdClicks gebucht wurde. Es wurden 9.000 AdClicks eingekauft, was bedeutet, dass die Werbemittel so lange Ausgestrahlt wurden (AdImpressions), bis 9.000 AdClicks realisiert waren. Die Anzahl der AdImpressions war somit von der CTR abhängig. Während der Kampagne wurden folgende Leistungskennzahlen erhoben:

- AdImpression: 6.868.688 (Branding und Awareness gratis)
- AdClicks: 9.089 (etwas mehr ausgeliefert)
- Click-Through-Rate: 0,13 (nicht sehr vielversprechend)
- Conversion: 943 (online verkaufte Produkte an Nutzer, die über ein Werbemittel geworben wurden)
- Conversionrate: 10,38% (ein sehr guter Wert)

Auf Basis der gewonnen Daten lässt sich die Kampagne wie folgt monetär auswerten: Das Unternehmen X konnte 943 Produkte mit einem Gesamterlös von 18.860 Euro über das Internet (session-based) an Nutzer verkaufen, die zuvor über ein Online-Werbemittel geworben wurden. Aus einem CPC von 0,68 Euro und 9.089 AdClicks wurden für diese Schaltung 6.180,52 Euro berechnet (inkl. Reporting und Post-Click-Tracking). Der monetäre Kampagnenerfolg lag somit bei 12.679,48 Euro. Dies entspricht einem ROI (Return on Investment) von 205%. D.h., für einen Euro, den das Unternehmen X in die Kampagne investiert hat, bekam es 2,05 Euro zurück (inkl. Branding und Awareness). Es sollte jedoch berücksichtigt werden, dass es sich bei den 18.860 Euro um den Umsatz und nicht um den Gewinn handelte. Würden dem Unternehmen X bedingt durch eine geringe Marge durch den Verkauf von 943 Produkten Kosten von mehr als 12.679,48 Euro entstehen (Herstellkosten, Vertriebskosten etc. jedoch ohne Werbekosten), würde dass Unternehmen durch die Kampagne Verlust machen. Wäre dies der Fall, müsste der CPC gesenkt oder die Conversionrate verbessert werden.

Eine weitere Möglichkeit zur Kostensenkung könnte sich ergeben, wenn anstatt der CPC- eine CPA-Buchung gewählt worden wäre. In diesem Fall hätten nur die 943 Conversions bezahlt werden müssen. Sicherlich läge der CPA aufgrund

---

9 E-mail-Kontakt mit Holger M. Klein, Country Manager der Advertising.com Germany GmbH, 10.04.2002 (Quelle liegt vor).

Reporting (Banner) 05.03.02.-22.03.02

ENDREPORTING

Media Agency	Musteragentur
Advertiser	**Musterkunde**
Campaign Name	de02musterkampagne123
Media-Auftragsnr.:	
Start	05.03.2002
End	22.03.2002

Action Type	CPC
Units Ordered	9.000
Cost per Unit	XXX €
Budget	XXX €
Total Units	9.089
Remaining Units	0

Media Text	AD	Impressions	Clicks	CTR	Conversion Rate	Conversions
Musterbanner1_468x60.gif	(Bannermotiv + Verlinkung)	1890275	2404	0,13%	6,99%	168
Musterbanner2_468x60.gif	(Bannermotiv + Verlinkung)	1260076	1672	0,13%	9,39%	157
Musterbanner3_468x60.gif	(Bannermotiv + Verlinkung)	1386541	2426	0,17%	5,81%	141
Musterbanner4_468x60.gif	(Bannermotiv + Verlinkung)	243073	139	0,06%	33,09%	46
Musterbanner5_468x60.gif	(Bannermotiv + Verlinkung)	509591	823	0,16%	15,43%	127
Musterbanner1_234x60.gif	(Bannermotiv + Verlinkung)	147949	103	0,07%	43,69%	45
Musterbanner2_234x60.gif	(Bannermotiv + Verlinkung)	158787	111	0,07%	35,14%	39
Musterbanner3_234x60.gif	(Bannermotiv + Verlinkung)	207628	211	0,10%	24,17%	51
Musterbanner4_234x60.gif	(Bannermotiv + Verlinkung)	706411	849	0,12%	11,43%	97
Musterbanner5_234x60.gif	(Bannermotiv + Verlinkung)	358357	351	0,10%	20,51%	72
		6.868.688	9.089	0,13%	10,38%	943

Abb. 10.11: Beispielkampagne Advertising.com: Endreporting

des höheren Risikos für den Vermarkter deutlich über dem CPC von 0,68 Euro.
Bei einem CPA von 6,55 Euro wären die Buchungsmodelle bei gegebenen Daten
identisch. Liegt der CPA unter 6,55 Euro, ist dieses Modell für den Werbetreibenden günstiger als die CPC-Abrechnung. Da der CPA-Preis jedoch nicht vorliegt, kann letztendlich keine Wertung vorgenommen werden.

Die Abbildungen 10.11 und 10.12 zeigen das kumuliertes Endreporting sowie
die kumuliertes Tagesauswertung der Kampagne. Beide Charts wurden auf Kundenwunsch anonymisiert.

Date	Impressions	Clicks	CTR	Conversion Rate	Conversions
05.03.2002	347339	511	0,15%	12,13%	62
06.03.2002	1257339	2116	0,17%	7,09%	150
07.03.2002	1541284	2292	0,15%	6,98%	160
08.03.2002	253274	244	0,10%	7,79%	19
09.03.2002	193914	231	0,12%	9,96%	23
10.03.2002	178708	302	0,17%	6,95%	21
11.03.2002	269450	297	0,11%	12,12%	36
12.03.2002	281534	225	0,08%	10,67%	24
13.03.2002	157215	165	0,10%	17,58%	29
14.03.2002	479758	315	0,07%	9,84%	31
15.03.2002	250662	348	0,14%	12,07%	42
16.03.2002	148356	183	0,12%	15,85%	29
17.03.2002	196137	243	0,12%	22,63%	55
18.03.2002	389695	453	0,12%	17,44%	79
19.03.2002	320253	395	0,12%	16,96%	67
20.03.2002	310761	315	0,10%	20,00%	63
21.03.2002	219734	311	0,14%	11,25%	35
22.03.2002	73275	143	0,20%	12,59%	18
	6868688	9089	0,13%	10,38%	943

Abb. 10.12: Beispielkampagne Advertising.com: Tagesauswertung

Statistiken

Statistiken der klassischen Medien von ACNielsen

Der saisonale Verlauf der Werbung in den klassischen Medien

Angaben in TEUR

	JAN	FEB	MAE	APR	MAI	JUN	JUL	AUG	SEP	OKT	NOV	DEZ	KUM
ZEITUNGEN 00	297.494	334.680	386.114	323.438	356.616	317.326	279.064	278.222	362.710	378.422	380.119	346.209	4.040.413
ZEITUNGEN 01	273.934	267.442	371.002	286.766	350.431	296.049	236.030	220.925	321.895	344.395	341.057	308.128	3.618.054
+/- %	- 7.9	- 20.1	- 3.9	- 11.3	- 1.7	- 6.7	- 15.4	- 20.6	- 11.3	- 9.0	- 10.3	- 11.0	- 10.5
PUBL.-ZSCHR. 00	287.748	300.329	361.006	380.350	407.683	330.016	246.829	241.904	376.049	403.162	463.456	365.700	4.164.232
PUBL.-ZSCHR. 01	301.841	284.250	363.666	375.612	397.279	321.672	256.264	250.895	370.612	366.055	418.307	340.290	4.046.741
+/- %	+ 4.9	- 5.4	+ 0.7	- 1.2	- 2.6	- 2.5	+ 3.8	+ 3.7	- 1.4	- 9.2	- 9.7	- 6.9	- 2.8
FACH-ZSCHR 00	33.463	41.945	47.599	39.949	39.805	37.424	31.357	30.921	49.083	47.186	43.870	28.461	471.064
FACH-ZSCHR 01	28.932	33.236	45.242	34.526	34.232	33.558	26.630	25.789	35.406	38.292	36.365	23.885	396.092
+/- %	- 13.5	- 20.8	- 5.0	- 13.6	- 14.0	- 10.3	- 15.1	- 16.6	- 27.9	- 18.8	- 17.1	- 16.1	- 15.9
PRINT 00	618.706	676.954	794.718	743.737	804.105	684.766	557.251	551.047	787.842	828.769	887.445	740.369	8.675.708
PRINT 01	604.707	584.928	779.909	696.903	781.942	651.280	518.924	497.609	727.913	748.741	795.728	672.303	8.060.888
+/- %	- 2.3	- 13.6	- 1.9	- 6.3	- 2.8	- 4.9	- 6.9	- 9.7	- 7.6	- 9.7	- 10.3	- 9.2	- 7.1
FERNSEHEN 00	521.780	603.874	782.268	752.020	710.344	515.568	440.324	446.947	724.486	881.544	878.664	719.982	7.977.801
FERNSEHEN 01	502.432	576.168	773.741	754.299	699.275	515.816	432.800	418.455	647.986	805.564	790.309	649.553	7.566.397
+/- %	- 3.7	- 4.6	- 1.1	+ 0.3	- 1.6	+ 0.0	- 1.7	- 6.4	- 10.6	- 8.6	- 10.1	- 9.8	- 5.2
RADIO 00	61.811	78.771	96.319	82.813	108.581	92.920	73.780	75.058	97.808	99.110	92.970	83.241	1.043.182
RADIO 01	73.065	68.456	96.328	82.666	91.862	77.985	63.602	60.514	79.830	91.568	80.768	67.163	933.806
+/- %	+ 18.2	- 13.1	+ 0.0	- 0.2	- 15.4	- 16.1	- 13.8	- 19.4	- 18.4	- 7.6	- 13.1	- 19.3	- 10.5
PLAKAT 00	18.552	27.798	39.662	44.577	48.880	45.993	35.807	35.826	50.048	49.235	44.660	28.412	469.449
PLAKAT 01	20.260	31.907	42.853	44.097	46.311	47.124	35.404	32.803	49.999	43.770	44.694	28.037	467.258
+/- %	+ 9.2	+ 14.8	+ 8.0	- 1.1	- 5.3	+ 2.5	- 1.1	- 8.4	- 0.1	- 1.1	+ 0.1	- 1.3	- 0.5
GESAMT 00	1.220.848	1.387.397	1.712.967	1.623.146	1.671.910	1.339.246	1.107.162	1.108.878	1.660.184	1.858.659	1.903.739	1.572.004	18.166.141
GESAMT 01	1.200.464	1.261.649	1.692.832	1.577.965	1.619.390	1.292.205	1.050.730	1.009.381	1.505.728	1.689.643	1.711.499	1.417.056	17.028.350
+/- %	- 1.7	- 9.1	- 1.2	- 2.8	- 3.1	- 3.5	- 5.1	- 9.0	- 9.3	- 9.1	- 10.1	- 9.9	- 6.3

Abb. 10.13: Der saisonale Verlauf der Werbung in den klassischen Medien

Die Volumenentwicklung der Werbung (in Seiten/1000 Sekunden/1000 Stellen)

	JAN	FEB	MAE	APR	MAI	JUN	JUL	AUG	SEP	OKT	NOV	DEZ	KUM
ZEITUNGEN 00	16.260	17.722	21.502	18.388	20.378	18.169	16.304	15.769	19.544	19.784	20.053	19.069	222.943
ZEITUNGEN 01	14.783	13.870	19.193	14.816	17.924	15.649	12.498	12.195	16.477	17.636	17.204	16.093	188.338
+/- %	- 9.1	- 21.7	- 10.7	- 19.4	- 12.0	- 13.9	- 23.3	- 22.7	- 15.7	- 10.9	- 14.2	- 15.6	- 15.5
PUBL.-ZSCHR. 00	17.714	17.502	21.296	22.606	23.784	19.854	15.743	15.148	22.072	23.695	26.156	21.420	246.990
PUBL.-ZSCHR. 01	19.407	17.203	22.075	22.621	23.280	19.685	16.329	15.600	21.923	22.021	24.250	20.097	244.491
+/- %	+ 9.6	- 1.7	+ 3.7	+ 0.1	- 2.1	- 0.9	+ 3.7	+ 3.0	- 0.7	- 7.1	- 7.3	- 6.2	- 1.0
FACH-ZSCHR 00	6.191	7.250	7.353	6.416	6.392	6.787	5.243	4.823	7.519	7.435	6.424	4.294	76.127
FACH-ZSCHR 01	5.349	5.660	6.385	5.261	5.281	6.086	4.591	4.278	5.636	5.781	5.523	3.762	63.593
+/- %	- 13.6	- 21.9	- 13.2	- 18.0	- 17.4	- 10.3	- 12.4	- 11.3	- 25.0	- 22.2	- 14.0	- 12.4	- 16.5
PRINT 00	40.166	42.474	50.152	47.410	50.554	44.809	37.290	35.740	49.135	50.913	52.633	44.782	546.060
PRINT 01	39.539	36.733	47.652	42.698	46.485	41.419	33.418	32.074	44.036	45.439	46.977	39.952	496.422
+/- %	- 1.6	- 13.5	- 5.0	- 9.9	- 8.0	- 7.6	- 10.4	- 10.3	- 10.4	- 10.8	- 10.7	- 10.8	- 9.1
FERNSEHEN 00	4.616.1	4.728.3	5.067.7	4.926.5	5.135.5	4.945.0	4.879.7	5.011.7	5.189.7	5.427.9	5.412.9	5.019.2	60.360.3
FERNSEHEN 01	4.418.1	4.502.3	5.064.1	4.701.6	4.947.8	4.764.2	4.935.3	4.981.2	4.882.1	5.323.0	5.448.8	5.259.0	59.227.5
+/- %	- 4.3	- 4.8	- 0.1	- 4.6	- 3.7	- 3.7	+ 1.1	- 0.6	- 5.9	- 1.9	+ 0.7	+ 4.8	- 1.9
HOERFUNK 00	2.994.8	3.733.1	4.615.6	4.125.9	5.325.8	4.680.3	3.582.7	3.615.0	4.796.8	4.903.4	4.702.4	4.346.4	51.422.2
HOERFUNK 01	3.134.1	2.975.0	4.134.3	3.672.2	4.083.4	3.621.9	3.152.1	2.938.9	3.859.7	4.246.5	4.003.2	3.546.5	43.367.7
+/- %	+ 4.7	- 20.3	- 10.4	- 11.0	- 23.3	- 22.6	- 12.0	- 18.7	- 19.5	- 13.4	- 14.9	- 18.4	- 15.7
PLAKAT 00	240.7	352.1	483.1	532.9	583.8	551.4	433.2	430.7	601.9	598.6	556.8	364.7	5.729.8
PLAKAT 01	252.8	372.3	505.4	503.2	521.2	530.2	407.1	376.8	570.3	511.5	531.2	343.1	5.425.0
+/- %	+ 5.0	+ 5.7	+ 4.6	- 5.6	- 10.7	- 3.8	- 6.0	- 12.5	- 5.2	- 14.5	- 4.6	- 5.9	- 5.3

ACNielsen

Abb. 10.14: Die Volumenentwicklung der Werbung in Seiten/1.000 Sekunden/1.000 Stellen

Die Werbeaufwendungen und Medienstreuung
für die Wirtschaftsbereiche der ACNielsen Werbeforschung

| JANUAR - DEZEMBER 2001 | TEUR | Medienanteil % | | | | | | % Anteil Gesamt | Ver. % Vorjahr |
		ZTG	PZ	FZ	TV	RD	PL		
GETRAENKE	1.053.516,5	2,9	8,7	1,3	69,8	9,5	7,8	6,2	1.7 +
ERNAEHRUNG	1.633.909,7	0,7	5,1	1,4	88,3	3,0	1,5	9,6	5.3 -
TABAK	59.162,0	17,5	80,7	1,6		0,1		0,3	6.3 -
TEXTILIEN + BEKLEIDUNG	300.868,0	8,9	49,6	5,6	20,9	2,0	13,0	1,8	3.7 +
KOERPERPFLEGE	1.089.430,5	0,8	31,7	0,7	64,9	0,5	1,4	6,4	0.2 +
HAUS- + GARTENAUSSTATTUNG	387.666,3	12,9	34,4	5,8	29,9	14,4	2,7	2,3	9.0 -
REINIGUNG	314.329,0	0,1	2,3	0,6	94,5	1,4	1,0	1,8	21.4 -
AUDIO + VIDEO	315.658,5	2,5	18,2	0,8	72,2	5,0	1,4	1,9	7.6 +
FOTO + OPTIK	101.091,4	10,7	35,8	1,4	48,9	2,3	0,9	0,6	1.3 -
AUSBILDUNG + MEDIEN	1.981.631,8	34,2	32,5	3,6	18,9	6,0	4,7	11,6	0.7 -
KUNST + KULTUR	143.249,4	2,8	5,5	0,1	73,0	12,9	5,7	0,8	3.9 +
TOURISTIK	539.228,6	36,3	20,0	2,1	29,1	10,1	2,3	3,2	8.9 -
VERKEHRS-MITTEL + -EINRICHTUNG	1.893.577,5	28,6	27,5	1,3	31,5	9,3	1,8	11,1	0.6 +
ENERGIE	237.100,5	20,1	13,6	0,5	47,2	10,0	8,6	1,4	2.0 -
FREIZEIT + SPORT	16.511,2	1,7	54,6	0,3	29,3	10,8	3,3	0,1	16.1 +
FINANZEN	1.389.052,2	27,1	24,7	0,5	39,4	6,1	2,2	8,2	11.7 -
BAU-WIRTSCHAFT	182.234,5	30,4	25,5	9,4	27,0	5,3	2,4	1,1	13.9 -
HANDEL + VERSAND	1.714.857,9	48,5	16,2	1,8	26,9	5,6	0,9	10,1	3.6 +
INVEST-GUETER	75.768,5	7,1	47,1	19,2	25,4	0,5	0,7	0,4	8.5 +
HAUS-,LAND-,FORST-,JAGD-WIRT.	150.932,0	0,9	14,0	15,1	65,4	2,8	2,0	0,9	29.6 -
INDUSTR.VERBRAUCHS-GUETER	33.908,6	8,7	25,6	7,2	58,5			0,2	10.0 +
PERSOENLICHER BEDARF	178.181,6	14,6	42,0	1,6	39,4	1,0	1,4	1,0	2.6 -
DIENSTLEISTUNGEN	429.174,2	26,7	28,2	6,7	27,6	7,1	3,7	2,5	16.3 -
BUERO + EDV + KOMMUNIKATION	1.329.879,3	20,0	25,6	3,4	45,4	3,7	2,0	7,8	30.6 -
SONSTIGE WERBUNG	901.990,4	31,7	31,9	1,8	30,9	1,7	2,1	5,3	5.6 -
PHARMAZIE	575.440,3	4,8	37,3	1,6	54,4	1,7	0,2	3,4	3.3 +
GESAMT	17.028.350,2	21,2	23,8	2,3	44,4	5,5	2,7	100,0	6.3 -

Copyright 2002 ACNielsen Werbeforschung S+P GmbH

Abb. 10.15: Die Werbeaufwendungen und Medienstreuung für die Wirtschaftsbereiche der ACNielsen Werbeforschung

**Die Werbeaufwendungen und Medienstreuung
für dieTOP 50 Produktgruppen der ACNielsen Werbeforschung**

JANUAR - DEZEMBER 2001 TOP 50	TEUR	Medienanteil %						% Anteil Gesamt	Ver. % Vorjahr
		ZTG	PZ	FZ	TV	RD	PL		
1.MASSEN-MEDIEN	1.703.121,4	28,8	35,1	3,4	21,2	6,2	5,2	10,0	0.2 -
2.AUTO-MARKT	1.560.646,4	27,7	25,9	0,8	34,2	10,0	1,4	9,2	0.3 -
3.HANDELS-ORGANISATIONEN	1.094.595,2	73,9	3,9	0,2	15,0	5,6	1,4	6,4	6.0 -
4.TELEKOMMUNIKATIONS-NETZE	875.219,0	21,1	14,2	0,6	57,2	4,7	2,2	5,1	38.0 -
5.SCHOKOLADE + SUESSWAREN	602.667,6	0,1	2,9	0,5	92,8	3,4	0,2	3,5	7.9 -
6.SPEZIAL-VERSENDER	594.651,7	3,7	36,8	4,9	49,0	5,5	0,1	3,5	28.2 +
7.PHARMAZIE PUBLIKUMSWERBUNG	575.440,3	4,8	37,3	1,6	54,4	1,7	0,2	3,4	3.3 +
8.BANKEN + SPARKASSEN	553.839,9	35,8	22,1	0,4	35,5	3,9	2,3	3,3	3.2 -
9.RUBRIKEN-WERBUNG	387.822,3	28,6	40,5	0,0	27,5	2,1	1,3	2,3	2.5 -
10.BIER	360.173,3	4,2	5,0	1,0	68,3	10,9	10,6	2,1	7.0 -
11.UNTERNEHMENS-WERBUNG	356.825,0	30,2	31,6	4,2	28,5	1,9	3,6	2,1	19.7 -
12.VERSICHERUNGEN	355.973,2	20,7	29,7	1,0	40,2	5,4	3,0	2,1	15.2 +
13.ALKOHOLFREIE GETRAENKE	291.417,9	3,2	4,3	1,2	63,8	15,2	12,4	1,7	16.7 +
14.HAARPFLEGE	271.953,6	0,2	21,9	0,8	76,1	0,1	1,0	1,6	11.3 +
15.FINANZ-ANLAGEN + -BERATUNG	265.695,5	28,2	31,5	0,2	38,5	1,5	0,0	1,6	46.3 -
16.BUCH-VERLAGE	264.919,3	71,0	12,8	4,7	5,0	4,5	1,9	1,6	2.8 -
17.REISE-GESELLSCHAFTEN	260.036,0	59,8	15,9	2,7	14,5	5,9	1,2	1,5	10.9 -
18.COMPUTER + -ZUSATZGERAETE	258.453,8	20,3	45,0	8,7	24,1	1,7	0,3	1,5	4.5 -
19.BILD- + TON-TRAEGER	235.774,0	1,8	6,9	0,9	83,1	6,2	1,1	1,4	11.7 +
20.MOEBEL + EINRICHTUNG	202.959,5	15,2	26,2	3,3	31,1	21,8	2,4	1,2	2.2 +
21.KAFFEE, TEE, KAKAO	186.801,6	1,5	4,6	0,5	90,9	1,7	0,7	1,1	1.5 -
22.PFLEGENDE KOSMETIK	182.497,7	0,6	50,8	0,7	45,8	0,0	2,1	1,1	7.3 -
23.ENERGIE-VERSORGUNGSBETRIEBE	182.158,7	21,9	14,2	0,3	47,5	5,7	10,5	1,1	3.7 +
24.OBERBEKLEIDUNG	180.506,9	9,1	47,8	6,1	18,5	2,5	16,0	1,1	5.5 +
25.WASCHMITTEL	176.760,1	0,0	3,1	0,5	93,1	2,1	1,2	1,0	25.3 -
26.KOERPERSCHAFTEN	176.570,5	39,1	28,6	1,9	21,4	4,4	4,7	1,0	19.4 +
27.MILCHPRODUKTE - WEISSE LINIE	169.861,7	0,1	3,3	0,8	91,8	3,1	1,0	1,0	5.8 -
28.CARITATIVE ORGANISATIONEN	157.343,1	42,7	11,2	0,4	44,4	0,5	0,6	0,9	38.5 +
29.KONSERVEN + FLEISCH + FISCH	143.847,8	2,6	8,1	3,3	83,1	2,0	0,9	0,8	16.0 -
30.KUNST + KULTUR	143.249,4	2,8	5,5	0,1	73,0	12,9	5,7	0,8	3.9 +
31.HOTELS + GASTRONOMIE	141.910,7	8,8	7,6	1,2	64,1	17,3	1,1	0,8	12.5 -
32.PUTZ- + PFLEGEMITTEL	137.568,9	0,3	1,3	0,8	96,4	0,5	0,8	0,8	15.7 -
33.FREMDENVERKEHR	137.281,9	20,4	40,7	2,1	20,7	10,5	5,6	0,8	0.5 -
34.NAEHRMITTEL	136.882,2	0,4	7,6	1,3	85,9	3,6	1,1	0,8	1.4 -
35.SPIRITUOSEN	134.305,2	1,0	20,4	2,0	67,5	6,2	2,8	0,8	7.5 +
36.SUPPEN, WUERZEN, SAUCEN	132.536,4	0,0	6,6	1,2	89,2	1,8	1,2	0,8	12.6 -
37.PARFUMS + DUFTPRODUKTE	131.799,0	3,2	54,2	0,7	39,6	0,7	1,6	0,8	12.1 -
38.MUNDPFLEGE	118.799,8	0,5	12,2	0,3	86,8	0,2		0,7	11.0 -
39.BAU-STOFFE + BAU-ZUBEHOER	113.106,1	25,6	23,3	11,2	31,0	6,5	2,4	0,7	12.6 -
40.LOTTERIEN / LOTTO + TOTO	108.463,3	10,2	7,5	0,0	48,3	28,9	5,0	0,6	15.6 +
41.SOFTWARE	108.115,8	11,7	57,6	13,9	15,7	0,1	0,9	0,6	9.7 -
42.FOTO + OPTIK	101.091,4	10,7	35,8	1,4	48,9	2,3	0,9	0,6	1.3 -
43.MILCHPRODUKTE - GELBE LINIE	101.038,5	2,6	5,7	3,4	82,8	3,3	2,3	0,6	3.5 -
44.BROT + DAUERBACKWAREN	100.530,3	0,3	2,5	1,9	88,2	5,0	2,1	0,6	1.6 +
45.UHREN + SCHMUCK	93.930,6	26,4	65,5	1,7	3,4	0,6	2,4	0,6	1.6 +
46.HAUSTIER-NAHRUNG	90.342,8	0,9	12,2	1,1	83,9	0,3	1,6	0,5	38.3 -
47.TIEFKUEHLKOST	89.796,7	0,5	3,5	2,4	89,8	2,7	1,1	0,5	15.7 +
48.LUFTFAHRT	87.916,1	54,5	25,3	5,5	5,8	4,8	4,2	0,5	15.5 -
49.DEKORATIVE KOSMETIK	87.784,5	0,6	40,7	0,6	56,9		1,2	0,5	1.4 -
50.AUDIO-VIDEO-GERAETE	79.884,4	4,5	51,4	0,5	40,0	1,4	2,2	0,5	2.8 -

Copyright 2002 ACNielsen Werbeforschung S+P GmbH

Abb. 10.16: Die Werbeaufwendungen und Medienstreuung für dieTOP 50 Produktgruppen der ACNielsen Werbeforschung

Marktforschungsergebnisse

Marktforschungsergebnisse zu den Bereichen Internet-Nutzer und E-Commerce in Deutschland

(1) GfK Online-Monitor

Eine grobe Betrachtung demographischer Grunddaten zu den Internet-Nutzern bietet der *GfK Online-Monitor.* Hier werden Aspekte wie Reichweite in den Altersgruppen, Frauenanteil der Internet-Nutzer, Bildungsabschluss der Internet-Nutzer oder Haushaltsnettoeinkommen der Internet-Nutzer erhoben. Die Grundgesamtheit für die Untersuchung bilden Personen zwischen 14 und 69 Jahren in Privathaushalten mit Telefonanschluss in der Bundesrepublik Deutschland (52,5 Millionen Menschen). Als Erhebungsmethode kommt das CATI (Computer Assisted Telephone Interview) zum Einsatz. Die Stichprobe gilt mit 8.021 Interviews als repräsentativ. Nachfolgend werden einige Daten aus der 7. Erhebungswelle 2000/2001 genannt.

- **Reichweite in den Altersgruppen:**
  - 14 – 19 Jahre   : 76% online
  - 20 – 29 Jahre   : 66% online
  - 30 – 30 Jahre   : 53% online
  - 40 – 49 Jahre   : 50% online
  - 50 – 59 Jahre   : 34% online
  - 60 – 69 Jahre   : 13% online
- **Frauenanteil der Internet-Nutzer:**
  - 1997/1998   : 29% weiblich
  - 1998/1999   : 31% weiblich
  - 1999/2000   : 39% weiblich
  - 2000/2001   : 42% weiblich
- **Bildungsabschluss der Internet-Nutzer:**
  - Volks-/Hauptschule   : 30%
  - Mittlere Reife   : 38%
  - Abitur   : 15%
  - Studium   : 17%
- **Haushaltsnettoeinkommen der Internet-Nutzer:**
  - bis 1.000 €   : 5%
  - 1.000 – 1.500 €   : 9%
  - 1.500 – 2.000 €   : 15%
  - 2.000 – 2.500 €   : 20%
  - 2.500 – 3.000 €   : 17%
  - über 3.000 €   : 34%

Neben den genannten Basisdaten enthält der GfK Online-Monitor weitere Informationen zu Bereichen wie Ort des Zugangs, Provider-Ranking, Reichweiten, Aktivitäten im Netz oder online nachgefragte Produkte. Weitere Informationen zum GfK Online-Monitor sowie zu anderen Studien sind auf der Homepage der GfK erhältlich.[10] Viele Studien stehen im Download-Bereich und sind als PDF-File derzeit kostenlos verfügbar.

(2) ComCult Research: »ComCult Panel-Report: Online-Nutzung 2001«

ComCult Research betreibt ein eigenes Online-Panel und veröffentlich regelmäßig Ergebnisse dieser Untersuchungen. Die Basis bildet eine Grundgesamtheit von 7.000 festregistrierten Online-Nutzern. Die Stichprobe beträgt 1.000. Die Befragung erfolgt mittels Online-Fragebögen. Zur Responsesteigerung werden Incentives (z.B. Gutscheine) offeriert. Diese Studie ist empfehlenswert, da sie weit reichende Informationen über die Online-Nutzung erhebt. Der Panel-Report sowie weitere Studien des Unternehmens stehen im Download-Bereich der Website als PDF-File kostenlos zur Verfügung.[11] Der Interessent kann darüber hinaus eigene Erhebungen in Auftrag geben. Im Folgenden werden einige Ergebnisse des aktuellen Panel-Reports vorgestellt.

- **Software-Ausstattung/Browser:**[12]
  - Internet Explorer 5.x: 58,4%
  - Netscape Communikator 4.x: 18,1%
  - Internet Explorer 4.x: 13,8%
  - Netscape Communikator 6.x: 5.9%
  - Andere Browser-Software: 3,8%
- **Hardware-Ausstattung der Internet-Nutzer:**
  - Computer: 96,4%
  - CD-ROM-Laufwerk: 91,2%
  - Drucker: 90,5%
  - Soundkarte: 86,8%
  - Modem: 60,2%
  - Scanner: 56,4%
  - ISDN-Karte: 39,9%
  - CD-Brenner: 31,7%
  - Notebook: 11,8%
  - WAP-Handy: 9,7%
  - DVD-Laufwerk: 9,1%
  - Digitalkamera/Web-Cam: 7,5%
  - WebTV-Set: 5,7%
- **Bandbreite für den Internetzugang:**
  - Bis 33,6 KBit/s: 43,8%
  - Bis 64 KBit/s: 42,1%
  - Bis 128 KBit/s: 7,6%

---

10 URL: http://www.gfk.de
11 URL: http://www.comcult.de
12 Vgl. hierzu sowie zum Folgenden: O.V. (2002): »ComCult Panel-Report: Online-Nutzung 2001« URL: http://www.comcult.de/ic/download/comcultreport.pdf (Stand: 13.04.2002).

- – Bis 2 MBit/s (DLS u.ä.):   2,9%
- – Über 2 MBit/s: 3.6%
- **Gründe der Internetnutzung:**
  - – Versenden von eMails: 79,7%
  - – Aktuelle Infos und Nachrichten: 67,4%
  - – Unterhaltung/Neugier: 62,9%
  - – Download: 43,8%
  - – Produktinformationen: 43,2%
  - – Recherche in Datenbanken: 41,9%
  - – Online-Banking/Homebanking: 28,6%
  - – Kommunikation (Chatten):   25,2%
  - – Shopping/Online-Bestellung: 25,0%
  - – Aus- und Weiterbildung: 23,0%
  - – Geschäftliche Transaktionen: 21,0%
  - – Spielen: 17,8%
  - – Online-Auktionen: 16,2%
- **Thematik der aufgerufenen Websites:**
  - – Nachrichten, Magazine: 76,3%
  - – Computer: 71,3%
  - – Beruf, Bildung: 67,8%
  - – Wirtschaft, Handel: 61,8%
  - – Musik: 61,0%
  - – Film, Kino, TV: 60,9%
  - – Lifestyle: 56,4%
  - – Reisen, Urlaub: 55,8%
  - – Spielen: 52,9%
  - – Gesundheit: 50,1%
  - – Mode, Kleidung: 46,1%
  - – Finanzen, Versicherungen: 42,3%
  - – Sport: 41,5%
- **Konsum der Internet-Nutzer von klassischen Medien:**
  - – Fernsehen: 87,2%
  - – Zeitung lesen: 81,4%
  - – Radio hören: 80,4%
  - – Zeitschriften, Illustrierte lesen: 70,9%
  - – Ins Kino gehen: 10,9%
- **Häufigkeit des Online-Shoppings:**
  - – Täglich bzw. mehrmals pro Woche: 2,0%
  - – Mehrmals im Monat: 18,0%
  - – Einmal im Monat: 25,3%
  - – Einmal im Quartal: 27,3%
  - – Seltener: 19,7%
  - – Noch nie: 7,6%
- **Online-Shopping-Potenziale:** Siehe Abbildung 10.17

Produkt	Bereits online bestellt	Potenzial	Gesamt
Bücher, Zeitschriften	52.0%	24.8%	76.8%
Musik-CDs, Videos	40.9%	29.7%	70.6%
Informationen (Datenbanken)	34.0%	27.9%	61.9%
Software	31.6%	29.4%	61.0%
Spielwaren, Computerspiele	28.7%	28.9%	57.6%
Eintrittskarten (Konzerte)	21.9%	32.0%	53.9%
Reisen, Flug- und Bahntickets	21.2%	27.6%	48.8%
Unterhaltungselektronik	19.5%	28.2%	47.3%
Kleidung, Textilwaren	23.7%	20.7%	44.4%
Telekommunikationsprodukte	18.2%	25.6%	43.8%
Hardware	25.4%	17.6%	43.0%
Kosmetik, Gesundheitsprodukte	22.8%	20.1%	42.9%
Haushaltsgeräte	12.9%	23.8%	36.7%
Büromarerialien, Möbel	14.2%	21.2%	35.4%
Nahrungsmittel, Getränke	14.3%	17.1%	31.4%
Aktien, Wertpapiere, Fonds	17.4%	12.6%	30.0%
Autos, Motoräder	7.9%	13.8%	21.7%
Versicherungen	5.2%	8.9%	14.1%

Abb. 10.17: Online-Shopping- Potenziale

- **Der Weg zum Online-Shop:** »Wie sind Sie auf einen Online-Shop aufmerksam geworden?«:[13]
  - Print-/Radio-/TV-Werbung: 28%
  - Werbebanner (allgemein):   27%
  - Suchmaschinen/Portal-Sites: 25%
  - Freunde/Bekannte: 22%
  - Link auf andere Angebote (Hot-Links/Link-Listen):   18%
  - Offline-Berichterstattung: 14%
  - Online-Berichterstattung: 12%
  - Newsgroups/eMail-Listen: 6%
  - Online-Gewinnspiele: 5%
- **Gründe der Anwender für Online-Shopping:** »Warum kaufen Sie über das Internet, was schätzen Sie am Online-Shop?«:[14]

---

13 Vgl. o.V. (2001): »eCommerce in Deutschland« URL: http://comcult.de/infopool/in_ecom.htm (Stand: 06.04.2001).
14 Vgl. Ebd.

- Unabhängigkeit von Ladenöffnungszeiten: 81,9 %
- Stressfrei einkaufen: 66,8 %
- Unkomplizierte Bestellmöglichkeit: 62,3 %
- Zeitsparendes Einkaufen: 56,5 %
- Vergleichbarkeit der Preise: 52,5 %

Weiterhin werden im Download-Bereich von ComCult Research diverse *Online-Zielgruppenanalysen* zu verschiedensten Branchen kostenlos offeriert.[15] Um sich an dieser Stelle nicht im Detail zu verlieren, werden im Folgenden nur zwei Zielgruppenanalysen zu den Bereichen *Kosmetik/Gesundheit und Telekommunikation* aufgeführt.

Kriterien	Zielgruppen		Internet-Nutzer Gesamt	Index (100 = Durchschnitt)	
	Kosmetik/ Gesundheit	Telekom-munikation		Kosmetik/ Gesundheit	Telekom-munikation
Geschlecht					
weiblich	57.2%	35.3%	40.0%	143	88
männlich	42.8%	64.7%	60.0%	71	108
Alter					
14-19 Jahre	12.1%	12.9%	14.8%	82	87
20-29 Jahre	26.0%	27.8%	24.2%	107	115
30-39 Jahre	27.0%	25.4%	24.2%	112	15
40-49 Jahre	21.3%	17.9%	18.8%	113	95
50 Jahre und älter	13.7%	16.0%	18.0%	76	89
Berufliche Position					
Selbstständiger / Freiberufler	10.4%	12.9%	10.4%	100	124
Leitender Angestellter	10.2%	14.1%	11.5%	89	123
Mittlere/einfache Angestellte/Beamte	33.2%	28.9%	31.7%	105	91
In der Ausbildung befindlich	16.8%	19.3%	20.3%	83	95
Nicht berufstätig	13.5%	9.2%	9.5%	142	97
Monatl. Nettoeinkommen					
Unter 1.000 €	14.5%	15.3%	17.3%	84	88
1.000-2.000 €	41.4%	36.7%	37.0%	112	99
2.000-3.000 €	30.0%	33.1%	30.3%	99	109
Über 3.000 €	14.0%	14.9%	15.4%	91	97
Internet-Nutzungszweck					
Abrufen von Informationen/Nachrichten	73.9%	76.8%	67.4%	110	114
Abrufen von Produktinformationen	55.2%	54.2%	43.4%	128	125
Durchführen geschäftl. Transaktionen	25.1%	32.3%	21.0%	120	154
Unterhaltung und Neugier	69.0%	64.7%	62.9%	110	103
Durchführen von Downloads	43.8%	51.7%	43.8%	100	118

15 URL: http://www.comcult.de. Käufer- und Zielgruppen im Download-Bereich unter der URL: http://www.comcult.de/index.php4?Link=ic/zielgruppen.php4?http://www.comcult.de/ic/zielgruppen.php4

Kommunikation (Chatten u.a.)	26.4%	28.3%	25.2%	105	112
Shopping, Online-Bestellen	40.2%	35.5%	25.0%	161	142
Online-Banking / Homebanking	31.7%	37.6%	28.6%	111	131
Online-Shopping					
Heavy-Shopper	32.0%	33.0%	20.0%	160	165
Light-Shopper	54.7%	49.9%	52.7%	104	95
Non-Shopper	13.3%	17.1%	27.3%	49	63
Medien-Nutzung					
Zeitung lesen	85.7%	84.6%	84.1%	102	101
Zeitschrifen/Illustrierte lesen	75.8%	73.4%	70.9%	107	104
Fernsehen	87.6%	86.2%	87.2%	100	99
Radiohören	83.6%	80.2%	80.4%	104	100
Ins Kino gehen	12.6%	13.4%	10.9%	116	123
Hobbys, Interessen					
Computer	75.0%	84.9%	78.6%	95	108
Internet	88.0%	94.0%	90.2%	98	104
Telekommunikation	48.1%	58.8%	46.4%	104	127
Wissenschaft / Technik	35.4%	48.0%	38.0%	93	126
Wirtschaft / Finanzen	31.1%	42.6%	31.9%	97	134
Karriere / Berufsplanung	36.1%	39.9%	36.0%	100	111
Politik, Gesellschaft, Soziales	35.7%	41.2%	35.0%	102	118
Lokales	59.9%	56.1%	51.9%	115	108
Aktuelles Tagesgeschehen	62.2%	61.0%	56.0%	111	109
Gesundheit, Medizin	52.2%	43.2%	40.5%	129	107
Haus, Garten, Heimwerken	43.2%	35.7%	32.2%	134	111
Reisen, Urlaub	56.3%	57.1%	51.3%	110	111
Auto, Motorad	28.8%	33.5%	28.5%	101	118
Mode	51.2%	36.7%	36.9%	139	99
Kosmetik	55.6%	37.2%	36.9%	151	101
Essen,Trinken, Kochen	62.3%	54.5%	50.9%	122	107
Familie	46.4%	37.9%	35.8%	130	106
Sport, Fittness	44.4%	42.9%	41.4%	107	104
Sportveranstaltungen	20.5%	22.3%	23.1%	89	97
Restaurants, Kneipen etc.	52.2%	48.2%	45.9%	114	105
Konzerte, Theater	30.6%	32.3%	33.0%	93	98
Kino, Filme	55.1%	60.4%	56.7%	97	107
TV	63.6%	65.2%	61.7%	193	106
Musik	68.0%	71.6%	66.4%	102	108
Video- und Computerspiele	49.5%	56.1%	49.8%	99	113
Lesen	72.6%	70.2%	67.7%	107	104

Abb. 10.18 Online-Zielgruppenanalyse der Bereiche Kosmetik/Gesundheit und Telekommunikation[16]

16 Vgl. O.V. (2002): »Zielgruppenanalyse Kosmetik, Gesundheit«
    URL: http://www.comcult.de/ic/download/kpkosmetikgesundheit.pdf (Stand: 13.04.2002); sowie o.V (2002): »Zielgruppenanalyse Telekommunikatione«.
    URL: http://www.comcult.de/ic/download/kptelekommunikation.pdf (Stand: 13.04.2002).

Übersicht E-Mail-Marketing-Anbieter

Kriterien	Zielgruppen		Internet-	Index (100 = Durchschnitt)	
	Kosmetik/ Gesundheit	Telekom- munikation	Nutzer Gesamt	Kosmetik/ Gesundheit	Telekom- munikation
Geschlecht					
weiblich	57.2%	35.3%	40.0%	143	88
männlich	42.8%	64.7%	60.0%	71	108
Alter					
14-19 Jahre	12.1%	12.9%	14.8%	82	87
20-29 Jahre	26.0%	27.8%	24.2%	107	115
30-39 Jahre	27.0%	25.4%	24.2%	112	15
40-49 Jahre	21.3%	17.9%	18.8%	113	95
50 Jahre und älter	13.7%	16.0%	18.0%	76	89
Berufliche Position					
Selbstständiger / Freiberufler	10.4%	12.9%	10.4%	100	124
Leitender Angestellter	10.2%	14.1%	11.5%	89	123
Mittlere/einfache Angestellte/Beamte	33.2%	28.9%	31.7%	105	91
In der Ausbildung befindlich	16.8%	19.3%	20.3%	83	95
Nicht berufstätig	13.5%	9.2%	9.5%	142	97
Monatl. Nettoeinkommen					
Unter 1.000	14.5%	15.3%	17.3%	84	88
1.000-2.000	41.4%	36.7%	37.0%	112	99
2.000-3.000	30.0%	33.1%	30.3%	99	109
Über 3.000	14.0%	14.9%	15.4%	91	97
Internet-Nutzungszweck					
Abrufen von Informationen/Nachrichten	73.9%	76.8%	67.4%	110	114
Abrufen von Produktinformationen	55.2%	54.2%	43.4%	128	125
Durchführen geschäftl. Transaktionen	25.1%	32.3%	21.0%	120	154
Unterhaltung und Neugier	69.0%	64.7%	62.9%	110	103
Durchführen von Downloads	43.8%	51.7%	43.8%	100	118
Kommunikation (Chatten u.a.)	26.4%	28.3%	25.2%	105	112
Shopping, Online-Bestellen	40.2%	35.5%	25.0%	161	142
Online-Banking / Homebanking	31.7%	37.6%	28.6%	111	131
Online-Shopping					
Heavy-Shopper	32.0%	33.0%	20.0%	160	165
Light-Shopper	54.7%	49.9%	52.7%	104	95
Non-Shopper	13.3%	17.1%	27.3%	49	63
Medien-Nutzung					
Zeitung lesen	85.7%	84.6%	84.1%	102	101
Zeitschrifen/Illustrierte lesen	75.8%	73.4%	70.9%	107	104
Fernsehen	87.6%	86.2%	87.2%	100	99

Radiohören	83.6%	80.2%	80.4%	104	100
Ins Kino gehen	12.6%	13.4%	10.9%	116	123
Hobbys, Interessen					
Computer	75.0%	84.9%	78.6%	95	108
Internet	88.0%	94.0%	90.2%	98	104
Telekommunikation	48.1%	58.8%	46.4%	104	127
Wissenschaft / Technik	35.4%	48.0%	38.0%	93	126
Wirtschaft / Finanzen	31.1%	42.6%	31.9%	97	134
Karriere / Berufsplanung	36.1%	39.9%	36.0%	100	111
Politik, Gesellschaft, Soziales	35.7%	41.2%	35.0%	102	118
Lokales	59.9%	56.1%	51.9%	115	108
Aktuelles Tagesgeschehen	62.2%	61.0%	56.0%	111	109
Gesundheit, Medizin	52.2%	43.2%	40.5%	129	107
Haus, Garten, Heimwerken	43.2%	35.7%	32.2%	134	111
Reisen, Urlaub	56.3%	57.1%	51.3%	110	111
Auto, Motorad	28.8%	33.5%	28.5%	101	118
Mode	51.2%	36.7%	36.9%	139	99
Kosmetik	55.6%	37.2%	36.9%	151	101
Essen,Trinken, Kochen	62.3%	54.5%	50.9%	122	107
Familie	46.4%	37.9%	35.8%	130	106
Sport, Fittness	44.4%	42.9%	41.4%	107	104
Sportveranstaltungen	20.5%	22.3%	23.1%	89	97
Restaurants, Kneipen etc.	52.2%	48.2%	45.9%	114	105
Konzerte, Theater	30.6%	32.3%	33.0%	93	98
Kino, Filme	55.1%	60.4%	56.7%	97	107
TV	63.6%	65.2%	61.7%	193	106
Musik	68.0%	71.6%	66.4%	102	108
Video- und Computerspiele	49.5%	56.1%	49.8%	99	113
Lesen	72.6%	70.2%	67.7%	107	104

Abb. 10.19: E-Mail-Marketing-Anbieter auf einen Blick[17]

---

17 Quelle: In Anlehnung an http://www.emar.de/

Adresslisten

Nachfolgend wird die folgende Auswahl wichtiger Adressen der Werbebranche aufgeführt:
(1) Allgemeine Adressen
(2) Vermarkter von Online-Werbung
(3) Online-Werbeagenturen
(4) Anbieter von AdServer Lösungen
(5) Weitere Adressen

(1) Allgemeine Adressen

A.C. Nielsen Werbeforschung S+P GmbH
Heidenkampsweg 74
20097 Hamburg
Telefon: 040-236-42-0,
Fax: 040-236-42-122
URL: http://www.acnielsen.de

Axel Springer Verlag AG
(Mediaplanungs-Dialog-System MDS)
Axel-Springer-Platz 1
20350 Hamburg
Telefon: 040-34722963
Fax: 040-34724311
URL: http://www.asv.de

Bundesverband
Deutscher Anzeigeblätter e.V. (BVDA)
Dreizehnmorgenweg 36
53175 Bonn
Telefon: 0228-9592-40
Fax: 0228-9592430
E-Mail: bvda@bonn-online.com
URL: http://www.vvda.de

Bundesverband Deutscher Zeitungs-
verleger e.V. (BDZV)
Riemenschneiderstr. 10
53175 Bonn
Telefon: 0228-81004-0
Fax: 0228-81004-15
E-Mail: bdzv@bdzv.de
URL: http://www.bdzv.de

Bundesverband Druck e.V.
Biebricher Allee 79
65187 Wiesbaden
Telefon: 0611-803-151
Fax: 0611-803-113
E-Mail: hgf@bvd-online.de
URL: http://www.bvd-online.de

Deutsche Fachpresse
Büro Bonn: Winterstr. 50
53117 Bonn
Telefon: 0228-38203-26
Fax: 0228-38203-45
E-Mail: fachpresse@vdz.de
URL: http://www.fachpresse.de

Fachverband
Aussenwerbung e.V.
Ginnheimer Landstr. 11
60487 Frankfurt
Telefon: 069-709059
Fax: 069-7074969
E-Mail: info@faw-ev.de
URL: http://www.faw-ev.de

Fachverband Lichtwerbung e.V.
Vangerowstr. 20, 69115 Heidelberg
Telefon: 06221-912940
Fax: 06221-912930
E-Mail: information@fvl.de
URL: http://www.fvl.de

FDW Werbung im Kino e.V.
Charlottenstr. 43
40210 Düsseldorf
Telefon: 0211-1640733
Fax: 0211-1640833
E-Mail: info@fdw.de
URL: http://www.fdw.de

Gesamtverband Werbeagenturen e.V.
(GWA)
Friedensstr. 11
60311 Frankfurt am Main
Telefon: 069-2560080
Fax: 069-236883
E-Mail: info@gwa.de
URL: http://www.gwa.de

GfK Fernsehforschung GmbH
Nordwestring 101
90319 Nürnberg
Telefon: 0911-3950
Fax: 0911-3952209
URL: http://www-gfk.de

Informationsgemeinschaft
zur Feststellung der Verbreitung
von Werbeträgern e.V. (IVW)
Villichgasse 17
53177 Bonn
Telefon: 0228-820920
Fax: 0228-365141
E-Mail: ivw@ivw.de
URL: http://www.ivw.de

Jupiter MMXI Online Marktforschung
Nordwestring 101
90319 Nürnberg
Telefon: 0911-395-3754
Fax: 0911-395-4078
E-Mail: slades@jupitermmxi.com
URL: http://www.jupitermmxi.com

Media Daten Verlag GmbH
Postfach 4260
65032 Wiesbaden
Telefon: 06123-700-0
Fax: 06123-700122
E-Mail: info@media-daten.de
URL: http://www.media-daten.de

Nielsen-BallungsRaum-Zeitungen
(NBRZ)
c/o Süddeutsche Zeitung
Sendelinger Str. 8
80331 München
Telefon: 089-2183-662
Fax: 089-2183-8388
E-Mail: marion.birkenmeier@sueddeutsche.de
URL: http://www.nbrz.de

Verband Deutscher Adressbuchverleger
e.V. (VDAV)
Heerdter Sandberg 30
40549 Düsseldorf
Telefon: 0211-577995-0
Fax: 0211-577995-44
E-Mail: VDVV@t-online.de
URL: http://www.vdav.de

Verband Deutscher Lesezirkel e.V.
Grafenberger Allee 241
40237 Düsseldorf
Telefon: 0211-690732-0
Fax: 0211-674947
E-Mail: verband@lesezirkel.de
URL: http://www.presse.de/lesezirkel

Verband Deutscher Zeitschriftenverleger
e.V. (VDZ)
Wintersteinstr. 50
53177 Bonn
Telefon: 0228-38203-0
Fax: 0228-38203-64
E-Mail: info@vdz.de
URL: http://www.vdz.de

Verband privater Rundfunk
und Telekommunikation e.V. (VPRT)
Burgstr. 69
53177 Bonn
Telefon 0228-934500
E-Mail: vprt@vprt.de
URL: http://www.vprt.de

Zentralverband der deutschen
Werbewirtschaft e.V. (ZAW)
Villichgasse 17
53117 Bonn
Telefon: 0228-82092-0
Fax: 0228-357583
E-Mail: zaw@zaw.de
URL: http://www.zaw.de

(2) Vermarkter von Online-Werbung

accomm-media/
ACCOMM GmbH & Co.KG
Raesfelder Str. 12
46325 Borken
Telefon: 02861-89089-0
Fax: 02861-89089-99
E-Mail: werbung@accommm-media.de
URL: http://www.accomm-media.de

ActiveAgent GmbH
Deutz-Kalker-Str. 18-26, 50679 Köln
Telefon: 0221-6907-250
Fax: 0221-6907-202
E-Mail: info@activeagent.de
URL: http://www.activeagent.de

ad pepper media GmbH
Deutschherrnstr. 15-19, 90429 Nürnberg
Telefon: 0911-929057-0
Fax: 0911-929057-157
E-Mail: infode@adpepper.com
URL: http://ww.adpepper.de

ad2-one
Elisabethstr. 89-91, 80797 München
Telefon: 089-5908-2374
Fax: 089-5908-1330
E-Mail: info_de@ad2-one.com
URL: http://www.ad2-one.de

AdLink Internet Media GmbH
Elgendorfer Str. 57
56410 Montabaur
Telefon: 02602-96-2001
Fax: 02602-96-2710
E-Mail: info@adlink.net
URL: http://www.adlink.de

Advertising.com Germany GmbH
(ehemals Dayrates.com)
Barmbeckerstr. 4a
22303 Hamburg
Telefon: 040-650624-0
Fax: 040-650624-99
E-Mail: holger.klein@dayrates.com
URL: http://www.dayrates.com

AOL Deutschland
Millerntorplatz 1
20359 Hamburg
Telefon: 040-36159-0
Fax: 040-36159-7171
E-Mail: AOLGermany@aol.com
URL: http://www.aol.de

DoubleClick GmbH Deutschland
Messberg 1
20095 Hamburg
Telefon: 040-85357-0
Fax: 040-85357-100
E-Mail: info@de.doubleclick.net
URL: http://www.doubleclick.net

F.A.Z. Electronik Media GmbH
Hellerhofstr. 2-4
60327 Frankfurt am Main
Telefon: 069-7591-2591
Fax: 069-7591-2590
E-Mail: online-Werbung@faz.de
URL: http://www.faz.net

FairAd AG
Martin-Koller-Str. 13
81829 München
Telefon: 089-420792-70
Fax: 089-420792-99
E-Mail: vertrieb@fairad.de
URL: http://www.fairad.de

freenet.de AG
Deelbögenkamp 4c
22297 Hamburg
Telefon: 040-51306-0
Fax: 040-51306-900
E-Mail: werbung@freenet-ag.de
URL: http://www.freenet-ag.de

Link4Link Internet GmbH
Schwachhauser Heerstr. 122
28209 Bremen
Telefon: 0421-16304-0
Fax: 0421-16304-15
E-Mail: kontakt@link4link.com
URL: http://www.link4link.com

LYCOS EUROPE GmbH
Paulstr. 3
20095 Hamburg
Telefon: 040-378569-0
Fax: 040-378569-59
E-Mail: werben@lycos-europe.com
URL: http://www.lycos.de

Microsoft GmbH MSN
Konrad-Zuse-Str. 1
85716 Unterschleissheim
Telefon: 089-3176-0
Fax: 089-3176-1000
E-Mail: germand@microsoft.com
URL: http://www.mediacenter.msn.de

Netpoint Media GmbH
Fritz-Kohl-Str. 24
55122 Mainz
Telefon: 06131-3285-390
Fax: 06131-3285-322
E-Mail: media@netpoint.de
URL: http://www.netpoint.de

Quality Channel GmbH
Brandstwiete 19, 20457 Hamburg
Telefon: 040-38080-384
Fax: 040-38080-301
E-Mail: mediainfo@quality-channel.de
URL: http://www.quality-channel.de

Real Media Deutschland GmbH
Crusiusstr. 1
80538 München
Telefon: 089-414196-0
Fax: 089-414196-22
E-Mail: infomuc@realmedia.com
URL: http://www.realmedia.de

SevenOne Interactive GmbH
Gutenbergstr. 3
85774 Unterföhring
Telefon: 089-9500-4600
Fax: 089-9500-4615
E-Mail: info@SevenOneInteractive.de
URL: http://www.SevenOneInteractive.de

TOMORROW INTERNET AG
Rothenbaumchaussee 80c
20148 Hamburg
Telefon: 040-441177-10
Fax: 040-441179-70
E-Mail: tahlers@tomorrow-ag.de
URL: http://www-tomorrow-ag.de

WEB.DE AG
Amalienbadstr. 41
76227 Karlsruhe
Telefon: 0721-94329-0
Fax: 0721-94329-22
E-Mail: advertising@web.de
URL: http://www.web.de

(3) Online-Werbeagenturen
BBDO Interactive GmbH
Grünstr. 15
40212 Düsseldorf
Telefon: 0211-9380300
Fax: 0211-9308372
E-Mail: info@ddbointeractive.de
URL: http://www.bbdo-interactive.de

Nice Interactive GmbH
Oranienburger Str. 32
10117 Berlin
Telefon: 030-24342790
URL: http://www.nice-interactive.de

SevenOne Interactive GmbH
Gutenbergstr. 3
85774 Unterföhring
Telefon: 089-9500-4600
Fax: 089-9500-4615
E-Mail: info@SevenOneInteractive.de
URL: http://www.SevenOneInteractive.de

(4) Anbieter von AdServer Lösungen
4-Online GmbH
Leitenstr. 40
82538 Geretsried
Telefon: 08171-419263-0
Fax: 08171-419263-3
E-Mail: info@4-online.net
URL: http://www.4-online.net

Falk eSolutions AG
Zechenstr. 70
47443 Moers
Telefon: 02841-90973-30
Fax: 02841-90973-31
E-Mail: info@falkag.de
URL: http://www.falkag.de

Kupon24.de
Kornmarkt 5-7
37073 Göttingen
Telefon : 0551-51757-0
Fax: 0551-51757-11
E-Mail: marketing@kupon24.de
URL: http://www.kupon24.de

(5) Weitere Adressen
Weitere Adressen sowie Firmenprofile zum
Bereich Online-Werbung sind im jährlichen
Messe-Guide der Online-Marketing-Messe
Düsseldorf zu finden. Dieser ist unter fol-
gender Adresse zu beziehen:

Igedo International GmbH/
Division New Media
Stockumer Kirchstr. 62
40474 Düsseldorf
Telefon: 0211-4396-520
Fax: 0211-4396-424
E-Mail: online-marketing-duessel-
dorf@igedo.com
URL: http://www.omd2001.com

Glossar

Action-Tag:	Definierter Zählpunkt auf einer Website, dient der Ermittlung der Nutzernavigation
AdClick:	Anklicken eines Werbemittels
Ad Frame:	Definierter Werbebereich im Webseitenlayout
AdImpression:	Werbemittelabrufe /-einblendungen
Ad Navigation Bar:	Integration von Werbungebotschaften in die Navigationsleiste einer Website
AdServer: *Zentraler*	Netzwerkrechner zur Werbemittelver-waltung
Advertainment:	Werben in Computerspielen
Advertising:	Synonym für Werbung
Advertising-on-Demand:	Aktiver Werbeabruf im Internet
AdView-Time:	Betrachtungsdauer einer Werbeträgerseite
Animation:	Darstellung von Bewegungsabläufen, ähnlich wie bei einem Zeichentrickfilm wird Bild für Bild aufgebaut und dann präsentiert
Audio-Banner:	Auditives Online-Werbemittel durch Integration einer WAV-Datei
Awareness:	Aufmerksamkeit auf eine Werbung
Bandbreite:	Bezeichnet die Übertragungsleistung eines Leitungssystems und wird in BIT/s, bzw. in MBit /s angegeben. Sollte die anfallende Datenmenge die Leistungsgrenzen überschreiten, wird die Kommunikation entweder sehr langsam oder bricht gänzlich ab
Banner:	(Spruchband) klassische Online-Werbeform
Banner-Pretest:	Werbemitteltest vor finalem Kampagnenstart
Blackbox:	Außerachtlassen von Wirkungszusammenhängen und Wirkungsweisen
Blend Banner:	Online-Werbemittel mit Mouse-Over-Funktion
Bouncing Banner:	Online-Werbemittel, das sich wie ein Pingpong-Ball innerhalb des Browser-Fensters bewegt
Brand Flooding:	Online-Sonderwerbeform; stufenweises Überfluten einer Website mit Markenattributen
Branding-Effekt:	Steigerung der Markenbekanntheit, Vertrautheit mit einer Marke (Brand)

Browser:	Navigationssoftware für das WWW (HTTP-Server)
BusLightPoster:	Hinterleuchtete Plakatvitrine im Innenraum der öffentlichen Verkehrsmittel
Cache:	Zwischenspeicher für Webseiten
Clickstream:	Ein Besuch auf einer Website (Visit), der aus einer Folge von Seitenaufrufen besteht.
City-Light-Poster:	Werbemittel der Aussenwerbung – hinterleutete Plakatvitrine
Click-Through-Rate (CTR):	Prozentuales Verhältnis zwischen AdImpressions und AdClicks
Co-Branding:	Anbieten eigener Webseitenfunktionen im Layout einer anderen Seite (mit Namensnennung)
common-interest:	Nicht themen- oder zielgruppenspezifisch
Confetti Banner:	Analog zu Explosion Banner
Content:	Redaktioneller Teil einer WWW-Seite
Content Ad:	Analog zu Curtain Banner
Conversionrate:	»Umwandlungsrate«, gibt Auskunft darüber, wieviele AdClicks in Aktionen auf der Website des Werbetreibenden umgewandelt wurden
Cost per Action:	Analog zu Cost per Order
Cost per Click:	Buchungsabrechnung nach Klickzahlen
Cost per Order:	Buchungsabrechnung nach Bestellungen auf der Webseite des Werbetreibenden
Cookies:	Browsermarkierung zur Identifikation von Nutzungen
Crossmedia:	Werbemedienübergreifende Gesamtstrategie
Curtain Banner:	Online-Werbemittel; Platzierung direkt im redaktionellen Teil einer Website (Content)
Datenbankintegration:	Analog zu Key-Word-Advertising
Domain-Name-System:	Verknüpfung zwischen IP-Adresse und Domain-Namen (z.B. 172.134.105 mit www.diplom.de)
Download:	Datentransfer von einem Server zum Nutzer-PC
Easy-Ad:	Pop-up-Online-Werbemittel, das im Prinzip einer eigenständigen Website entspricht, hoch interaktiv ist und vom Nutzer versendet werden kann

E-Cash:	Oberbegriff für den elektronischen Zahlungsverkehr im Internet und in Online-Diensten
E-Commerce:	Integration des Internets in die Geschäftsprozesse sowie Nutzung zu werblichen Zwecken
E-Mercial:	Werbespot im Internet
Explosion Banner:	Banner, das bei Mouse-Over kurzfristig grafische Elemente (z.B. Sterne) zur Aufmerksamkeitssteigerung aussendet)
E-Zine:	Elektronisches Magazin; eine Publikation, die nur im Internet erscheint

Fake:	Fälschung, Vortäuschen falscher Tatsachen
Fare share:	Einkaufsvolumenbedinge Bevorzugung bei der Werbespotplatzierung
face-to-face:	Persönlich
FAQ:	Abkürzung für »Frequently asked questions« (= häufig gestellte Fragen), sie enthalten kurze und klare Antworten auf die am meisten gestellten Fragen zu einem Thema
Flash:	Vektorbasierte Grafikprogrammierung
Flash-Player:	Software zum Anzeigen/Abspielen von Flash-Dateien
Flying Banner:	Bewegung/Animation des Banners selber
Frameset:	HTML-Rahmen einer Webseite

General-Interest:	Analog zu common-interest
Giveaways:	Mitgabe für Sitebesucher, meist kleine Programme/ Downloads (Shareware)
Going-Through-Sites:	Webseiten mit Navigationscharakter
Going-To-Sites:	Zielseiten mit hoher Nutzung
Goodies:	Analog zu Giveaways
Greeting-Carts:	Elektronische Glückwunschkarten, die mit der E-Mail Funktion über das WWW versendet werden

Hit:	Zugriff auf eine Webseite/Logfile-Eintrag
Homepage:	Starseite eines Webangebotes/Sammelbegriff für ein Webangebot
HTML-Tag: 1.	Zählpunkt auf einer Website, dient der Ermittlung der Nutzernavigation; 2. dient der Werbemittelsteuerung (AdServer), beschreibt Art und Position einer Werbemittels

Hyperlink:	Elektronischer Querverweis im WWW
Hypertext Markup Language:	Programmiersprache des WWW
Hypertext Transfer Protocol:	Hardwareunabhängiges Internetprotokoll
Infomercials:	Werbesendungen/PR-Beiträge
Information-Overload:	Informationsüberlastung der Konsumenten
Interstitial:	»Unterbrecherwerbung« im WWW, Werbung im Vollbild-Format
Java:	Programmiersprache im Internet
Java-Applet:	Mini-Programm im Java-Format, welches ohne zusätzliches Plug-in ausgeführt werden kann
Java-Banner:	Online-Werbemittel, welches eine Integration von Java-Applets ermöglicht (z.B. Spiele)
Just-in-Time:	Logistikprinzip, (zeitnah, ohne Zeitverzögerung)
Key-Word-Advertising:	Online-Werbemittel werden passend zu bestimmten Suchergebnissen (Schlagwörtern/Key-Words) angezeigt (z.B. in Suchmaschinen)
Logfile:	Zugiffsprotokoll im WWW
Login:	Registrierung auf einer Website, um Zugang zu geschlossenen Bereichen zu bekommen; generell Anmeldung auf einer Website
Micro-Payment:	Zahlungssysteme für Kleinstbeträge zwischen 25 Cent und 10 Dollar wie z. B. *Millicent* von der Firma *Digital*. Sie eignen sich insbesondere für Einmalzahlungen für kleine Programme, Grafiken, Spiele und Informationen
Microsite:	Komplette Website als Pop-up-Fenster, im Bannerformat oder als Site-in-Site innerhalb einer größeren Website.
Modem:	Abkürzung für »MODulator/DEModulator«, Gerät zur Datenfernübertragung
Mouse-Move-Banner:	Sonderform des Banners, Banner bewegt sich analog zu Mauszeiger
Mouse-Over:	Auslösen von Funktionen durch das bloße Führen des Mauszeigers über eine Schaltfläche

MP3:	Steht für »MPEG 2.5 Audio Layer III«, Audio-Format, das eine hohe Kompression von Audio Daten bei sehr geringem Qualitätsverlust ermöglicht, entwickelt von der *Fraunhofer-Gesellschaft (FhG)*
Multiple-Link-Banner:	Sonderform des Banners mit mehr als einem Hyperlink
Nanosite Banner:	Sonderform des Banners, ermöglicht eine vollfunktionstüchtige Webseite innerhalb des Werbemittels
Narrow Casting:	Erstplatzierung eines Werbespots vor oder nach einem thematisch zugehörigen Sendebeitrag
Newsgroup:	Entspricht einem globalen, digitalen »schwarzen Brett«
Newsletter:	Aktuelle Kurznachrichten in E-Mail-Form
one-to-many:	»Massenkommunikation«
one-to-one:	»Individualansprache« des Konsumenten
Online:	Synonym für Internet/im Internet sein
Onlineshop:	Virtuelles Geschäft im WWW
PageImpression:	Webseiteneinblendung
Pay-TV:	Gebührenpflichtiges Privatfernsehen
Peak-Time:	Hauptsendezeit/grösste Reichweite
Pixel:	Bildpunkt, kleinstes Element eines Digitalbildes
Platzhalter:	Auch Joker genannt, dient als Ersatz für ein Zeichen z.B. bei der Dateisuche
Point of Sale:	Verkaufsort, Schnittstelle zum Konsumenten
Pop-up:	Online-Werbemittel, das in einem eigenen Browserfenster geöffnet wird
Post-Click-Tracking:	Ermitteln der Nutzernavigation nach einem AdClick
Publik Relation:	Öffentlichkeitsarbeit
Pull-Down-Menü:	Nach unten ausklappbares Auswahlmenü (WWW)
Pull-Medium:	Nutzer steuert Informationsprozess
Push-Technologie:	Regelmäßiger Versand von aktualisierten Dokumenten an Rechner von Internet-Nutzer, die diese offline lesen können.
Produkt Placement:	Platzieren von Marken und Produkten zu werblichen Zwecken in Sendungen und Filmen

Promotion:	Verkaufsfördernde Werbemassnahme
Provider:	Kommerzieller Anbieter eines Internetzugangs
Proxy-Server:	»Stellvertreterdienst«, Rechner zwischen Nutzer und Provider
Qicktime-Banner:	Banner, dass Animationen im Quicktime-Format enthält (z.B. Film, 360°-Ansicht etc.)
Recallrates:	Auflistung der Erinnerungswerte an eine Werbung
Recognitionrates:	Auflistung der Wiedererkennungswerte einer Werbung
Relevant Set:	Produktalternative in der Kaufsituation
Reporting:	Auflistung der Online-Leistungskennzahlen
Rich-Media-Banner:	Sonderform des Banners, multimediales Werbemittel (analog zu Flash)
Rollout-Banner:	Banner, dass sich mit der Betätigung eines Steuerknopfes über einen Teilbereich des Contents »ausrollt«
Rotation Banner:	Online-Werbemittel, bei dem mehrere Bannermotive in einem »Bannerrahmen« rotieren
Scratch Banner:	Banner, dass sich wie ein Rubbel-Los eingesetzt werden kann
Scrollbar:	Navigationshilfe innerhalb einer Webseite (Balken zum Verschieben)
Screensaver:	Bildschirmschoner
Screenshot:	Momentaufnahme des Bildschirminhalts
Server:	Netzwerkrechner/Arbeitsstation/Client
Session-based-ID:	Analog zu Temporate Cookie
Share of Advertising:	Eigener Anteil an den Gesamtwerbeaufwendungen eines Marktes
Share of Voice:	Kommunikativer Marktanteil
Shockwave:	Programmiersprache zum Umsetzen multimedialer Inhalte
Signature Files:	Analog zu Giveaways
Skyscraper:	Online-Werbemittel im Hochkantformat
soft facts:	Stille Signale/externe Beeinflussungsfaktoren
Special-Interest:	Zielgruppen-/themenspezifisch

Splitscreen:	Aufteilen des Bildschirms, zur Darstellung mehrerer unterschiedlicher Inhalte
Sponsorship:	Finanzieren redaktioneller Inhalte, meist unter Namensnennung des Patrons
Spendings:	Analog Share of Advertising
Start-up:	Junges Unternehmen im Neuen Markt
Sticky-Ad:	Online-Werbemittel (Klebezettel)
Streaming Video:	Einbindung von Videoelementen in eine Web-Seite
Styleguide:	Generelles Regelwerk zur Gestaltung der visuellen Unternehmenskommunikation
Superstitial:	Online-Werbeform, analog zum Pop-up, jedoch mit einer grösseren Datenkapazität
Tag:	Analog zu HTML-Tag
Temporate-Cookie:	Analog zu Cookie, jedoch zeitlich begrenzt
Track-by-Click:	Analog zu Post-Click-Tracking
Track-by-View:	Ermitteln der Nutzernavigation nach einer Werbemitteleinblendung (AdImpression)
TrafficBoards:	Außenbemalung der Verkehrsmittelwerbung (volle Höhe, begrenzte Breite)
Trail & Error:	Prinzip des erfahrungsbasierten Lernens unter Inkaufnahme von Fehlern
Train-INFOSCREEN:	Werbemonitor im Innenraum eines Verkehrsmittels
Transactive Banner:	Banner mit Mouse-Over-Funktion
Usenet:	Gesamtheit aller Newsgroups, »Nachrichten-Verteil-System« auf speziellen Newsgroup-Servern
Visits:	Zusammenhängende Webseitennutzung
Wear-Out-Effekt:	Diskrepanz zwischen Werbeaufwendungen und Recall- bzw. Recognitionrates
Web:	»Kurzform«, synonym für World Wide Web
WebDecoder:	Online-Sonderwerbeform, spezielle Folie, deren Inhalt nur beimAuflegen auf den Monitor sichtbar wird

World Wide Web: Multimedialer Teilbereich des Internets

Zähl-Pixel: Messpunkt auf einer Website zur Ermittlung der Nutzer-
                                   navigation

Tipp   Zur Klärung weiterer Begriffe der Internet-Branche sei die Website
            http://www.glossar.de/ empfohlen.

Literatur- und Quellenverzeichnis

ACNielsen Werbeforschung (2002): Der saisonale Verlauf der Werbung in den klassischen Medien, o.O.

ARD/ZDF-Online-Studie 2000 (o.J.): »Gebrauchswert entscheidet über Internetnutzung«. URL: http://www.ard-werbung.de/mediaperspektiven/inhalt/mpoo/mp00_08/van_eimeren.asp (Volltext PDF) (Stand 20.04.2001)

ARD-Werbung Sales & Service GmbH (o.J.): »ARD Radio Kombi No. 1«. URL: http://www.ard-werbung.de/radi/programme/Angebot_Pr.../profil_radokombi1 plus.as (Stand 17. 04. 2001)

ARD-Werbung Sales & Service GmbH (o.J.): »hr3«. URL: http://www.ard-werbung.de/radio/programme/ Angebot_Preise/hr/.../tarife_hr3_2001.as (Stand 17. 04. 2001)

ARD-Werbung Sales & Service GmbH (o.J.): »o.T.«. URL: http://www.ard-werbung.de/online/webradio/reichweiten.asp (Stand 17. 04. 2001)

ARD-Werbung (2000): »Massenkommunikation 2000: Images und Funktionen der Massenmedien im Vergleich«. URL: http://www.ard-werbung.de/mediaperspek-tiven/inhalt/mp01/mp01_03/download/Ridder/_MP_3_2001.pdf (Stand 16.04.2001)

ARD-Werbung (o.J.): »Mediasplit klassische Medien«. URL: http://www.ard-werbung.de/tv/tv-markt/WerbeMarkt/mediasplit (Stand 17.04.2001)

Baader, F. (o.J.): »Deutschlands Kreative über Radiowerbung«. URL: http://www.ard-werbung.de/radio/creativarea/rbrings/baader/baader.asp (Stand 17.04.2001)

Bachem, C. (1997): Webtracking – Werbeerfolgskontrolle im Netz, in: Wamser, C./Fink, D. H. (Hrsg.): Marketing – Management mit Multimedia – Neue Medien, neue Märkte, neue Chancen, Wiesbaden, S. 189-198

Bandura, A. (1976): Lernen am Modell, Stuttgart

Bandura, A. (1989): Die sozial-kognitive Theorie der Massenkommunikation, in: J. Groebel, Winterhoff-Spurk, P. (Hrsg.) Empirische Markenpsychologie

Barowski, M./Müller, A. (2000): Das professionelle 1x1 – Online-Marketing, 1. Aufl., Berlin

Behle, I. (1998): Expertensysteme zur formalen Werbebildgestaltung, Wiesbaden

Bismark, W. B. von/Baumann, S. (1995): Markenmythos: Verkörperung eines attraktiven Wertesystems, Frankfurt

Brosius, H.-B./Fahr, A. (1998): Werbewirkung in Fernsehen – Aktuelle Befunde der Medienforschung, 2. Aufl., München

Bruhn, M. (1997): Multimedia-Kommunikation: systematische Planung und Umsetzung eines interaktiven Marketinginstruments, München

Buettner, H./Mann, A. (1995): Multimediale Kommunikations- und Vertriebspolitik mit VIA, in: Hünerberg, R./Heise, G. (Hrsg.): Multi-Media und Marketing-Grundlagen und Anwendungen, Wiesbaden, S. 249-263

Bundesministerium für Wirtschaft und Technologie/NFO WorldGroup (Hrsg.) (2001): Monitoring Informationswirtschaft, München

Dannenberg, M./Barthel, S. (2002): Effiziente Marktforschung: Market Research – neuester Stand, Bonn

Dannenberg, M. (2002): Management personalisierter E-Mail-Kampagnen, in: Frosch-Wilke, D./Raith, C. (Hrsg.): Marketing Kommunikation im Internet: Theorien, Methoden und Praxisbeispiele vom One-to-One bis zum Viral Marketing, Braunschweig/Wiesbaden, S. 207-232

Deutschen Direktmarketing Verbandes (DDV) e.V. (Hrsg.) (2002): eMail-Marketing: Dialog Pur, Best Practice Guide Nr. 4, Wiesbaden

Deutsche Städte Medien GmbH (o.J.): »Bereich Sport«. URL: http://www.dsr.de/aussen/formen/contentfr_5.html (Stand 06.04.2001)

Deutsche Städte Medien GmbH (o.J.): »MEGA Poster«. URL: http://www.dsr.de/aussen/formen/contentfr_6.html (Stand 06.04.2001)

Deutsche Städte Medien GmbH (o.J.): »Verkehrsmittelwerbung«. URL: http://www.dsr.de/aussen/formen/contentfr_4.html (Stand 06.04.2001)

Digitale Hanse: URL: http://kontor03.digitalehanse.com/1D/

Döge, M. (1997): Intranet – Einsatzmöglichkeiten, Planung, Fallstudien, 1. Aufl., Cambridge: O´Reilly

DSM/Werbering (o.J.): clp-Anbieterübersicht (Stand 03/2000)

Duhm, U. (1998): Klick mich bitte öfter!, in: com!, (1998), Nr. 7, S. 78-81

Eckert, E. (2002): »Easy-Ad«. URL: http://www.zone35.de

eco Electronic Commerce Forum e.V. Verband der deutschen Internetwirtschaft (Hrsg.) (2001): Richtlinien für erwünschtes Online-Direktmarketing – Version 1.10, Köln, 13. November 2001

Esch, F.-R. (1990): Expertensysteme zur Beurteilung von Anzeigenwerbung, Heidelberg

Fachverband Außenwerbung e.V. (o.J.).: »Allgemeinstelle – Der preiswerte Klassiker«. URL: http://www.faw-ev.de/index_html.html (Stand Oktober 2002)

Fachverband Außenwerbung e.V. (o.J.): »Außenwerbung – Umsätze in Mio. im Langzeitvergleich«. URL: http://www.faw-ev.de/mediadaten/seited50.html. (Stand 06.04.2001)

Fachverband Außenwerbung e.V. (o.J.): »Das City-Light-Poster – Lichter der Großstadt«. URL: http://www.faw-ev.de/index_html.html (Stand Oktober 2002)

Fachverband Außenwerbung e.V. (o.J.): »Dekadenplan der Plakatwerbung«. URL: http://www.faw-ev.de/index_html.html (o.J.) (Stand Oktober 2002)

Fachverband Außenwerbung e.V. (o.J.): »Die Ganzsäule – Das Allround-Talent«. URL: http://www.faw-ev.de/index_html.html (Stand Oktober 2002)

Fachverband Außenwerbung e.V. (o.J.): »Die Großfläche – neun Quadratmeter für Ihre Ideen«. URL: http://www.faw-ev.de/index_html.html (Stand Oktober 2002)

Fachverband Außenwerbung e.V. (o.J.): »Die Großfläche – Produktion«. URL: http://www.faw-ev.de/index_html.html (Stand Oktober 2002)

Fachverband Außenwerbung e.V. (o.J.): »Die Plakat-Media-Analyse 2001«. URL: http://www.faw-ev.de/mediadaten/seited50.html (Stand 06.04.2001)

Fachverband Außenwerbung e.V. (o.J.): »Die Top 15 Marken 1998«. URL: http://www.faw.ev.de/mediadaten/seited50.html (Stand 06.04.2001)

Fachverband Außenwerbung e.V. (o.J.): »Mit Plakatwerbung schnell zum Verkaufserfolg«. URL: http://www.faw-ev.de/plakatwerbung/seiteb00-mitte.html (Stand 06.04.2001)

Focus Medialine (2000): Internet-Entwicklung, von Jupiter Research. URL: http://www.medialine.focus.de/PM1D/PM1DD/PM1DDC/PM1DDCR/PM1DDCRA/pm1ddcra.htm (Stand: 25.01.2002)

Forrester Research (2000): Bezahlen im Internet – Revolution auf Raten. URL: http://de.forrester.com/forit/home.nsf/AllByUID/1FD8AC6B0FF5759 C8025691B004C12BF (Stand: 22.01.2002)

Forrester Research (2000): Mobile Commerce in Deutschland – Jenseits der Euphorie. URL: http://de.forrester.com/forit/home.nsf/AllByUID/8B2F2E9 8D80401A88025691 B0039C771/?OpenDocument&S=A (Stand: 22.01.2002)

Forrester Research (2001): Breitband-Internet vs. SmartTV – Wer gewinnt die Massen? URL: http://de.forrester.com/forit/home.nsf/ AllByUID/C8E4D71F861039 EAC12569840068C91F/?OpenDocument&S=A (Stand: 22.01.2002)

Freytag, D. (o.J.): »AdServer-Technologie«. URL: http://www.werbeformen.de/werbeformen/grundlagen/a.shtml (Stand 02.04.2001)

Fuzinski, A./Meyer C. (1997): Der Internet-Ratgeber für erfolgreiches Marketing: mit umfangreichen Checklisten, Düsseldorf/Regensburg: Metropolitan-Verlag

G+J Electronic Media Sales GmbH (2001): Online Werbewirkung, Hamburg

G+J Electronic Media Service AdSales (2000): Internet-Nutzung in Deutschland – Analyse der sechsten Erhebungswelle des GfK-Online-Monitors, Hamburg

G+J Electronic Media Service AdSales (2001): Kinnie-Report. URL: http://www.ems.guj.de/studien/kinnie.html (Stand: 18.01.2002)

Gabler – Wirtschaftslexikon , 14. Aufl., Wiesbaden 1997

GfK Online-Monitor (o.J.): »Ergebnisse der 7. Untersuchungswelle«. URL: http://www.gfk.de (Stand 20.04.2001)

Grün, H. (o.J.): »Deutschlands Kreative über Radiowerbung«. URL: http://www.ard-werbung.de/radio/creativ-area/rbrings/Gruen/gruen.asp (Stand 17.04.2001)

Gruner + Jahr AG&Co (2000): Zahlen und Daten für die Mediaplanung 2001, Hamburg

Gruner + Jahr AG&Co (2001): Zahlen und Daten für die Mediaplanung 2002, Hamburg

Grupe, S. (1999): Aussenwerbung, in: Reiter, W. M. (Hrsg.): Werbeträger – Handbuch für die Mediapraxis, Frankfurt am Main, S. 333-368

Heller, E. (1984): Wie Werbung wirkt: Theorie und Tatsachen, Frankfurt am Main

Henn, B. (1999): Werbung für Finanzdienstleistungen im Internet – Eine Studie zur Wirkung der Bannerwerbung, Wiesbaden

Hitzges, A. (Hrsg.) (1996): Ein Handbuch für Online-Werbung – Eine Untersuchung der Werbemöglichkeiten im Internet – Kosten, Nutzen, Zielgruppen, Fraunhofer-Institut für Arbeitswirtschaft und Organisation IAO, Stuttgart

Horn, R. (2002): »WebDecoder«. URL: http://www.adtech.de/html-banner_dephp?t=

Huber, W. (2001): »Ideologische Scheuklappen«, in: W&V Woche 26/01, S. 64-66

Hünerberg, R./Heise G. (Hrsg.) (1995): Multi-Media und Marketing – Grundlagen und Anwendungen, Wiesbaden

Hünerberg, R./Heise, G. (Hrsg.) (1996): Handbuch Online-M@rketing – Wettbewerbsvorteile durch weltweite Datennetze, Landsberg Lech

Huth, R./Pflaum, D. (1996): Einführung in die Werbelehre, 6., überarb. und erw. Aufl., Stuttgart/Berlin/Köln

Internet Advertising Bureau & Millward Brown Interactive (Hrsg.) (1997): 1997 IAB online advertising effectiveness study, San Francisco: Millward Brown Interactive

IVW (Hrsg.) (2001): Messung der Werbeträgerleistung von Online-Medien. URL: http://www.ivwonline.de/ (Stand: 19.01.2002)

Jacobi, H. (1963): Werbepsychologie – Ganzheits- und gestaltungspsychologische Grundlagen der Werbung, Wiesbaden

Jarzina, K. R. (1995): Wirkungs- und Akzeptanzforschung zu interaktiven Multi-Media-Anwendungen im Marketing, in: Hünerberg, R./Heise, G. (Hrsg.): Multi-Media und Marketing – Grunglagen und Anwendungen, Wiesbaden, S. 39-56

Jupiter Media Metrix (2001): Global Top 50 Web and Digital Media Properties 2001. URL: http://www.jmm.com/xp/jmm/press/globalTop50WebProperties.xml (Stand. 19.01.2002)

Kall, D. (1996): Werbeetat- und Werbemix-Planung im Handel, Wiesbaden

Klein, H. M. (2002): E-Mail-Kontakt, Country Manager der Advertising.com Germany GmbH, 10.04.2002 (Quelle liegt vor)

Koch, M. (2002): Internet: Geldrangliste der Werbung, in: Wirtschaftswoche, Nr. 24 vom 06.06.2002, S. 68

Kommission der Europäischen Gemeinschaften (2000): KOM(2000) 385 endgültig, Brüssel. URL: http://europa.eu.int/eur-lex/de/com/pdf/2000/de_500PC0385.pdf (Stand: 22.01.2002)

Kramer, D. (1998): Fine-Tuning von Werbebildern – Ein verhaltenswissenschaftlicher Ansatz für die Werbung, Wiesbaden

Kroeber-Riel, W. (1993): Strategie und Technik der Werbung – Verhaltenswissenschaft-liche Ansätze, 4. Aufl., Stuttgart

Kunze, K. (2002): »Online-Bruttoaufwendungen des Jahres 2001«. URL: http://www.acnielsen.de/news/2002/01_22.html (Stand 15.02.2002)

Landwehr, R. (1988): Standardisierung der internationalen Werbeplanung – Eine Unter-suchung der Prozessstandardisierung am Beispiel der Werbebudgetierung im Auto-mobilmarkt, Frankfurt am Main

Lasogga, F. (1998): Emotionale Anzeigen- und Direktwerbung im Investitionsgüterbe-reich – Eine exploratorische Studie zu den Einsatzmöglichkeiten von Erlebniswer-ten in der Investitionsgüterwerbung, Frankfurt am Main

Laube, H./Liebert, N. (2001): Internet: Neue Werbeform lauert im Hintergrund, in: Financial Times Deutschland vom 14.08.2001. URL: http://www.ftd.de/tm/it/FTD56WH5DQC.html (Stand: 23.01.2002)

LemonAd (Hrsg.) (2001): Studie: Online Advertising results, first half of the year 2001, URL: http://www.lemonad.com/study/pdf/bilan.pdf (Stand: 22.01.2002)

LemonAd (Hrsg.) (2001): Online Werbe-Barometer 2001. URL: http://www.lemonad.com/Public/DE/Barometre.asp (Stand: 22.01.2002)

LemonAd (Hrsg.) (2001): Studie: Creative ad formats. URL: http://www.lemonad.com/study/pdf/formats.pdf (Stand: 20.01.2002)

Link, J./Gerth, N./Vossbeck, E. (2002): Marketing-Controlling – Systeme und Methoden für mehr Markt- und Unternehmenserfolg, München

Link, J./Tiedtke, D. (Hrsg.) (1999): Erfolgreiche Praxisbeispiele im Online Marketing – Strategien und Erfahrungen aus unterschiedlichen Branchen, Berlin/Heidelberg

Link, J. (1996): Führungssysteme – Strategische Herausforderung für Organisation, Con-trolling und Personalwesen, München

Malchow, R./Thomsen, K. (1997): Web-Tracking, in: Screen Multimedia, 4. Jg. (1997), Nr. 9, S. 59

Martini, B.-J. (2001): MediaDigest Aussenwerbung Plakativ 2001, Wiesbaden

Mayer, H. (1990): Werbewirkung und Kaufverhalten – unter ökonomischen und psycho-logischen Aspekten, Stuttgart

Meffert, H. (1998): Marketing: Grundlagen marktorientierter Unternehmensführung: Kon-zepte – Instumente – Praxisbeispiele; Mit neuer Fallstudie VW-Golf, 8., vollst. neu-bearb. und erw. Aufl., Wiesbaden

Meier, W. (1999): Publikumszeitschriften. S. 136-176, in: Reiter, W. M. (Hrsg.): Werbe-träger – Handbuch für die Mediapraxis. Frankfurt am Main

Meyer-Hentschel, G. (1983): Aktivierungswirkung von Anzeigen – Messverfahren für die Praxis, Würzburg

Modenbach, G. (1999): Fernsehen, in: Reiter, W. M. (Hrsg.): Werbeträger – Handbuch für die Mediapraxis. Frankfurt am Main, S. 231-272

Neibecker, B. (1990): Werbewirkungsanalyse mit Expertensystemen, Heidelberg

Niemeyer, H. G./Czycholl, J. M. (1994): Zapper, Sticker und andere Medientypen – Eine marktselektive Studie zum selektiven TV-Verhalten, Stuttgart

o.V. (o.J.): »Brand Flooding«. URL: http://www.plan-net-media.de (Stand 15.02.2002)

o.V. (2001): Präsentation der Onlineagentur Magic Response: »Kooperation mit AdSolu-tion«, Wolfsburg 19. März 2001 (Quelle liegt vor)

o.V. (2001): »User Manual – Open Advertiser Release 1.5«, Real Media Deutschland GmbH (unveröffentlichtes Dokument)

o.V. (2002): »Systemwechsel bei IVW-Online«. URL: http://www.ivwonline.de/ (Stand 15.02.2002)

o.V. (2002): »Online-Nutzungsdaten Januar 2002«.
URL: http://ausweisung.ivw.de/ausweisung.php3 (Stand 15.02.2002)

o.V. (2002): »o.T.«. URL:
http://wissen.aolsvc.de/wissen/wissenschaft/bild.jsp?pictext=Welche%20Farbe%20
ist%20intensiver?&pic630_420=/content/Wissen_Template_7/241751_1018861023860.
jpg&picdown=&textunter=Die%20Farben%20im%20rechten%20Quadrat%20wirken
%20intensiver,%20da%20sie%20einen%20schwarzen%20Rahmen%20haben.%20Tat
sächlich%20sind%20die%20Farben%20gleich%20intensiv. (Stand 15.04.2002)

o.V. (2002): »o.T.«. URL:
http://wissen.aolsvc.de/wissen/wissenschaft/bild.jsp?pictext=Sind%20die%20Linie
n%20gebogen?&pic630_420=/content/Wissen_Template_7/241751_1018862104942.gi
f&picdown=&textunter=Die%20roten%20Linien%20wirken%20durch%20die%20w
eisen%20Strahlen%20leicht%20gebogen.%20Natürlich%20ist%20auch%20das%20ei
ne%20optische%20Täuschung. (Stand 15.04.2002)

o.V. (2002): »Regionaltargeting«. URL:
http://www.link4link.com/netzwerk/indexwb.xhtml?sessionID=301281eb7f311d6b2
bfa1d55flee4e25-10184498003172&page=28 (Stand 10.04.2002)

o.V. (2002): »Umfeld- und Texteffekte bei Bannerwerbung – Ein Online-Experiment zur
Optimierung von Werbewirkung«. URL:
http://www.comcult.de/ic/download/comcultBennertest.pdf (Stand 10.04.2002)

o.V. (2002): »Weitere technische Filter«. URL: http://www.link4link.com/netzwerk/inde
xwb.xhtml?sessionID=301281eb7f311d6b2bfa1d55flee4e25-10184498003172&page=57
(Stand 10.04.2002)

o.V. (2002): Bürgerliches Gesetzbuch: 50. Aufl., München: DTV-Beck

o.V. (2000): Openshop Internet Software GmbH (Hrsg.) (2000): eBusiness Lexikon,
2. überarbeitete Aufl., Münschen: o.V.

o.V. (o.J.): »Crossmedia«. URL: http://www.werbeformen.de/werbeformen/sonder/
cc.shtml (Stand 02.04.2001)

o.V. (2001): »Euro Sensor« Trend- und Zukunftsforschung – Volkswagen AG, Wolfsburg

o.V. (o.J.): »o. T.«. URL: http://glossar.de/glossar/z_intrzahl2001.html (Stand 27.03.2001)

o.V. (o.J.): »o. T.«. URL: http://www.glossar.de/glossar/z_banner.htlm (Stand 27.03.2001)

o.V. (o.J.): »o.T.«. URL: http://www.pz- online.de/ pmonl/oreichweiten/reichweiteninfos/
einf.htm (Stand 24.04.2001)

o.V. (o.J.): »Proxy-Problematik«. URL: http://www.ivw.de/verfahren/caches.html (Stand
28.03.2001)

o.V. (2001): »Web-Werbung: Preise sinken, Umsatz steigt«, Titelblatt, in Web Welt, Mitt-
woch 30. Mai 2001

o.V. (2001): new media update – Frühjahr 2001, eMarket Sonderheft

Oenicke, J. (1996): Online-Marketing: kommerzielle Kommunikation im interaktiven
Zeitalter, Stuttgart

Pepels, W. (1996): Werbeeffizienzmessung, Stuttgart

Pipers, R./Riehl, S. (1997): Digital Marketing, Funktionsweisen, Einsatzmöglichkeiten
und Erfolgsfaktoren multimedialer Systeme, Bonn

PLAN.NET media GmbH (o.J.): Partnerprogramme. URL: http://www.plan-net-media-
de (Stand: 14.01.2002)

Raps, B. (1999): www.deutz.de – Nutzung von strategischen Kommunikationsvorteilen
im Internet, in: Link, J./Tiedtke, D. (Hrsg.): Erfolgreiche Praxisbeispiele im Online
Marketing – Strategien und Erfahrungen aus unterschiedlichen Branchen, Berlin
Heidelberg, S. 167-191

Reiter, W. M. (Hrsg.) (1999): Werbeträger – Handbuch für die Mediaplanung, Frankfurt am Main

Rosenstiel, L. von (1969): Psychologie der Werbung, Rosenheim

Schneider, H. (1999): Fachzeitschriften, in: Reiter, W. M. (Hrsg.): Werbeträger – Handbuch für die Mediapraxis, Frankfurt am Main, S. 177-201

Schrey, M. (1999): Hörfunk, in: Reiter, W. M. (Hrsg.): Werbeträger – Handbuch für die Mediapraxis, Frankfurt am Main, S. 273-301

Schröder, H. (1992): Grundwortschatz Erziehungswissenschaft: ein Wörterbuch der Fachbegriffe von »Abbilddidaktik« bis »Zielorientierung«, 2. erw. und aktualisierte Aufl., München

Sebralle, M.-L. (2001): »Gemässigter Start auf hohem Niveau für die deutsche Werbebranche«. URL: http://www.acnielsen.de/new/news/2001/ 23_04_2001.html (Stand 30.05.2001)

Sheehan, K. B./McMillian, S. J. (1999): Response variation in e-Mail surveys: An exploration, in: Journal of Advertising Research, No. 39 (4)

Sheehan, K.B. (2001): email Survey Response Rates: A. Review, in: Journal of Computer Mediated Communication, Volume 6, Issue 4

Spanier, J. (2000): Werbewirkungsforschung und Mediaentscheidung – Förderung des Informationstransfers zwischen Wissenschaft und Praxis, München

Steiner, D./Bongardt, M. (1998): Online Marketing, in: Vossen, K. (Hrsg.): Online Marketing 1. Jahrgang 1998/1999, BBE-Unternehmensberatungs GmbH, Köln

Stelzer, M. (1994): Internationale Werbung in supranationalen Fernsehprogrammen – Möglichkeiten und Grenzen aus Sicht der Werbetreibenden in Europa, Wiesbaden

Stern Anzeigenabteilung (Hrsg.) (1998): Wie wirkt Werbung im Web? Blickverhalten, Gedächtnisleistung und Imageveränderung beim Kontakt mit Internet-Anzeigen, Hamburg: Gruner + Jahr

Tauchnitz, J. (1990): Werbung mit Musik, Heidelberg

Voss, S. (2001): Case Studies – Wirkung von Konvergenzwerbung, SevenOne Interactive GmbH, Unterföhring

w&v online (Hrsg.) (o.J.): Auf der Suche nach Alternativen. URL: http://www.wuv.de/ servlet/wuv/ners/pring.html?nachricht_id=76881 (Stand: 22.01.2002)

Waller, A. (1996): Media-Daten im Internet: Ein Handbuch für Online-Werbung – Eine Untersuchung der Werbemöglichkeiten im Internet – Kosten, Nutzen, Zielgruppen, in: Hitzges, A. (Hrsg.): Ein Handbuch für Online-Werbung – Eine Untersuchung der Werbemöglichkeiten im Internet – Kosten, Nutzen, Zielgruppen, Fraunhofer-Institut für Arbeitswirtschaft und Organisation IAO, Stuttgart, S. 1-98

Wamser, C./Fink, D. H. (Hrsg.) (1997): Marketing – Management mit Multimedia – Neue Medien, neue Märkte, neue Chancen, Wiesbaden

Werbe-Tracking-Instrumente (o.J.): »Eine Analyse der Standartinstrumente zur Werbeerfolgskontrolle«. URL: http://www.pz-online.de (Stand 20.04.2001)

Wilkens, R. (1994): Werbewirkung in der Praxis, 1. Aufl., Essen

Will, C. (1998): Augen auf – und durch!, Überlegungen zu den Fußangeln bei Online-Befragungen, in: Planung & Analyse, Nr. 1, S. 20-24

Wimmer, K.-H. (1999): Zeitung, in: Reiter, W. M. (Hrsg.): Werbeträger – Handbuch für die Mediaplanung, Frankfurt am Main, S. 62-115

Winter, U./Fritzen, T. (1999): Mediaplanung im Marketing-Mix, in: Reiter, W. M. (Hrsg.): Werbeträger – Handbuch für die Mediapraxis, Frankfurt am Main, S. 369-435

X10.com (Hrsg.) (2001): Information on X10 Advertising. URL: http://wwwx10.com/ x10ads.htm (Stand 22.01.2002)

Zentralverband der deutschen Werbewirtschaft (Hrsg.) (2001): Werbung in Deutschland 2001

Stichwortverzeichnis

Zu den Autoren

Dr. Marius Dannenberg verfügt über einen umfangreichen Wissens- und Erfahrungsschatz im Themenfeld Marketing, sowohl aus der Praxis – als Unternehmensberater und Vorstand eines Beratungsunternehmens – als auch in der Wissensvermittlung für die Praxis – als Professor, Dozent und Seminarleiter sowie als Fachautor. Er ist Verfasser mehrerer wissenschaftlicher und praxisorientierter Bücher und etlicher Fachartikel zu den Themen Marketing, Management und E-Business. Als Professor für E-Business lehrt er an der Steinbeis-Hochschule in Berlin, daneben ist er Lehrbeauftragter für E-Business an der Universität Kassel sowie an der Kassel International Management School (KIMS).

Stefanie Merkel (Dipl.-Oec.) studierte Wirtschaftswissenschaften und arbeitete für internationale Unternehmen aus der Technologie- und Automobilindustrie im Bereich Marketing. Neben Projekten und Präsentationen zum Thema E-Commerce und E-Business an der German International Graduate School of Management and Administration (GISMA) verfasste sie auch mehrere wissenschaftliche Arbeiten zum Thema Online-Werbung an der Universität Kassel. Durch ihre Erfahrungen als Online-Entrepreneur sind ihr auch die Möglichkeiten und Grenzen der Online-Werbung in der Praxis bekannt.

Frank H. Wildschütz (Dipl.-Oec.) verfügt durch Studium und Selbststudium über ein breites und aktuelles Wissen im Themenbereich Werbung. Neben der klassischen Mediawerbung und der Werbepsychologie liegt sein Schwerpunkt auf der Online-Webung. Er ist Verfasser mehrerer wissenschaftlicher Arbeiten und Fachartikel. Ferner hat er mehrere Vorträge und Präsentationen zum Thema Werbung an der Universität Kassel sowie in der Industrie gehalten. Durch seine Mitwirkung an diversen E-Commerce- und Online-Werbeprojekten kennt er die Probleme der praktischen Umsetzung von Werbekonzeptionen, was ihm kritische Urteilskraft verleiht.